I0874775

Oldenbourg Steuerfachbücher

Die einkommensteuerliche Behandlung von Forderungsverlusten im Haushalts-einkünftebereich

Von

Dr. Josef Feldhofer

R. Oldenbourg Verlag München Wien

Die Deutsche Bibliothek - CIP-Einheitsaufnahme

Feldhofer, Josef:
Die einkommensteuerliche Behandlung von Forderungsverlusten im Haushaltseinkünftebereich / von Josef Feldhofer. - München ; Wien : Oldenbourg, 1995
Zugl.: München, Univ., Diss., 1995
ISBN 3-486-23335-1

© 1995 R. Oldenbourg Verlag GmbH, München

Das Werk einschließlich aller Abbildungen ist urheberrechtlich geschützt. Jede Verwertung außerhalb der Grenzen des Urheberrechtsgesetzes ist ohne Zustimmung des Verlages unzulässig und strafbar. Das gilt insbesondere für Vervielfältigungen, Übersetzungen, Mikroverfilmungen und die Einspeicherung und Bearbeitung in elektronischen Systemen.

Gesamtherstellung: WB-Druck, Rieden

ISBN 3-486-23335-1

Meinen Eltern

Inhaltsverzeichnis

Abkürzungsverzeichnis XV

Verzeichnis der Zeitschriften und Sammelwerke XVII

Teil 1: Einführung und Problemstellung 1

A. Grundproblematik 1

B. Hauptanwendungsfälle 2

Teil 2: Einkommensteuersystematik und Haushaltseinkünfte 5

A. Die Erwerbstätigkeit als Steuergegenstand im EStG 5

I. Aufbau des Einkommensteuertatbestands 5

II. Konkretisierung der Tatbestandsmerkmale 6

III. Stellungnahme 8

B. Besteuerung nach der Leistungsfähigkeit und Nettoprinzip 9

C. Das Veranlassungsprinzip als Bindeglied im Steuertatbestand 12

I. Ausgangslage 12

II. Der maßgebliche Veranlassungszusammenhang 13

1. Meinungsstand 13

2. Finale Handlungslehre - Stellungnahme 16

D. Quellentheoretische Ausgestaltung der Haushaltseinkünfte im geltenden Einkommensteuersystem 19

I. Einkommensbegriff und Dualismus der Einkünfteermittlung 19

1. Historische Entwicklung des Einkommensbegriffes 19

1.1 Quellentheorie 19

1.1.1 Grundlagen 19

1.1.2 Die Quellen 20

1.1.3 Der Ertrag 21
1.2 Reinvermögenszugangstheorie 22
1.3 Zusammenfassender Vergleich beider Theorien 24
2. Umsetzung in den Einkommensteuergesetzen seit 1891 - Entwicklung des Einkünftedualismus 25
2.1 Die preußischen Einkommensteuergesetze 25
2.2 Das Reichseinkommensteuergesetz 1920 26
2.3 Das Reichseinkommensteuergesetz 1925 28
2.4 Die Einkommensteuergesetze seit 1934 30
2.5 Zwischenergebnis 31
3. Auswirkungen des Dualismus im geltenden EStG 32
3.1 Zweiteilung des Markteinkommenskonzepts 32
3.2 Durchbrechungen des dualistischen Systems 35
3.2.1 Besteuerung von Spekulationsgeschäften 35
3.2.2 Veräußerung wesentlicher Beteiligungen 37
3.2.2.1 Grundzüge und Zweck der Regelung 37
3.2.2.2 Konsequenzen 38
3.2.3 Exkurs: Zum Verhältnis zwischen § 17 und § 23 EStG 40
3.2.4 Veräußerung gemischt genutzter Wirtschaftsgüter 41
II. Die Stellung des Einkünftedualismus im System der Einkommensteuer 42

Teil 3: Vermögensneutralität und Vermögensverluste 47

***A. Grundlagen* 47**
I. Zum Begriff der Vermögensverluste 47
II. Die Prinzipienüberlagerung als Ausgangsproblem 47

***B. Einschränkung des Werbungskostenabzugs durch die Vermögenssphäre* 48**
I. Historische Entwicklung des Begriffsdualismus Betriebsausgaben/Werbungskosten unter besonderer Berücksichtigung der Vermögenssphäre 48
1. Die preußischen Einkommensteuergesetze 48

2. Das Reichseinkommensteuergesetz 1920 ... 53
3. Das Reichseinkommensteuergesetz 1925 ... 55
3.1 Einheitlicher Abzugsbegriff ... 55
3.2 Die Vermögenssphäre ... 56
3.2.1 Wandlung des AfA-Verständnisses? ... 56
3.2.2 Aufwendungen für Arbeitsmittel ... 59
3.2.3 Vermögensneutralität und Vermögensverluste ... 59
4. Die Einkommensteuergesetze ab 1934 ... 61
5. Zusammenfassung und Schlußfolgerungen ... 63
5.1 Quellentheorie und finaler Abzugsbegriff ... 63
5.2 Fazit ... 65
II. Weiterentwicklung des Werbungskostenbegriffs ... 67
1. Einheitliche Interpretation der Abzugsposten für Gewinn- und Überschußeinkünfte trotz abweichender Legaldefinitionen ... 67
2. Zuordnung der Werbungskosten zur zugehörigen Einkunftsart ... 71
3. Der Werbungskostenkatalog des § 9 Abs. 1 Satz 3 EStG ... 72
4. Das Veranlassungsprinzip im "Grenzbereich" ... 73
4.1 Aufwendungen bei gesicherten Einnahmen ... 73
4.2 Nachträgliche Aufwendungen - Annäherung an die Vermögenssphäre ... 74
III. Veranlassungsprinzip und Vermögensverluste ... 78
1. Vermögensverluste als "Aufwendungen" ... 78
2. Systematisierungsansätze ... 80
2.1 Grundsätze ... 80
2.2 Umsetzung in Einzelfällen ... 82
2.2.1 Einkünfte aus nichtselbständiger Tätigkeit ... 82
2.2.1.1 Verluste bei Dienstreisen und Sachschäden ... 82
2.2.1.2 Darlehen zur Arbeitsplatzsicherung ... 85
2.2.2 Kapitaleinkünfte ... 86
2.2.3 Einkünfte aus Vermietung und Verpachtung ... 87
2.3 Kritische Würdigung ... 87

C. Konkretisierung des Vermögensneutralitätsprinzips 89

I. Die Funktion des Vermögens bei der Verwirklichung des Steuertatbestands 89

1. Bestandsaufnahme 89

2. Die Abgrenzung des Betriebsvermögens 92

2.1 Vermögenszuordnung unter Veranlassungsgesichtspunkten 92

2.1.1 Notwendiges Betriebsvermögen 92

2.1.2 Gewillkürtes Betriebsvermögen 96

2.1.2.1 Rechtslage 96

2.1.2.2 Kritik 99

2.2 Betriebsvermögen und Einkünfteermittlung 101

3. Die Bestimmung des Überschußvermögens 104

3.1 Übertragung der Grundsätze aus dem Betriebsbereich 104

3.2 Der Wirtschaftsgutbegriff bei den Haushaltseinkünften 106

3.2.1 Diskussionsstand 106

3.2.2 Stellungnahme 107

3.3 Einheitliche Bestimmung der Anschaffungs- oder Herstellungskosten 110

4. Erwerbstätigkeit und Veräußerungsgeschäfte 110

4.1 Die Veräußerung von Anlagevermögen als betriebliches Hilfsgeschäft 110

4.2 Die Marktintensitätstheorie 112

II. Steuergegenständliche Zuordnung von Veräußerungsgeschäften - Stellungnahme 113

1. Gleichartigkeit und Ungleichartigkeit von Leistungen 114

2. Subjektive Leistungsveranlassung 117

2.1 Leistungsvereinigung und Gleichordnung der Einkunftsarten 117

2.2 Irrelevanz der Mittelverwendung 120

3. Zum "Gewinnstreben" bei Veräußerungsgeschäften 124

4. Zwischenergebnis 125

III. Die Grenzen des Veranlassungsprinzips im Bereich der Haushaltseinkünfte 126

1. Anschaffungs- und Herstellungskosten als Betriebsausgaben/ Werbungskosten dem Grunde nach? 126

1.1 Problemüberblick 126

1.2 Wertverzehrthese 128

1.3 Aufwandsverteilungsthese 130

1.3.1 Grundzüge und Konsequenzen 130

1.3.2 Gewinneinkunftsarten 132

1.3.3 Haushaltseinkunftsarten 133

1.3.4 AfA bei Bodenschätzen 136

1.4 Differenzierung zwischen Gewinn- und Haushaltseinkünften 138

1.5 Entwicklung der Rechtsprechung im Bereich der Haushaltseinkünfte 138

1.6 Stellungnahme 141

1.6.1 Der Wertverzehr als Grund für die AfA 141

1.6.2 Anschaffungs- oder Herstellungskosten als steuerrelevante Aufwendungen 144

1.6.2.1 Gewinneinkünfte 144

1.6.2.2 Haushaltseinkünfte 146

1.6.3 Der "Überentlastungseffekt" des § 9 Abs. 1 Satz 3 Nr. 7 EStG 150

1.6.4 Fazit 151

2. Sonderfall Arbeitsmittel? 153

2.1 Grundzüge der Regelung 153

2.2 Zur Teleologie der Arbeitsmittelvorschrift - Stellungnahme 158

3. Umwidmungsvorgänge 161

IV. Ergebnis - die Neutralität des Vermögens 163

Teil 4: Die Berücksichtigung von Forderungsverlusten im Rahmen der Haushaltseinkunftsarten 167

A. Unterscheidung nach der Anzahl der Veranlassungsebenen 167

B. Eindimensionale Leistungsbeziehungen 168

I. Verluste von Kapitalanlagen 168

1. Einlagen bei Kreditinstituten oder sonstige private Darlehen 168

1.1 Rechtslage 168

1.2 Literaturmeinungen 170

1.3 Stellungnahme 171

2. Verluste des typisch stillen Gesellschafters 172

2.1 Rechtslage 172

1.2 Stellungnahme 173

3. Wertverluste von Genußscheinen 174

II. Forderungen im Zusammenhang mit der Anschaffung oder Herstellung eines Wirtschaftsgutes 175

1. Beurteilungsgrundsätze in Rechtsprechung und Literatur 175

1.1 Verlorene Anzahlungen für Arbeitsmittel 175

1.2 Verlorene Anzahlungen für Wirtschaftsgüter des Einkunftserzielungsvermögens 177

2. Stellungnahme 180

C. Mehrdimensionale Leistungsbeziehungen 182

I. Forderungsverluste im Zusammenhang mit Arbeitsverhältnissen 182

1. Zuordnungskriterien 183

2. Konsequenzen 185

II. Forderungsverluste im Zusammenhang mit Gesellschaftsverhältnissen 188

1. Problemüberblick 188

2. Priorität der Gesellschaftsebene 188

3. Die Einkunftserzielungsebene des Gesellschafters 191

4. Stellungnahme 193

4.1 Kreditgewährung als Hilfsleistung 193

4.2 Die (subjektive) Veranlassungsebene ... 194
4.2.1 Das Zuwendungsmotiv als Lösungsansatz ... 194
4.2.2 Folgerungen für die Berücksichtigung von Substanzverlusten ... 197

D. Sonderfall: Kursverluste bei Fremdwährungsdarlehen ... 201
I. Rechtslage ... 201
II. Literaturmeinungen und Stellungnahme ... 202

Teil 5: Schlußbetrachtung und Ausblick de lege ferenda ... 205

A. Einheitliche Behandlung von Substanzverlusten de lege lata ... 205

B. Lösungsvorschlag de lege ferenda ... 207
I. Zur Rechtfertigung des Einkünftedualismus ... 207
II. Neuorientierung im Bereich der Haushaltseinkünfte ... 211

Quellenverzeichnis ... 215
Sachregister ... 245

Abkürzungsverzeichnis

a.A.	anderer Ansicht
a.E.	am Ende
Abs.	Absatz
Abschn.	Abschnitt
Anm.	Anmerkung
Art.	Artikel
AStG	Außensteuergesetz
Aufl.	Auflage
Bd.	Band
Beil.	Beilage
Bem.	Bemerkung
BewG	Bewertungsgesetz
BFH	Bundesfinanzhof
BGB	Bürgerliches Gesetzbuch
BGH	Bundesgerichtshof
BMF	Bundesminister der Finanzen
BVerfG	Bundesverfassungsgericht
bzw.	beziehungsweise
ders.	derselbe
d.h.	das heißt
dies.	dieselbe, dieselben
ebd.	ebenda
Einf.	Einführung
Einl.	Einleitung
ESt	Einkommensteuer
EStG	Einkommensteuergesetz
EStDV	Einkommensteuer-Durchführungsverordnung
EStR	Einkommensteuer-Richtlinien
F.	Fach
f	folgende
ff	fortfolgende
FG	Finanzgericht
FN	Fußnote
GewStG	Gewerbesteuergesetz
GewStR	Gewerbesteuer-Richtlinien
ggf.	gegebenenfalls
gl.A.	gleicher Ansicht
GmbH	Gesellschaft mit beschränkter Haftung
GmbHG	Gesetz betreffend die Gesellschaften mit beschränkter Haftung
GrS	Großer Senat
Hervorh. d. Verf.	Hervorhebung des Verfassers
HGB	Handelsgesetzbuch

h.M.	herrschende Meinung
Hrsg.	Herausgeber
i.d.F.	in der Fassung
i.d.R.	in der Regel
i.e.	im einzelnen
i.e.S.	im engeren Sinne
i.S.	im Sinne
i.S.d.	im Sinne des
i.V.m.	in Verbindung mit
KfZ	Kraftfahrzeug
KStG	Körperschaftsteuergesetz
LStR	Lohnsteuer-Richtlinien
m.E.	meines Erachtens
m.w.N.	mit weiteren Nachweisen
Nr.	Nummer
n.v.	nicht veröffentlicht
NZB	Nichtzulassungsbeschwerde
OFD	Oberfinanzdirektion
OFH	Oberster Finanzgerichtshof
o.V.	ohne Verfasser
PrEStG	Preußisches Einkommensteuergesetz
PrOVG	Preußisches Oberverwaltungsgericht
R.	Rechtspruch
Rdnr.	Randnummer
REStG	Reichseinkommensteuergesetz
Rev.	Revision
RFH	Reichsfinanzhof
rkr.	rechtskräftig
Rn	Randnummer
Rz.	Randziffer
S.	Seite
sog.	sogenannt
StMBG	Mißbrauchsbekämpfungs- und Steuerbereinigungsgesetz
StNOG	Steuer-Neuordnungsgesetz
Tz.	Textziffer
u.a.	unter anderem
UmwStG	Gesetz über steuerliche Maßnahmen bei Änderung der Unternehmensform
u.a.	unter anderem
u.U.	unter Umständen
v.	vom
vgl.	vergleiche
v.H.	von Hundert
z.B.	zum Beispiel
Ziff.	Ziffer
z.T.	zum Teil

Verzeichnis der Zeitschriften und Sammelwerke

BB	Betriebs-Berater
BGBl	Bundesgesetzblatt
BFHE	Sammlung der Entscheidungen des Bundesfinanzhofes
BFH/NV	Sammlung amtlich nicht veröffentlichter Entscheidungen des Bundesfinanzhofes
BR-Dr.	Bundesrats-Drucksache
BStBl	Bundessteuerblatt
BT-Dr.	Bundestags-Drucksache
BVerfGE	Sammlung der Entscheidungen des Bundesverfassungsgerichts
DB	Der Betrieb
DStR	Deutsches Steuerrecht
DStZ	Deutsche Steuerzeitung
DStZ A	Deutsche Steuerzeitung Ausgabe A (bis 1979)
EFG	Entscheidungen der Finanzgerichte
FA	Finanzarchiv
FR	Finanz-Rundschau
GmbHR	GmbH-Rundschau
INF	Die Information über Steuer und Wirtschaft
JbFfSt	Jahrbuch der Fachanwälte für Steuerrecht
JDStJG	Jahrbuch der Deutschen Steuerjuristischen Gesellschaft e.V.
HFR	Höchstrichterliche Finanzrechtsprechung
KFR	Kommentierte Finanzrechtsprechung
NJW	Neue Juristische Wochenschrift
NWB	Neue Wirtschaftsbriefe
PrGS	Gesetz - Sammlung für die Königlichen Preußischen Staaten
RFHE	Sammlung der Entscheidungen des Reichsfinanzhofes
RGBl	Reichsgesetzblatt
RStBl	Reichssteuerblatt
RT-Dr.	Reichstags-Drucksache
StbJb	Steuerberater-Jahrbuch
StBp	Steuerliche Betriebsprüfung
StEK	Steuererlasse in Karteiform
StRK	Steuerrechtsprechung in Karteiform
StuW	Steuer und Wirtschaft
StVj	Steuerliche Vierteljahresschrift
UR	Umsatzsteuer-Rundschau
ZGR	Zeitschrift für Unternehmens- und Gesellschaftsrecht

Teil 1
Einführung und Problemstellung
A. Grundproblematik

"Prägend für das deutsche Einkommensteuergesetz ist die Unterscheidung zwischen der durch die einzelnen Einkunftsarten definierten Erwerbssphäre und der der Besteuerung entzogenen Privatsphäre (Einkommensverwendung)."[1]

Das Einkommensteuergesetz nennt in § 2 Abs. 1 sieben Einkunftsarten, aus denen jeweils steuerpflichtige Einkünfte erzielt werden können und die in den §§ 13 - 23 EStG näher spezifiziert werden. Hierbei lassen sich zwei Gruppen unterscheiden, die betrieblichen Einkunftsarten[2] und die sog. Haushaltseinkunftsarten.[3] Die Zuordnung von Einnahmen eines Steuerpflichtigen zu einer bestimmten Einkunftsart ist in mehrfacher Hinsicht von Bedeutung;[4] der zentrale Unterschied zwischen den zwei genannten Bereichen besteht jedoch darin, daß die Zuordnung zu einer der beiden "Einkunftsgruppen" die anzuwendende Einkunftsermittlungsmethode determiniert. Während die Einkünfte im betrieblichen Bereich als "Gewinn" zu ermitteln sind, ist bei den Haushaltseinkunftsarten auf den "Überschuß der Einnahmen über die Werbungskosten" abzustellen.[5] Dieser historisch geprägte Dualismus der Einkünfteermittlung führt dazu, daß im betrieblichen Bereich realisierte Wertsteigerungen bzw. -minderungen steuerlich berücksichtigt werden, im Haushaltseinkünftebereich dagegen irrelevant sind (Grundsatz der Nichtberücksichtigung der Vermögenssphäre bzw. Vermögensneutralitätsprinzip). Nachdem dieser Grundsatz nicht ausdrücklich kodifiziert wurde, ergeben sich jedoch immer wieder Zweifelsfälle bezüglich seiner Tragweite. Unbestritten ist zwar, daß sich Veräußerungsvorgänge außerhalb der betrieblichen Einkunftsarten - mit Ausnahme der §§ 17 und 23 EStG - im steuerlich irrelevanten Bereich vollziehen. Insbesondere die Behandlung unplanmäßiger, in Erwerbsnähe anfallender Vermögensverluste ist aber letztlich ungeklärt. Der BFH zieht sich in seinen einschlägigen Judikaten regelmäßig auf die Besonderheiten des jeweiligen Einzelfalls zurück und vermeidet es weitgehend, darüber hinausgehende allgemeine Grundsätze aufzustellen.

1 Beschluß des Großen Senats des BFH v. 4.7.1990, BStBl 1990 II S. 817 (823)
2 § 2 Abs. 1 Nr. 1 - 3 EStG
3 § 2 Abs. 1 Nr. 4 - 7 EStG
4 Vgl. *Biergans, E.*, (Einkommensteuer, 1992) S. 16
5 § 2 Abs. 2 EStG

Im Rahmen der Gewinneinkünfte gehören Forderungen zum Betriebsvermögen. Ihr Ausfall kürzt somit den Gewinn des Unternehmens bzw. kann bei bilanzieller Gewinnermittlung bereits durch Wertberichtigungen antizipiert werden. Bei den Haushaltseinkünften ist eine Forderung dagegen Bestandteil des Privatvermögens und damit des grundsätzlich nicht steuerbaren Vermögensbereiches, auch wenn sie der Erzielung von Einkünften dient. Fällt eine private Forderung aus, liegt somit die Folgerung nahe, der Ausfall vollziehe sich in der steuerlich irrelevanten Vermögenssphäre. Eine steuerliche Berücksichtigung käme damit nicht in Betracht.

Es ergeben sich jedoch immer wieder Zweifelsfälle, in denen sich das nicht eindeutig kodifizierte Vermögensneutralitätsprinzip offensichtlich als zu vage erweist, um klare Antworten liefern zu können. Der eingangs zitierte Satz des BFH ist zwar vom Grundsatz her unbestritten, jedoch kann auch die Existenz einer gewissen "Grauzone" zwischen Erwerbs- und Privatsphäre nicht negiert werden. Zahlreiche Entscheidungen der Finanzgerichte und des Bundesfinanzhofes belegen die nach wie vor unklare Rechtslage und damit einhergehend die Notwendigkeit einer einheitlichen Lösung.

B. Hauptanwendungsfälle

Unter einer Forderung ist allgemein das Recht des Gläubigers auf eine Leistung zu verstehen, das sich aus dem Schuldverhältnis ergibt und nach § 241 BGB gegenüber dem Schuldner geltend gemacht werden kann.[6] Dabei sind im Rahmen der vorliegenden Untersuchung insbesondere Forderungen aus Darlehensgewährung und Bürgschaftsverpflichtungen sowie geleistete Anzahlungen von Bedeutung. Im Zusammenhang mit Bürgschaftsverpflichtungen entsteht die Forderung aus dem Regreßanspruch, den der Bürge mit der Inanspruchnahme nach § 774 Abs. 1 Satz 1 BGB gegen den Hauptschuldner erwirbt (sog. *gesetzlicher Forderungsübergang*).

Die zentralen Anwendungsfälle von Forderungsverlusten im Haushaltseinkünftebereich lassen sich zunächst in zwei Gruppen einteilen. Zum einen können Forderungen ausfallen, die *unmittelbar* der Erzielung von Zinseinnahmen dienen (Verlust von Kapitalanlagen im weitesten Sinne). Die zweite Fallgruppe läßt sich allgemein dadurch charakterisieren, daß eine Forderung neben ihrer unmittelbaren Verwendung zur Erzielung von Kapitaleinkünften zumindest einen weiteren - *mittelbaren* - Bezug zur Einkunftserzielung aufweist, der zu ei-

6 Vgl. *Palandt*, Einl. v. § 241 BGB Anm. 1

ner Konkurrenzsituation im Hinblick auf die steuerliche Zuordnung der Forderung führen kann. Als Paradigma eines derartigen Konkurrenzproblems können die seit Jahren diskutierten Arbeitnehmerdarlehen angeführt werden. Neben der Erzielung von Zinseinnahmen tritt in diesem Fall häufig das Motiv der Arbeitsplatzsicherung in den Vordergrund, da derartige Darlehen gerade in Krisensituationen des Arbeitgebers gewährt werden. Infolgedessen wird sowohl in der Rechtsprechung als auch im Schrifttum intensiv die Frage nach der Berücksichtigungsfähigkeit eines Darlehensverlustes als Werbungskosten bei den Einkünften aus nichtselbständiger Tätigkeit diskutiert. Ähnliche Probleme bestehen häufig bei Darlehen, die Gesellschafter an "ihre" Kapitalgesellschaft gewähren. Auch hier steht bei der Kreditgewährung oft nicht primär die Erzielung eigener Einkünfte im Vordergrund, sondern eine finanzielle Krise der Gesellschaft. Probleme ergeben sich schließlich auch bei der Beurteilung von Anzahlungen, die zum Erwerb bzw. zur Herstellung eines zum Einsatz im Rahmen einer Erwerbstätigkeit vorgesehenen Wirtschaftsguts geleistet wurden und die durch Konkurs des Zahlungsempfängers ohne Gegenleistung bleiben. Der Große Senat des BFH hat in seinem Beschluß v. 4.7.1990[7] einen derartigen Anzahlungsverlust zum Werbungskostenabzug zugelassen.

Eine Analyse der einschlägigen Rechtsprechung zeigt deutlich, daß in diesem Bereich bisher weitestgehend von "Fall zu Fall" entschieden wurde, ohne den Versuch einer systemgerechten dogmatischen Fundierung zu unternehmen. Die Judikate scheinen vielmehr stark vom Gerechtigkeitsempfinden bzw. Billigkeitsdenken des jeweils zuständigen Gerichts geprägt zu sein. Ziel dieser Abhandlung ist es deshalb, den aufgezeigten "Grenzbereich" zwischen Einkunftserzielung und privater Vermögenssphäre auszuloten und - sofern nach geltender Rechtslage überhaupt möglich - ein über den Einzelfall hinausgehendes schlüssiges Gesamtkonzept zur steuerlichen Behandlung der genannten Forderungsverluste zu entwickeln.

Dazu bedarf es zunächst einer Analyse allgemeiner systematischer Grundprinzipien der Einkommensteuer sowie der Entwicklung des im geltenden Recht verankerten Einkommensbegriffs (Teil 2). Ausgehend von den historischen Grundsatzentscheidungen des Gesetzgebers wird im Anschluß daran die Frage untersucht, inwieweit eine steuerliche Berücksichtigung von Vermögensverlusten, wie sie derzeit in Rechtsprechung und Schrifttum diskutiert wird, mit dem Vermögensneutralitätsprinzip vereinbar ist (Teil 3). Aufgrund der dabei gewonnenen Erkenntnisse werden die zentralen Anwendungsfälle von Forderungsverlusten im Bereich der Haushaltseinkunftsarten in Teil 4 der Untersuchung einer geschlossenen Betrachtung unterzogen, um die Notwendigkeit ei-

7 Vgl. BStBl 1990 II S. 830

ner einheitlichen Beurteilung zu verdeutlichen. Nachdem sich die derzeitige Rechtslage als wenig befriedigend erweist, erfolgt zum Schluß der Arbeit ein kurzer Ausblick auf Lösungsmöglichkeiten de lege ferenda (Teil 5).

Teil 2

Einkommensteuersystematik und Haushaltseinkünfte

A. Die Erwerbstätigkeit als Steuergegenstand im EStG

I. Aufbau des Einkommensteuertatbestands

Ein Steueranspruch des Staates entsteht nach § 38 AO, "...sobald der Tatbestand verwirklicht ist, an den das Gesetz die Leistungspflicht knüpft." Nach diesem Grundsatz der Gesetz- und Tatbestandsmäßigkeit der Besteuerung müssen also sämtliche Tatbestandsmerkmale einer gesetzlichen Norm erfüllt sein, um den Steueranspruch zu begründen. Wie bereits *Hensel*[8] - mit geringfügigen terminologischen Abweichungen - in seiner Analyse des Steuerschuldverhältnisses nachgewiesen hat, lassen sich die in den Einzelsteuergesetzen kodifizierten Steuertatbestände jeweils in die vier Tatbestandselemente Steuersubjekt, Steuergegenstand, Steuerbemessungsgrundlage und Steuersatz zerlegen. Diese Ausführungen von *Hensel* bilden - soweit ersichtlich - die Basis für die sog. **Stufenbaulehre**, die insbesondere von *Bayer*,[9] *Biergans*[10] und *Wasmer*[11] weiterentwickelt wurde und die seitdem zunehmend Verbreitung findet.[12] Ein Stufenaufbau des Steuertatbestandes ergibt sich dabei aus der Tatsache, daß die vier Tatbestandselemente grundsätzlich[13] logisch einander nachgeordnet sind. Die ersten beiden Stufen - Steuersubjekt und Steuergegenstand -

8 Vgl. *Hensel, A.*, (Steuerrecht, 1933) S. 56 ff

9 Vgl. *Bayer, H.-W.*, (Grundbegriffe, 1990) S. 21 ff; *ders.*, BB 1988 S. 1 ff; *Bayer, H.-W., Müller, F.P.*, BB 1978 S. 1 - 5

10 Vgl. *Biergans, E.*, (Einkommensteuer, 1992) S. 4 ff; *Biergans/Wasmer*, FR 1985 S. 57 ff

11 Vgl. *Wasmer, C.*, (Einkünftezurechnung, 1985) S. 1 ff

12 Vgl. *Beierl, O.*, (Einkünftequalifikation, 1987) S. 62 ff; *Herrmann/Heuer/Raupach*, § 2 EStG Anm. 15; *Kemmer, M.*, (Teilentgeltliche Rechtsgeschäfte, 1987) S. 5 ff; *Koller, A.*, (Abgrenzung, 1993) S. 4 ff; *Pferdmenges, G.*, (Einkünfteerzielungsabsicht, 1990) S. 8 ff; *Schmidt, A.*, (Personengesellschaften, 1990) S. 3 ff; ähnlich auch *Stollenwerk, A.*, StVj 1989 S. 217 ff

13 Zu Ausnahmen vgl. *Biergans, E.*, (Einkommensteuer, 1992) S. 9 f; *Stollenwerk, A.*, StVj 1989 S. 217 (234)

werden zum sog. Grundtatbestand zusammengefaßt, während die Steuerbemessungsgrundlage und der Steuersatz den sog. Höhentatbestand bilden. Der Grundtatbestand regelt die Besteuerung dem Grunde nach, der Höhentatbestand dagegen bestimmt die Besteuerung der Höhe nach.[14]

II. Konkretisierung der Tatbestandsmerkmale

Versucht man, die einzelnen Tatbestandselemente des Einkommensteuertatbestandes näher zu konkretisieren, ergeben sich zunächst keine Probleme bei der Bestimmung des Steuersubjekts sowie des Steuersatzes, da sich beide unmittelbar aus dem Gesetz entnehmen lassen. *Steuersubjekt* der Einkommensteuer ist danach die natürliche Person,[15] der *Steuersatz* ergibt sich aus den Tarifvorschriften der §§ 32 ff EStG. Auch der Inhalt der dritten Stufe, der *Steuerbemessungsgrundlage*, ist durch das Gesetz hinreichend konkretisiert. § 2 Abs. 5 EStG nennt als "...Bemessungsgrundlage für die tarifliche Einkommensteuer" das zu versteuernde Einkommen, das sich ergibt, indem die aus den sieben Einkunftsarten erzielte "Summe der Einkünfte" um bestimmte (gesellschafts-) politisch motivierte Abzugspositionen, wie z.B. Sonderausgaben und außergewöhnliche Belastungen, gekürzt wird.[16]

Nach wie vor umstritten ist dagegen der *Steuergegenstand* der Einkommensteuer. Ein Teil der Literatur differenziert nicht zwischen Steuergegenstand und Steuerbemessungsgrundlage und bezeichnet das "Einkommen"[17] bzw. die "Summe der Einkünfte"[18] als Gegenstand der Einkommensteuer.[19] Demgegenüber ist nach Auffassung der Verfechter der Stufenbaulehre unter dem Steuergegenstand immer eine Erwerbstätigkeit des Steuerpflichtigen zu verstehen. Dem ist m.E. zuzustimmen. Der Steuergegenstand, der nach seiner Stellung im Stufenaufbau das Bindeglied zwischen Steuersubjekt und Steuerbemessungs-

14 Vgl. *Bayer, H.-W.*, (Grundbegriffe, 1990) S. 22 f; *Kemmer, M.*, (Teilentgeltliche Rechtsgeschäfte, 1987) S. 5 f; *Wasmer, C.*, (Einkünftezurechnung, 1985) S. 3

15 § 1 EStG

16 § 2 Abs. 3 - 5 EStG; vgl. hierzu die Übersicht bei *Biergans, E.*, (Einkommensteuer, 1992) S. 15

17 *Kirchhof/Söhn*, § 2 EStG Rdnr. A 366; *Durchlaub, Th.*, (Privatvermögen, 1993) S. 44; *Langohr, Th.G.*, (Veranlassungsprinzip, 1990) S. 39; *Littmann/Bitz/Hellwig*, § 2 EStG Rn 14, 41; vgl. auch BVerfG v. 23.11. 1976, BStBl 1977 II S. 135 (138): "Gegenstand der Einkommensteuer ist zunächst das erzielte Einkommen, (...)."

18 *Lang, J.*, (Bemessungsgrundlage, 1988) S. 34; *ders.*, StuW 1981 S. 223 (230); *Tipke/Lang*, (Steuerrecht, 1991) S. 196; *Wittmann, R.*, StuW 1993 S. 35 (37)

19 Diese Auffassung wird auch als die sog. "klassische Lehre" bezeichnet; vgl. *Stollenwerk, A.*, StVj 1989 S. 217

grundlage darstellt,[20] wird durch das zur Erfüllung des Steuertatbestandes erforderliche Verhalten des Steuerpflichtigen, die *steuerbare Handlung*, definiert, die in einem aktiven Handeln, Dulden oder Unterlassen besteht.[21]

Gestützt wird diese ausschließlich handlungsorientierte Interpretation des Steuergegenstandes durch den Wortlaut des Einkommensteuergesetzes. Der Einkommensteuer unterliegen nach § 2 Abs. 1 Satz 1 EStG Einkünfte, die der Steuerpflichtige *aus* einer der sieben Einkunftsarten *erzielt*. Demzufolge ist ein zielgerichtetes - aktives oder passives - Verhalten unabdingbare Voraussetzung für die Erfüllung des Steuertatbestandes.[22] Im Rahmen der gesetzlichen Umschreibung der einzelnen Einkunftsarten steht der Tätigkeitsaspekt insbesondere bei den betrieblichen Einkunftsarten im Vordergrund. Der Gewerbebetrieb wird als "Betätigung" charakterisiert[23] und von der "Ausübung" einer Land- und Forstwirtschaft bzw. der "Ausübung" eines freien Berufs oder einer anderen selbständigen "Arbeit" abgegrenzt. Aber auch die gesetzliche Konkretisierung der für die vorliegende Untersuchung relevanten Haushaltseinkunftsarten enthält eindeutig handlungsorientierte Merkmale:

(1) § 19 EStG knüpft an die nichtselbständige "Arbeit" an;

(2) § 21 EStG nennt die "Vermietung" und "Verpachtung" als steuerbare Handlung;

(3) nach § 22 Nr. 3 EStG führen bestimmte "Leistungen" zu steuerbaren Einkünften.

Zweifel könnten sich auf den ersten Blick im Rahmen des § 20 EStG ergeben, der nicht auf eine Betätigung abstellt, sondern lediglich eine kasuistische und nicht erschöpfende Auflistung von steuerbaren Kapitalerträgen enthält.[24] Dennoch wird m.E. auch hier sehr schnell deutlich, daß den Kapitaleinkünften stets eine steuerbare Handlung in Form einer Nutzungsüberlassung von Kapital gegen Entgelt zugrunde liegt.[25]

---

20 Vgl. *Kemmer, M.*, (Teilentgeltliche Rechtsgeschäfte, 1987) S. 6

21 *Biergans, E.*, (Einkommensteuer, 1992) S. 6 f; *Wasmer, C.*, (Einkünftezurechnung, 1985) S. 2

22 *Biergans, E.*, (Einkommensteuer, 1992) S. 6 f; *Koller, A.*, (Abgrenzung, 1993) S. 5; *Wasmer, C.*, (Einkünftezurechnung, 1985) S. 4 f; ähnlich *Jakob, W.*, (Einkommensteuer, 1991) S. 2 f, 15

23 Vgl. § 15 Abs. 2 EStG: "Eine selbständige, nachhaltige *Betätigung*, die mit der Absicht, Gewinn zu erzielen, *unternommen* wird..." (Hervorh. d. Verf.)

24 Vgl. *Leberfinger, S.*, (Erwerbseinnahmeansprüche, 1989) S. 8 m.w.N.

25 Vgl. z.B. BFH v. 31.10.1989, BStBl 1990 II S. 532 (533) m.w.N.: "Einnahmen aus Kapitalvermögen erzielt, wer Kapitalvermögen gegen Entgelt zur Nutzung überläßt (...)."; *Jakob, W.*, (Einkommensteuer, 1991) S. 15, 97; zum Handlungsaspekt im Rahmen des § 20 EStG vgl. ausführlich *Leberfinger, S.*, (Erwerbseinnahmeansprüche, 1989) S. 8 f

III. Stellungnahme

Die vorangegangenen Ausführungen haben gezeigt, daß die Einkommensbesteuerung an eine Erwerbstätigkeit des Steuerpflichtigen anknüpft. Erst dieses Tätigwerden in Form eines *zielgerichteten* Handelns stellt eine Verbindung zwischen dem Steuersubjekt und der Steuerbemessungsgrundlage her und führt zur vollständigen Erfüllung des Einkommensteuertatbestandes. Während die betrieblichen Einkunftsarten sehr stark durch ein aktives Handeln des Steuerpflichtigen geprägt sind, besteht die Betätigung im Rahmen der Haushaltseinkünfte i.S. der §§ 19 - 21 EStG[26] primär in einem passiven Verhalten, nämlich der Überlassung wirtschaftlicher Ressourcen.[27]

Die vorliegende Arbeit stützt sich deshalb auf den handlungsorientierten Ansatz, zumal, wie noch zu zeigen sein wird, nur auf diesem Weg eine dogmatisch fundierte Rechtfertigung für die steuerliche Behandlung von Forderungsverlusten gefunden werden kann. Es soll jedoch an dieser Stelle auch nicht verschwiegen werden, daß im jüngeren Schrifttum nicht zu Unrecht darauf hingewiesen wird, man dürfe die Bedeutung des Gegensatzes zwischen klassischer Lehre und Stufenbaulehre nicht überschätzen.[28] Dem ist insofern zuzustimmen, als auch von den Vertretern der klassischen Lehre eingeräumt wird, daß sich das Einkommensteuerobjekt "Summe der Einkünfte" als das Ergebnis von Erwerbstätigkeiten darstellt.[29] Andererseits weist *Stollenwerk*[30] selbst darauf hin, daß beide Ansätze aufgrund ihrer unterschiedlichen dogmatischen Basis bei der Lösung konkreter Fälle mit unterschiedlichen Begründungen arbeiten und deshalb auch der Weg zu unterschiedlichen Ergebnissen nicht weit sei.

26 Die Sonstigen Einkünfte i.S.d. § 22 EStG können hierbei vernachlässigt werden, da die Vorschrift im wesentlichen Sachverhalte der Besteuerung unterwirft, die nach der allgemeinen Systematik des EStG nicht steuerbar wären, z.B. Spekulationsgeschäfte und Unterhaltsleistungen im Rahmen des sog. "Realsplittings" bei Ehescheidungen; gl.A. *Stollenwerk, A.*, StVj 1989 S. 217 (227 f). Auch die Besteuerung wiederkehrender Zahlungen kann in diesem Zusammenhang als - zudem überflüssiger - Systembruch entlarvt werden; vgl. hierzu *Biergans, E.*, (Renten, 1993) S. 347 ff und S. 354 ff

27 Vgl. ausführlich *Koller, A.*, (Abgrenzung, 1993) S. 5 f

28 Vgl. *Stollenwerk, A.*, StVj 1989 S. 217 (218): "Die noch darzustellenden Gegensätze bestehen m.E. im wesentlichen in der Verbalisierung des Einkommensteuertatbestandes und existieren damit nur vermeintlich." Gl.A. *Herrmann/Heuer/Raupach*, § 2 EStG Anm. 51

29 Vgl. *Tipke/Lang*, (Steuerrecht, 1994) § 9 Rz. 40 a.E.

30 Vgl. *Stollenwerk, A.*, StVj 1989 S. 217

B. Besteuerung nach der Leistungsfähigkeit und Nettoprinzip

Das Fundamentalprinzip, auf dem das Einkommensteuergesetz aufbaut,[31] ist das Prinzip der **Besteuerung nach der Leistungsfähigkeit**,[32] das auch vom Bundesverfassungsgericht seit 1957[33] regelmäßig als Maßstab zur Überprüfung einzelner Steuernormen herangezogen wird:

"Es ist ein grundsätzliches Gebot der Steuergerechtigkeit, daß die Besteuerung nach der wirtschaftlichen Leistungsfähigkeit ausgerichtet wird. Dies gilt insbesondere für die Einkommensteuer (...)."[34]

Da das Leistungsfähigkeitsprinzip als abstraktes Prinzip zunächst unbestimmt ist,[35] muß ein Indikator gefunden werden, der die Leistungsfähigkeit des einzelnen Steuerpflichtigen richtig wiedergibt. Nach *Biergans*[36] läßt sich der Inhalt dieses Grundprinzips aus dem Aufbau des Einkommensteuertatbestands ableiten. Danach ist unter Leistungsfähigkeit "...die Fähigkeit eines Steuersubjekts zu verstehen, durch wirtschaftliche Handlungen Reinvermögensmehrungen zu erzielen." Ausschlaggebend ist hierbei nicht die potentielle,[37] sondern die durch die erzielten Einkünfte als Resultat der wirtschaftlichen Betätigung tatsächlich konkretisierte[38] Leistungsfähigkeit.

Begreift man außerdem die bei der Ermittlung des zu versteuernden Einkommens nach der Feststellung der "Summe der Einkünfte" zugelassenen Abzugs-

---

31 Vgl. Begründung zum EStG 1920, Dr. d. Nationalversammlung Nr. 1624 S. 15; Begründung zum EStRG 1974, BT-Dr. 7/1470 S. 212; Begründung zum RegE zu § 15a EStG, BT-Dr. 8/3648 S. 16

32 Vgl. bereits *Becker, E.*, Vorbemerkungen zum EStG 1925 S. 4; *ders.*, (Grundlagen, 1940) S. 8

33 Vgl. *Herzog, R.*, StbJb 1985/86 S. 27 (38 ff)

34 BVerfG v. 22.2.1984, BStBl 1984 II S. 357 (359); v. 3.11.1982, BStBl 1982 II S. 717 (725); v. 23.11.1976, BStBl 1977 II S. 135 (138)

35 Vgl. *Tipke/Lang*, (Steuerrecht, 1994) § 4 Rz. 16, 83, 89

36 Vgl. *Biergans, E.*, (Einkommensteuer, 1992) S. 11; *Biergans/Wasmer*, FR 1985 S. 57 (62)

37 Kein Steuerpflichtiger ist also zur Einkunftserzielung aus seinen Ressourcen gezwungen; vgl. BFH v. 8.11.1960, BStBl 1960 III S. 513 (514): "Das Finanzgericht geht mit Recht von dem Grundsatz aus, daß niemand verpflichtet ist, aus seinem Vermögen bestimmte Nutzungen zu ziehen (...)."

38 Zu diesem im 18. Jahrhundert keineswegs selbstverständlichen "Verzicht auf eine fiskalische Bindung individueller Erwerbs*fähigkeit*" (Hervorh. d. Verf.) zugunsten der tatsächlichen Erwerbstätigkeit vgl. *Kirchhof/Söhn*, § 2 EStG Rdnr. A 3 f; *Fuisting, B.*, (Direkte Steuern, 1902) S. 135

positionen[39] lediglich als Modifikation des Steuertarifs, ist als Indikator der einkommensteuerlichen Leistungsfähigkeit - entgegen der h.M.[40] - die "Summe der Einkünfte"[41] anzusehen und nicht das "zu versteuernde Einkommen".[42] Dies ist insofern konsequent, als die Abzugsbeträge keinerlei Zusammenhang mit der wirtschaftlichen Tätigkeit eines Steuersubjekts aufweisen.[43] Es handelt sich bei ihnen vielmehr um (gesellschafts-)politisch motivierte und zum Teil aus verfassungsrechtlichen Vorgaben abgeleitete Wertentscheidungen, inwieweit persönliche Verhältnisse einzelner Steuerpflichtiger bei der Besteuerung berücksichtigungsfähig sein sollen.

Ein so verstandenes - auf den Bereich der Einkünfteermittlung beschränktes - Leistungsfähigkeitsprinzip stellt einen operationalen Maßstab dar, um gesetzliche Vorschriften oder allgemeine Prinzipien des Einkommensteuergesetzes zu interpretieren bzw. auf ihre Vereinbarkeit mit der Einkommensteuersystematik hin zu überprüfen.[44]

Demgegenüber differenziert die h.M.[45] zwischen objektiver und subjektiver Leistungsfähigkeit, wobei erstere durch die "Summe der Einkünfte" ausgedrückt wird,[46] während die subjektive Leistungsfähigkeit unter Berücksichtigung "unvermeidbarer Privatausgaben" am zu versteuernden Einkommen gemessen werden soll.[47] Diese Auffassung erweist sich jedoch als nicht unproblematisch. Zum einen sind im Rahmen der Ermittlung des zu versteuernden Einkommens private Ausgaben abzugsfähig,[48] die keinesfalls zwingend entstehen;[49] zum anderen kann die Frage, welche Aufwendungen - und in welcher Höhe - als "unvermeidbare Privatausgaben" anzusehen sind, letztlich wieder

39 Freibeträge, Sonderausgaben sowie außergewöhnliche Belastungen

40 Vgl. die nachfolgenden Ausführungen

41 § 2 Abs. 3 EStG

42 § 2 Abs. 5 EStG

43 Vgl. *Biergans, E.*, (Einkommensteuer, 1992) S. 10; *Biergans/Wasmer*, FR 1985 S. 57 (62)

44 Vgl. *Biergans, E.*, (Einkommensteuer, 1992) S. 12

45 Vgl. z.B. *Herrmann/Heuer/Raupach*, § 2 EStG Anm. 11; *Lang, J.*, StuW 1981 S. 223 (230); *Tipke/Lang*, (Steuerrecht, 1994) § 9 Rz. 42 ff

46 Die Vorschrift des § 10d EStG (Verlustabzug) wird dabei der Maßgröße der objektiven Leistungsfähigkeit zugeordnet; vgl. *Tipke/Lang*, (Steuerrecht, 1994) § 9 Rz. 700

47 Vgl. *Söhn, H.*, StuW 1990 S. 356 (358) m.w.N.

48 Z.B. Spenden, Aufwendungen im Zusammenhang mit selbstgenutztem Wohneigentum

49 Schwer verständlich ist darüber hinaus auch, warum sich unter Geltung eines subjektiven Leistungsfähigkeitsprinzips der Verlustabzug (§ 10d EStG) nach dem negativen Gesamtbetrag der Einkünfte bemißt und nicht nach dem negativen zu versteuernden Einkommen; vgl. *Biergans/Stockinger*, FR 1982 S. 1 (6). Eine Berücksichtigung nicht ausgenutzter Abzugsbeträge in anderen Veranlagungszeiträumen ist inzwischen ausgerechnet für bestimmte Spenden (vgl. § 10b Abs. 1 Satz 3 und 4 EStG) sowie im Rahmen des § 10e EStG zulässig.

nur durch (politische oder persönliche) Wertentscheidungen beantwortet werden.[50] Auch das Bundesverfassungsgericht[51] konstatiert, daß sich das Leistungsfähigkeitsprinzip als vieldeutig erweise, sobald daraus konkrete Schlüsse gezogen werden sollen, hält jedoch "im gleichen Atemzug" daran fest, daß sich aus ihm auch Konsequenzen für Ausgaben, die außerhalb der Sphäre der Einkunftserzielung anfallen und die für den Steuerpflichtigen unvermeidbar sind, ergeben.

Im Ergebnis besteht m.E. durch den Einsatz zur Rechtfertigung bestimmter im Bereich der Einkommensverwendung angesiedelter Abzugspositionen die Gefahr einer Verwässerung des Leistungsfähigkeitsprinzips bis hin zu einer "...Leerformel, mit der sich jedes politisch oder persönlich gewünschte Ergebnis begründen läßt."[52] Eine weitergehende Auseinandersetzung mit der Tragweite des Leistungsfähigkeitsprinzips kann im Rahmen der vorliegenden Untersuchung jedoch unterbleiben, da sich die hier zugrundeliegende Problematik im Bereich der *Einkünfteerzielung* und *-ermittlung* bewegt.

Als Ausfluß des Grundprinzips der Besteuerung nach der Leistungsfähigkeit ergibt sich das durch § 2 Abs. 2 EStG kodifizierte **Nettoprinzip** als Postulat, die leistungsfähigkeitsmindernden Vermögensabflüsse zu berücksichtigen.[53] Besteuert werden danach nur *Rein*vermögensmehrungen.[54] Dies wird im Grundsatz auch vom Bundesverfassungsgericht[55] anerkannt:

"1. Die Einkommensteuer will als Personensteuer die steuerliche Leistungsfähigkeit erfassen. Daraus ergibt sich vor allem das Prinzip der Nettobesteuerung des Einkommens, wonach bei den hier in Frage kommenden Einkünften der Einkommensteuer nur der Überschuß der Einnahmen über die Werbungskosten unterliegt (...)."

Heftig umstritten ist jedoch die Frage, ob das Nettoprinzip dem Einkommensteuerrecht "als verfassungsrechtlich verbindliche Sachgesetzlichkeit"[56] zugrundeliegt. Das Bundesverfassungsgericht[57] verneint dies und gesteht dem

---

50 Ähnlich *Biergans, E.*, (Einkommensteuer, 1992) S. 12 f

51 Beschluß v. 23.11.1976, BStBl1977 II S. 135 (138) m.w.N.

52 So *Biergans, E.*, (Einkommensteuer, 1992) S. 13

53 Vgl. *Lang, J.*, (Bemessungsgrundlage, 1988) S. 183; *Herrmann/Heuer/Raupach*, § 2 EStG Anm. 11; *Tipke/Lang*, (Steuerrecht, 1994) § 9 Rz. 54. Sofern man mit der h.M. zwischen objektiver und subjektiver Leistungsfähigkeit differenziert, ergibt sich daraus auch ein zweigeteiltes - objektives und subjektives - Nettoprinzip. Die Frage braucht jedoch hier nicht weiter erörtert zu werden; zum subjektiven Nettoprinzip vgl. z.B. *Tipke/Lang*, (Steuerrecht, 1994) § 9 Rz. 68 ff; *Uelner, A.*, (Subjektives Nettoprinzip, 1993) S. 21 ff m.w.N.

54 Vgl. hierzu auch die Ausführungen zur Markteinkommenstheorie auf S. 32 ff

55 Beschluß v. 2.10.1969, BStBl 1970 II S. 140 (142)

56 Vgl. *Tipke/Lang*, (Steuerrecht, 1991) S. 203

57 Beschluß v. 7.11.1972, BVerfGE 34 S. 103 (115 ff)

Gesetzgeber Durchbrechungen des Nettoprinzips auch ohne sachliche Gründe - also willkürlich[58] - zu.[59] Die allgemeinen Vorschriften zum Betriebsausgaben- bzw. Werbungskostenabzug und ihre Durchbrechungen[60] stehen danach nicht in einem Regel-/Ausnahmeverhältnis zueinander, sondern ergeben "...als gleichwertige Normen selbst eine einheitliche Regelung."[61] Die Durchbrechungen wären damit lediglich als Ergänzungen und Modifizierungen des Nettoprinzips zu sehen.[62] In der Literatur[63] wird diese Auffassung dagegen - m.E. zu Recht - einhellig abgelehnt und die Sachgesetzlichkeit des Nettoprinzips hervorgehoben. Es kann für die Zwecke der vorliegenden Abhandlung allerdings dahinstehen, inwieweit und unter welchen Voraussetzungen gesetzliche Durchbrechungen des Nettoprinzips zulässig sind. Festzuhalten bleibt jedoch m.E., daß das Prinzip verbindlich ist, soweit das Gesetz nicht ausdrücklich Abweichungen vorsieht bzw. übergeordnete systemtragende Grundsätze entgegenstehen.

C. Das Veranlassungsprinzip als Bindeglied im Steuertatbestand

I. Ausgangslage

Nachdem im Rahmen der Ausführungen zum Einkommensteuertatbestand[64] deutlich wurde, daß die vier Tatbestandsmerkmale logisch aufeinander aufbauen und die steuerbare Tätigkeit (Steuergegenstand) als Bindeglied zwischen Steuersubjekt und Steuerbemessungsgrundlage fungiert, stellt sich nunmehr die Frage, in welcher Form die einzelnen Stufen miteinander verknüpft sind. Unproblematisch, weil gesetzlich eindeutig definiert, ist dabei die Beziehung innerhalb des Höhentatbestandes. Die Höhe des Steuersatzes ist unmittelbar an die Höhe der Bemessungsgrundlage gekoppelt.[65] Schwierigkeiten bereitet da-

58 Vgl. *Söffing, G.*, StbJb 1988/89 S. 121 (128)

59 A.A. noch BVerfG v. 2.10.1969, BStBl 1970 II S. 140 (142); hier werden "sachlich einleuchtende Gründe" für eine Abweichung vom Nettoprinzip gefordert.

60 Z.B. § 4 Abs. 5 und 6, § 9 Abs. 5 EStG, § 10 Nr. 2 - 4 KStG

61 BVerfG v. 7.11.1972, BVerfGE 34 S. 103 (117)

62 Vgl. *Herrmann/Heuer/Raupach*, § 2 EStG Anm. 503

63 Vgl. z.B. *Herrmann/Heuer/Raupach*, § 2 EStG Anm. 503; *Lang, J.*, (Bemessungsgrundlage, 1988) S. 183 ff; *Söffing, G.*, StbJb 1988/89 S. 121 (128 f); *Tipke/Lang*, (Steuerrecht, 1994) § 9 Rz. 55

64 Vgl. S. 5 ff

65 Vgl. §§ 32a - 32d EStG

gegen die Ableitung der Beziehungen zwischen den ersten drei Stufen des Steuertatbestandes aus dem Einkommensteuergesetz. Ausgangspunkt ist hierbei die Regelung des § 4 Abs. 4 EStG, die als Betriebsausgaben diejenigen Aufwendungen definiert, die durch den Betrieb **veranlaßt** sind.[66] Trotz des abweichenden Gesetzeswortlauts ist nach inzwischen h.M.[67] davon auszugehen, daß das Veranlassungsprinzip auch über den Abzug von Werbungskosten[68] entscheidet. Gleiches gilt für die Frage, ob Einnahmen in die Bemessungsgrundlage eingehen,[69] da diese ebenso wie die Ausgaben auf eine Erwerbstätigkeit als gemeinsames Grundelement zurückzuführen sind.[70] Auch auf der Einnahmenseite ist dabei grundsätzlich nicht zwischen Gewinn- und Überschußeinkunftsarten zu differenzieren.[71]

Das Veranlassungsprinzip gilt neben dem Nettoprinzip als wesentliches "Subprinzip" zur Konkretisierung des übergeordneten Leistungsfähigkeitsgrundsatzes.[72] Aus dem Blickwinkel des handlungsorientierten Steuertatbestandes wird seine Funktion darin gesehen, Steuergegenstand und Steuerbemessungsgrundlage miteinander zu verbinden.[73]

II. Der maßgebliche Veranlassungszusammenhang

1. Meinungsstand

Wenn auch im Grundsatz Einigkeit darüber besteht, daß sich Ausgaben/Einnahmen auf die Steuerbemessungsgrundlage auswirken, wenn sie durch die Einkunftserzielung "veranlaßt" sind, stellt sich unmittelbar darauf die Frage,

---

66 Auch § 22 Nr. 4 EStG spricht von einem "durch das Mandat **veranlaßten**" Aufwand (Hervorh. d. Verf.)

67 Vgl. z.B. BFH v. 8.12.1992, BStBl 1993 II S. 434 (435); v. 4.7.1990, BStBl 1990 II S. 817 (823) m.w.N.; *Offerhaus, K.*, BB 1979 S. 617 (622); *Prinz, U.*, FR 1986 S. 397 (401 f); *Schmidt/Drenseck*, § 9 EStG Anm. 2d

68 Zum Werbungskostenbegriff vgl. ausführlich S. 48 ff und S. 67 ff

69 BFH v. 27.7.1988, BStBl 1988 II S. 995 (996 f) m.w.N.; v. 20.4.1989, BStBl 1989 II S. 641 (641 f); *Herrmann/Heuer/Raupach*, § 8 EStG Anm. 38 m.w.N.; *Tipke/Lang*, (Steuerrecht, 1994) § 9 Rz. 211; a.A. *Maly, I.*, FR 1994 S. 457 (459)

70 *Herrmann/Heuer/Raupach*, § 9 EStG Anm. 116, 117, 145; *Jakob/Jüptner*, (Parteienfinanzierung, 1986) S. 101; *Tipke/Lang*, (Steuerrecht, 1994) § 9 Rz. 226

71 BFH v. 29.6.1982, BStBl 1982 II S. 755 (756) m.w.N.; v. 27.7.1988, BStBl 1988 II S. 995 (996)

72 Vgl. *Tipke/Lang*, (Steuerrecht, 1991) S. 59; *Tipke, K.*, (Steuerrechtsordnung I, 1993) S. 500 f

73 *Jakob/Jüptner*, (Parteienfinanzierung, 1986) S. 100 f; *Wasmer, C.*, (Einkünftezurechnung, 1985) S. 6; *Wassermeyer, F.*, StuW 1982 S. 352 (358); ähnlich *Biergans, E.*, (Einkommensteuer, 1992) S. 1066

welche konkreten inhaltlichen Anforderungen an den Veranlassungszusammenhang zu stellen sind. Weitgehende Übereinstimmung herrscht dabei insofern, als die Veranlassung nicht im Sinne von *Verursachung* interpretiert wird. Vielmehr muß eine steuerbare Tätigkeit das *auslösende Moment* (den Anstoß) für eine Ausgabe/Einnahme darstellen.[74]

Beispiel:[75]

Ein Unternehmer verunglückt auf der Fahrt zu einem Geschäftsfreund, weil die Bremsen seines Pkw versagen. *Anlaß* bzw. *auslösendes Element* für den Unfall ist die betriebliche Fahrt, *Ursache* dagegen das Bremsversagen.

Bei genauerer Betrachtung zeigt sich jedoch, daß die Differenzierung zwischen *veranlaßt* und *verursacht* nicht viel mehr als ein Wortspiel ist,[76] da in Grenzsituationen[77] offensichtlich eine davon unabhängige "wertende Betrachtung" vorgenommen und gegebenenfalls auch der "Ursache" die entscheidende Bedeutung beigemessen wird.[78] Die betriebliche bzw. berufliche *Veranlassung* kann durch private *Ursachen* verdrängt werden.

Beispiel:

Sachverhalt wie im vorigen Beispiel mit dem Unterschied, daß sich der Unfall durch Alkoholeinfluß ereignet. *Anlaß* bzw. *auslösendes Moment* für den Unfall ist nach der im letzten Beispiel aufgezeigten Differenzierung nach wie vor die betriebliche Fahrt, während die Unfall*ursache* nunmehr im Alkoholgenuß liegt. Dennoch ist nach Auffassung des BFH[79] jetzt plötzlich die alkoholbedingte Fahruntüchtigkeit auslösendes Moment für den Unfall. Gleiches gilt, wenn der Fahrer einem Beifahrer die Schnelligkeit seines Wagens demonstrieren will. Dagegen soll es für die betriebliche bzw. berufliche Veranlassung unschädlich sein, wenn der Unfall durch das Herabfallen einer brennenden Zigarette verursacht wurde.[80]

---

74 BFH v. 4.7.1990, BStBl 1990 II S. 817 (823); FG Köln v. 20.5.1981, EFG 1981 S. 554 (rkr.); *Herrmann/Heuer/Raupach*, § 9 EStG Anm. 140; *Offerhaus, K.*, BB 1979 S. 617 (620); *Schmidt/Heinicke*, § 4 EStG Anm. 7b; *v. Bornhaupt, K.J.*, JDStJG 3 (1980) S. 149 (180)

75 Vgl. *Offerhaus, K.*, BB 1979 S. 617 (620)

76 Nach *Ruppe* (*H.G.*, JDStJG 3 (1980) S. 103 (146 f)) ist der Gegensatz zwischen den beiden Begriffen "...weitgehend ein scheinbarer." Auch *Söhn* (*H.*, JDStJG 3 (1980) S. 13 (74, 78)) unterscheidet nicht zwischen "Anlaß" und "Ursache."

77 In der Literatur wird in diesem Zusammenhang von einer "gemischten Veranlassung" gesprochen; vgl. *Tipke/Lang*, (Steuerrecht, 1994) § 9 Rz. 239 ff

78 Vgl. BFH v. 4.7.1990, BStBl 1990 II S. 817 (823). Der Große Senat spricht hier ebenfalls von einer wertenden Beurteilung des "auslösenden Moments."

79 Urteil v. 6.4.1984, BStBl 1984 II S. 434 (436); im Ergebnis gl.A. BFH v. 28.11.1977 (GrS), BStBl 1978 II S. 105 (109); zu Recht kritisch hierzu *Wassermeyer, F.*, JDStJG 3 (1980) S. 315 (325 FN 34)

80 BFH v. 28.11.1977 (GrS), BStBl 1978 II S. 105 (108)

Von zentraler Bedeutung für die Konkretisierung eines Veranlassungszusammenhangs ist die nach wie vor umstrittene Frage, ob der Veranlassungsbegriff durch objektive oder subjektive Merkmale geprägt ist. Nach Auffassung des BFH[81] sind Aufwendungen betrieblich bzw. beruflich veranlaßt, wenn sie *objektiv* mit dem Betrieb/Beruf zusammenhängen und *subjektiv* zu dessen Förderung gemacht werden. Die subjektive Förderungsabsicht soll dabei jedoch "...kein in jedem Fall notwendiges Merkmal des Werbungskosten- bzw. Betriebsausgabenbegriffs" sein, "...weil z.B. auch unfreiwillige Ausgaben und Zwangsaufwendungen nach dem objektiven Nettoprinzip Werbungskosten bzw. Betriebsausgaben sind (...)."[82] Diese und weitere Ausführungen des VI. Senats lassen erkennen, daß der BFH die objektive Komponente klar in den Vordergrund stellt. M.E.[83] ist die Einsetzung eines fakultativen Tatbestandsmerkmals, das im Einzelfall zurücktreten kann, zumindest dann fragwürdig, wenn nicht abstrakt festgelegt werden kann, wann diese Komponente unerheblich ist. Die im Schrifttum[84] geäußerte Kritik, es handle sich bei fakultativen Merkmalen um nicht entscheidungserhebliche Abgrenzungskriterien, denen allenfalls ein beispielhafter Charakter beigemessen werden könne, erscheint insoweit berechtigt.

Ohne im Einzelfall zu grundlegend unterschiedlichen Ergebnissen zu kommen, haben sich in der Literatur die verschiedensten Meinungsrichtungen zur dogmatischen Fundierung des Veranlassungsprinzips gebildet. So verwenden *Offerhaus*[85] und ihm folgend *v. Bornhaupt*[86] dieselbe Definition wie der BFH, ohne allerdings auf die Bedeutung der subjektiven Komponente näher einzugehen. Nach *Söhn*[87] sind - in Anlehnung an den BFH - ausschließlich objektive Kriterien entscheidungsrelevant, da nur auf diesem Weg einer Manipulierbarkeit des Nettoprinzips entgegengewirkt werden könne:

"Aus dem objektiven Nettoprinzip folgt, daß Aufwendungen, die in einem objektiven (wirtschaftlichen) Zusammenhang mit der beruflichen (betrieblichen) Tätigkeit stehen, Werbungskosten (Betriebsausgaben) sein *müssen*, selbst wenn der Steuerpflichtige subjektiv Privatausgaben tätigen will, während umgekehrt Ausgaben, die in einem objektiven (wirtschaftlichen) Zusammenhang nur mit der Privatsphäre stehen, Privatausgaben sein *müssen*, selbst wenn sie der Steuerpflichtige subjektiv in der Absicht tätigt, seinen Beruf (Betrieb) zu fördern."

---

81 Urteil v. 20.11.1979, BStBl 1980 II S. 75 (76); v. 28.11.1980, BStBl 1981 II S. 368 (369); v. 21.7.1981, BStBl 1982 II S. 37 (39); Beschluß des Großen Senats v. 4.7. 1990, BStBl 1990 II S. 817 (823)

82 BFH v. 28.11.1980, BStBl 1981 II S. 368 (369). Auch die weiteren Ausführungen des VI. Senats deuten auf eine starke Betonung der objektiven Komponente hin.

83 Gl.A. *Jakob/Jüptner*, (Parteienfinanzierung, 1986) S. 125

84 Vgl. *Wassermeyer, F.*, StuW 1982 S. 352 (352 f); *Koller, A.*, (Abgrenzung, 1993) S. 9

85 Vgl. *Offerhaus, K.*, BB 1979 S. 617 (620)

86 Vgl. *v. Bornhaupt, K.J.*, JDStJG 3 (1980) S. 149 (180)

87 Vgl. *Söhn, H.*, StuW 1983 S. 193 (196)

Langohr[88] stellt auf einer ersten Stufe des Veranlassungsbegriffes zunächst ebenfalls eine weite objektiv-wirtschaftliche Betrachtung an und will anschließend auf der zweiten Stufe eine wertende Zuordnung zum beruflichen und privaten Bereich vornehmen.

Demgegenüber stellt nach Auffassung des FG Köln[89] der Veranlassungsbegriff ausschließlich darauf ab, "ob der Steuerpflichtige mit den Ausgaben subjektiv (= causa movens) die Absicht verbindet, der Einkunftsquelle zu dienen." Die subjektive Absicht müsse allerdings durch objektiv erkennbare Umstände nachweisbar sein. Auch *Wassermeyer*[90] betont die Maßgeblichkeit subjektiver Kriterien. Das Wort "veranlassen" bedeute steuerrechtlich das Auslösen einer Vermögensveränderung, die nach der Konzeption des Ertragsteuerrechts letztlich immer auf die Willensentscheidung einer natürlichen Person zurückgeführt werden könne. Dabei sei unerheblich, daß im Einzelfall auch objektive und/oder subjektive Momente auf die Willensbildung einwirken könnten bzw. die Willensentscheidung ausschließlich unter dem (objektiven) Druck der tatsächlichen Verhältnisse zustandekomme.[91] Diese Ansicht erweist sich jedoch als zu eng. Der Versuch, auch willensunabhängige Nebenfolgen und damit objektive Komponenten in das subjektiv ausgerichtete Grundschema "einzupassen", erscheint inkonsequent und kaum nachvollziehbar, wie *Koller*[92] am Beispiel unbeabsichtigter Einnahmen m.E. überzeugend nachgewiesen hat.

2. Finale Handlungslehre - Stellungnahme

Trotz der scheinbar krassen Gegensätze in dem aufgezeigten Meinungsstreit ergeben sich - wie bereits angedeutet - bei der Lösung konkreter Fälle kaum Unterschiede. Ebenso erkennen die Vertreter eines subjektiv geprägten Veranlassungsprinzips auch die Existenz objektiver Kriterien an und umgekehrt. Die Ursachen der Differenzen werden zu Recht darin gesehen, daß "...auf der Vorstufe der Überlegungen, der Frage nach den relevanten Bezugspunkten in der Sphäre der Einkünfteerzielung, keine Klarheit herrscht."[93] Letztlich resultieren die Probleme daraus, daß entweder "Handlungen" und "Einnahmen" bzw. "Aufwendungen" als integrative Einheit betrachtet werden,[94] obwohl gerade in

88 *Langohr, Th.G.*, (Veranlassungsprinzip, 1990) S. 125

89 Urteil v. 20.5.1981, EFG 1981 S. 554 (rkr.)

90 Vgl. *Wassermeyer, F.*, StuW 1982 S. 352 (359, 364);

91 *Wassermeyer, F.*, StuW 1981 S. 245 (252); gl.A. *Prinz, U.*, FR 1986 S. 397 (404); *ders.* in *Herrmann/Heuer/Raupach*, § 9 EStG Anm. 149

92 Vgl. *Koller, A.*, (Abgrenzung, 1993) S. 9 f

93 Vgl. *Kröner, M.*, StuW 1985 S. 115 (120); gl.A. *Koller, A.*, (Abgrenzung, 1993) S. 10; *Wassermeyer, F.*, StuW 1982 S. 352 (355 f)

94 Vgl. z.B. auch FG Düsseldorf v. 12.12.1975, EFG 1976 S. 549 (550) (rkr.)

den Fällen der sog. willensunabhängigen Nebenfolgen der fehlende direkte Zusammenhang evident ist[95] oder aber nicht zwischen der einzelnen Handlung und einer Erwerbstätigkeit als Bezugspunkt für eine Vielzahl von einzelnen Handlungen differenziert wird.

Soweit ersichtlich, wurde die Bedeutung der Differenzierung zwischen einzelnen Handlungen, der Erwerbstätigkeit (bzw. Erwerbssphäre) und Einnahmen/Ausgaben als Ausgangspunkt zur Konkretisierung des Veranlassungsbegriffs zuerst von *Tipke*[96] im Rahmen seiner *finalen Handlungslehre* aufgezeigt. Wie *Koller*[97] dargelegt hat, läßt sich dieses Konzept nahtlos in den Stufenaufbau des Einkommensteuertatbestands einordnen. Danach erschließt sich die Bedeutung subjektiver und objektiver Kriterien erst durch eine strikte Trennung zwischen:

(1) der Veranlassung der Handlung und

(2) der Veranlassung von Ausgaben/Einnahmen.

Zu (1): Steuerbare Einkünfte resultieren aus der Ausübung wirtschaftlicher Tätigkeiten, die auf die Erzielung von Reinvermögensmehrungen gerichtet sind.[98] Damit ist im Hinblick auf einzelne **Handlungen** zuerst zu klären, welche Motive den Steuerpflichtigen zu dieser Handlung bewogen haben bzw. was er mit ihr bezweckt.[99] Die Zuordnung zu einer Erwerbstätigkeit erfolgt nur dann, wenn der (subjektive) Handlungswille des Steuerpflichtigen auf die Förderung dieser Erwerbstätigkeit gerichtet ist bzw. war. Der subjektive Zusammenhang zwischen einzelnen Handlungen und einer Erwerbstätigkeit bringt also nichts anderes zum Ausdruck als ein *finales* (zweckgerichtetes) Handeln.

Nachdem sich der Wille zur Förderung einer Erwerbstätigkeit ausschließlich im subjektiven Bereich bilden kann, haben objektive Kriterien in diesem Zusammenhang lediglich eine - allerdings wichtige - **Beweisfunktion**. "Will die Rechtsanwendung sich nicht bloß Behauptungen über subjektive Zwecke oder Motive ausliefern, so muß sie bestrebt sein, die Behauptungen durch objektive Umstände verifiziert zu sehen (...)."[100] Zur Ableitung des subjektiven Handlungswillens aus objektiv gegebenen Umständen bietet sich die sog. typisierende Betrachtungsweise in Form einer widerlegbaren Beweisvermutung (*prima-*

95 Vgl. *Koller, A.*, (Abgrenzung, 1993) S. 10

96 Vgl. *Tipke, K.*, StuW 1979 S. 193 (199 ff); *Tipke/Lang*, (Steuerrecht, 1994) § 9 Rz. 206 ff

97 Vgl. *Koller, A.*, (Abgrenzung, 1993) S. 10 ff

98 Vgl. hierzu ausführlich S. 32 ff

99 Vgl. *Tipke, K.*, StuW 1979 S. 193 (199)

100 *Tipke, K.*, StuW 1979 S. 193 (199); ähnlich *Tipke/Lang*, (Steuerrecht, 1994) § 9 Rz. 214; *Prinz, U.*, FR 1986 S. 397 (405)

facie- bzw. *Anscheinsbeweis*) an. Dabei wird zunächst von einem typischen Geschehensablauf ausgegangen, dem Steuerpflichtigen aber die Möglichkeit zum Gegenbeweis gegeben, wobei an den letzteren keine überzogenen Anforderungen gestellt werden dürfen.[101] Durch diese Vorgehensweise wird sowohl den Interessen des Steuerpflichtigen als auch des Fiskus am besten Rechnung getragen. Auf der einen Seite ist es dem Steuerpflichtigen verwehrt, "...durch willkürliche Behauptungen bzgl. seiner Handlunsmotive stets die für ihn günstigste steuerliche Behandlung herbeizuführen,"[102] während auf der anderen Seite sichergestellt ist, daß auch die Finanzverwaltung nicht wie im Fall der Schaffung unwiderlegbarer Vermutungen (materielle Typisierung[103]) ihre Interessen zu stark in den Vordergrund stellen kann. Dabei ist stets auch zu beachten, daß bei *Dauersachverhalten* der Veranlassungszusammenhang im Zeitablauf wechseln kann.[104]

Zu (2): Der Veranlassungszusammenhang auf der zweiten Ebene, d.h. die Zuordnung einzelner **Einnahmen/Ausgaben** zu einer Erwerbstätigkeit, ist ausschließlich nach objektiven Kriterien zu beurteilen. Nur auf diesem Weg können im willensunabhängigen Bereich begründete materielle Auswirkungen (Einnahmen/Ausgaben) dogmatisch sauber zugeordnet werden.[105] Der objektive Veranlassungszusammenhang ordnet somit Einnahmen bzw. Ausgaben einer konkreten, zuvor abgegrenzten Tätigkeit zu.

Damit wird deutlich, daß das Veranlassungsprinzip als Ausfluß des Leistungsfähigkeitsprinzips das zentrale Bindeglied zwischen den ersten drei Stufen des Steuertatbestands darstellt. Steuersubjekt und Steuergegenstand werden durch einen subjektiven Veranlassungszusammenhang verbunden, während ein objektiver Veranlassungszusammenhang Steuergegenstand und Steuerbemessungsgrundlage verknüpft.

101 Vgl. ausführlich *Herrmann/Heuer/Raupach*, Einf. ESt Anm. 677 m.w.N.; *Brockhoff, H.*, StbJb 1963/64 S. 343 f; *Jüptner, R.*, (Leistungsfähigkeit, 1987) S. 177; BFH v. 14.3.1989, BStBl 1989 II S. 534

102 *Koller, A.*, (Abgrenzung, 1993) S. 12

103 Bei der Abgrenzung der Betriebsausgaben/Werbungskosten von den privaten Lebenshaltungskosten arbeitet die Rechtsprechung jedoch zum Teil nach wie vor mit den im Schrifttum inzwischen einhellig abgelehnten unwiderlegbaren Beweisvermutungen; vgl. *Herrmann/Heuer/Raupach*, Einf. ESt Anm. 677

104 Gl.A. *Herrmann/Heuer/Raupach*, § 9 EStG Anm. 140 a.E.

105 Vgl. *Tipke/Lang*, (Steuerrecht, 1994) § 9 Rz. 229; *Koller, A.*, (Abgrenzung, 1993) S. 12

D. Quellentheoretische Ausgestaltung der Haushaltseinkünfte im geltenden Einkommensteuersystem

I. Einkommensbegriff und Dualismus der Einkünfteermittlung

1. Historische Entwicklung des Einkommensbegriffes

Eine Analyse der den Überschuß- bzw. Haushaltseinkünften zugrundeliegenden Systematik erfordert zunächst einen Rückgriff auf die Entwicklung des Einkommensbegriffes. Dazu sollen im folgenden die beiden finanzwissenschaftlichen Einkommenstheorien kurz dargestellt werden, die den Einkommensbegriff auch heute noch maßgeblich prägen, die Quellentheorie sowie die Reinvermögenszugangstheorie.[106]

1.1 Quellentheorie

1.1.1 Grundlagen

Obwohl die Grundsteine für die sog. Quellentheorie bereits von früheren Autoren gelegt wurden[107], gilt als ihr bedeutendster Vertreter *B. Fuisting*,[108] dessen Verdienst in der Systematisierung und Ausprägung der Theorie gesehen wird.[109] Aufbauend auf dem volkswirtschaftlichen Einkommensbegriff nach *v. Herrmann*[110] und *Schmoller*[111] hat *Fuisting*[112] das Einkommen wie folgt definiert:

"Hiernach ist Einkommen die Gesammtheit der Sachgüter, welche in einer bestimmten Periode (Jahr) dem Einzelnen als Erträge dauernder Quellen der Gütererzeugung zur Bestreitung der persönlichen Bedürfnisse für sich und für die auf den Bezug ihres Lebensunterhaltes von ihm gesetzlich angewiesenen Personen (Familie) zur Verfügung stehen."

---

106 Zu den "Vorläufern" dieser beiden Theorien vgl. ausführlich *Kirchhof/Söhn*, § 2 EStG Rdnr. A 285 ff

107 Vgl. die Nachweise bei *Biergans/Stockinger*, FR 1982 S. 1 (2 f); *Herrmann/Heuer/Raupach*, Einf. ESt Anm. 11; *Kirchhof/Söhn*, § 2 EStG Rdnr. A 314

108 (Direkte Steuern, 1902) S. 107 ff

109 Vgl. *Kirchhof/Söhn*, § 2 EStG Rdnr. A 315

110 Vgl. die Nachweise bei *Kirchhof/Söhn*, § 2 EStG Rdnr. A 293 ff

111 Vgl. die Nachweise bei *Kirchhof/Söhn*, § 2 EStG Rdnr. A 297 ff

112 (Direkte Steuern, 1902) S. 110

Bezeichnend für die Quellentheorie ist die strikte Trennung zwischen Einkommen (bzw. Ertrag[113]) einerseits und Vermögen andererseits. *Fuisting*[114] hebt mehrmals hervor, daß es sich dabei um wirtschaftliche Gegensätze handle. Die beiden Hauptkomponenten müssen daher einer näheren Betrachtung unterzogen werden.

1.1.2 Die Quellen

Unter Quellen sind danach "alle Teile des Erwerbsvermögens, alle Arbeitsthätigkeiten und Hebungsrechte, welche als maßgebende Einheiten *dauernd* zur Erzielung von Gütern für den Einzelnen bestimmt sind, ihm einen Ertrag abwerfen sollen...",[115] zu verstehen. Wesentlich ist also, daß die Quelle dauerhaft Erträge abwerfen muß. Eine einmalige Tätigkeit kann ausnahmsweise eine Quelle begründen, wenn aus den Begleitumständen auf eine Wiederholungsabsicht geschlossen werden kann.[116] Die Quellen werden in folgende Gruppen eingeteilt:[117]

(1) Geldkapital;

(2) in irgendeiner Form ertragbringender Grundbesitz (einschließlich der Land- und Forstwirtschaft);

(3) Gewerbebetrieb als selbständige, erlaubte,[118] berufsmäßig mit Gewinnerzielungsabsicht unternommene *Tätigkeit*, die sich als Beteiligung am allgemeinen wirtschaftlichen Verkehr darstellt (ohne Land- und Forstwirtschaft und freie Berufe);

(4) Arbeitstätigkeit zu Erwerbszwecken einschließlich der freien Berufe;

(5) Hebungsrechte als Rechte auf wiederkehrende Bezüge,[119] die nicht auf einer gegenwärtigen Erwerbstätigkeit des Berechtigten beruhen.

---

113 Die Unterscheidung zwischen Ertrag und Einkommen ist dabei darin zu sehen, daß der Ertrag erst dann zu Einkommen wird, "... wenn er einer natürlichen Person als Inhaber der Quelle zufließt und behufs Verwendung für ihre Lebensbedürfnisse zur Verfügung steht." Vgl. *Fuisting, B.*, (Direkte Steuern, 1902) S. 133

114 (Direkte Steuern, 1902) S. 109, 142

115 *Fuisting, B.*, (Direkte Steuern, 1902) S. 151 (Hervorh. im Original)

116 *Fuisting, B.*, (Direkte Steuern, 1902) S. 148 f und S. 150 f; vgl. hierzu auch *Kirchhof/ Söhn*, § 2 EStG Rdnr. A 318

117 Vgl. hierzu im einzelnen *Fuisting, B.*, (Direkte Steuern, 1902) S. 151 ff.

118 Die Besteuerung verbotener oder sog. unsittlicher Tätigkeiten galt als mit den Staatszwecken unvereinbar; vgl. *Fuisting, B.*, (Direkte Steuern, 1902) S. 185 f. Dieser Gedanke wurde aber spätestens 1925 aufgegeben; vgl. *Blümich/Schachian*, § 6 EStG 1925 Anm. 7

119 Hierzu gehören vor allem Renten- und Pensionsansprüche sowie Altenteile, aber auch der Anspruch auf Pachtzinsen aus der Verpachtung eines Gewerbebetriebs; vgl. *Fuisting, B.*, (Direkte Steuern, 1902) S. 186 f

1.1.3 Der Ertrag

Der Ertrag stellt sich als Ergebnis wirtschaftlicher Tätigkeiten mit den verschiedenen Quellen dar.[120] Vom Rohertrag einer Quelle, der sämtliche aus ihrem Einsatz zur Ertragserzielung resultierenden Zuflüsse an Geld und geldwerten Gütern umfaßt, werden die zur Erzielung dieses Ertrags gemachten Aufwendungen abgesetzt, um den Reinertrag zu ermitteln. Abzusetzen sind z.B. Löhne, Gehälter, Aufwendungen für Rohstoffe, Mieten, Fremdkapitalzinsen, Versicherungen, Instandhaltungskosten, Abschreibungen etc.

Wertveränderungen an den eine Quelle bildenden Vermögensgegenständen, die nicht durch ihre bestimmungsmäßige Verwendung zur Ertragserzielung verursacht sind, bleiben bei der Ertragsermittlung außer Ansatz und können daher auch nicht zu Einkommen führen. Dazu gehören insbesondere:[121]

(1) Wertschwankungen;

(2) außerordentliche Güterzuwächse;

(3) Veräußerungsgewinne und -verluste.

Zu (1): **Wertschwankungen** beim Vermögen in Form von Konjunktur- bzw. Kursgewinnen und -verlusten sind ebenso irrelevant wie die durch eigenes Verhalten des Eigentümers oder durch Unglücksfälle entstandenen Wertminderungen. Lediglich die durch den Einsatz des Quellenvermögens zur Ertragserzielung verursachten Wertminderungen sowie Wertminderungen des betrieblichen Umlaufvermögens werden durch Abschreibungen berücksichtigt.

Zu (2): Unter **außerordentlichen Güterzuwächsen** sind Vermögensmehrungen zu verstehen, die nicht durch den Einsatz einer Ertragsquelle erwirtschaftet wurden, z.B. Erbschaften, Vermächtnisse, Schenkungen, Lotterie- bzw. Wettgewinne etc.

Zu (3): **Gewinne und -verluste** aus der **Veräußerung** von Vermögensgegenständen, die eine Quelle bilden und deren bestimmungsmäßige Verwendung nicht in der Veräußerung liegt, bleiben ebenfalls unberücksichtigt. Auch der Gewinn aus der Veräußerung von betrieblichen Anlagegegenständen beeinflußt somit nicht das Einkommen. Ertragserhöhend wirkt sich lediglich die Veräußerung von betrieblichem Umlaufvermögen aus.[122] Ebenso wird die Ein-

---

120 Vgl. zum folgenden *Fuisting, B.*, (Direkte Steuern, 1902) S. 135 ff

121 Vgl. *Fuisting, B.*, (Direkte Steuern, 1902) S. 147 ff

122 A.A. offensichtlich *Jonas, M.Ch.*, (Aufwendungen, 1993) S. 132. Er behauptet, daß auch die Veräußerung von Umlaufvermögen über dem Einstandspreis nicht besteuert wurde, ohne diese Behauptung allerdings durch Quellenangaben zu belegen. Angesichts der eindeutigen Ausführungen *Fuistings* erübrigt sich jedoch eine weitere Diskussion.

beziehung von Gewinnen bzw. Verlusten aus sog. Gelegenheitsspekulationen unabhängig vom Vorliegen einer Spekulationsabsicht explizit abgelehnt.

Einen Systembruch erfährt die Theorie *Fuistings* m.E.[123] jedoch in der Qualifizierung des Nutzungswerts eigengenutzten Vermögens - insbesondere des Mietwerts eigengenutzter Wohnungen - als einkommenserhöhenden Naturalertrag.[124] Dieses Ergebnis überrascht insofern, als die Quellentheorie im übrigen das Einkommen eindeutig von der Entstehungsseite her bestimmt und die Verwendung außer Betracht läßt.[125] An anderen Stellen[126] wird deutlich hervorgehoben, daß alles, was nicht Gegenstand des wirtschaftlichen Tauschverkehrs ist, aus dem Einkommen ausscheidet und daß ersparte Ausgaben nicht zu einem Zuwachs von Gütern führen. Darüberhinaus betont *Fuisting*[127] bereits zu Beginn seiner einkommensteuerlichen Ausführungen, daß "alle künstlichen Bemessungen des Einkommens auf Grund von Fiktionen, willkürlichen Unterstellungen und allgemeinen Voraussetzungen durchschnittlicher, gemeingewöhnlicher, objektiver Verhältnisse..." ausgeschlossen werden müssen.

1.2 Reinvermögenszugangstheorie

Der wohl umfassendste Einkommensbegriff liegt der auf *G. v. Schanz* zurückzuführenden Reinvermögenszugangstheorie zugrunde. Danach sind sämtliche Reinvermögenszugänge einer Periode einschließlich von Nutzungen und geldwerten Leistungen Dritter dem steuerbaren Einkommen zuzuordnen,[128] wobei sich eine Einteilung in folgende Gruppen herauskristallisiert:[129]

(1) der Reinertrag;

(2) alle Anfälle und Zuwendungen Dritter;

(3) Nutzungen und geldwerte Leistungen Dritter.

Zu (1): Der **Reinertrag** stellt sich als Ergebnis einer wirtschaftlichen Tätigkeit mit "Ertragsquellen" wie Grundstücken, Kapital, gewerblichen oder landwirtschaftlichen Unternehmen, eigener Arbeitskraft etc. dar, wobei die zur Ertragserzielung gemachten Aufwendungen abgesetzt werden dürfen.[130] Außerdem

123 Gl.A. *Biergans/Stockinger*, FR 1982 S. 1 (3)
124 Vgl. *Fuisting, B.*, (Direkte Steuern, 1902) S. 112
125 Vgl. *Biergans/Stockinger*, FR 1982 S. 1 (3)
126 Vgl. *Fuisting, B.*, (Direkte Steuern, 1902) S. 111 und S. 113 ff
127 Vgl. *Fuisting, B.*, (Direkte Steuern, 1902) S. 107
128 Vgl. *v. Schanz, G.*, FA 1896 S. 1 (23)
129 Vgl. hierzu auch *Biergans/Stockinger*, FR 1982 S. 1 (2)
130 Vgl. *v. Schanz, G.*, FA 1896 S. 1 ff

umfaßt er sämtliche im Tauschverkehr erzielten Erträge.[131] Ohne Differenzierung zwischen Betriebs- und Privatvermögen werden hierbei Veräußerungsgewinne und -verluste sowie Vermögensverluste mit einbezogen:

"Denn ein erheblicher Unterschied in der Besteuerung darf doch nicht lediglich durch die Form der Gewinnfeststellung begründet werden, kann doch nicht davon abhängen, ob man kaufmännische Buchführung hat oder nicht. In dem Moment der Realisierung müssen sich die Steuerpflichtigen gleich stehen, und das geschieht, indem man die bis zum Moment der Realisierung sich ergebenden Wertmehrungen und Wertminderungen im Einkommen berücksichtigt. Das ist nichts anderes als die Frage, ob die Konjunkturengewinne und -verluste zum Einkommen gehören."[132]

Aus diesen und weiteren Ausführungen von *Schanz*[133] ergibt sich m.E.,[134] daß - abgesehen von den durch die kaufmännische Buchführung bei Gewerbetreibenden bedingten Ausnahmen - unrealisierte Wertänderungen außer Betracht bleiben. Damit werden in dieser ersten Gruppe sämtliche realisierten Vermögensmehrungen erfaßt, die aus einer entgeltlichen Verwertung von Gütern bzw. Leistungen am Markt resultieren.[135]

Zu (2): Darüber hinaus werden mit den **Anfällen und Zuwendungen Dritter** auch ohne Gegenleistung - also unentgeltlich - erlangte Vermögenszugänge erfaßt wie z.B. Geschenke, Mitgift, Lotteriegewinne, Erbschaften etc.[136] Soweit ein Vermögenszugang jedoch bereits der Erbschaft- bzw. Schenkungsteuer unterliegt, besteht nach *v. Schanz*[137] für eine Besteuerung mit Einkommensteuer kein Bedürfnis mehr.

Zu (3): Die gesonderte Erwähnung der **geldwerten Leistungen Dritter** erscheint entbehrlich, da offensichtlich die Fälle gemeint sind, in denen die Gegenleistung für eine Leistung nicht in Geld, sondern in Form von anderen Vermögensgegenständen oder (Dienst-)Leistungen erbracht wird.[138] Somit handelt es sich auch hier um eine bereits in der ersten Gruppe erfaßte entgeltliche Verwertung von Gütern oder Dienstleistungen am Markt.[139] Unter **Nutzungen** ist

131 Vgl. *v. Schanz, G.*, FA 1896 S. 6 f
132 Vgl. *v. Schanz, G.*, FA 1896 S. 44
133 Vgl. *v. Schanz, G.*, FA 1896 S. 44
134 Zweifelnd *Kirchhof/Söhn*, § 2 EStG Rdnr. A 326; a.A. offensichtlich *Tipke/Lang*, (Steuerrecht, 1994) § 9 Rz. 250; vgl. aber *Tipke, K.*, (Dualistische Einkünfteermittlung, 1973) S. 391 (393): "Hingegen erfaßt die Reinvermögenszugangstheorie auch Wertänderungen am Vermögen, Wertsteigerungen zumal, jedenfalls insoweit, als sie realisiert werden."
135 Vgl. *Biergans/Stockinger*, FR 1982 S. 1 (2)
136 Vgl. *v. Schanz, G.*, FA 1896 S. 7
137 Vgl. *v. Schanz, G.*, FA 1896 S. 72 ff
138 Ein Arbeitnehmer erhält z.B. neben seinem Gehalt auch freie Kost und Logis; vgl. *v. Schanz, G.*, FA 1896 S. 1 f
139 Gl.A. *Biergans/Stockinger*, FR 1982 S. 1 (2)

nach *v. Schanz*[140] der Nutzungswert selbstgenutzter eigener Vermögensgegenstände zu verstehen, deren Einbeziehung aber unter dem Aspekt eines Reinvermögens*zugangs* - ebenso wie beim Einkommensbegriff der Quellentheorie[141] - nur schwer zu rechtfertigen ist.[142]

1.3 Zusammenfassender Vergleich beider Theorien

Bei einer vergleichenden Betrachtung der Quellentheorie und der Reinvermögenszugangstheorie ist zunächst festzuhalten, daß beide grundsätzlich - mit Ausnahme der Nutzungswerte selbstgenutzten Vermögens - das Einkommen als Zugang von Gütern (Geld, geldwerte Leistungen, Sachen) definieren. Bei der Konkretisierung der einkommensrelevanten Güterzugänge zeigen sich jedoch konträre Standpunkte. Während die Reinvermögenszugangstheorie ausnahmslos jede Vermögensmehrung innerhalb einer Periode erfaßt, stellt die Quellentheorie auf deren Entstehungsgrund ab. Erfaßt werden grundsätzlich nur Güterzugänge, die auf eine wirtschaftliche Tätigkeit zurückzuführen sind und damit auf eine entgeltliche Verwertung von Gütern und Leistungen am Markt. Diese ist in zwei Ausprägungen möglich:[143]

(1) In der entgeltlichen Veräußerung von Gütern und

(2) in der entgeltlichen Überlassung von Nutzungen oder Leistungen.

Die eigentliche Quellentheorie ist insofern relativ eng konzipiert, als sie lediglich die Erträge aus der zweiten Gruppe voll erfaßt. Dagegen wird die Veräusserung von Vermögensgegenständen grundsätzlich der einkommensteuerlich irrelevanten Vermögenssphäre zugeordnet; daraus resultierende Gewinne bzw. Verluste bleiben also unberücksichtigt. Eine Ausnahme gilt lediglich für Gewinne aus der Veräußerung von Gütern, deren bestimmungsgemäße Verwendung in der Veräußerung besteht (Umlaufvermögen). Sie erhöhen den Ertrag aus der betrieblichen Tätigkeit.

Die Frage, ob und inwieweit sich insbesondere die unter den Rechten auf periodische Hebungen genannten Altenteile nahtlos in das System der Quellentheorie einfügen, würde eine den Rahmen dieser Untersuchung sprengende ausführliche Beschäftigung mit der steuerlichen Behandlung wiederkehrender Zahlungen erfordern.[144]

140 Vgl. *v. Schanz, G.*, FA 1896 S. 2, S. 7 und S. 22
141 Vgl. oben S. 22
142 Zur Kritik vgl. *Biergans/Stockinger*, FR 1982 S. 1 (2)
143 Vgl. *Biergans/Stockinger*, FR 1982 S. 1 (3)
144 Vgl. hierzu *Hofer, A.*, (Versorgungsleistungen, 1995) S. 138 ff und S. 160 ff

Nach *Tipke/Lang*[145] liefert keine der beiden Theorien "...ein rechtsdogmatisch überzeugendes Konzept." Während die Quellentheorie einen zu engen Einkommensbegriff definiert, ist das Einkommen i.S.d. Reinvermögenszugangstheorie zu weit gefaßt. Trotzdem haben beide - allerdings nie in ihrer reinen Form - Eingang in die Einkommensteuergesetzgebung gefunden und den Dualismus der Einkünfteermittlung geprägt, "...den man cum grano salis als Dualismus zwischen Reinvermögenszugangs- und Quellentheorie bezeichnen kann."[146]

2. Umsetzung in den Einkommensteuergesetzen seit 1891 - Entwicklung des Einkünftedualismus

2.1 Die preußischen Einkommensteuergesetze

Die preußischen Einkommensteuergesetze vom 24.6.1891[147] bzw. vom 19.6. 1906[148] enthielten - ebenso wie die ihnen nachfolgenden reichs- bzw. bundeseinheitlichen Einkommensteuergesetze - keine Definition des Einkommensbegriffes. Sie folgten - ebenso wie die meisten früheren Landesgesetze[149] - grundsätzlich der Quellentheorie,[150] erweiterten diese aber insofern, als Spekulationsgewinne in das steuerbare Einkommen mit einbezogen wurden.[151]

In Durchbrechung dieser Grundsätze bestimmte jedoch § 14 PrEStG 1891:[152]

"Das Einkommen aus Handel und Gewerbe einschließlich des Bergbaues besteht in dem in Gemäßheit der allgemeinen Grundsätze (§§. 6 bis 11) ermittelten Geschäftsgewinn. Mit dieser Maßgabe ist der Reingewinn aus dem Handel und Gewerbebetriebe nach den Grundsätzen zu berechnen, wie solche für die Inventur und Bilanz durch das Allgemeine Deutsche Handelsgesetzbuch vorgeschrieben sind und sonst dem Gebrauche eines ordentlichen Kaufmannes entsprechen. Insbesondere gilt dieses einerseits von dem Zuwachs des Anlagekapitals und andererseits von den regelmäßigen jährlichen Abschreibungen, welche einer angemessenen Berücksichtigung der Werthverminderung entsprechen."

---

145 (Steuerrecht, 1991) S. 201

146 *Tipke, K.*, (Dualistische Einkünfteermittlung, 1973) S. 391 (394)

147 PrGS 1891 S. 175 ff

148 PrGS 1906 S. 259 ff

149 Vgl. *Blümich/Schachian*, § 6 EStG 1925 Anm. 1 (S. 119)

150 § 7 PrEStG 1891 sowie § 6 PrEStG 1906 nannten jeweils vier Einkommensquellen; vgl. hierzu *Herrmann/Heuer/Raupach*, § 2 EStG Anm. 9; *Kirchhof/Söhn*, § 2 EStG Rdnr. A 398 ff

151 Kritisch hierzu *Fuisting, B.*, (Direkte Steuern, 1902) S. 155 ff; nach *Strutz* (*G.*, § 4 REStG 1920 Anm. 1) handelte es sich um "...eine prinziplose Durchbrechung der im übrigen von ihnen festgehaltenen Quellentheorie."

152 PrGS 1891 S. 175 (181); ähnlich § 13 PrEStG i.d.F. v. 19.6.1906, PrGS 1906 S. 259 (267)

Mit dieser Vorschrift sollte zunächst lediglich eine Vereinfachungsregelung für Kaufleute geschaffen werden, da diese anderenfalls neben der Bilanz eine zweite Erfolgsrechnung für steuerliche Zwecke hätten durchführen müssen. Um dies zu vermeiden, wurde "aus Bequemlichkeit" die Maßgeblichkeit der Handelsbilanz für die Steuerbilanz gesetzlich verankert.[153] Damit hatte jedoch - quasi durch eine Hintertür - auch der Dualimus der Einkünfteermittlung Eingang in das Gesetz gefunden. Erleichtert wurde die Erweiterung des Einkommensbegriffes sicherlich dadurch, daß sich die Steuersätze trotz progressiver Ausgestaltung in einer Bandbreite zwischen 0,57 v.H. und ca. 4 v.H. bewegten.[154] Die Auswirkung auf die effektive Steuerbelastung hielt sich damit in engen Grenzen. Nach *Fuisting/Strutz*[155] ist davon auszugehen, "...daß man sich über die volle objektive Tragweite (...) nicht völlig klar gewesen ist, nicht erkannt hat, daß man damit für die Veranlagung der Handelsbücher nach dem HGB führenden Steuerpflichtigen eine von derjenigen für die anderen Steuerpflichtigen wesensverschiedene Grundlage geschaffen hat. Denn der Bilanzgewinn ist seinem Wesen nach etwas anderes wie der Ertrag." Im Fall einer Besteuerung nach dem Bilanzgewinn liegt nach *Fuisting*[156] überhaupt keine Einkommensteuer mehr vor, sondern eine "Vermögenszuwachssteuer." Entgegen der h.M. hat er offensichtlich noch in der siebten Auflage seines Kommentars die Auffassung vertreten, Gewinne aus der Veräußerung von Anlagevermögen seien nicht zu versteuern.[157]

2.2 Das Reichseinkommensteuergesetz 1920

In der Regierungsbegründung zum ersten Reichseinkommensteuergesetz vom 29.3.1920[158] wurde die Quellentheorie als zu eng verworfen, das Einkommen wurde grundsätzlich nach der Reinvermögenszugangstheorie bestimmt.[159] Auf-

153 Vgl. *Schneider, D.*, StuW 1971 S. 326 (331)

154 Ein zu versteuerndes Einkommen von 200.000 M führte zunächst zu einem Steuersatz von 3,9 v.H., der sich durch die Erhebung von Zuschlägen ab dem 1.4.1909 auf insgesamt 4,8 v.H. erhöhte; vgl. hierzu die Tabellen bei *Fuisting/Strutz*, §§ 17 und 18 PrEStG 1906 (S. 813 - 823)

155 Vgl. § 13 PrEStG 1906 Anm. 29 (S. 595 f)

156 Vgl. *Fuisting, B.*, (Direkte Steuern, 1902) S. 172

157 Vgl. die Nachweise bei *Fuisting/Strutz*, § 13 PrEStG 1906 Anm. 31 (S. 601). Gestützt wurde diese Ansicht auf den Wortlaut des § 13 Abs. 1 Satz 2 PrEStG 1906, der auch für die Gewinnermittlung die Beachtung des § 7 PrEStG 1906 vorschrieb. Nach der letztgenannten Vorschrift waren Vermehrungen und Verminderungen des Stammvermögens steuerlich unbeachtlich.

158 RGBl 1920 S. 359 ff

159 Vgl. Begründung zum REStG-Entwurf v. 29.11.1919, FA 1920 S. 591 (593); *Strutz, G.*, § 4 REStG 1920 Anm. 1; vgl. auch *Kirchhof/Söhn*, § 2 EStG Rdnr. A 422

grund der Weiterentwicklung des "Wirtschaftslebens" wurde es als Gebot der Gerechtigkeit empfunden, auch einmalige, nicht aus dauernden Quellen fliessende Einkünfte zu besteuern.[160] Nach § 4 REStG 1920 unterlag der Einkommensteuer "...der Gesamtbetrag der in Geld oder Geldeswert bestehenden Einkünfte nach Abzug der im § 13 genannten Beträge (steuerbares Einkommen)." Ohne Bedeutung war hierbei, ob einmalige oder wiederkehrende Einkünfte[161] vorlagen und aus welchem Grund sie dem Steuerpflichtigen zugeflossen waren.[162] Nach § 11 waren u.a. insbesondere auch Gewinne aus einzelnen Veräußerungsgeschäften sowie Lotteriegewinne und ähnliche außerordentliche Einnahmen steuerbar. Bereits 1921 wurde jedoch die Besteuerung im Rahmen einzelner Veräußerungsgeschäfte außerhalb des betrieblichen Bereichs auf Spekulationsgewinne beschränkt.[163] Aus diesem umfassenden Einkommensbegriff wurden durch § 12 REStG 1920 13 verschiedene Gruppen von Einnahmen eliminiert,[164] darunter insbesondere einmalige Vermögensanfälle, die dem Erbschaftsteuergesetz unterlagen, ausbezahlte Versicherungssummen sowie Gewinne aus der Veräußerung von Grundstücken, "...es sei denn, daß die Grundstücke erst innerhalb der letzten zehn Jahre oder zum Zwecke der Wiederveräußerung erworben worden waren."[165] Bezüglich der Behandlung von Gewinnen aus einer Betriebsveräußerung fand der RFH offenbar zu keiner einheitlichen Linie. Der III. Senat[166] verneinte in Übereinstimmung mit der Umsatzsteuerrechtsprechung[167] eine Einbeziehung in die Ermittlung des Einkommens. Demgegenüber ließ der VI. Senat die Frage zunächst offen,[168] um sie in einem späteren Urteil ausdrücklich zu bejahen.[169]

160 Vgl. Begründung zum REStG-Entwurf v. 29.11.1919, FA 1920 S. 591 (595); *Wittmann, R.*, (Markteinkommen, 1992) S. 45

161 Im Gegensatz zum heute üblichen Sprachgebrauch waren unter "Einkünften" die Roheinnahmen ohne Abzug von Werbungskosten zu verstehen; vgl. *Strutz, G.*, § 4 REStG 1920 Anm. 6

162 § 5 REStG 1920

163 Vgl. § 11 Nr. 5 REStG 1920 i.d.F. v. 24.3.1921, RGBl 1921 I S. 313 f

164 *Strutz* (*G.*, § 4 REStG 1920 Anm. 1) spricht in diesem Zusammenhang von "...sehr weitgehenden (...) Einschränkungen."

165 § 12 Nr. 13 REStG 1920. Das Gesetz hielt also bereits zum damaligen Zeitpunkt eine relativ "radikale" Lösung der heute unter dem Stichwort "gewerblicher Grundstückshandel" geläufigen Problematik bereit.

166 Vgl. RFH v. 25.10.1923, RFHE 13 S. 101 (102): "(...) die Veräußerung eines gewerblichen Unternehmens im ganzen ist der wesentliche Vorgang bei der Aufgabe des Betriebs und kann deshalb (...) weder nach handels- noch nach steuerrechtlichen Grundsätzen mehr zum Gewerbebetriebe gerechnet werden (...)."

167 Vgl. RFH v. 7.6.1921, RFHE 6 S. 53; v. 16.6.1920, RFHE 3 S. 109

168 Vgl. RFH v. 30.6.1923, RFHE 12 S. 242

169 Vgl. RFH v. 29.10.1924, RFHE 15 S. 47. Auf die abweichende Auffassung des III. Senats wird dabei mit keinem Wort Bezug genommen.

Die Ermittlung des steuerbaren Einkommens bestimmte sich nach den §§ 31 - 38 REStG 1920, wobei die §§ 32 und 33 für buchführende Land- und Forstwirte und Gewerbetreibende, die Handelsbücher führen, der Besteuerung wiederum den Bilanzgewinn zugrunde legten. Obwohl die Einkünfteermittlung durch Vermögensvergleich die idealtypische Umsetzung der Reinvermögenszugangstheorie darstellt,[170] hielt der Gesetzgeber bei allen anderen Einkunftsarten und darüber hinaus auch bei Land- und Forstwirten und Gewerbetreibenden, die keine Bücher führten, an der Einnahmenüberschußrechnung fest. Begründet war dieser Systembruch offenbar darin, daß die "...ohnehin im Bereich der Steuergesetzgebung reformgeplagten Steuerpflichtigen" nicht übermäßig belastet werden sollten.[171] Trotz des umfassenden Einkommensbegriffes hat der Einkünftedualismus aufgrund der zahlreichen Ausnahmeregelungen und der unterschiedlichen Einkünfteermittlung auch nach diesem Gesetz durchaus beachtliche Auswirkungen. Dies zeigt sich z.B. an der Entscheidung des RFH v. 16.1.1923,[172] wonach bei einer der handelsrechtlichen Buchführungspflicht unterliegenden Gesellschaft Gewinne aus Grundstücksveräußerungen trotz der Befreiungsvorschrift des § 12 Nr. 13 REStG 1920 als gewerbliche Einkünfte zu versteuern waren. Im Leitsatz des Urteils stellte der RFH ausdrücklich klar, daß er § 33 Abs. 2 REStG 1920 nicht nur als bloße Berechnungsvorschrift, sondern "als eine den Umfang des steuerbaren Einkommens bestimmende materielle Vorschrift" betrachtete. Somit ging man trotz der einheitlichen Grundtheorie auch hier deutlich von (zwei) verschiedenen Einkommensbegriffen aus. Im übrigen erlangte das REStG 1920 keine große praktische Bedeutung, weil die fortschreitende Inflation bis zum Jahr 1925 zahlreiche Novellierungen erforderte.[173]

2.3 Das Reichseinkommensteuergesetz 1925

Mit dem REStG v. 10.8.1925[174] wandte sich der Gesetzgeber scheinbar von den finanzwissenschaftlichen Einkommenstheorien ab. Nach einer ausführlichen kritischen Würdigung in der Gesetzesbegründung[175] wurden sowohl die Quellentheorie als auch die Reinvermögenszugangstheorie in ihrer reinen

170 Vgl. *Pezzer, H.-J.*, JDStJG 14 (1991) S. 3 (12 f)

171 Vgl. *Langohr, Th.G.*, (Veranlassungsprinzip, 1990) S. 18; vgl. hierzu die Gesetzesbegründung zum REStG 1920, RT-Dr. 1624 S. 24, abgedruckt bei *Lang, J.*, (Bemessungsgrundlage, 1988) S. 221 FN 38

172 RFHE 11 S. 249

173 Vgl. *Langohr, Th.G.*, (Veranlassungsprinzip, 1990) S. 17

174 RGBl 1925 I S. 189 ff

175 Begründung zum Entwurf eines Reichseinkommensteuergesetzes v. 23.4.1925, RT-Dr. III/795 S. 21; abgedruckt bei *Blümich/Schachian*, § 6 EStG 1925 Anm. 1 (S. 119 ff)

Form verworfen und der Einkommensbegriff "...vorwiegend unter dem Gesichtspunkt der praktischen Bedürfnisse..."[176] abgegrenzt. Im Hinblick auf die Verständlichkeit und Durchführbarkeit eines Steuergesetzes bedürfe es klarer gesetzlicher Normen hinsichtlich der Fragen, was überhaupt für eine Besteuerung in Betracht komme, was bei den einzelnen Gruppen von Steuerpflichtigen als Einkommen zugrundezulegen und wie die Bewertung vorzunehmen sei.[177] § 6 Abs. 1 REStG 1925, der in Verbindung mit § 7 REStG 1925 zu Recht als unmittelbarer Vorläufer des heute geltenden § 2 EStG bezeichnet wird,[178] enthielt daher eine abschließende[179] Aufzählung von acht Einkunftsarten, die in den §§ 26 ff REStG näher umrissen wurden und in ihrem Inhalt mit dem Einkünftekatalog des geltenden EStG grundsätzlich[180] übereinstimmten.

Letztendlich handelte es sich bei diesem Gesetz wieder um einen - unvermeidlichen - Kompromiß zwischen Quellentheorie und Reinvermögenszugangstheorie, da einerseits grundsätzlich nur Reinerträge aus bestimmten Ertragsquellen als Einkommen bezeichnet, andererseits aber auch Spekulationsgewinne[181] sowie - entgegen den Bedenken von *Strutz*[182] - Gewinne aus der Veräusserung von (Teil-)Betrieben, Mitunternehmeranteilen[183] und wesentlichen Beteiligungen an Kapitalgesellschaften[184] miteinbezogen wurden.[185]

Den Dualismus der Einkünfteermittlung brachte § 7 Abs. 2 REStG 1925 zum Ausdruck, der für die betrieblichen Einkunftsarten den Gewinn, für die Haushaltseinkunftsarten dagegen den Überschuß der Einnahmen über die Ausgaben

176 Vgl. RFH v. 7.7.1927, RStBl 1927 S. 198

177 Begründung zum Entwurf eines Reichseinkommensteuergesetzes v. 23.4.1925, RT-Dr. III/795 S. 22; abgedruckt bei *Blümich/Schachian*, § 6 EStG 1925 Anm. 1 (S. 121)

178 Vgl. *Kirchhof/Söhn*, § 2 EStG Rdnr. A 432

179 "Der Besteuerung des Einkommens nach diesem Gesetz unterliegen *nur*:" (Hervorh. d. Verf.)

180 Abweichungen ergeben sich lediglich insofern, als die Unterhaltszahlungen im Rahmen des sog. Realsplitting und die Abgeordnetenbezüge bei den Sonstigen Einkünften noch nicht aufgeführt sind.

181 Vgl. § 42 REStG 1925

182 Vgl. *Strutz, G.*, § 30 EStG 1925 Anm. 2 (S. 369 ff). Nach seiner Auffasssung handelt es sich hier nicht um Einkommen, sondern um einen Vermögenszuwachs, der allenfalls von einer Vermögenszuwachssteuer erfaßt werden könnte.

183 § 30 Abs. 1 REStG 1925. § 30 Abs. 4 stellte die Betriebsaufgabe der Veräußerung gleich.

184 Vgl. § 30 Abs. 3 REStG 1925

185 Vgl. *Biergans/Stockinger*, FR 1982 S. 1 (4); ähnlich *Blümich/Schachian*, § 6 EStG 1925 Anm. 1 (S. 119): "Von der Schanzschen Theorie wendet sich das Gesetz ab und nähert sich bis zu einem gewissen Grade der Quellentheorie, (...)."

als Einkommen umschrieb. Die Gesetzesbegründung führte zu dieser Zweiteilung der Einkunftsarten aus:[186]

"Die eine Hauptgruppe bilden die Einkünfte aus selbständiger Erwerbs- und Berufstätigkeit (§ 6 Abs. 1 Nr. 1 - 3). Gemeinsam ist dieser Gruppe nicht nur, daß von der Art, wie sie ihren Betrieb oder Beruf führen, ihr Einkommen im wesentlichen abhängt und daß sie demgemäß von dem Auf und Ab der Wirtschaft viel stärker betroffen werden als andere Einkommensbezieher, sondern auch, daß die Erwerbs- und Berufstätigkeit ohne ein dieser Tätigkeit gewidmetes Vermögen regelmäßig nicht möglich ist. Bei Landwirtschaft und Gewerbebetrieb bedarf dies keiner näheren Erklärung. Bei sonstiger selbständiger, insbesondere der freien Berufstätigkeit, könnte man zweifeln. Berücksichtigt man aber, daß für den Rechtsanwalt z.B. ein umfangreiches Büro mit Inventar, ein Bankkonto mit einer Buchführung über Vorschüsse und fremde Gelder, für den Arzt eine erhebliche Anzahl von Instrumenten, häufig auch größere Apparate oder gar eine Klinik, für den Maler oder Bildhauer ein Atelier mit Rohstoffen, fertigen und halbfertigen Sachen erforderlich sind, bedenkt man ferner, daß trotz der erheblichen Unterschiede in der beruflichen Stellung (...) die Art des Einkommensbezugs eine ähnliche ist, so muß man diese Gruppe von Steuerpflichtigen der Landwirtschaft und den Gewerbetreibenden gleichstellen. Der Entwurf zieht diese Folgerung. Als Einkommen soll bei diesen Personen der erzielte Gewinn gelten. Wesentlich ist für diesen Gewinn, daß einen wichtigen Faktor für seine Ermittlung der Unterschied des der Tätigkeit gewidmeten Vermögens am Anfang und Schluß des Steuerabschnitts bildet (vgl. §§ 12, 13).

Bei der anderen Hauptgruppe der Einkommen kommt ein Vergleich des Vermögens am Anfang und Schluß des Steuerabschnitts dagegen nicht in Frage; hier gilt als Einkommen der Überschuß der Einnahmen über die Ausgaben. Soweit es sich bei diesen Einkommensarten um Einkommen aus einer Tätigkeit handelt, insbesondere aus nichtselbständiger Arbeit, sind dieser Tätigkeit Vermögensgegenstände irgendwelcher Art regelmäßig nicht gewidmet; soweit es sich andererseits um Erträge handelt, die ohne Arbeit oder nur auf Grund einer begrenzten Verwaltungstätigkeit aus Vermögen bezogen werden, wie bei Kapitalerträgen, Einkünften aus Vermietung und Verpachtung, wiederkehrenden Bezügen, kommt es nicht auf die Veränderung der Vermögensgegenstände an, sondern lediglich auf die Erträge, die sie abwerfen."

Diese Ausführungen machen deutlich, daß der Gesetzgeber das dualistische System nicht nur bewußt geschaffen hat, sondern dieses auch sachlich rechtfertigen will, indem er versucht, eine konkrete Verbindung zwischen Einkunftsart und Einkünfteermittlung zu knüpfen.[187]

2.4 Die Einkommensteuergesetze seit 1934

Auch das EStG v. 16.10.1934[188] verzichtete ausdrücklich darauf, sich einer der finanzwissenschaftlichen Theorien zum Einkommensbegriff anzuschließen. In § 2 EStG fand sich wiederum eine enumerative Aufzählung von nunmehr sieben Einkunftsarten, die den Einkommensbegriff "...in einer für die Zwecke der

186 Begründung zum Entwurf eines Reichseinkommensteuergesetzes v. 23.4.1925, RT-Dr. III/795 S. 40; abgedruckt bei *Blümich/Schachian*, § 7 EStG 1925 Anm. 2 (S. 130 f)

187 Vgl. *Tipke, K.*, (Dualistische Einkünfteermittlung, 1973) S. 391 (395)

188 Vgl. RStBl 1934 S. 1261

Besteuerung möglichst geeigneten Weise"[189] umgrenzte. Durch die §§ 14 und 18 Abs. 3 EStG wurden zusätzlich Betriebsveräußerungs- und -aufgabegewinne bei Land- und Forstwirten und selbständig Tätigen erfaßt. In der Gesetzesbegründung wurde ausdrücklich auch im heute üblichen Sinn zwischen "Einkommen" und "Einkünften" differenziert. Als *Einkünfte* sind danach die Reinerträge aus den einzelnen Einkunftsarten zu verstehen; das *Einkommen* als Oberbegriff wird aufgefaßt als "...Gesamtbetrag der Einkünfte eines Steuerpflichtigen aus allen Einkunftsarten, in denen Einkünfte zu verzeichnen sind, nach Ausgleich mit Verlusten, die sich aus den einzelnen Einkunftsarten ergeben, und nach Abzug der Sonderausgaben."[190]

Im übrigen hielt das EStG 1934 ausdrücklich am Aufbau des REStG 1925 fest.[191] Dies gilt insbesondere auch für die Teilung der Einkunftsarten in zwei Hauptgruppen, die Gewinn- und die Überschußeinkünfte, die sich nunmehr in § 2 Abs. 4 EStG fand.

Diesen Grundsätzen folgt auch das geltende Einkommensteuergesetz. Es "...umgrenzt den Einkommensbegriff wie bisher pragmatisch allein für die Zwecke der Besteuerung als Ergebnis ganz bestimmter, mit den gegenwärtigen Einkunftsarten übereinstimmender Einkünfte."[192] Der Einkünftedualismus wurde 1974 in § 2 Abs. 2 EStG übernommen.

2.5 Zwischenergebnis

Die historische Betrachtung zeigt, daß sich der Dualismus zwischen Reinvermögenszugangs- und Quellentheorie vom ursprünglichen "Zufallsprodukt" zu einem vom Gesetzgeber bewußt zementierten Grundsatz gewandelt hat. Während die Haushaltseinkunftsarten durch ein quellentheoretisch ausgerichtetes Grundmodell beherrscht werden, das lediglich den Überschuß der Einnahmen über die Werbungskosten in die Besteuerung einbezieht, folgt die betriebliche Einkünfteermittlung der Reinvermögenszugangstheorie. Dies gilt auch für die betriebliche Einnahmen-Ausgabenrechnung i.S.d. § 4 Abs. 3 EStG, die eine vereinfachte Form der bilanziellen Gewinnermittlung darstellt[193] und vom Zu-

189 Vgl. Begründung zum EStG 1934, RStBl 1935 S. 33 (34)

190 Vgl. RStBl 1935 S. 33 (34)

191 Vgl. Begründung zum EStG 1934, RStBl 1935 S. 33 (35)

192 Vgl. Begründung zum Regierungsentwurf eines Dritten StRG v. 8.1.1974, BT-Dr. 7/1470 S. 211

193 Vgl. *Biergans, E.*, (Einkommensteuer, 1992) S. 678. Obwohl § 4 Abs. 3 EStG nur auf Einnahmen und Ausgaben abstellt, ist die Entwicklung der betrieblichen Vermögenssphäre ebenso zu erfassen wie beim Vermögensvergleich; BFH v. 4.7.1990, BStBl 1990 II S. 817; v. 15.11.1990, BStBl 1991 II S. 228 (230)

fluß-/Abflußprinzip des § 11 EStG geleitet wird.[194] Ihre Anwendung kann zwar in den einzelnen Perioden zu anderen Ergebnissen führen als die bilanzielle Gewinnermittlung, bei einer Totalbetrachtung über die gesamte Lebensdauer des Betriebes gelangt man jedoch grundsätzlich zum selben Gesamtgewinn (Postulat der Gesamtgewinngleichheit[195]). Die Periodenverschiebungen werden dabei aus Vereinfachungsgründen in Kauf genommen. Auch der Verlust einer betrieblich veranlaßten Darlehensforderung ist deshalb in dem Zeitpunkt, in dem er feststeht, gewinnmindernd zu berücksichtigen.[196] Unter diesem Aspekt bestehen somit nicht drei,[197] sondern zwei materiell verschiedene Einkommensbegriffe nebeneinander.[198]

Im folgenden ist nun zu klären, welche Auswirkungen diese Zweiteilung der Einkunftsarten auf das geltende EStG hat.

3. Auswirkungen des Dualismus im geltenden EStG

3.1 Zweiteilung des Markteinkommenskonzepts

Versucht man, den Einkommensbegriff des geltenden EStG zu bestimmen, kann man letztlich nur auf § 2 EStG zurückgreifen, der die Einkommensermittlung bis zur Steuerbemessungsgrundlage regelt. Ausgangspunkt ist hierbei die **Summe der Einkünfte** aus den genannten sieben Einkunftsarten. Bei der Untersuchung der einzelnen Einkunftstatbestände auf Gemeinsamkeiten hin kristallisieren sich nach *Biergans*[199] zunächst vier Grundentscheidungen des Gesetzgebers zur Konkretisierung des Einkunftsbegriffes heraus:

(1) Es muß eine Bereicherung des Steuersubjekts in Form einer **Vermögensmehrung** vorliegen,

(2) die **tatsächlich verwirklicht** ist,

(3) auf eine **wirtschaftliche Tätigkeit** zurückgeführt werden kann und

(4) als Nettogröße i.S. eines **Reinertrags** zu verstehen ist.

194 Vgl. z.B. BFH v. 15.11.1990, BStBl 1991 II S. 228 (229)

195 Vgl. z.B. BFH v. 6.12.1972, BStBl 1973 II S. 293 (294); v. 15.11.1990, BStBl 1991 II S. 228 (229); v. 9.11.1993, BStBl 1994 II S. 289 (291); ausdrücklich a.A. noch BFH v. 8.10.1964, HFR 1965 S. 23 (24)

196 Vgl. BFH v. 2.9.1971, BStBl 1972 II S. 334 (334 f) unter Aufgabe seiner früheren gegenteiligen Auffassung (Urteil v. 8.10.1964, HFR 1965 S. 23); vgl. hierzu S. 102 ff

197 So *Blümich/Schachian*, § 7 EStG 1925 § 7 Anm. 2 (S. 131); *Strutz, G.*, § 7 EStG 1925 Anm. 7 (S. 531)

198 Die Gewinnermittlung nach Durchschnittssätzen i.S.d. § 13a EStG kann m.E. aufgrund des den Land- und Forstwirten eingeräumten Sonderstatus hier ebenso außer Betracht bleiben wie die ggf. erforderliche Schätzung des Gewinns nach § 162 AO.

199 Vgl. *Biergans, E.*, (Einkommensteuer, 1992) S. 1052 f

Zu (1): Eine Vermögensmehrung kann entweder in einem Erwerb von Wirtschaftsgütern oder einer Wertsteigerung bereits vorhandener Wirtschaftsgüter begründet sein. Dabei ist seit Abschaffung der Nutzungswertbesteuerung vom Veranlagungszeitraum 1987 an ausnahmslos auf die Entstehungsseite - die Erzielung von Vermögensmehrungen - abzustellen. Die Verwendung von Gütern zur Bedürfnisbefriedigung ist irrelevant.

Zu (2): Die Realisierung einer Vermögensmehrung hängt von der Art der Einkünfteermittlung ab. Während im Fall der Gewinnermittlung durch Vermögensvergleich der Zeitpunkt der Leistungserbringung als Realisationszeitpunkt ausschlaggebend ist,[200] werden die betriebliche Einnahmen-Ausgabenrechnung sowie die Ermittlung der Haushaltseinkünfte grundsätzlich[201] vom Zuflußprinzip beherrscht.[202]

Zu (3): Steuerbar sind nur solche Vermögensmehrungen, die auf eine Teilnahme am Marktgeschehen, d.h. auf eine planmäßige entgeltliche Verwertung von Gütern und Leistungen zurückzuführen sind. Voraussetzung für das Vorliegen einer wirtschaftlichen Tätigkeit ist, daß die Teilnahme am Marktgeschehen mit der subjektiven Absicht und der objektiven Möglichkeit, eine Vermögensmehrung zu erzielen, betrieben wird.[203] Andernfalls liegt eine - nicht steuerbare - Tätigkeit im Rahmen der privaten Lebensführung vor. Das Kriterium der wirtschaftlichen Tätigkeit schließt die Steuerbarkeit von Vermögenszugängen, denen kein Güter- oder Leistungsaustausch zugrunde liegt,[204] aus.[205]

Zu (4): Der Reinertrag einer wirtschaftlichen Tätigkeit ergibt sich, indem der zur Erwirtschaftung der Vermögensmehrung eingesetzte Güterverzehr als Abzugsposten berücksichtigt wird. Allerdings wird dieses Prinzip insofern durchbrochen, als bestimmte Betriebsausgaben und Werbungskosten bei der Ermittlung der Einkünfte nicht abgezogen werden dürfen.[206]

---

200 Vgl. *Biergans, E.*, (Einkommensteuer, 1992) S. 174 f

201 Vgl. *Biergans, E.*, (Einkommensteuer, 1992) S. 674 ff und S. 907

202 Zur Gesamt- oder Teilbetriebsveräußerung, der Veräußerung von Mitunternehmeranteilen und wesentlichen Beteiligungen an Kapitalgesellschaften vgl. *Biergans, E.*, (Einkommensteuer, 1992) S. 1052 f

203 Vgl. grundlegend RFH v. 14.3.1929, RStBl 1929 S. 329 (329 f); ähnlich BFH v. 25.6. 1984 (GrS), BStBl 1984 II S. 751 (766)

204 Dies sind insbesondere Erbschaften, Schenkungen, Lotterie- bzw. Glücksgewinne, Fund, Finderlohn sowie Unterhaltszahlungen.

205 Systemfremde Ausnahmen von diesem Grundsatz, auf die hier nicht näher eingegangen wird, finden sich in § 22 Nr. 1 und Nr. 1a EStG

206 § 4 Abs. 5 und § 9 Abs. 5 EStG; vgl. hierzu auch die Ausführungen zum Nettoprinzip auf S. 11 f

Aus der Analyse der vier Grundelemente ergibt sich damit folgende allgemeine Definition des Einkunftsbegriffes:[207]

"Einkünfte im Sinne des geltenden Einkommensteuergesetzes sind realisierte Reinvermögensmehrungen im Sinne eines Reinertrags, die auf die entgeltliche Verwertung von Gütern und Dienstleistungen am Markt zurückzuführen sind."

Diese Definition deckt sich im wesentlichen mit der in der neueren Literatur allgemein anerkannten,[208] auf *Ruppe*[209] zurückgeführten Markteinkommenstheorie, die als dogmatische Basis für die Lösung der folgenden Problemkreise angesehen wird:[210]

(1) Abgrenzung der steuerbaren von den nichtsteuerbaren Einkünften;

(2) persönliche Zurechnung von Einkünften;

(3) Abgrenzung der Erwerbsbezüge und Erwerbsaufwendungen von der Privatsphäre nach dem Veranlassungsprinzip;

(4) grundsätzliche Erfassung nur realisierter Einkünfte.

Eine grundlegende Zweiteilung erfährt das Markteinkommenskonzept in Form des Einkünftedualismus. Realisierte Wertsteigerungen beim Privatvermögen sind - ebenso wie realisierte Wertverluste - einkommensteuerlich irrelevant, obwohl sie sämtliche Kriterien des abstrakten Einkunftsbegriffes erfüllen (***Grundsatz der Unbeachtlichkeit der privaten Vermögenssphäre*** bzw. ***Vermögensneutralitätsprinzip***). Als Ausfluß dieser Zweiteilung ergibt sich darüber hinaus, daß stille Reserven bei der Entnahme von Wirtschaftsgütern aus dem Betriebsvermögen zu versteuern sind, obwohl keine Realisierung am Markt stattgefunden hat. Andernfalls würden im betrieblichen Bereich entstandene Wertsteigerungen - bzw. Wertminderungen - bei der Überführung ins Privatvermögen der Besteuerung entzogen. Insofern stellt sich die Regelung des § 6 Abs. 1 Nr. 4 EStG, der die Bewertung von Entnahmen zum Teilwert vorschreibt, als notwendiger "Ersatzrealisationstatbestand" zur Umsetzung des dualistischen Systems dar. Dies gilt mit umgekehrten Vorzeichen auch für die

207 Vgl. *Biergans, E.*, (Einkommensteuer, 1992) S. 1053. Die Überleitung zum Einkommensbegriff ist für die vorliegende Themenstellung irrelevant und kann an dieser Stelle unterbleiben; vgl. hierzu ausführlich *Biergans/Stockinger*, FR 1982 S. 1 (6)

208 Vgl. z.B. *Herrmann/Heuer/Raupach*, Einf. ESt Anm. 17 sowie § 2 EStG Anm. 10; *Jakob, W.*, (Einkommensteuer, 1991) S. 2 f; *Kirchhof/Söhn*, § 2 EStG Rdnr. A 363 f; *Lang, J.*, StuW 1981 S. 223 (229 f); *ders.*, (Reformentwurf, 1985) S. 31 ff; *Littmann/Bitz/Hellwig*, § 2 EStG Rn 27; *Tipke/Lang*, (Steuerrecht, 1994) § 8 Rz. 30 ff, § 9 Rz. 52; *Wittmann, R.*, StuW 1993 S. 35 ff

209 Vgl. *Ruppe, H.G.*, JDStJG 1 (1978) S. 7 (15 f). Die Grundlagen der Markteinkommenstheorie finden sich jedoch bereits bei Autoren des 19. Jahrhunderts; vgl. die Nachweise bei *Biergans/Stockinger*, FR 1982 S. 1 (4); vgl. auch *Neumark, F.*, (Einkommensbesteuerung, 1947) S. 41 ff

210 Vgl. *Tipke/Lang*, (Steuerrecht, 1994) § 9 Rz. 52

in § 6 Abs. 1 Nr. 5 EStG verankerte Bewertung von Einlagen. Durch den Ansatz des Teilwerts haben vor der Überführung ins Betriebsvermögen im Privatbereich entstandene Wertänderungen keine Auswirkungen bei der Gewinnermittlung.[211]

3.2 Durchbrechungen des dualistischen Systems

Das aus dem Einkünftedualismus resultierende Vermögensneutralitätsprinzip bei den Haushaltseinkunftsarten stellt sich nach alledem als Einschränkung der Grundsätze der Markteinkommenstheorie dar. Allerdings erfährt dieser Grundsatz seinerseits zwei wichtige gesetzliche Durchbrechungen in der Behandlung von Spekulationsgeschäften und der Veräußerung wesentlicher Beteiligungen an Kapitalgesellschaften.

3.2.1 Besteuerung von Spekulationsgeschäften

Den Tatbestand eines Spekulationsgeschäftes[212] erfüllen Veräußerungsgeschäfte im privaten Vermögensbereich, bei denen:

(1) der Zeitraum zwischen Anschaffung und Veräußerung bei Grundstücken und grundstücksgleichen Rechten nicht mehr als zwei Jahre, bei anderen Wirtschaftsgütern nicht mehr als sechs Monate beträgt oder

(2) die Veräußerung bereits vor der Anschaffung erfolgt.[213]

Unter Anschaffung ist prinzipiell der entgeltliche Erwerb in Form eines Kaufs zu verstehen,[214] nicht dagegen der unentgeltliche Erwerb durch Erbfall[215] oder Schenkung,[216] die Herstellung sowie die Entnahme aus einem Betriebsvermö-

211 Der Gesetzgeber hat diese notwendige Konsequenz aus der dualistischen Einkünfteermittlung für Einlagen allerdings erst 1954 gezogen; vgl. Begründung zum Entwurf des Steuerneuordnungsgesetzes (StNOG) 1954, BT-Dr. II/481 S. 77. Bis dahin durften Einlagen höchstens mit den Anschaffungs- bzw. Herstellungskosten angesetzt werden.

212 Vgl. § 22 Nr. 2 i.V.m. § 23 EStG

213 Hierbei handelt es sich vor allem um - dinglich vollzogene - Termingeschäfte. Dagegen stellen Differenzgeschäfte mangels tatsächlicher Lieferung keine Spekulationsgeschäfte dar; vgl. *Biergans, E.*, (Einkommensteuer, 1992) S. 893; *Jakob, W.*, (Einkommensteuer, 1991) S. 122 jeweils m.w.N.

214 Vgl. BFH v. 12.7.1988, BStBl 1988 II S. 942 (943) m.w.N.

215 Der BFH will jedoch dem Erben den entgeltlichen Erwerb durch den Erblasser zurechnen; Urteile v. 18.9.1964, BStBl 1964 III S. 647; v. 21.3.1969, BStBl 1969 II S. 520; v. 12.7.1988, BStBl 1988 II S. 942 (943); zu Recht kritisch hierzu *Biergans, E.*, (Einkommensteuer, 1992) S. 895; *Ruppe, H.G.*, JDStJG 10 (1987) S. 45 (67 ff)

216 Im Fall der Schenkung erfolgt keine Anrechnung der Vorbesitzzeit des Schenkers beim Beschenkten; die Weiterschenkung eines Wirtschaftsgutes nach der Anschaffung und

gen.[217] Voraussetzung ist weiterhin, daß das angeschaffte und veräußerte Wirtschaftsgut identisch sind.[218] Unerheblich ist, ob das betreffende Wirtschaftsgut zwischen Anschaffung und Veräußerung zur Einkunftserzielung genutzt wurde oder nicht. Die Spekulationsfrist bestimmt sich grundsätzlich nach dem Abschluß des schuldrechtlichen Kauf- bzw. Tauschvertrags.[219]

Strittig ist die - vor allem auch im Hinblick auf den unentgeltlichen Erwerb interessante[220] - Frage, ob § 23 EStG eine Spekulationsabsicht erfordert. Die h.M. in der Literatur geht aufgrund des Gesetzeswortlauts davon aus, daß dies nicht der Fall ist[221] bzw. daß die Vorschrift durch die kurzen Fristen eine unwiderlegbare Vermutung bezüglich des Vorliegens einer Spekulationsabsicht schafft.[222] Wie *Neeb*[223] jedoch auf der Basis der historischen Entwicklung des § 23 EStG mit beachtlichen Argumenten dargelegt hat, besteht diesbezüglich lediglich eine widerlegbare Vermutung,[224] die jedoch in der Praxis durch den Steuerpflichtigen regelmäßig nur schwer zu entkräften sein dürfte.

Gewinne[225] aus Spekulationsgeschäften unterliegen - sofern die Freigrenze von DM 1.000 überschritten wird - in voller Höhe der Einkommensteuer im Rahmen der sonstigen Einkünfte,[226] während Spekulations**verluste** weder in den allgemeinen Verlustausgleich noch in den Verlustabzug nach § 10d EStG eingehen. Sie dürfen lediglich mit Spekulationsgewinnen des selben Kalenderjahres ausgeglichen werden.[227]

Zu erfassen sind Spekulationsgewinne gemäß § 11 Abs. 1 EStG im Jahr des Zuflusses des Veräußerungserlöses.[228] Der Abzug von Werbungskosten erfolgt

---

die anschließende Veräußerung durch den Beschenkten kann jedoch einen Gestaltungsmißbrauch i.S.d. § 42 AO darstellen; BFH v. 12.7.1988, BStBl 1988 II S. 942

217 Vgl. *Biergans, E.*, (Einkommensteuer, 1992) S. 895 f

218 Vgl. hierzu BFH v. 24.11.1993, BStBl 1994 II S. 591; *Schmidt/Heinicke*, § 23 EStG Anm. 4c jeweils m.w.N.

219 Vgl. *Biergans, E.*, (Einkommensteuer, 1992) S. 896 f; *Schmidt/Heinicke*, § 23 EStG Anm. 5b und 5c

220 Vgl. *Ruppe, H.G.*, JDStJG 10 (1987) S. 45 (68 f)

221 Vgl. z.B. *Herrmann/Heuer/Raupach*, § 23 EStG Anm. 36; *Jakob, W.*, (Einkommensteuer, 1991) S. 122; *Schmidt/Heinicke*, § 23 EStG Anm. 2

222 Vgl. *Ruppe, H.G.*, JDStJG 10 (1987) S. 45 (68 f)

223 Vgl. *Neeb, H.*, StuW 1991 S. 52

224 Das BVerfG (B. v. 9.7.1969, BStBl 1970 II S. 156 (159 f)) läßt die Frage offen, hält aber beide Auslegungen für möglich und zulässig.

225 Als Gewinn ist hierbei die Differenz zwischen dem Veräußerungserlös auf der einen und Anschaffungskosten, Veräußerungskosten sowie Werbungskosten auf der anderen Seite zu verstehen; vgl. hierzu ausführlich *Biergans, E.*, (Einkommensteuer, 1992) S. 898 ff

226 Vgl. § 22 Nr. 2 EStG

227 Vgl. § 23 Abs. 4 EStG

228 Vgl. BFH v. 17.7.1991, BStBl 1991 II S. 916 (917) m.w.N.

in Durchbrechung des Abflußprinzips ebenfalls in dem Veranlagungszeitraum, in dem der Veräußerungserlös zufließt.[229]

3.2.2 Veräußerung wesentlicher Beteiligungen

3.2.2.1 Grundzüge und Zweck der Regelung

Gemäß § 17 EStG zählen Gewinne aus der Veräußerung[230] im Privatvermögen gehaltener wesentlicher Beteiligungen an Kapitalgesellschaften zu den gewerblichen Einkünften. Die verdeckte Einlage von Anteilen in eine andere Kapitalgesellschaft steht dabei einer Veräußerung gleich. Bei der Übertragung eines Anteils ohne Gegenleistung kann ebenfalls eine Veräußerung vorliegen, sofern der Grund für die fehlende Gegenleistung in der Wertlosigkeit der Anteile liegt.[231]

Voraussetzung für die Anwendung des § 17 EStG ist, daß der Veräußerer zu irgendeinem Zeitpunkt innerhalb der letzten fünf Jahre vor der Veräußerung unmittelbar oder mittelbar zu mehr als 25 v.H. am Grund- oder Stammkapital der Gesellschaft beteiligt war und der innerhalb eines Veranlagungszeitraumes veräußerte Anteil mehr als 1 v.H. des Nominalkapitals beträgt. Hat der Veräußerer die Anteile innerhalb der letzten fünf Jahre unentgeltlich erworben, genügt es, wenn der Rechtsvorgänger - bzw. bei mehrfachem unentgeltlichen Erwerb einer der Rechtsvorgänger - innerhalb dieser Frist wesentlich beteiligt war.[232]

Begründet wurde die Einführung des dem geltenden § 17 EStG vorangehenden § 30 Abs. 3 EStG 1925 vom historischen Gesetzgeber vor allem mit den folgenden Argumenten:[233]

(1) Einzelunternehmen und Personengesellschaften wurden häufig nicht als solche veräußert, sondern zunächst in Kapitalgesellschaften umgewandelt, um anschließend die Anteile zu veräußern. Da die stillen Reserven bei der Umwandlung nicht aufgedeckt wer-

229 Vgl. BFH v. 17.7.1991, BStBl 1991 II S. 916 (918)

230 Der Veräußerung gleichgestellt sind nach § 17 Abs. 4 EStG die Liquidation sowie die Kapitalherabsetzung mit Auszahlung an die Anteilseigner. Zum Begriff der Veräußerung vgl. ausführlich *Schmidt, L.*, § 17 EStG Anm. 19 m.w.N.

231 Vgl. BFH v. 5.3.1991, BStBl 1991 II S. 630; v. 18.8.1992, BStBl 1993 II S. 34 sowie BFH/NV 1993 S. 158. Durch die Qualifizierung als Veräußerungsgeschäft erhält der Übertragende die Möglichkeit, seinen erlittenen Wertverlust im Rahmen des § 17 EStG zu realisieren.

232 Nicht erforderlich ist also in diesem Fall eine wesentliche Beteiligung des Veräußerers selbst.

233 Vgl. Begründung zum Entwurf eines Reichseinkommensteuergesetzes v. 23.4.1925, RT-Dr. III/795 S. 56; abgedruckt bei *Blümich/Schachian*, § 30 EStG 1925 Anm. 5 (S. 334 f)

den mußten, trat eine Gewinnrealisierung erst bei der Veräußerung der Anteile an der Kapitalgesellschaft ein.[234]

(2) Personalistisch strukturierte Kapitalgesellschaften, bei denen sich die Mehrzahl der Anteile in den Händen weniger Gesellschafter befinden, stehen wirtschaftlich betrachtet Einzelunternehmen und Personengesellschaften sehr nahe. Dies rechtfertigt eine Gleichbehandlung der Veräußerungsfälle.

Vor der Einführung des körperschaftsteuerlichen Anrechnungsverfahrens zum 1.1.1977 sollte § 17 EStG außerdem die Doppelbelastung von Gewinnausschüttungen mit Körperschaft- und Einkommensteuer auch für nicht ausgeschüttete Gewinne gewährleisten.[235] Durch das Anrechnungsverfahren wurde diese Doppelbelastung für die Zeit nach dem 31.12.1976 zwar beseitigt. Bei der Kapitalgesellschaft thesaurierte Gewinne erhöhen jedoch durch das Körperschaftsteuerguthaben den Wert der Anteile. Daher wird der Zweck der Vorschrift auch darin gesehen, die bei der Veräußerung realisierten Wertsteigerungen beim Veräußerer zu erfassen.[236] Anderenfalls könnten bei bestimmten Konstellationen steuerpflichtige Gewinnausschüttungen in steuerfreie Veräußerungsgewinne umgewandelt werden.[237] Der Aspekt der Gleichstellung mit Mitunternehmern bildet im geltenden Steuersystem jedoch nach wie vor das zentrale Argument zur Rechtfertigung des § 17 EStG.[238]

3.2.2.2 Konsequenzen

Veräußerungs- bzw. Liquidations***gewinne*** unterliegen - ggf. nach Abzug eines Freibetrages von maximal DM 20.000 bei Veräußerung einer 100%-igen Beteiligung - nach § 17 Abs. 3 EStG der Einkommensteuer, wobei die Tarifvergünstigung nach § 34 Abs. 1 EStG zur Anwendung kommt, soweit der Gewinn DM 30 Mio. nicht übersteigt. ***Verluste*** im Zusammenhang mit der Veräußerung einer wesentlichen Beteiligung sind nach den allgemeinen Grundsätzen in den Verlustausgleich bzw. -abzug einzubeziehen.[239]

---

234 Diese Begründung ist mittlerweile aufgrund des § 21 UmwStG überholt; vgl. *Littmann/Bitz/Hellwig*, § 17 EStG Rn 4

235 Vgl. z.B. *Blümich*, § 17 EStG Rz. 6

236 Vgl. Begründung zum Regierungsentwurf eines Dritten StRG v. 8.1.1974, BT-Dr. 7/1470 S. 264; BFH v. 8.10.1985, BStBl 1986 II S. 596 (598)

237 Vgl. *Schmidt, L.*, § 17 EStG Anm. 3b m.w.N.

238 Vgl. BFH v. 5.12.1973, BStBl 1974 II S. 236 (237); v. 10.2.1982, BStBl 1982 II S. 392 (393); v. 8.10.1985, BStBl 1986 II S. 596 (598); v. 19.5.1992, BStBl 1992 II S. 902 (904); v. 18.8.1992, BStBl 1993 II S. 34 (36); v. 4.11.1992, BStBl 1993 II S. 292 (294); *Littmann/Bitz/Hellwig*, § 17 EStG Rn 4 m.w.N.; a.A. *Schmidt, L.*, § 17 EStG Anm. 3b; zur Verfassungsmäßigkeit der Vorschrift vgl. BVerfG v. 7.10.1969, BVerfGE 27 S. 111

239 Dagegen enthielt § 17 Abs. 5 EStG 1934 ein Verlustausgleichsverbot, das jedoch ab 1965 beseitigt wurde. Die Einbeziehung in den Verlustabzug nach § 10d EStG ist erst

Geregelt ist die Gewinnermittlung in § 17 Abs. 2 EStG. Aufgrund der Tatsache, daß die Anteile im Privatvermögen gehalten werden, während der Veräußerungsgewinn zu den gewerblichen Einkünften zählt, wird von einer "Gewinnermittlung eigener Art" gesprochen.[240] Unabhängig vom Zuflußprinzip des § 11 EStG ist für alle den Veräußerungsgewinn beeinflussenden Faktoren eine Stichtagsbewertung auf den Zeitpunkt der Veräußerung durchzuführen.[241] Der Gewinn (bzw. Verlust) entsteht zu dem Zeitpunkt, zu dem auch bei bilanzieller Gewinnermittlung nach den handelsrechtlichen GoB eine Gewinnrealisierung angenommen würde. Ausschlaggebend ist damit der Zeitpunkt des Übergangs des rechtlichen oder zumindest des wirtschaftlichen Eigentums auf den Erwerber.[242]

Veräußerungsgewinn ist die Differenz zwischen dem Veräußerungspreis auf der einen und den Anschaffungskosten sowie den Veräußerungskosten[243] auf der anderen Seite. Die Anschaffungskosten setzen sich zusammen aus dem ursprünglichen Anschaffungspreis, den Anschaffungsnebenkosten (Beurkundungs- und Beratungskosten, Provisionen etc.) und evtl. zu berücksichtigenden nachträglichen Anschaffungskosten. Das Hauptaugenmerk im Rahmen der vorliegenden Arbeit wird dabei auf die nachträglichen Anschaffungskosten in Form verlorener Zuschüsse bzw. Darlehensforderungen und Bürgschaftsverpflichtungen gerichtet sein.[244] Nach Auffassung des BFH[245] umfaßt § 17 EStG nur den Veräußerungs- bzw. Auflösungsvorgang und legt die bei der Gewinnermittlung zu berücksichtigenden Faktoren abschließend fest. Aufwendungen des Veräußerers, die zwar durch die Beteiligung veranlaßt sind, aber weder den Veräußerungskosten noch den (nachträglichen) Anschaffungskosten zugeordnet werden können, sind daher nicht als Betriebsausgaben abzugsfähig.[246]

---

seit 1976 möglich; vgl. *Blümich*, § 17 EStG Rz. 241 ff; vgl. auch RFH v. 28.11.1928, RStBl 1929 S. 85

240 Vgl. BFH v. 17.10.1957, BStBl 1957 III S. 443; v. 10.12.1993, BFH/NV 1994 S. 707; *Littmann/Bitz/Hellwig*, § 17 EStG Rn 52; *Schmidt, L.*, § 17 EStG Anm. 21a; *Wolff-Diepenbrock, J.*, DB 1994 S. 1539

241 Vgl. BFH v. 12.2.1980, BStBl 1980 II S. 494 (497); v. 21.9.1982, BStBl 1983 II S. 289 (292); v. 30.6.1983, BStBl 1983 II S. 640 (641)

242 Vgl. BFH v. 30.6.1983, BStBl 1983 II S. 640; v. 10.3.1988, BStBl 1988 II S. 832 (834); v. 7.7.1992, BFH/NV 1993 S. 25 (27)

243 Zum Begriff der Veräußerungskosten vgl. z.B. *Biergans, E.*, (Einkommensteuer, 1992) S. 771 f

244 Vgl. S. 86 f und S. 188 ff

245 Vgl. BFH v. 16.4.1991, BStBl 1992 II S. 234 (236); v. 1.12.1992, BFH/NV 1993 S. 520; v. 8.12.1992, BFH/NV 1993 S. 654 (656); v. 3.6.1993, BFH/NV 1994 S. 459 (460)

246 Kritisch hierzu *Schmidt, L.*, § 17 EStG Anm. 21b

Im Ergebnis erhalten wesentliche Beteiligungen durch § 17 EStG eine "Zwitternatur." Während die laufenden Einnahmen (Gewinnausschüttungen) zu Einkünften aus Kapitalvermögen führen, ist der Veräußerungsvorgang dem gewerblichen Bereich zuzuordnen.[247] Aufgrund der restriktiven Anwendung der Vorschrift sind Schuldzinsen für einen Kredit zum Erwerb einer wesentlichen Beteiligung auch dann Werbungskosten bei den Einkünften aus Kapitalvermögen, wenn zwar keine Kapitalerträge zu erwarten sind, aber eine Wertsteigerung möglich ist.[248]

3.2.3 Exkurs: Zum Verhältnis zwischen § 17 und § 23 EStG

Probleme ergeben sich, wenn eine wesentliche Beteiligung innerhalb der Spekulationsfrist veräußert wird. In diesem Fall führt die Qualifikation als Spekulationsgeschäft dazu, daß aufgrund der Verlustausgleichsbeschränkung sowie des Verlustabzugsverbotes des § 23 Abs. 4 Satz 3 EStG ein evtl. erlittener Veräußerungsverlust verloren geht, wenn nicht im selben Kalenderjahr Spekulationsgewinne in entsprechender Höhe erzielt wurden. Bei einer gewinnbringenden Veräußerung kommt weder der Freibetrag nach § 17 Abs. 3 EStG noch die Tarifvergünstigung des § 34 Abs. 1 EStG zur Anwendung.[249]

Nach Auffassung des X. Senats des BFH[250] war § 17 EStG der Vorrang einzuräumen, so daß Veräußerungsverluste in den allgemeinen Verlustausgleich und -abzug einbezogen werden konnten und Veräußerungsgewinne entsprechend begünstigt waren.[251] Als Reaktion auf diese Rechtsprechung folgte zunächst ein Nichtanwendungserlaß der Finanzverwaltung[252] und im Anschluß daran die Ergänzung des § 23 Abs. 3 EStG durch Art. 1 Nr. 17c StMBG.[253] Danach ist § 17 EStG ab dem Veranlagungszeitraum 1994 nicht mehr anzuwenden,

247 Aus dieser Zuordnung ergeben sich allerdings keine gewerbesteuerlichen Konsequenzen; vgl. Abschn. 40 Abs. 1 GewStR

248 Vgl. BFH v. 8.10.1985, BStBl 1986 II S. 596

249 Ein Vorteil für den Steuerpflichtigen kann sich in diesem Fall ausnahmsweise dann ergeben, wenn er im selben Kalenderjahr Spekulationsverluste erlitten hat.

250 Vgl. Urteil v. 4.11.1992, BStBl 1993 II S. 292; gl.A. BFH v. 14.9.1993, BStBl 1994 II S. 683 und BFH/NV 1994 S. 615 (VIII. Senat)

251 A.A. noch BFH v. 6.2.1970, BStBl 1970 II S. 400 (VI. Senat); v. 28.2.1974, BStBl 1974 II S. 706 (VIII. Senat). Der I. Senat hatte im Urteil v. 13.12.1989 (BStBl 1990 II S. 1056) die Frage offen lassen können, weil der Streitfall einen beschränkt Steuerpflichtigen betraf und Spekulationsgewinne aus der Veräußerung wesentlicher Beteiligungen nach damaliger Gesetzeslage bei beschränkter Steuerpflicht nicht zu inländischen Einkünften i.S.d. § 49 EStG führen konnten.

252 Vgl. BMF-Schreiben v. 15.4.1993, BStBl 1993 I S. 300

253 Mißbrauchsbekämpfungs- und Steuerbereinigungsgesetz v. 21.12.1993, BGBl 1993 I S. 2310

wenn eine wesentliche Beteiligung innerhalb der Spekulationsfrist verkauft wird. Gleichzeitig wurde die Vorschrift des § 49 Abs. 1 Nr. 8 EStG erweitert, so daß die Besteuerung nunmehr auch bei beschränkter Steuerpflicht nach § 23 EStG erfolgt.[254]

Dieser Entschluß des Gesetzgebers ist m.E. rein fiskalisch motiviert und systematisch nicht überzeugend. Zwar ist - wie noch zu zeigen sein wird - grundsätzlich von einer Gleichrangigkeit der sieben Einkunftsarten auszugehen.[255] Beide Vorschriften stellen jedoch ihrerseits Durchbrechungen der den Überschußeinkünften zugrundeliegenden Systematik dar. Danach geht m.E. die eindeutige Zuordnung zu den gewerblichen Einkünften in § 17 EStG - dessen Rechtfertigung vor allem in der Gleichstellung mit Mitunternehmern gesehen wird - als lex specialis dem allgemeinen Auffangtatbestand des § 23 EStG vor.[256]

3.2.4 Veräußerung gemischt genutzter Wirtschaftsgüter

Eine weitere - allerdings weniger bedeutsame - Durchbrechung des dualistischen Systems ergibt sich m.E. insofern, als Gewinne und Verluste aus der Veräußerung gemischt genutzter Wirtschaftsgüter, die zum Betriebsvermögen gehören, nicht nur anteilig, sondern in voller Höhe in die Steuerbemessungsgrundlage eingehen.[257] Im Fall einer Zuordnung zum Privatvermögen werden realisierte Wertänderungen dementsprechend überhaupt nicht berücksichtigt. Im übrigen gilt dagegen bei gemischt genutzten Wirtschaftsgütern der Grundsatz, daß sowohl die laufenden Kosten als auch die AfA unabhängig von der Zugehörigkeit des Wirtschaftsgutes zum Betriebs- oder Privatvermögen anteilig entsprechend der betrieblichen Nutzung als Betriebsausgaben abzugsfähig sind.[258] Diese Vorgehensweise ist m.E. nicht zwingend. Wenn man die Nutzungsanteile ermitteln kann, um die laufenden Aufwendungen sowie die AfA

---

254 Vgl. hierzu auch BMF-Schreiben v. 24.8.1994, BStBl 1994 I S. 711

255 Zur Rangfolge der Einkunftsarten vgl. S. 100 und S. 117 ff

256 Gl.A. *Biergans, E.*, (Einkommensteuer, 1992) S. 761; *Blümich*, § 23 EStG Rz. 15 und 17; *Felix, G.*, FR 1990 S. 497 (503); *Grögler, H.*, DB 1993 S. 1849 (1850); *Knobbe-Keuk, B.*, (Bilanzsteuerrecht, 1993) S. 923; *Meyer-Scharenberg, D.E.*, DStR 1990 S. 430; *Lang, J.*, (Bemessungsgrundlage, 1988) S. 257; *Lempenau, G.*, KFR F. 3 § 17 EStG 2/93 S. 133 (134); *Tipke/Lang*, (Steuerrecht, 1994) § 9 Rz. 615; a.A. *Beater, A.*, StuW 1992 S. 151 (156); *Herrmann/Heuer/Raupach*, § 17 EStG Anm. 26; *Mitschke, W.*, FR 1993 S. 258 (258 f); *Schmidt, L.*, § 17 EStG Anm. 6c

257 Vgl. BFH v. 24.9.1959, BStBl 1959 III S. 466; v. 10.1.1991, BFH/NV 1991 S. 386; v. 16.5.1991, BFH/NV 1992 S. 20; FG Rheinland-Pfalz v. 4.3.1988, EFG 1988 S. 465 (rkr.); Hessisches FG v. 26.2.1988, EFG 1988 S. 465 (rkr.); FG Hamburg v. 10.8. 1988, EFG 1989 S. 354 (rkr.)

258 Vgl. *Biergans, E.*, (Einkommensteuer, 1992) S. 271 f

aufzuteilen, könnte man ohne weiteres nach dem selben Verhältnis auch Veräußerungsgewinne bzw. -verluste aufteilen. Das bedeutet im Ergebnis nichts anderes, als die von *Wassermeyer*[259] seit langem geforderte anteilige Bilanzierung gemischt genutzter Wirtschaftsgüter.

II. Die Stellung des Einkünftedualismus im System der Einkommensteuer

Abgesehen von den dargestellten Ausnahmen bauen die Haushaltseinkunftsarten trotz der äußerlichen Abkehr des Gesetzgebers von finanzwissenschaftlichen Einkommensbegriffen auf quellentheoretischen Überlegungen auf, die vom Grundsatz der Nichtberücksichtigung der privaten Vermögenssphäre (Vermögensneutralitätsprinzip) beherrscht werden. Dieses vom Gesetzgeber bewußt und gewollt geschaffene Prinzip hat seinen Niederschlag im geltenden Recht in § 2 Abs. 2 EStG gefunden und institutionalisiert zwei materiell verschiedene Einkunftsbegriffe, indem der Umfang der zu erfassenden Reinvermögensmehrungen unterschiedlich abgegrenzt wird. In der Rechtsprechung wird es m.E. zutreffend mit Formulierungen wie "Wertveränderungen von Wirtschaftsgütern, die zur Einkunftserzielung eingesetzt werden, bleiben - abgesehen von den §§ 17 und 23 EStG - außer Betracht"[260] oder "Änderungen des Vermögens bleiben außer Betracht"[261] umschrieben. Dem entsprechen auch die Ausführungen in der Gesetzesbegründung zum EStG 1925, wonach nicht die Veränderungen der Vermögensgegenstände, sondern lediglich die mit ihnen erzielten Erträge steuerlich relevant sind.[262]

Die Stellung des Vermögensneutralitätsprinzips im System der Einkommensteuer läßt sich anhand der vorstehend aufgezeigten allgemeinen Grundsätze verdeutlichen. Ausgangspunkt der Überlegungen ist in diesem Zusammenhang das Fundamentalprinzip der Besteuerung nach der Leistungsfähigkeit. Dieses läßt sich - wie oben gezeigt wurde - aus der Sicht der Stufenbaulehre in Verbindung mit den allgemein anerkannten Komponenten des Markteinkommenskonzepts ableiten als die in der Summe der Einkünfte zum Ausdruck kommende Fähigkeit eines Steuersubjekts, durch wirtschaftliche Handlungen (realisier-

259 Vgl. *Wassermeyer, F.*, JDStJG 3 (1980) S. 315 (331 ff); gl.A. *Jehner, H.*, DStR 1990 S. 6 (9 f)

260 Vgl. BFH v. 9.11.1993, BStBl 1993 II S. 289 (290); v. 31.1.1992, BStBl 1992 II S. 401 (403); v. 27.6.1989, BStBl 1989 II S. 934 (935); 14.2.1989, BStBl 1989 II S. 922 (924); v. 21.12.1982, BStBl 1983 II S. 410 (411); ähnlich BFH v. 2.3.1993, BStBl 1993 II S. 602 (603); v. 9.10.1979, BStBl 1980 II S. 116

261 Vgl. BFH v. 9.11.1993, BStBl 1993 II S. 289 (290)

262 Vgl. S. 30

te) Reinvermögensmehrungen zu erzielen. Durch die Nichtberücksichtigung realisierter Wertänderungen im Bereich der Haushaltseinkunftsarten wird somit das System bereits auf seiner höchsten Stufe geteilt. Dies wird im Ergebnis auch in der Literatur anerkannt, wenn mit dem Leistungsfähigkeitsprinzip die Forderung nach einer steuerlichen Erfassung privater Veräußerungsgewinne begründet wird.[263]

Über die konkreten Ausprägungen des Vermögensneutralitätsprinzips herrscht m.E. allerdings nach wie vor erhebliche Unklarheit. Dazu trägt insbesondere auch die Rechtsprechung bei, indem sie den Grundsatz zwar auf der einen Seite regelmäßig postuliert, auf der anderen Seite aber - wie in den beiden folgenden Teilen 3 und 4 zu zeigen sein wird - immer öfter zu überraschenden Ergebnissen kommt, die eine dogmatisch fundierte Basis vermissen lassen. Im Schrifttum wird ebenfalls häufig auf den quellentheoretischen Charakter der Haushaltseinkunftsarten[264] und die Notwendigkeit einer exakten und sachgerechten Abgrenzung zwischen dem Vermögensstamm und der Ertragssphäre[265] hingewiesen. Vereinzelt wird auch gefordert, auf die Postulierung eines derartigen Grundsatzes ganz zu verzichten, wobei jedoch die Nichtberücksichtigung privater Veräußerungsgewinne nicht in Zweifel gezogen wird.[266] Ausführlichere Abhandlungen beschäftigen sich überwiegend damit, das Prinzip unter dem Gesichtspunkt der Erfassung von Veräußerungsgewinnen zu verteidigen oder seine Abschaffung zu fordern.[267] Erst in jüngerer Zeit wurden mehrere Monographien vorgelegt, die den Versuch einer Konkretisierung der Vermögenssphäre unternehmen.[268] Begreift man das Vermögensneutralitätsprinzip in Übereinstimmung mit der hier vertretenen Ansicht als zentralen übergeordneten Grundsatz zur Bestimmung der den Haushaltseinkünften zugrundeliegenden Systematik und betrachtet man die Fülle der Literaturbeiträge zu anderen systemtragenden Prinzipien, wie z.B. dem Leistungsfähigkeitsprinzip, dem Nettoprinzip oder dem Veranlassungsprinzip,[269] muß die Zurückhaltung bezüglich der systematischen Aufarbeitung dieser Materie zumindest auf den ersten Blick erstaunen.

263 Vgl. z.B. *Biergans, E.*, (Einkommensteuer, 1992) S. 12; *Paus, B.*, INF 1987 S. 73; Gutachten der Steuerreformkommissin 1971 Bd. I, Abschn. 2 Tz. 35 ff

264 Vgl. z.B. *Tipke/Lang*, (Steuerrecht, 1994) § 9 Rz. 466, 471; *Lang, J.*, JDStJG 9 (1986) S. 15 (53 ff); ähnlich *Jakob, W.*, (Einkommensteuer, 1991) S. 71

265 Vgl. *Prinz, U.*, (Werbungskosten, 1984) S. 41

266 Vgl. *Alt, M.*, (Überschußvermögen, 1994) S. 150; *Herrmann/Heuer/Raupach*, § 9 EStG Anm. 186

267 Vgl. hierzu S. 207 ff

268 Vgl. *Jonas, M., Ch.*, (Aufwendungen, 1993); *Wolff, Th.*, (Vermögenssphäre, 1993); *Langohr, Th.G.*, (Veranlassungsprinzip, 1990)

269 Vgl. oben S. 9 ff und S. 12 ff

Zum Teil wird die Vorschrift des § 2 Abs. 2 EStG im Schrifttum[270] auch als bloße formelle Berechnungsmethode bezeichnet, der keine materielle Bedeutung beizumessen sei. Danach ergibt sich aus der Forderung nach einem von der Art der Gewinnermittlung unabhängigen identischen Totalgewinn im betrieblichen Bereich zwingend, daß die Art der Einkünfteermittlung selbst nur deklaratorischen Charakter haben kann. Dieses Ergebnis wird dann auch auf die Einnahmen-Überschußrechnung nach § 2 Abs. 2 Nr. 2 EStG übertragen. Letztlich läuft die Argumentation darauf hinaus, daß nur *ein* Einkommensbegriff besteht, wobei die Nichtberücksichtigung privater Veräußerungsgewinne über einen anderen Weg gerechtfertigt wird. Ohne bereits an dieser Stelle näher darauf eingehen zu müssen,[271] muß eine solche Auffassung angesichts der vorhergehenden Ausführungen m.E. zumindest als fragwürdig bezeichnet werden, da sie zunächst ausschließlich an die ***Art der Einkünfteermittlung*** anknüpft. Daß die Berechnungsmethode allein noch keinen Einfluß auf den Gewinn hat, zeigt sich bereits daran, daß bei bilanzieller Gewinnermittlung nach den Grundsätzen der doppelten Buchführung der Vermögensvergleich zum selben Ergebnis führen muß wie die Gegenüberstellung von Aufwand und Erträgen (Gewinn- und Verlustrechnung). Ebenso kann der Gewinn ohne Bestandsvergleich durch Einnahmen-Ausgabenrechnung ermittelt werden. Ausschlaggebend ist m.E. vielmehr die ***Zielgröße***, die unverkennbar im betrieblichen Bereich einheitlich als *Gewinn* angegeben und als Vermögensentwicklung zwischen zwei Stichtagen definiert ist, im Haushaltseinkünftebereich aber als *Überschuß der Einnahmen über die Werbungskosten*. Inwieweit es gerechtfertigt ist, sich über diese unterschiedlichen Zielgrößen hinwegzusetzen, ist u.a. Gegenstand der nachfolgenden Ausführungen, deren Ziel es ist, die Auswirkungen des Einkünftedualismus auf die Berücksichtigung von Aufwendungen als Werbungskosten und damit einhergehend die Rolle des Vermögens bei den Überschußeinkünften zu verdeutlichen.

Die Notwendigkeit einer systematischen Aufarbeitung dieser Materie ergibt sich unmittelbar daraus, daß aufgrund einschlägiger gesetzlicher Vorschriften sowie höchstrichterlicher Finanzrechtsprechung die private Vermögenssphäre eben nicht völlig unbeachtlich ist. So können z.B. Erhaltungsaufwendungen für zur Einkünfteerzielung eingesetztes Vermögen unstrittig als Werbungskosten abgezogen werden. Das gesetzliche Regelungsgerüst in diesem Bereich ist jedoch äußerst dürftig. Über den allgemeinen Abzugsbegriff des § 9 Abs. 1 Satz 1 EStG hinaus finden sich in § 9 Abs. 1 Satz 3 Nr. 6 und 7 EStG lediglich

270 Vgl. *Alt, M.*, (Überschußvermögen, 1994) S. 57, 87 ff und 98 f
271 Vgl. hierzu S. 110 ff

noch zwei knappe Hinweise auf den Abzug von Aufwendungen für Arbeitsmittel sowie die Berücksichtigung von Abschreibungen.

Teil 3
Vermögensneutralität und Vermögensverluste

A. Grundlagen

I. Zum Begriff der Vermögensverluste

Die im Rahmen der vorliegenden Abhandlung zu beurteilenden Forderungsverluste stellen den wohl zentralen Anwendungsfall sogenannter Vermögensverluste dar. Darunter sind im geltenden Recht allgemein unplanmäßige, in Erwerbsnähe anfallende Vermögenseinbußen, -beschädigungen bzw. -zerstörungen zu verstehen.[1] Soweit eine steuerliche Berücksichtigung in diesem Bereich möglich ist, kann sie entweder aus dem allgemeinen Werbungskostenbegriff des § 9 Abs. 1 Satz 1 EStG oder aber aus den auch im Haushaltseinkünftebereich anzuwendenden Abschreibungsregelungen abgeleitet werden. Aus diesem Grund liegt der Schwerpunkt der folgenden Ausführungen über die isolierte Betrachtung des allgemeinen Abzugsbegriffs hinaus insbesondere auch in dessen Spannungsverhältnis zur Vorschrift des § 9 Abs. 1 Satz 3 Nr. 7 EStG.

II. Die Prinzipienüberlagerung als Ausgangsproblem

Obwohl im geltenden Recht von einer weitgehenden Deckungsgleichheit der Begriffe Betriebsausgaben und Werbungskosten auszugehen ist, muß auch beachtet werden, daß das System der dualistischen Einkünfteermittlung den Werbungskostenabzug in bestimmten Bereichen zweifellos beeinträchtigt. Deckungsgleiche Sachverhalte können also unterschiedliche Auswirkungen haben, je nachdem, ob der zugrunde liegende Vorgang dem Bereich der Gewinneinkünfte oder der Haushaltseinkünfte zuzuordnen ist.[2] Hierin liegt der zentrale

---

1 Vgl. z.B. *Herrmann/Heuer/Raupach*, § 9 EStG Anm. 191; ähnlich *Langohr, Th.G.*, (Veranlassungsprinzip, 1990) S. 15

2 Vgl. z.B. *Söffing, G.*, DB 1990 S. 2086 (2088)

Unterschied zwischen beiden Abzugspositionen. Im Schrifttum[3] wird dieses Problem als ***Überlagerung des Veranlassungsprinzips mit dem Vermögensneutralitätsprinzip*** beschrieben. Zum einen wird durch bestimmte Aufwendungen "...die Anschaffung, Herstellung oder Veränderung eines Wirtschaftsguts des Privatvermögens"[4] bewirkt bzw. werden Aufwendungen getätigt, die in irgendeiner Form die Vermögenssphäre betreffen. Zum anderen sind die Aufwendungen aber gleichzeitig durch eine Erwerbstätigkeit veranlaßt, indem das betreffende Wirtschaftsgut zur Einkünfteerzielung eingesetzt wird bzw. werden soll.

Damit gilt es also herauszufinden, inwieweit das Vermögensneutralitätsprinzip einem Abzug der nach Veranlassungsgesichtspunkten der Einkunftserzielungssphäre zuzuordnenden Aufwendungen entgegensteht bzw. das Veranlassungsprinzip eine steuerliche Berücksichtigung der Vermögenssphäre gebietet. Zu diesem Zweck wird im folgenden nach einer historischen Betrachtung der Abzugsbegriffe[5] die Einbeziehung der Vermögenssubstanz in die Ermittlung der Haushaltseinkünfte anhand der einschlägigen gesetzlichen Vorschriften analysiert.

B. Einschränkung des Werbungskostenabzugs durch die Vermögenssphäre

I. Historische Entwicklung des Begriffsdualismus Betriebsausgaben/Werbungskosten unter besonderer Berücksichtigung der Vermögenssphäre

1. Die preußischen Einkommensteuergesetze

Bereits das preußische Einkommensteuergesetz vom 24.6.1891[6] enthielt eine der geltenden Werbungskostendefinition entsprechende Formulierung bezüglich der für sämtliche Einkunftsarten geltenden Abzugsposten. Nach § 9 Abs. 1 Nr. 1 PrEStG waren "die zur Erwerbung, Sicherung und Erhaltung des Ein-

---

3 Vgl. *Herrmann/Heuer/Raupach*, § 9 EStG Anm. 185; *Jakob/Wittmann*, FR 1988 S. 540 (547 ff); *Prinz, U.*, FR 1986 S. 397 (407 ff); *Koller, A.*, (Abgrenzung, 1993) S. 28 FN 116

4 Vgl. *Prinz, U.*, FR 1986 S. 397 (407)

5 Die Zweiteilung der historischen Entwicklung erfolgt bewußt, um eine bessere Vergleichbarkeit der Grundvorstellungen des Gesetzgebers und der praktischen Umsetzung zu gewährleisten.

6 Vgl. PrGS 1891 S. 175 ff

kommens verwendeten Ausgaben" vom Einkommen abzuziehen. Ohne daß der Begriff der Werbungskosten im Gesetz verwendet wurde, ließ § 9 Abs. 1 Nr. 5 PrEStG den Abzug regelmäßiger jährlicher Absetzungen für die Abnutzung von Gebäuden, Maschinen usw. zu, "soweit solche nicht bereits unter den *Betriebsausgaben* (Hervorh. d. Verf.) verrechnet sind." In der novellierten Fassung des Gesetzes vom 19.6.1906[7] fand sich mit § 8 eine Vorschrift, die in ihrem ersten Absatz von dem neu eingeführten ***Werbungskostenbegriff*** beherrscht wurde:

"I. Von dem Rohertrage der in § 6 bezeichneten Einkommensquellen sind die Aufwendungen zur Erwerbung, Sicherung und Erhaltung des Ertrags (Werbungskosten) in Abzug zu bringen. Als Werbungskosten gelten auch:

(...)

4. die regelmäßigen jährlichen Absetzungen für Abnutzung der Gebäude, Maschinen sowie des sonstigen toten Inventars, sofern die Kosten der Beschaffung nicht unter den Betriebsausgaben verrechnet sind."

Obwohl der Begriff der Betriebsausgaben somit bereits in den preußischen Gesetzen - wenn auch in der Abschreibungsregelung "versteckt"[8] - enthalten war, wurde ihm noch keine eigenständige Bedeutung beigemessen. § 13 PrEStG 1906 bestimmte ausdrücklich, daß die Werbungskostenregelung auch im Bereich der bilanziellen Gewinnermittlung galt.[9]

Fuisting[10] trennte die bei der Ermittlung des Reinertrags abzuziehenden Aufwendungen in die beiden Hauptgruppen Betriebskosten - womit die vom Gesetz als Werbungskosten bezeichneten Aufwendungen gemeint waren - und Abschreibungen. Erstere wurden dabei als positive, die letztgenannten dagegen als negative Aufwendungen (Wertminderungen) bezeichnet. Die finale Formulierung des allgemeinen Abzugsbegriffes bezweckte letztlich nichts anderes als eine durch die Quellentheorie gebotene Abgrenzung der mit dem Ertrag zusammenhängenden Aufwendungen von den darüber hinausgehenden Aufwendungen für die Quelle selbst.[11] Dies wurde im Gesetz zusätzlich dadurch untermauert, daß "Verwendungen zur Verbesserung und Vermehrung des Vermögens, zu Geschäftserweiterungen, Kapitalanlagen oder Kapitalabtragungen"

7 Vgl. PrGS 1906 S. 259 ff

8 Zur Bedeutung dieser Formulierung, nach der Aufwendungen für *Ersatzbeschaffungen* im betrieblichen Bereich unter dem Gesichtspunkt der Instandhaltung bzw. Erhaltung wahlweise in voller Höhe abgezogen werden konnten vgl. *Fuisting/Strutz,* § 8 PrEStG 1906 Anm. 35 (S. 272) und Anm. 30 (S. 261)

9 Vgl. hierzu auch *Langohr, Th.G.*, (Veranlassungsprinzip, 1990) S. 11

10 Vgl. *Fuisting, B.*, (Direkte Steuern, 1902) S. 136

11 Vgl. *Fuisting, B.*, (Direkte Steuern, 1902) S. 137; *Ruppe, H.G.*, JDStJG 3 (1980) S. 103 (109)

explizit vom Abzug ausgeschlossen waren.[12] Sie konnten nur im Rahmen der ***Abschreibungen*** berücksichtigt werden, wobei diese entsprechend den quellentheoretischen Grundgedanken auf die durch eine bestimmungsgemäße Verwendung der Quelle zur Ertragserzielung verursachte Wertminderung bzw. Substanzverringerung beschränkt waren. Darüber hinausgehende Wertminderungen, die durch Markteinflüsse, eigenes Verhalten des Eigentümers oder Unglücksfälle wie z.B. Brand oder Überschwemmungen verursacht wurden, blieben außerhalb der steuerbaren Sphäre.[13] Insbesondere Teilwertabschreibungen sowie Absetzungen für außergewöhnliche (technische oder wirtschaftliche) Abnutzung waren somit nicht möglich. Die Abnutzungsquote war nach der innerhalb eines Besteuerungsabschnitts eingetretenen Wertminderung zu bemessen, wobei jedoch nicht von dem ursprünglichen Wert zur Zeit der Errichtung der Quelle - also den Anschaffungs- oder Herstellungskosten - auszugehen war. Maßgeblich war vielmehr der jeweilige tatsächliche Wert eines Wirtschaftsgutes zu Beginn dieses Abschnitts.[14]

Im übrigen vertrat aber auch *Fuisting* eine nicht allzu restriktive Auffassung bezüglich verschiedener die Quelle selbst betreffender Aufwendungen. So stellte er insbesondere den Abzug von Instandhaltungskosten nicht in Frage, sondern betrachtete die Erhaltung der Quelle vielmehr als unabdingbare Voraussetzung für eine dauernde Ertragserzielung.[15] Ebenso sprach er sich beispielsweise für eine Berücksichtigung von Fahrtkosten zur Arbeitsstätte,[16] Fortbildungskosten sowie Aufwendungen für Fachliteratur aus,[17] obwohl es sich dabei nach engem quellentheoretischen Verständnis um Aufwendungen auf das Stammvermögen handelte.[18] Ganz im Gegensatz dazu stand die nach

12 Vgl. § 9 Abs. 2 Nr. 1 PrEStG 1891 sowie § 8 Abs. 3 Nr. 1 PrEStG 1906

13 Vgl. *Fuisting, B.*, (Direkte Steuern, 1902) S. 142 ff, 147 f; *Fuisting/Strutz*, § 8 PrEStG 1906 Anm. 33 (S. 266)

14 Vgl. *Fuisting/Strutz*, § 8 PrEStG 1906 Anm. 33 (S. 267); PrOVG v. 7.11.1896, Entscheidung in Staatssteuersachen Bd. 5 S. 277, abgedruckt bei *Strutz, G.*, § 16 EStG 1925 Anm. 25 (S. 921 (923))

15 Vgl. *Fuisting, B.*, (Direkte Steuern, 1902) S. 137 f, 141. Die Instandhaltungskosten waren jedoch scharf zu unterscheiden von den nicht abzugsfähigen Aufwendungen für Instand*setzung*. Maßgeblich war der Zustand, in dem sich die Quelle bei ihrer Begründung oder dem Erwerb durch einen neuen Inhaber befand.

16 Vgl. hierzu auch *Kirchhof, P.*, (Gutachten, 1988) S. F 45. Er hält es mittlerweile wieder für richtig, "die Fahrt insgesamt als Erwerbsvorbereitung zu qualifizieren und deshalb vom Abzug auszunehmen."

17 Vgl. *Fuisting, B.*, (Direkte Steuern, 1902) S. 183, 202 f

18 Hier zeigt sich m.E., daß die Quellentheorie bezüglich der "Vermögenssphäre" auch deshalb ein so diffuses Bild vermittelt, weil sie dieser Sphäre auch Sachverhalte zuordnete, deren Abzugsfähigkeit nach heutigem Verständnis allenfalls unter dem Gesichtspunkt der Berührung der privaten Lebensführung in Zweifel gezogen würde.

Fuistings Tod[19] entwickelte Auffassung, Werbungskosten müßten in einem *unmittelbaren* Zusammenhang mit dem Ertrag stehen.[20] Damit wurde beispielsweise Freiberuflern der Abzug von Fortbildungskosten und Aufwendungen für Fachliteratur versagt.[21] Ebenso wurde bei den Einkünften aus Vermietung und Verpachtung die Abzugsfähigkeit von Kosten für eine Gutsvermessung, für die Zusammenlegung von Grundstücken, für die Änderung und Regulierung von Hypothekenschulden sowie Geldbeschaffungskosten verneint.[22] Der Grundsatz der Unmittelbarkeit wurde zwar, wie der RFH[23] im Hinblick auf den niemals angezweifelten Abzug von Instandhaltungsaufwendungen ausführt, nicht konsequent durchgehalten, hat aber dennoch eine zum Teil bis in die Gegenwart reichende "außerordentliche Wirkung" entfaltet.[24] Bei *Fuisting/Strutz*[25] findet sich folgender Erklärungsansatz:

"Die unmittelbar für Zwecke des Ertrags gemachten Aufwendungen behalten ihre Natur als Werbungskosten, wenn sie auch mittelbar den Wert einer Quellenanlage heben, und die unmittelbar für Anlagen gemachten Verwendungen verlieren ihren Charakter als Vermögensverwendungen nicht dadurch, daß sie zugleich mittelbar den Ertrag steigern. Das beste Beispiel bietet die Unterscheidung zwischen Instand h a l t u n g und Instand s e t z u n g bei den Quellen des Grundbesitzes (...)."

Ausgehend von dem Grundprinzip der Erhaltung der Quelle in ihrem ursprünglichen Zustand ist der Abzug von Instandhaltungskosten m.E. auch nach quellentheoretischem Gedankengut selbstverständlich. Durch die Unmittelbarkeitsthese schuf man sich jedoch auch in diesem Punkt Rechtfertigungsprobleme, zumal keine greifbaren Kriterien gefunden wurden, die die geforderte Unmittelbarkeit konkretisieren konnten. Wie *Langohr*[26] m.E. zutreffend feststellt, lassen sich keinerlei Anhaltspunkte dafür finden, daß der historische Gesetzgeber die nur in mittelbarem Zusammenhang mit dem Quellenertrag stehenden

19 Soweit in diesem Zusammenhang der Kommentar *Fuisting/Strutz* zum PrEStG 1906 zitiert wird, muß darauf hingewiesen werden, daß darin allein die Auffassung von *Strutz* zum Ausdruck kommt, der die Kommentierung nach *Fuistings* Tod fortführte.

20 Vgl. *Fuisting/Strutz*, § 8 PrEStG 1906 Anm. 8 (S. 220): "Die Werbungskosten (...) müssen sich also zum Ertrage verhalten wie Ursache und Wirkung. Es genügt deshalb nicht irgend eine entfernte Beziehung zum Ertrage, sondern die Aufwendungen müssen (...) sich u n m i t t e l b a r auf den Ertrag erstrecken." Vgl. auch *Ruppe, H.G.*, JDStJG 3 (1980) S. 103 (110 f); *Strutz, G.*, § 12 EStG 1925 Anm. 12 (S. 669) m.w.N.

21 Vgl. *Fuisting/Strutz*, § 8 PrEStG 1906 Anm. 11 (S. 222)

22 Vgl. *Fuisting/Strutz*, § 8 PrEStG 1906 Anm. 11 (S. 224)

23 Urteil v. 19.10.1922, RFHE 11 S. 238 (241)

24 Vgl. *Ruppe, H.G.*, JDStJG 3 (1980) S. 103 (111)

25 Vgl. *Fuisting/Strutz*, § 8 PrEStG 1906 Anm. 8 (S. 220); ähnlich PrOVG v. 22.12. 1896, abgedruckt bei *Fuisting/Strutz*, § 8 PrEStG 1906 Anm. 8 (S. 220)

26 Vgl. *Langohr, Th.G.*, (Veranlassungsprinzip, 1990) S. 13

Aufwendungen vom Abzug ausschließen wollte. Auch *Strutz*[27] weist - allerdings erst zur Zeit des EStG 1925 - darauf hin, daß durch das Unmittelbarkeitskriterium der Werbungskostenbegriff mehr eingeengt wurde, als der Gesetzeswortlaut dies erforderte.

Hinsichtlich der Behandlung von ***Vermögensverlusten***[28] ergeben sich m.E. schon aus den Grundprinzipien der Quellentheorie heraus keine Zweifel. Die oben dargestellte Nichtabzugsfähigkeit von Vermögensaufwendungen im Zusammenhang mit der restriktiven Auffassung bezüglich der Geltendmachung von Abschreibungen läßt nur den Schluß zu, daß eine Abzugsfähigkeit in diesem Bereich grundsätzlich ausgeschlossen war. Dies wurde sowohl von *Fuisting/Strutz*[29] als auch von der Finanzverwaltung[30] unmißverständlich zum Ausdruck gebracht. Vermögensverluste als Verminderungen des Stammvermögens konnten danach nicht über die durch Abschreibungen auszugleichenden Wertminderungen hinaus berücksichtigt werden. Eine Ausnahme galt lediglich für Gewerbetreibende.[31]

Mit Ausnahme der Abschreibungen sollten somit lediglich bestimmte *regelmäßig wiederkehrende*[32] Aufwendungen, die vom Steuerpflichtigen aus seinen Mitteln tatsächlich geleistet wurden, abzugsfähig sein.[33] Dabei konnte es sich im Einzelfall auch um Aufwendungen *auf* das Vermögen - wie insbesondere Instandhaltungskosten - handeln. Nach der in § 8 Abs. 1 PrEStG 1906 enthaltenen Aufzählung gehörten zu den Werbungskosten auch öffentliche Abgaben für Grundbesitz, nicht dagegen Schuldzinsen. Diese waren vom Gesamteinkommen in Abzug zu bringen, soweit sie nicht in einem wirtschaftlichen Zusammenhang mit einer bei der Veranlagung außer Betracht bleibenden Einnahmequelle standen.[34]

---

27 Vgl. *Strutz, G.*, § 12 EStG 1925 Anm. 12 (S. 669 ff). Insofern hat auch *Strutz* seine im Kommentar *Fuistings* mit Nachdruck vertretene restriktive Auffassung wieder gelokkert.

28 Vgl. hierzu auch *Langohr, Th.G.*, (Veranlassungsprinzip, 1990) S. 14 ff

29 Vgl. *Fuisting/Strutz*, § 8 PrEStG 1906 Anm. 10 (S. 221) sowie § 11 PrEStG Anm. 2 (S. 476)

30 Vgl. Anweisung des Finanzministers vom 25. Juli 1906 nebst Änderungen zur Ausführung des Einkommensteuergesetzes in der vom 1. April 1909 ab gültigen Fassung, abgedruckt bei *Fuisting/Strutz*, PrEStG 1906 S. 1182 (1193). Vermögens- und Kapitalverluste gehörten danach zu den nicht abzugsfähigen Aufwendungen i.S.d. § 8 Abs. 3 PrEStG 1906.

31 Vgl *Fuisting/Strutz*, § 8 PrEStG 1906 Anm. 10 (S. 221), § 11 PrEStG 1906 Anm. 2 (S. 476) sowie § 13 PrEStG Anm. 21 (S. 581)

32 Vgl. *Becker, E.*, § 16 EStG 1925 Bem. 41 (S. 547)

33 Vgl. *Fuisting/Strutz*, § 8 PrEStG 1906 Anm. 13 (S. 229) und Anm. 15 (S. 231)

34 Vgl. § 8 Abs. 2 PrEStG 1906. Nach dieser Vorschrift waren in krassem Gegensatz zu den Grundgedanken der Quellentheorie auch Tilgungszahlungen für zur Finanzierung

2. Das Reichseinkommensteuergesetz 1920

Auch im ersten reichseinheitlichen Einkommensteuergesetz v. 29.3.1920[35] wurde trotz des Theorienwechsels zur Reinvermögenszugangstheorie die finale Formulierung des Werbungskostenbegriffs ebenso wie die Umschreibung der nicht abzugsfähigen Vermögensaufwendungen nahezu unverändert übernommen.[36] Der RFH[37] führte dazu aus:

"Im § 15 Ziff. 1 (...) kommt der gleiche Gedanke in negativer Form zum Ausdruck, den § 13 Abs. 1 Ziff. 1 EinkStG positiv dahin umschreibt, daß als Werbungskosten nur die zur Erwerbung der E i n k ü n f t e gemachten Aufwendungen abzugsfähig sind. § 15 Ziff. 1 stellt dazu die ergänzende Negative fest, daß die zur Vermehrung des Vermögens, mittels dessen die Einkünfte gewonnen werden sollen, gemachten Aufwendungen nicht abzugsfähig sind."

Die Gesetzesbegründung machte sich nicht die Mühe, den Werbungskostenbegriff zu definieren, sondern stellte lapidar fest, daß es hier keiner näheren Erläuterung bedürfe, weil der Begriff von der Wissenschaft und Rechtsprechung im allgemeinen fest umgrenzt sei und nur in Einzelfällen dem geänderten Einkommensbegriff angepaßt werden müsse.[38] Entsprechend der Forderung von *Strutz*[39] wurde in der Folgezeit die unter dem preußischen Einkommensteuergesetz entwickelte strenge Unmittelbarkeitsthese wieder gelockert,[40] ohne dadurch aber zu einer gefestigten Definition des Werbungskostenbegriffs zu finden. Im Werbungskostenkatalog des § 13 EStG 1920 waren jetzt insbesondere auch die Schuldzinsen enthalten. Nach *Strutz*[41] enthielt die Aufzählung Positionen, bei denen es zweifelhaft sein konnte, ob und inwieweit sie sich begrifflich als Werbungskosten darstellten.

Darüber hinaus ergab sich aus der Systematik des Gesetzes eine sowohl in der Literatur als auch in der Rechtsprechung lange Zeit nicht beachtete Besonderheit, die nach *Strutz*[42] darauf hindeuten sollte, daß der gesetzlich geforderte finale Zusammenhang zwischen Aufwendungen und Einnahmen nicht zu restriktiv ausgelegt werden durfte. Erstmals wurde nämlich nicht das zukünftig

von Grundbesitz aufgenommene Darlehen in begrenzter Höhe abziehbar. Gerechtfertigt wurde dieser Systembruch mit sozialen Erwägungen; vgl. *Fuisting/Strutz*, § 8 PrEStG 1906 Anm. 53 (S. 323 ff)

35 Vgl. RGBl 1920 S. 359 ff

36 Vgl. § 13 Abs. 1 Nr. 1 und § 15 Nr. 1 EStG 1920

37 Urteil v. 12.11.1924, RFHE 15 S. 200 (212)

38 Vgl. *Strutz, G.*, § 13 EStG 1920 Anm. 3 (S. 92)

39 Vgl. *Strutz, G.*, § 13 EStG 1920 Anm. 3 (S. 92)

40 Vgl. z.B. RFH v. 19.10.1922, RFHE 11 S. 238; v. 4.10.1923, RFHE 13 S. 90

41 Vgl. *Strutz, G.*, § 13 EStG 1920 Anm. 11 (S. 95)

42 Vgl. *Strutz, G.*, § 16 EStG 1925 Anm. 4 (S. 893 f) m.w.N.; *Langohr, Th.G.*, (Veranlassungsprinzip, 1990) S. 19

erwartete, sondern das in der Vergangenheit erzielte Einkommen besteuert.[43] Die finale Formulierung "zur" ist jedoch eher zukunftsbezogen. Aus diesem vom Gesetzgeber vermeintlich nicht beachteten Zusammenhang wurde - allerdings erst zur Zeit des EStG 1925 - ebenfalls die Forderung nach einer weiteren Auslegung des Werbungskostenbegriffs abgeleitet.

In den §§ 32 Abs. 1 und 33 Abs. 1 EStG 1920 wurde im Rahmen der Gewinnermittlung für Land- und Forstwirte und Gewerbetreibende erstmals der Begriff der Betriebsausgaben als gesonderter Abzugsbegriff eingeführt, ohne allerdings mit einer gesetzlichen Definition versehen zu werden. Hierzu wurde die Auffassung vertreten, der Betriebsausgabenbegriff sei weiter gefaßt als derjenige der Werbungskosten, weil er sämtliche unmittelbar durch den Betrieb entstandenen und auch mittelbar durch den Zweck der Erzielung und Erhaltung der Betriebseinnahmen verursachten Aufwendungen umfasse.[44] Der RFH[45] stellte sich sogar auf den Standpunkt, der "für die Abzugsfähigkeit bei der Ermittlung nicht gewerblichen Einkommens maßgebende Gesichtspunkt der Werbungskosten" scheide hier aus. Einer derart extensiven Auslegung des Betriebsausgabenbegriffs stand jedoch insbesondere die Gesetzessystematik entgegen, nach der Betriebsausgaben lediglich eine spezifische Ausprägungsform der Werbungskosten waren und deshalb immer auch die Werbungskostendefinition erfüllen mußten.[46] Das Verhältnis zwischen den beiden Begriffen blieb somit letztlich ebenso unklar wie die Definition des Werbungskostenbegriffs selbst.[47]

Eine gravierende Änderung ergab sich bei der Geltendmachung von ***Abschreibungen***. Nach § 13 Abs. 1 Nr. 1b[48] konnten nicht nur die durch eine bestimmungsgemäße Verwendung verursachten, sondern alle Arten von Wertminderungen berücksichtigt werden.[49] Unabhängig von der Einkunftsart konnten also auch Teilwertabschreibungen vorgenommen werden.[50] Unter dem Blickwinkel der Reinvermögenszugangstheorie ist dies m.E. auch folgerichtig. Im übrigen war die Vornahme von Abschreibungen aber wiederum streng an eine tatsächliche Wertminderung geknüpft:

43 § 29 Abs. 1 EStG 1920

44 Vgl. *Strutz, G.*, § 32 EStG 1920 Anm. 6f

45 Urteil v. 7.7.1926, RFHE 19 S. 201 (zu § 33 EStG 1923)

46 Vgl. *Ruppe, H.G.*, JDStJG 3 (1980) S. 103 (112); *Prinz, U.*, (Werbungskosten, 1984) S. 155; *Langohr, Th.G.*, (Veranlassungsprinzip, 1990) S. 20 ff

47 Vgl. *Prinz, U.*, (Werbungskosten, 1984) S. 155

48 Nach dieser Vorschrift bestand für Ersatzbeschaffungen im betrieblichen Bereich wiederum ein Wahlrecht, die Aufwendungen sofort in voller Höhe abzuziehen.

49 Vgl. RFH v. 18.7.1925, RFHE 17 S. 90 (91), wonach eine Absetzung für Abnutzung keineswegs eine Abnutzung durch Gebrauch und Benutzung voraussetzt.

50 Vgl. *Strutz, G.*, § 13 EStG 1920 Anm. 23 ff (S. 98 f)

"Es kann daher im Laufe jenes Zeitraumes zwar eine *Abnutzung* (Hervorh. im Original) des Gegenstandes erfolgt und trotzdem, insbes. infolge der Preisbewegung keine Wertverminderung eingetreten sein. Dann ist eine Abschreibung nach Buchst. b nicht zulässig."[51]

Für die Behandlung von ***Vermögensverlusten*** ergeben sich kaum neue Gesichtspunkte. Diese auf den ersten Blick erstaunliche Tatsache ist m.E.[52] offensichtlich darin begründet, daß der Gesetzgeber in Durchbrechung des Gedankenguts der Reinvermögenszugangstheorie grundsätzlich an der Einkünfteermittlung durch Einnahmenüberschußrechnung festhielt.[53] In der Literatur wurde die Berücksichtigung zufällig eintretender Vermögensverluste bei Land- und Forstwirten und Gewerbetreibenden bejaht, bei Arbeitseinkommen dagegen mangels einer passenden Vorschrift abgelehnt.[54] *Langohr*[55] spricht in diesem Zusammenhang von einer "Selbstverständlichkeit, mit der Vermögensverluste bei den Überschußeinkunftsarten als nicht abzugsfähig angesehen wurden" und die insbesondere auch durch die finale Werbungskostendefinition als Ausdruck quellentheoretischer Grundsätze gefördert wurde.

3. Das Reichseinkommensteuergesetz 1925[56]

3.1 Einheitlicher Abzugsbegriff

Aufgrund der Tatsache, daß das Verhältnis zwischen Betriebsausgaben und Werbungskosten im EStG 1920 unklar blieb, kehrte der Gesetzgeber in § 16 Abs. 1 EStG 1925 zum einheitlichen - nach wie vor unverändert final definierten - Werbungskostenbegriff zurück. Dieser sollte dem bisherigen Recht entsprechen und die Betriebsausgaben mit umfassen, soweit ein Abzug nicht ausdrücklich ausgeschlossen war.[57] Damit war man jedoch der Lösung des Problems keinen Schritt näher gekommen. Nach wie wie vor mußte der enge Werbungskostenbegriff auch die im Gesetz nicht mehr erwähnten Betriebsausgaben umfassen, die schon nach bisherigen Erkenntnissen weiter gefaßt waren. Nach *Strutz*[58] blieb kein anderer Weg, als die Werbungskosten nunmehr auch im Sinne von Betriebsausgaben zu definieren, sofern man kaum lösbare und mit den Gesetzeszwecken unvereinbare Schwierigkeiten vermeiden wollte.

51 Vgl. *Strutz, G.*, § 13 EStG 1920 Anm. 22 (S. 98)
52 Gl.A. *Langohr, Th.G.*, (Veranlassungsprinzip, 1990) S. 18
53 Vgl. S. 28
54 Vgl. *Langohr, Th.G.*, (Veranlassungsprinzip, 1990) S. 18 m.w.N.
55 Vgl. ebd. S. 18
56 EStG v. 10.8.1925, RGBl 1925 I S. 189 ff
57 Vgl. *Blümich/Schachian*, § 16 EStG 1925 Anm. 1 (S. 211)
58 Vgl. *Strutz, G.*, § 12 EStG 1925 Anm. 12 (S. 675) und § 16 EStG 1925 Anm. 4 (S. 888 f); *Becker, E.*, § 16 EStG 1925 Bem. 41 (S. 547)

Der RFH[59] prägte in der Folgezeit die noch heute geltende Betriebsausgabendefinition. Danach "...sind alle durch einen Betrieb *veranlaßten* (Hervorh. d. Verf.) Ausgaben als Werbungskosten zu behandeln, d.h. alle Betriebsausgaben sind abzugsfähig." Ebenso wurde im Rahmen nichtselbständiger Einkünfte der Werbungskostenabzug für eine freiwillige Ausgleichszahlung zur Deckung einer von einem anderen Angestellten vorgenommenen Unterschlagung mit Veranlassungsgesichtspunkten begründet, wobei zudem auffällt, daß der RFH abwechselnd von Veranlassung und Verursachung spricht.[60] Für die Einkünfte aus Vermietung und Verpachtung stellte die Rechtsprechung den Grundsatz auf, daß sich hier der Werbungskostenbegriff demjenigen bei den Gewinneinkünften nähere.[61] Demgegenüber wurde bei Einkünften aus Kapitalvermögen weiterhin an der Forderung nach einem unmittelbaren Zusammenhang zwischen Aufwendungen und Einnahmen festgehalten.[62] Der RFH[63] führte aus, daß in diesem Bereich ein anderer Werbungskostenbegriff gelte. Abziehbar waren zunächst im wesentlichen nur Aufwendungen für Safemieten und Depotkosten. Es wurden also "...im Ergebnis unterschiedliche, einkunftsartenspezifische Werbungskostenbegriffe"[64] innerhalb der Haushaltseinkunftsarten geschaffen. Begründet wurde dies wenig überzeugend damit, daß der Vermietung und Verpachtung abnutzbare Anlagewerte zugrundeliegen.[65] Diese Auffassung, die zwar im Lauf der Zeit etwas relativiert wurde,[66] wird zum Teil bis heute von der höchstrichterlichen Rechtsprechung aufrechterhalten.[67]

3.2 Die Vermögenssphäre

3.2.1 Wandlung des AfA-Verständnisses?

Von besonderer Bedeutung im Rahmen dieses Gesetzes war die für alle Einkunftsarten geltende Abschreibungsregelung des § 16 Abs. 2 EStG 1925, die folgenden Wortlaut hatte:

59 Urteil v. 9.2.1927, RFHE 20 S. 208 (210)

60 Vgl. RFH v. 17.3.1927, RFHE 21 S. 84

61 Vgl. RFH v. 17.10.1934, StuW 1934 II Sp. 1550; ähnlich bereits RFH v. 8.7.1931, RFHE 29 S. 125 (127); *Becker, E.*, StuW 1926 Sp. 1917 (1932 ff)

62 Vgl RFH 16.6.1932, StuW 1932 II Sp. 257; v. 23.6.1933, StuW 1933 II Sp. 1600 (1603); v. 17.10.1934, StuW 1934 II Sp. 1550 (1551); v. 8.7.1931, RFHE 29 S. 125 (126 f); *Becker, E.*, StuW 1932 I Sp. 1221 (1246 f)

63 Vgl. RFH v. 17.10.1934, StuW 1934 II Sp. 1550

64 Vgl. *Prinz, U.*, (Werbungskosten, 1984) S. 159

65 Vgl. RFH v. 8.7.1931, RFHE 1931 S. 125 (126 f)

66 Vgl. hierzu *Vangerow, F.*, StuW 1957 Sp. 685 (685 ff); *ders.*, StuW 1960 Sp. 83 (90 f)

67 Vgl. BFH v. 4.7.1990 (GrS), BStBl 1990 II S. 830 (837) m.w.N.

"Aufwendungen für die Anschaffung oder Herstellung von Gegenständen, deren Verwendung oder Nutzung durch den Steuerpflichtigen sich bestimmungsgemäß auf einen längeren Zeitraum erstreckt, dürfen nicht in dem Steuerabschnitte der Anschaffung oder Herstellung voll abgezogen werden. Sie können vielmehr für einen Steuerabschnitt höchstens mit dem Betrage berücksichtigt werden, der sich bei der Verteilung auf die Gesamtdauer der Verwendung oder Nutzung ergibt (Absetzung für Abnutzung)."

Das Sofortabzugsverbot für die Anschaffungs- bzw. Herstellungskosten im ersten Satz der Vorschrift brachte offensichtlich zum Ausdruck, daß der Gesetzgeber diese einschließlich der Anschaffungsnebenkosten - zumindest bei abnutzbaren Wirtschaftsgütern - auch im außerbetrieblichen Bereich als Werbungskosten dem Grunde nach betrachtete. Zusammen mit der in Satz 2 formulierten Verteilungsregelung wurde die AfA im krassen Gegensatz zu den bisherigen Gesetzen nunmehr deutlich als reine Aufwandsverteilung charakterisiert. Nach *Becker*[68] gab es keinen Zweifel, "...daß das Gesetz, (...), soweit es sich um *Miethäuser* handelt, gar nicht anders verstanden werden kann, als dahin, *der gesamte Anschaffungspreis*, soweit er nicht auf den nackten Grund und Boden fällt, solle als Werbungskosten behandelt werden." Auch die Rechtsprechung schloß sich dieser Auffassung an.[69] An anderen Stellen spricht *Becker*[70] jedoch diesbezüglich vehement von einer "...schiefen und unzutreffenden Vorstellung", da erst der Verbrauch und die Abnutzung von Gegenständen Werbungskosten seien. Der Gesetzeswortlaut würde ansonsten:

(1) Absetzungen **nur** beim Vorliegen von Anschaffungs- oder Herstellungskosten zulassen, nicht aber z.B. beim unentgeltlichen Erwerb eines Mietshauses durch Vermächtnis;

(2) **schon** beim Vorliegen von Aufwendungen für eine Anschaffung oder Herstellung die Vornahme von Absetzungen gestatten. Dann hätte man aber im Gesetz auch der Aufwendungen für nicht abnutzbare Gegenstände wie z.B. Grund und Boden, Beteiligungen oder Darlehen gedenken müssen.

Mit diesen Ausführungen hat *Becker* offenbar den bis heute nicht entschiedenen erbitterten Streit um den Charakter der AfA als Ausdruck des Wertverzehrs eines Wirtschaftsgutes oder als lediglich zeitliche Verteilung eines dem Grunde nach bereits als Werbungskosten bzw. Betriebsausgaben feststehenden Aufwands eingeläutet.[71]

68 Vgl. *Becker, E.*, § 16 EStG 1925 Bem. 43a (S. 548 f) (Hervorh. i. Original). Die terminologische Beschränkung auf Miethäuser resultiert daraus, daß *Becker* diese - abgesehen von wenigen unbedeutenden Ausnahmen - als den Hauptanwendungsfall für die AfA-Regelung betrachtete. Vgl. auch *Strutz, G.*, § 16 EStG 1925 Überschrift zu Anm. 9 - 20 (S. 899) ("Anschaffungskosten als Werbungskosten") sowie Anm. 29 (S. 934)

69 Vgl. RFH v. 28.5.1927, RFHE 21 S. 201 (204); v. 17.10.1934, StuW 1934 II Sp. 1552 (1552 f)

70 Vgl. *Becker, E.*, § 16 EStG 1925 Bem. 54a und 54c (S. 572 und 573)

71 Vgl. hierzu ausführlich S. 126 ff

§ 16 Abs. 3 EStG 1925 ließ in Erweiterung der Gedanken der Quellentheorie unabhängig von der Einkunftsart auch Absetzungen für außergewöhnliche Abnutzung zu, die jedoch besonders nachgewiesen werden mußte. Voraussetzung war nach Auffassung von *Becker*[72] im Rahmen der Haushaltseinkunftsarten, daß es sich um eine natürliche Abnutzung handelte, unabhängig davon ob diese z.B. auf Naturereignisse, Verschulden von Mietern oder des Steuerpflichtigen selbst zurückzuführen war. Andere Kommentatoren[73] subsumierten dagegen Substanzentwertungen durch außergewöhnliche Ereignisse ausdrücklich nicht unter den allgemeinen Begriff der Abnutzung, so daß eine Berücksichtigung ebenso wie bei wirtschaftlicher Abnutzung[74] nur im Rahmen der betrieblichen Einkunftsarten nach § 19 EStG 1925 möglich war.[75] Der Anwendungsbereich der Absetzungen für außergewöhnliche Abnutzung im außerbetrieblichen Bereich bleibt bei ihnen unklar.[76]

Im übrigen war auch im EStG 1925 die Nichtabzugsfähigkeit von Aufwendungen zur Verbesserung und Vermehrung des Vermögens, zu Kapitalanlagen usw. ebenso wie in den vorangegangenen Gesetzen ausdrücklich geregelt, allerdings jetzt mit dem Zusatz "soweit diese Aufwendungen über den Rahmen der §§ 15, 16 hinausgehen und nicht für Gegenstände gemacht worden sind, die beim Vermögensvergleiche (§§ 12, 13) berücksichtigt werden."[77] Der letzte Halbsatz verdeutlicht m.E. die bewußte Hinwendung des Gesetzgebers zum Einkünftedualismus. Nach übereinstimmender Auffassung[78] hatte die Vorschrift keine eigenständige Bedeutung, sondern diente lediglich der Erläuterung bzw. Klarstellung, daß Aufwendungen für den Erwerb von Wirtschaftsgütern, die nicht zu einem Betriebsvermögen gehörten, nur dann berücksichtigt werden konnten, wenn diese zur Erzielung von außerbetrieblichen Einkünften eingesetzt wurden und nach § 16 Abs. 2 und 3 EStG 1925 abschreibungsfähig waren.[79]

---

72 Vgl. *Becker, E.*, § 16 EStG 1925 Bem. 43b (S. 549 f) und Bem. 59 (S. 582 f)

73 Vgl. *Blümich/Schachian*, § 16 EStG 1925 Anm. 17 (S. 233); *Strutz, G.*, § 16 EStG 1925 Anm. 32 (S. 937)

74 Vgl. *Strutz, G.*, § 16 EStG 1925 Anm. 32 (S. 940)

75 Vgl. *Blümich/Schachian*, § 16 EStG 1925 Anm. 17 (S. 233)

76 Vgl. z.B. *Strutz, G.*, § 16 EStG 1925 Anm. 44 (S. 952)

77 Gesetzessystematisch wurden sie als Verwendung von Einkommen qualifiziert; vgl. § 18 Abs. 1 Nr. 1 EStG 1925

78 Vgl. RFH v. 9.2.1927, RFHE 20 S. 208 (209); v. 28.5.1927, RFHE 21 S. 201 (203 f); *Becker, E.*, § 18 EStG 1925 Bem. 1 (S. 608 f); *Strutz, G.*, § 18 EStG 1925 Anm. 5 (S. 1087)

79 Vgl. *Becker, E.*, § 18 EStG 1925 Bem. 1 (S. 608 f)

3.2.2 Aufwendungen für Arbeitsmittel

Erstmals wurden im EStG 1925 ausdrücklich Aufwendungen des Arbeitnehmers für Arbeitsmittel zum Werbungskostenabzug zugelassen.[80] Als Beispiele nannte das Gesetz Werkzeuge und Berufskleidung. Die Vorschrift, die in der zweiten Lesung vom Ausschuß des Reichstages eingefügt worden war,[81] wurde bereits zum damaligen Zeitpunkt übereinstimmend als selbstverständlich und darum überflüssig bezeichnet.[82] Einig war man sich im Schrifttum[83] auch darüber, daß für Arbeitsmittel die allgemeinen AfA-Grundsätze anzuwenden waren und nur ausnahmsweise bei geringen Anschaffungskosten ein Sofortabzug in Betracht kam.[84]

3.2.3 Vermögensneutralität und Vermögensverluste

Insbesondere die folgenden Ausführungen *Beckers*[85] deuten zunächst auf einen sehr eingeschränkten Anwendungsbereich des Vermögensneutralitätsprinzips hin:

> "*es ist verkehrt, wenn gemeinhin gelehrt wird, daß Aufwendungen, die das Vermögen beträfen, nicht abzugsfähig seien*. Weder der allgemeine Einkommensbegriff (...) noch die besondere Ausgestaltung dieses Begriffes im EinkStG (...) bieten den geringsten Anhalt für diese Lehre. Für die Einkommensarten 1 - 3 ist sie, soweit der Bestandsvergleich gilt, handgreiflich unrichtig und bei den anderen Einkommensarten hat sie nur sehr beschränkte Bedeutung, eigentlich nur bei den Einkünften aus Kapitalvermögen und aus wiederkehrenden Bezügen; im übrigen leitet sie irre: (...)."

Aus dieser Formulierung dürfen jedoch m.E. keine zu weitreichenden Folgerungen - insbesondere hinsichtlich der Behandlung von Vermögensverlusten - gezogen werden, da die weiteren Ausführungen *Beckers* zeigen, daß er sich lediglich von dem inzwischen aufgegebenen engen Verständnis der Quellentheorie abgrenzen will. So fordert er in diesem Zusammenhang insbesondere, daß ein Vermieter, der für ein baufälliges Haus einen überhöhten Preis bezahlt hat, die vollen Anschaffungskosten über die tatsächliche Nutzungsdauer des Ge-

---

80 Vgl. § 16 Abs. 5 Nr. 5 EStG 1925

81 Vgl. *Strutz, G.*, § 16 EStG 1925 Anm. 3 (S. 881 f)

82 Vgl. *Strutz, G.*, § 16 EStG 1925 Anm. 88 (S. 1005); *Blümich/Schachian*, § 16 EStG 1925 Anm. 24 (S. 241); ähnlich *Becker, E.*, § 16 EStG 1925 Bem. 63b (S. 586 f)

83 Vgl. *Strutz, G.*, § 16 EStG 1925 Anm. 89 (S. 1007). Gl.A. *Becker* (*E.*, § 16 EStG 1925 Bem. 43a (S. 548)) zur AfA "...beim Einkommen aus unselbständiger Arbeit (Verbrauch der Arbeitskleidung, des Fahrrads, der Schreibmaschine) (...)." *Ders.*, § 16 EStG 1925 Bem. 54c (S. 572): "Er (§ 16 Abs. 2 und 3, Anm. d.Verf.) gilt auch für die Arbeitsgeräte der Angestellten und Beamten (Fahrräder, Fachbücherei) (...)."

84 Zur Diskussion um die Bedeutung der Arbeitsmittelvorschrift im geltenden Recht vgl. ausführlich S. 153 ff

85 Vgl. *Becker, E.*,§ 16 EStG 1925 Bem. 14f (S. 504, Hervorh. im Original)

bäudes verteilt absetzen kann sowie die Berücksichtigung von über reine Erhaltungsmaßnahmen hinausgehenden Instandsetzungsaufwendungen.[86] Dieser Schritt wurde vom RFH mit der Entscheidung vom 28.5.1927[87] dann auch vollzogen, wobei im heute üblichen Sinn zwischen sofort abzugsfähigem Erhaltungsaufwand und im Rahmen der Abschreibungen zu verteilendem Herstellungsaufwand differenziert wurde.

Darüber hinaus weist *Becker*[88] selbst an anderer Stelle deutlich auf den Unterschied zwischen Gewinn- und Überschußeinkunftsarten hin. Aufgrund der Tatsache, daß bei letzteren der Bestandsvergleich wegfällt, "...werden nicht nur die Einflüsse von realisierten oder nicht realisierten Wertminderungen, sondern auch ***Verluste von Gegenständen des Anlagevermögens*** für das Einkommen grundsätzlich ausgeschaltet. Der Gegensatz zwischen Vermögen und Einkommen, der bei den Einkommensarten 1 - 3 verschwindet, (...) wird wichtig." Durch den einheitlichen Werbungskostenbegriff werde allerdings die scharfe Grenzlinie zwischen den beiden Einkünftegruppen etwas verwischt.

Obwohl grundsätzlich auch unfreiwillige Wertabgänge als Werbungskosten anerkannt wurden,[89] blieb die Qualifizierung von Vermögensverlusten zweifelhaft. *Blümich/Schachian*[90] lehnten eine steuerliche Berücksichtigung im außerbetrieblichen Bereich generell ab, befürworteten aber die Einbeziehung in die Gewinnermittlung durch Bestandsvergleich. Diese Sichtweise entspricht einer klaren gedanklichen Zweiteilung der Einkunftsarten nach Quellen- und Reinvermögenszugangstheorie.[91] Demgegenüber scheinen die Ausführungen *Bekkers* von den Bemühungen geprägt, sich in jeder Hinsicht von finanzwissenschaftlichen Grundprinzipien zu lösen und insbesondere dem "kaufmännischen Gewinngedanken"[92] im Betriebsbereich trotz des engeren Gesetzeswortlauts Geltung zu verschaffen. Die offensichtlich herrschende allgemeine Hilflosigkeit hinsichtlich der Behandlung von Vermögensverlusten kommt bei ihm besonders deutlich zum Ausdruck. So äußert er zunächst sogar Zweifel, ob Vermögensverluste im Betriebsbereich berücksichtigt werden könnten.[93] Andererseits scheint er dann aber auch im Zusammenhang mit Einkünften aus Vermie-

86 Vgl. hierzu auch *Becker, E.*, StuW 1926 Sp. 1917 (1924)

87 RFHE 21 S. 201; zur Abgrenzung zwischen Herstellungs- und Erhaltungsaufwand im geltenden Recht vgl. ausführlich *Biergans, E.*, (Einkommensteuer, 1992) S. 408 ff

88 Vgl. *Becker, E.*, StuW 1926 Sp. 1917 (1931) (Hervorh. d. Verf.)

89 Vgl. *Becker, E.*,§ 16 EStG 1925 Bem. 2 (S. 484)

90 Vgl. *Blümich/Schachian*, § 16 EStG 1925 Anm. 10 (S. 221)

91 Vgl. auch RFH v. 17.7.1930, RStBl 1930 S. 636; v. 14.1.1932, RStBl 1932 S. 399; v. 7.3.1934, RStBl 1934 S. 681

92 Vgl. *Ebert, C., H.*, (Werbungskosten, 1940) S. 17

93 Vgl. *Becker, E.*, StuW 1926 Sp. 1917 (1927): "Auf den ersten Blick wird man stutzen."

tung und Verpachtung eine relativ großzügige Auslegung zu vertreten.[94] Wieder an anderer Stelle[95] lehnt er jedoch z.B. den Abzug einer zum Erwerb eines Mietshauses geleisteten verlorenen Anzahlung ab. Der RFH[96] versagte bei Bürgschaftsverlusten eines GmbH-Gesellschafters einen Werbungskostenabzug, da es sich hierbei um Verluste aus Kapitalanlagen handle, die das Vermögen treffen.[97]

4. Die Einkommensteuergesetze ab 1934

Das EStG 1934[98] markierte den Abschluß der historischen Entwicklung, da die dort getroffenen Regelungen in ihren Grundsätzen bis heute unverändert gelten. Der finale Werbungskostenbegriff wurde wiederum unverändert übernommen, erstmals jedoch ausdrücklich auf die Haushaltseinkunftsarten beschränkt.[99] Für die betrieblichen Einkunftsarten wurde dagegen erneut der Begriff der Betriebsausgaben eingeführt und in § 4 Abs. 3 EStG 1934 jetzt auch mit dem nach wie vor unveränderten Wortlaut definiert. Die Gesetzesbegründung[100] äußerte sich zu diesem ***Begriffsdualismus*** lediglich dahingehend, daß dem Begriff der Werbungskosten bei den Haushaltseinkunftsarten der Begriff der Betriebsausgaben bei den Gewinneinkunftsarten entsprechen sollte. Abgesehen von einer anderweitigen Abgrenzung des Werbungskostenbegriffs, der künftig nur noch für die Einkunftsarten 4 - 7 gelten sollte, habe sich gegenüber dem alten Gesetz insoweit nichts geändert.[101] Nachdem der Gesetzgeber weitestgehend an das EStG 1925 und die hierzu gewonnenen Erkenntnisse anknüpfen wollte, kann man durchaus zu der Auffassung gelangen, daß auch eine weite Auslegung des Werbungskostenbegriffs gewollt war.[102] Auch ist *Ruppe*[103] zuzugeben, daß mit dem Wort "veranlassen" bei der Definition der Betriebsausgaben möglicherweise nur eine plastisch klingende Formulierung aus der Rechtsprechung übernommen wurde, aus der nicht unbedingt auf ein grundsätzlich anderes Begriffsverständnis geschlossen werden muß. Andererseits kann aber auch nicht negiert werden, daß zum einen während der Geltung

94 Vgl. *Becker, E.*, StuW 1926 Sp. 1917 (1935 f)
95 Vgl. *Becker, E.*, § 16 EStG 1925 Bem. 8 (S. 496)
96 Vgl. Urteil v. 7.11.1928, RStBl 1929 S. 60; vgl. auch RFH v. 14.3.1928, RStBl 1928 S. 183
97 Gl.A. *Becker, E.*, StuW 1932 I Sp. 1246
98 EStG v. 16.10.1934, RStBl 1934 S. 1261
99 § 9 Satz 1 EStG 1934
100 Vgl. Begründung zum Einkommensteuergesetz v. 16.10.1934, RStBl 1935 S. 33 (39)
101 Vgl. ebd. S. 33 (35)
102 Vgl. z.B. *Langohr, Th.G.*, (Veranlassungsprinzip, 1990) S. 34
103 Vgl. *Ruppe, H.G.*, JDStJG 3 (1980) S. 103 (115)

des EStG 1925 keineswegs eine abschließende Begriffsbestimmung gelungen ist und zum anderen im EStG 1934 zwei unterschiedliche Definitionen verankert wurden. Die Abgrenzungsprobleme blieben also weiterhin bestehen, verlagerten sich jetzt allerdings mehr auf den Haushaltseinkünftebereich, da einer weiten Auslegung des Betriebsausgabenbegriffs nichts mehr entgegenstand.[104]

Die ***Abschreibungsregelung*** wurde nunmehr - anders als im EStG 1925 - im Bereich der betrieblichen Einkunftsarten angesiedelt.[105] Sowohl das Sofortabzugsverbot des § 16 Abs. 2 EStG 1925 als auch die Vorschrift über die Nichtabzugsfähigkeit von Aufwendungen zur Vermögensvermehrung, -verbesserung etc. wurden nicht mehr übernommen. Nach *Littmann/Bitz/Hellwig*[106] war diese Umstrukturierungsmaßnahme Ausdruck einer geänderten Grundauffassung bezüglich der Absetzungen, die nunmehr als Instrument des Bilanzrechts interpretiert wurden. Außerdem wurde klargestellt, daß Absetzungen sowohl für außergewöhnliche technische als auch wirtschaftliche Abnutzung zulässig waren.[107] Für die Haushaltseinkunftsarten wurde in § 9 Satz 3 Nr. 6 EStG 1934 auf § 7 verwiesen. Die Gesetzesbegründung[108] führte hierzu lediglich aus, der Verweis sei notwendig gewesen, weil auch im Bereich der Haushaltseinkünfte Absetzungen für Abnutzung vorkommen könnten.

Für die Behandlung von ***Vermögensverlusten*** ergeben sich insofern neue Gesichtspunkte, als eine steuerliche Berücksichtigung jetzt anscheinend überwiegend verneint wird. So findet sich im Schrifttum[109] die Auffassung, aufgrund der Nichtberücksichtigung von Vermögenszuwächsen im Privatvermögen seien auch Vermögensverluste irrelevant. Auch *Ebert*[110] weist darauf hin, daß Vermögensverluste - abgesehen von der Möglichkeit der AfaA bei Vermietung und Verpachtung - ohne Bestandsvergleich nicht berücksichtigt werden könnten, spricht sich dann aber dafür aus, "...daß ein Weg gesucht werden muß, der auch beim Privatmann zur Beachtung eingetretener Verluste führt."[111] Beseitigt werden könne das Problem aber nur durch eine restlose Anwendung des

---

104 Zur Weiterentwicklung des Werbungskostenbegriffs vgl. S. 67 ff

105 Vgl. § 7 EStG 1934. Die Vorschrift ist als unmittelbarer Vorläufer der geltenden AfA-Regelung zu sehen; vgl. BFH v. 27.6.1978, BStBl 1979 II S. 38 (39)

106 Vgl. *Littmann/Bitz/Hellwig*, § 17 EStG Rn 12

107 Dies ist - abgesehen von einem erweiterten Kreis abschreibungsfähiger Wirtschaftsgüter - die einzige Erläuterung, die der Gesetzesbegründung zu § 7 entnommen werden kann; vgl. Begründung zum Einkommensteuergesetz v. 16.10.1934, RStBl 1935 S. 33 (39)

108 Vgl. ebd. S. 33 (40)

109 Vgl. *Bühler, O.*, (Einzelsteuerrecht, 1938) S. 52

110 Vgl. *Ebert, C.H.*, (Werbungskosten, 1940) S. 27

111 Vgl. ebd. S. 28

Gewinngedankens bei allen Einkunftsarten.[112] Die Äußerungen *Beckers*[113] deuten ebenfalls auf eine Nichtberücksichtigung hin.

5. Zusammenfassung und Schlußfolgerungen

5.1 Quellentheorie und finaler Abzugsbegriff

Wie die historische Betrachtung zeigt, beruht die finale Formulierung der Werbungskostendefinition auf der quellentheoretischen Forderung nach einer strengen Abgrenzung zwischen der steuerrelevanten Ertragssphäre und der steuerlich unbeachtlichen Vermögenssphäre. Aufwendungen für die Quelle selbst sollten vom Abzug ausgeschlossen werden. Mit der zur Zeit der preußischen Einkommensteuergesetze entwickelten strengen Unmittelbarkeitsthese wurde letztlich dasselbe Ziel verfolgt, wobei im Hinblick auf den Gesetzeswortlaut fraglich bleibt, ob der historische Gesetzgeber wirklich die nur in mittelbarem Zusammenhang mit dem Quellenertrag stehenden Aufwendungen grundsätzlich vom Abzug ausschließen wollte. M.E. führte das Kriterium der Unmittelbarkeit, mit dem eine möglichst quellentheoretisch vollendete Auslegung des Gesetzestextes bezweckt wurde,[114] zu einer über den Willen des Gesetzgebers hinausgehenden Verschärfung der Rechtslage. Dies zeigt sich vor allem daran, daß bereits unter den preußischen Gesetzen immer auch Aufwendungen zum Abzug zugelassen wurden, die keinen unmittelbaren Zusammenhang mit dem Ertrag aufwiesen.

Wenn in der neueren Literatur zum Teil versucht wird, die Quellentheorie und damit das Vermögensneutralitätsprinzip mit dem Hinweis auf die Abzugsfähigkeit von Erhaltungsaufwand ad absurdum zu führen, ist dies m.E. zu kurz gegriffen. So sieht z.B. *Alt*[115] einen Widerspruch zwischen dem Grundsatz der Unbeachtlichkeit der Vermögenssphäre und der Zulassung von substanzbezogenen Erhaltungsaufwendungen. Dieser Widerspruch beruhe letztlich auf den "tradierten Vorstellungen der Quellentheorie, die mit in die Überschußeinkunftsarten hineininterpretiert werden." Von diesen Vorstellungen müsse Abstand genommen werden, da die Quellentheorie selbst nicht zu erklären vermöge, warum Aufwendungen, die auch die Quelle betreffen, Erhaltungsaufwendungen sein können. Der Hinweis, Erhaltungsaufwendungen würden unmittelbar den Ertrag betreffen, sei nicht überzeugend, da sie auch unmittelbar den Wert der Quelle beeinflussen. M.E. wollte die Quellentheorie zu keiner

112 Vgl. *ders.*, (Werbungskosten, 1940) S. 29 f
113 Vgl. *Becker, E.*, (Grundlagen, 1940) S. 378 f
114 So *Langohr, Th.G.*, (Veranlassungsprinzip, 1990) S. 13
115 Vgl. *Alt, M.*, StuW 1994 S. 138 (143); ähnlich *Jakob/Wittmann*, FR 1988 S. 540 (549)

Zeit Aufwendungen, die die Quelle betreffen, vollumfänglich vom Abzug ausschließen. Es kann vielmehr ohne Übertreibung als Fundamentalprinzip dieser Theorie betrachtet werden, daß die Quelle in ihrem bisherigen Zustand erhalten werden mußte, um dauerhaft fließende Erträge zu gewährleisten. Dies bringt auch *Fuisting* unmißverständlich zum Ausdruck. Ebensowenig läßt sich aus den historischen Gesetzestexten eine derartige Zielvorstellung des Gesetzgebers ableiten. Mit der in der Rechtsprechung und Literatur entwickelten strengen Unmittelbarkeitsthese wurde vielmehr ein über den Regelungsgehalt der Abzugsvorschrift hinausschießendes Zusatzkriterium geschaffen, dessen Untauglichkeit jedoch bald erkannt wurde. Dennoch hielt die Rechtsprechung vor allem bei den Einkünften aus Kapitalvermögen daran fest[116] und institutionalisierte damit eine Zweiteilung des Werbungskostenbegriffs insbesondere im Verhältnis zu den Einkünften aus Vermietung und Verpachtung. Wenngleich der BFH[117] inzwischen eingeräumt hat, daß dem Gesetz kein einkunftsartenspezifischer Werbungskostenbegriff zu entnehmen ist, wird eine restriktive Einstellung hinsichtlich der Einkünfte aus Kapitalvermögen auch heute noch deutlich.[118]

Aus dieser Rechtsentwicklung offenbart sich eine bereits zum damaligen Zeitpunkt herrschende erhebliche Unsicherheit in Literatur und Rechtsprechung im Umgang mit der finalen Formulierung des Werbungskostenbegriffs. Diese Unsicherheit war m.E. das zwangsläufige Ergebnis einer zu "blauäugigen" Sichtweise des Gesetzgebers, der offensichtlich davon ausging, die Abgrenzung zwischen Ertrags- und Vermögenssphäre würde sich mehr oder weniger von selbst erledigen. Daß dem nicht so war, zeigen aber bereits die zweifellos fundierten Ausführungen *Fuistings*. Klar war eigentlich nur, daß die Quelle in ihrem Zustand erhalten werden mußte und daß Aufwendungen für die Anschaffung oder Herstellung von Vermögenssubstanz nicht abgezogen werden konnten, wobei der Gesetzgeber diese Nichtabzugsfähigkeit bis zum EStG 1925 jeweils in einer eigenen Vorschrift zusätzlich klargestellt hat. Damit zeigt sich aber m.E. deutlich, daß die Quellentheorie in Verbindung mit einem richtig verstandenen Abzugsbegriff nach wie vor das zentrale Erklärungsmodell für den Bereich der Haushaltseinkunftsarten darstellt. Dies gilt umso mehr, wenn man bedenkt, daß auch die Quellentheorie im Gegensatz zur typischen Reinvermögenszugangstheorie eine - wenn auch eingeschränkte - "Markteinkom-

116 Vgl. z.B. OFH v. 26.3.1947, BFHE 54 S. 198 (202); BFH v. 7.11.1951, BStBl 1952 III S. 12 (13); v. 28.8.1952, BStBl 1952 III S. 265 (267)

117 Vgl. Urteil v. 21.7.1981, BStBl 1982 II S. 37 (39)

118 Vgl. S. 86, S. 179 und S. 181

menstheorie" verkörpert. Besteuert wurden grundsätzlich[119] am Markt erwirtschaftete Erträge. Zudem war auch der Quellentheorie das tätigkeitsorientierte Denken keineswegs fremd. Der Gewerbebetrieb wurde bereits damals als *Tätigkeit* beschrieben.[120] *Fuisting/Strutz*[121] weisen explizit darauf hin, daß unter der Einkommensquelle "Handel und Gewerbe" nicht der Betrieb als solcher mit dem dazugehörigen Anlagekapital zu verstehen ist, sondern die mit Hilfe dieser Einrichtungen ausgeübte *Tätigkeit* des Unternehmers.

Der Hinweis, der Gesetzgeber habe beim Übergang von der Zukunfts- zur Vergangenheitsbesteuerung 1920 übersehen, daß damit auch eine neue Definition des Werbungskostenbegriffs erforderlich wurde, überzeugt m.E. nicht. Auch eine finale Formulierung kann sich ohne weiteres auf die Vergangenheit beziehen. M.E. handelt es sich dabei um ein "Hilfsargument," mit dem zur Zeit des EStG 1925 eine allgemein für nötig erachtete, jedoch dem Gesetzeswortlaut zuwiderlaufende Auslegung des einheitlichen Abzugsbegriffes insbesondere im betrieblichen Bereich gerechtfertigt werden sollte. Das eigentliche Problem liegt nicht im Besteuerungszeitraum, sondern in den 1920 und 1925 vollzogenen Übergängen zur Reinvermögenszugangstheorie bzw. zur pragmatischen Theorienmischform und der damit verbundenen dualistischen Einkünfteermittlung. Zu diesem Zeitpunkt hat es der Gesetzgeber m.E. versäumt, seine damit verbundenen Zielvorstellungen in adäquaten Einzelvorschriften auszudrücken und entsprechende Abzugspositionen zu schaffen. Dadurch gerieten die Werbungskosten in den "Sog" der allgemein für nötig erachteten weiten Interpretation des Betriebsausgabenbegriffs, der gesetzessystematisch eigentlich nur einen Unterfall der Werbungskosten darstellte.

5.2 Fazit

Für die Einbindung des Vermögens in die Ermittlung der Haushaltseinkünfte ergibt sich m.E. gerade aus dem EStG 1925 ein für den weiteren Gang der Untersuchung außerordentlich bedeutsames Bild. Nach Auffassung *Karrenbauers*[122] lassen insbesondere die AfA-Regelung sowie die in § 18 Abs. 1 Nr.1 kodifizierte Nichtabzugsfähigkeit von Aufwendungen zur Verbesserung und Vermehrung des Vermögens etc. "...trotz weiterhin final umschriebenem Wer-

119 Ausnahmen ergeben sich hinsichtlich des Nutzungswerts selbstgenutzter Wohnungen sowie der unter den Rechten auf periodische Hebungen aufgeführten Altenteile; vgl. S. 20 und S. 22

120 Vgl. S. 20

121 Vgl. *Fuisting/Strutz*, § 6 PrEStG 1906 Anm. 13 (S. 180) mit Hinweis auf die Rechtsprechung des PrOVG

122 Vgl. *Karrenbauer, M.*, (Abschreibung, 1993) S. 74

bungskostenbegriff grundsätzliche Abweichungen von quellentheoretischem Gedankengut erkennen und verdeutlichen, daß Aufwendungen, die primär das Vermögen betreffen, allein deshalb die Abzugsfähigkeit nicht versagt werden kann." M.E. kann gerade aus diesen beiden Vorschriften nichts dergleichen abgeleitet werden. So führt das gewandelte AfA-Verständnis zunächst zwar insofern zu einer im Vergleich zu den vorhergehenden Gesetzen stärkeren Vermögenseinbindung, als der nunmehr dominierende Aufwandsverteilungsaspekt Abschreibungen nicht mehr von einer tatsächlichen Wertminderung abhängig macht. Darüber hinaus sind ausdrücklich auch Absetzungen für außergewöhnliche Abnutzung zulässig. Im übrigen gilt jedoch im Zusammenspiel mit der klarstellenden Regelung des § 18 Abs. 1 Nr. 1 EStG 1925 weiterhin der Grundsatz, daß das Vermögen nur insoweit berücksichtigt werden kann, als die Abschreibungsvorschriften dies vorsehen. Die Neutralität des Vermögens selbst ist demnach im Vergleich zur Quellentheorie nur durch die erweiterten Abschreibungsmöglichkeiten eingeschränkt worden. Daran hat sich m.E. auch durch die Umstrukturierung, die das EStG 1934 in diesem Bereich brachte, nichts geändert. Eine Berücksichtigung von Aufwendungen, die das Vermögen betreffen, ergibt sich allein aus der Aufgabe der strengen Unmittelbarkeitsthese im Rahmen der Interpretation des allgemeinen Abzugsbegriffs.

Mit dem EStG 1934 änderte sich die Situation insofern, als die Gewinneinkünfte endlich mit einem eigenen Abzugsbegriff ausgestattet wurden, der in der Folgezeit auch relativ problemlos und zweckentsprechend interpretiert werden konnte. Bei den Haushaltseinkünften hielt man dagegen an dem nach wie vor unklaren und bereits mit einer Fülle von historischen Auslegungsproblemen überfrachteten Werbungskostenbegriff fest. Die Umgliederung der AfA-Regelungen in den Gewinnermittlungsbereich war in gewisser Weise sicherlich Ausdruck einer verbesserten Gesetzessystematik;[123] der in § 9 Satz 3 Nr. 6 verankerte lapidare Verweis auf deren Geltung bei der Ermittlung der Haushaltseinkünfte verkomplizierte jedoch die Rechtslage in diesem Bereich m.E. eher als sie zu entschärfen.[124]

Zu bedauern ist schließlich, daß sich aus dem EStG 1920 - bedingt durch seine Kurzlebigkeit und die Problematik der ständig fortschreitenden Inflation - kaum Anhaltspunkte ergeben. Gerade nach diesem Gesetz hätte beispielsweise die Abzugsfähigkeit von Vermögensverlusten völlig unproblematisch sein müssen, da eine Theorie, die - von den gesetzlich geregelten Ausnahmen abgesehen - grundsätzlich jeden Reinvermögens*zugang* besteuert, naturgemäß auch jeden Reinvermögens*abgang* berücksichtigen müßte. Gesetzgeber und Litera-

123 So *Karrenbauer, M.*, (Abschreibung, 1993) S. 74
124 Vgl. hierzu S. 126 ff

tur blieben jedoch offensichtlich unbewußt immer noch der über Jahrzehnte hinweg verinnerlichten Dogmatik der Quellentheorie verhaftet.

Bezüglich der Behandlung von Vermögensverlusten läßt sich in der Zeit nach den preußischen Einkommensteuergesetzen m.E. ein allgemeines rechtliches Unbehagen erkennen. Einerseits gelangte man zum Teil - wohl aus persönlichem Billigkeitsdenken heraus - zu der Auffassung, daß in bestimmten Fällen eine steuerliche Berücksichtigung angebracht wäre, andererseits war man sich aber offensichtlich auch der Tatsache bewußt, daß die Gesetzeslage dem entgegenstand. Dies bringt m.E. auch die - nach wie vor maßgebliche - Begründung zum EStG 1925[125] deutlich zum Ausdruck, wenn dort ausgeführt ist, bei den Haushaltseinkunftsarten komme es nicht auf Vermögensveränderungen an, sondern allein auf die Erträge, die das eingesetzte Vermögen abwerfe.

Während die Übernahme der finanzwissenschaftlichen Theorien bzw. die spätere Hinwendung zu einem "pragmatischen Einkommensbegriff" durch den Gesetzgeber somit nach außen hin jeweils deutlich dokumentiert und dem Grunde nach auch vollzogen wurde, offenbart gerade die Entwicklung der zentralen Abzugsbegriffe ein erhebliches Defizit bei der konkreten Umsetzung, das bis heute nicht endgültig behoben werden konnte. Hinsichtlich des Begriffsdualismus Betriebsausgaben/Werbungskosten bleibt festzuhalten, daß sich historisch - abgesehen von einem teilweise aufschimmernden latenten Rechtsgefühl, daß Kaufleute mehr Abzugsmöglichkeiten haben müßten als andere Steuerpflichtige[126] - keine Anhaltspunkte für eine grundlegend unterschiedliche Auslegung finden lassen. Andererseits wird aber auch deutlich, daß eine völlige Angleichung mit der dualistischen Einkünfteermittlung kaum vereinbar ist.

II. Weiterentwicklung des Werbungskostenbegriffs

1. Einheitliche Interpretation der Abzugsposten für Gewinn- und Überschußeinkünfte trotz abweichender Legaldefinitionen

Während § 4 Abs. 4 EStG als Betriebsausgaben diejenigen Aufwendungen umschreibt, "...die durch den Betrieb **veranlaßt** (Hervorh. d. Verf.) sind", ist der Werbungskostenbegriff nach dem Wortlaut des § 9 Abs. 1 Satz 1 EStG nach wie vor final und damit wesentlich enger definiert. Die unterschiedlichen Begriffsbestimmungen waren der Ausgangspunkt für eine in ihrer gesamten Vielfalt kaum nachvollziehbare Diskussion über die Tragweite des Dualismus

125 Vgl. S. 30

126 Vgl. *Langohr, Th.G.*, (Veranlassungsprinzip, 1990) S. 36

Betriebsausgaben/Werbungskosten,[127] aus der sich im wesentlichen drei Meinungsrichtungen herauskristallisiert haben:[128]

(1) Der Werbungskostenabzug setzt einen streng finalen Zusammenhang zwischen Aufwendungen und Einnahmen voraus. Die Aufwendungen müssen demnach zum Zweck der Einnahmenerzielung getätigt werden.[129]

(2) Der finale Werbungskostenbegriff hat grundsätzlich Gültigkeit, weist jedoch verdeckte Regelungslücken auf, bezüglich derer er durch das Veranlassungsprinzip erweitert werden muß.[130]

(3) In Anlehnung an den Betriebsausgabenbegriff ist auch für eine Qualifizierung als Werbungskosten auf die Veranlassung der Aufwendungen durch eine Einnahmeerzielung bzw. Erwerbstätigkeit abzustellen.

Wie bereits im Rahmen der allgemeinen Ausführungen zum Veranlassungsprinzip[131] gezeigt wurde, gibt die Rechtsprechung[132] sowie die h.M. in der Literatur[133] inzwischen der zuletzt genannten Interpretationsmöglichkeit den Vorzug. Bei einem Festhalten am finalen Zusammenhang zwischen Aufwendungen und Einnahmen wären insbesondere die folgenden Fallgruppen nicht erfaßt:[134]

---

127 Vgl. z.B. die Nachweise bei *Prinz, U.*, FR 1986 S. 397 FN 2

128 Vgl. *Prinz, U.*, FR 1986 S. 397 (399)

129 So ausdrücklich BFH v. 15.11.1957, BStBl 1958 III S. 103 (104): "Der Werbungskostenbegriff ist in erster Linie ein finaler, d.h. die Aufwendungen müssen zum Zweck der Erwerbung, Sicherung und Erhaltung der Einnahmen gemacht werden." Ebenso BFH v. 2.10.1963, BStBl 1964 III S. 5 (6); v. 13.12.1963, BStBl 1964 III S. 184 (185). Nach der letztgenannten Entscheidung sind die Gerichte nicht berechtigt, § 9 EStG über seinen Wortlaut hinaus auszulegen.

130 *Kruse, H.W.*, FR 1981 S. 473 (474); ähnlich BFH v. 6.3.1979, BStBl 1979 II S. 551 (552); v. 18.11.1980, BStBl 1981 II S. 510 (513)

131 Vgl. S. 13

132 Für *Einkünfte aus nichtselbständiger Tätigkeit* vgl. BFH v. 2.3.1962, BStBl 1962 III S. 192; v. 28.11.1977, BStBl 1978 II S. 105 (108); v. 27.11.1978, BStBl 1979 II S. 213 (216); v. 20.11.1979, BStBl 1980 II S. 75 (76); v. 28.11.1980, BStBl 1981 II S. 368 (369); v. 1.10.1982, BStBl 1983 II S. 17 (18); v. 14.5.1991, BStBl 1991 II S. 758 m.w.N.; für *Einkünfte aus Kapitalvermögen* vgl. BFH v. 21.7.1981, BStBl 1982 II S. 37 (38); v. 9.8.1983, BStBl 1984 II S. 27; v. 27.6.1989, BStBl 1989 II S. 934; v. 4.5.1993, BStBl 1993 II S. 832 (833); v. 28.9.1993, BFH/NV 1994 S. 618 (619); für *Einkünfte aus Vermietung und Verpachtung* vgl. BFH v. 31.10.1978, BStBl 1979 II S. 401 (402); v. 6.3.1979, BStBl 1979 II S. 551 (552); v. 18.11.1980, BStBl 1981 II S. 510 (513); v. 23.10.1984, BStBl 1985 II S. 453 (454); v. 4.7.1990, BStBl 1990 II S. 830 (836); v. 8.12.1992, BStBl 1993 II S. 434 (435); für *Sonstige Einkünfte* vgl. BFH v. 21.7.1981, BStBl 1982 II S. 41 (42)

133 Vgl. z.B. *Biergans, E.*, (Einkommensteuer, 1992) S. 909 ff; *v. Bornhaupt, K.J.*, JDStJG 3 (1980) S. 149 (179 f); *Offerhaus, K.*, BB 1979 S. 617 (622); *Prinz, U.*, FR 1986 S. 397 (401 f); *Schmidt/Drenseck*, § 9 EStG Anm. 2d

134 Vgl. *Schmidt/Drenseck*, § 9 EStG Anm. 2d; *Herrmann/Heuer/Raupach*, § 9 EStG Anm. 139; *v. Bornhaupt, K.J.*, JDStJG 3 (1980) S. 149 (176 ff)

(1) Aufwendungen trotz gesicherter Einnahmen;

(2) nachträgliche Aufwendungen;

(3) unfreiwillige Aufwendungen bzw. Zwangsaufwendungen.

(4) Abwehraufwendungen.

Berücksichtigt man, daß beide Abzugsposten identische Regelungsaufgaben haben, nämlich die Verwirklichung des Nettoprinzips und damit einhergehend die Abgrenzung von den privaten Lebenshaltungskosten i.S.d. § 12 EStG,[135] ist eine inhaltsgleiche Interpretation insofern nur folgerichtig. Da das Veranlassungsprinzip über den Finalitätszusammenhang hinausgeht, die von einem finalen Werbungskostenbegriff umfaßten Aufwendungen aber vollumfänglich mitbeinhaltet,[136] erscheint diese Lösung auch schlüssiger als der von *Kruse*[137] vertretene "erweiterte finale Werbungskostenbegriff." Die letztgenannte Auffassung ist m.E. aber auch insofern problematisch, als sie eine exakte Abgrenzung der sog. "verdeckten Regelungslücken" erfordert, für die kaum geeignete Kriterien zu finden sein dürften. Auch die historische Retrospektive[138] rechtfertigt keinen Begriffsdualismus in der bestehenden Form, der die oben genannten vier Fallgruppen von Aufwendungen im außerbetrieblichen Bereich ***durchwegs*** vom Abzug ausschließt.[139]

Wenn die Wortwahl des § 9 Abs. 1 Satz 1 EStG im Schrifttum[140] aus heutiger Sicht als "...das Ergebnis einer zufallsbedingten Formulierung" bezeichnet wird, kann dem m.E. nicht vollumfänglich zugestimmt werden. Die ursprüngliche Intention des Gesetzgebers - nämlich eine Abgrenzung zu den nichtabziehbaren Vermögensaufwendungen zu schaffen - läßt sich aus der historischen Entwicklung deutlich ersehen. Anzuerkennen ist jedoch, daß der Gesetzeswortlaut dieser Aufgabe offensichtlich nie zweifelsfrei gerecht werden konnte, weil von Anfang an kein Grundkonsens hinsichtlich der Reichweite der Vermögenssphäre vorhanden war. M.E. sollte daher eher von einer bereits historisch mißglückten Formulierung gesprochen werden, zumal sich auch die Begriffe "Erwerbung, Sicherung und Erhaltung" einer überschneidungsfreien Interpretation entziehen. Nach *Raupach*[141] kann ihnen lediglich eine "topische"

---

135 Vgl. *Söffing, G.*, DB 1990 S. 2086 (2087); *Prinz, U.*, (Werbungskosten, 1984) S. 45 f; *v. Bornhaupt, K.J.*, JDStJG 3 (1980) S. 149 (184 f); vgl. auch BFH v. 8.12.1992, BStBl 1993 II S. 434 (435); v. 14.5.1991, BStBl 1991 II S. 758; v. 23.1.1990, BStBl 1990 II S. 464; v. 26.11.1985, BStBl 1986 II S. 161

136 *Herrmann/Heuer/Raupach*, § 9 EStG Anm. 141 a.E. m.w.N.

137 *Kruse, H.W.*, FR 1981 S. 473 (474); vgl. oben S. 68

138 Vgl. S. 48 ff

139 Gl.A. *Söffing, G.*, DB 1990 S. 2086 (2086 f)

140 Vgl. *Herrmann/Heuer/Raupach*, § 9 EStG Anm. 132

141 Vgl. *Raupach, A.*, JDStJG 3 (1980) S. 411

Bedeutung beigemessen werden, d.h. der Gesetzgeber hat bestimmte einzelne Punkte herausgegriffen, weil er das Grundprinzip nicht klar formulieren konnte. Gemeint ist letztlich, daß die Aufwendungen der *Erzielung* von Einnahmen dienen müssen.[142] Die längst fällige Anpassung an die gewandelten Einkommensbegriffe wird bereits seit der Einführung des EStG 1920 durch den Gesetzgeber unterlassen.[143]

Für das Vorliegen von Werbungskosten müssen letztlich zwei Bedingungen erfüllt sein. Es muß sich um *Aufwendungen* handeln, die im aufgezeigten Sinn[144] *durch eine steuerbare Tätigkeit veranlaßt* sind. Der in verschiedenen Vorschriften des Einkommensteuergesetzes[145] ohne Definition verwendete Begriff der Aufwendungen wird hierbei - abweichend vom betriebswirtschaftlichen Aufwandsbegriff - im Sinne von Ausgaben verstanden, die zu einem Abfluß von Geld oder Gütern in Geldeswert aus der Vermögenssphäre des Steuerpflichtigen führen.[146] Damit werden die Aufwendungen in entsprechender Anwendung des § 8 Abs. 1 EStG definiert, der als *Einnahmen* alle Güter umschreibt, die in Geld oder Geldeswert bestehen und dem Steuerpflichtigen im Rahmen einer Erwerbstätigkeit i.S.d. § 2 Abs. 1 Nr. 4 - 7 EStG zufließen. Nicht erforderlich ist unter Veranlassungsgesichtspunkten, daß die Vermögensminderung selbst auf einem Willensentschluß des Steuerpflichtigen basiert, also eine Leistung bewußt und gewollt erbracht[147] wird.[148] Führen Aufwendungen nicht zum gewünschten Erfolg, bleibt ihre Abzugsfähigkeit als Werbungskosten dennoch grundsätzlich erhalten.[149] Seit dem Veranlagungs-

142 Vgl. *Bauer, K.*, (Dualismus, 1974) S. 9 f; *Herrmann/Heuer/Raupach*, § 9 EStG Anm. 121

143 Nach *Prinz* scheiterte ein Reformversuch, auch den Werbungskostenbegriff veranlassungsorientiert zu definieren, im Jahr 1975 an parlamentarischen Hürden; vgl. *Prinz, U.*, (Werbungskosten, 1984) S. 176

144 Vgl. S. 12 ff

145 Vgl. § 4 Abs. 4, 5 und 6, § 10, § 12 Nr. 1, § 33 Abs. 1 und 2, § 33a Abs. 1, 2 3 und 5, § 33c Abs. 1 und 4 EStG

146 Vgl. z.B. BFH v. 9.11.1993, BStBl 1994 II S. 289; v. 7.5.1993, BStBl 1993 II S. 663 (664); v. 4.7.1990, BStBl 1990 II S. 830 (836); *Biergans, E.*, (Einkommensteuer, 1992) S. 908

147 So FG Düsseldorf v. 12.12.1975, EFG 1976 S. 549 (550) (rkr.); gl.A. *Herrmann/Heuer/Raupach*, § 33 EStG Anm. 34 in Anlehnung an den zivilrechtlichen Aufwendungsbegriff, der als "freiwillige Aufopferung von Vermögenswerten" verstanden wird; vgl. *Palandt/Heinrichs*, § 256 BGB Anm. 1; vgl. hierzu S. 78 ff

148 Vgl. z.B. BFH v. 19.3.1982, BStBl 1982 II S. 442 (442 f); v. 4.7.1986, BStBl 1986 II S. 771; *Prinz, U.*, (Werbungskosten, 1984) S. 192; *Langohr, Th.G.*, (Veranlassungsprinzip, 1990) S. 41 f; vgl. hierzu S. 15 ff

149 BFH v. 13.11.1973, BStBl 1974 II S. 161 (162); v. 14.2.1978, BStBl 1978 II S. 455; v. 4.7.1990, BStBl 1990 II S. 830 (836) m.w.N.; *Kirchhof/Söhn*, § 9 EStG Rdnr. B 123

zeitraum 1992 gelten die Vorschriften über nicht abzugsfähige Betriebsausgaben[150] entsprechend für den Werbungskostenbereich.[151] So sind insbesondere auch Aufwendungen, die die Privatsphäre des Steuerpflichtigen berühren, auf ihre Angemessenheit hin zu überprüfen.[152]

2. Zuordnung der Werbungskosten zur zugehörigen Einkunftsart

Werbungskosten sind nach § 9 Abs. 1 Satz 2 EStG bei der Einkunftsart abzuziehen, bei der sie erwachsen sind. Der konkrete Inhalt der Regelung sowie ihre systematische Bedeutung sind allerdings unklar.[153] Nach *Kirchhof/Söhn*[154] handelt es sich um eine Zuordnungsvorschrift, die erst zur Anwendung kommt, nachdem der Werbungskostencharakter bestimmter Aufwendungen festgestellt ist. *Herrmann/Heuer/Raupach*[155] sprechen von einer "sachlichen Rechtsfolgeanordnung zur technischen Durchführung des Werbungskostenabzugs, die in zeitlicher Hinsicht (...) durch § 11 Abs. 2 präzisiert wird (...)," wobei ebenfalls die Qualifikation als Werbungskosten dem Grunde nach bereits durch § 9 Abs. 1 Satz 1 EStG erfolgt. Die beiden Auffassungen unterscheiden sich somit m.E. nicht. Allerdings ist die Vorschrift m.E. entbehrlich, da sich die Zuordnung von Aufwendungen zu einer bestimmten Einkunftsart bzw. Erwerbstätigkeit bereits nach den oben[156] aufgezeigten allgemeinen Grundsätzen des Veranlassungsprinzips ergibt. Darüber hinausgehende Erkenntnisse lassen sich aus dem knappen Wortlaut des § 9 Abs. 1 Satz 2 EStG nicht ableiten.

Im Fall einer Veranlassungskonkurrenz, d.h. wenn die Aufwendungen mit mehreren Erwerbstätigkeiten zusammenhängen, muß der Abzug - sofern eine Aufteilung nicht möglich ist[157] - bei der Einkunftsart erfolgen, zu der die Aufwendungen "...nach Grund und Wesen die engere Beziehung haben."[158] Besteht die Veranlassungskonkurrenz dagegen zwischen einer Erwerbstätigkeit

150 Vgl. § 4 Abs. 5 Nr. 1 - 5, Nr. 7 - 8a und Abs. 6 EStG

151 Vgl. § 9 Abs. 5 EStG

152 Dabei handelt es sich um eine Reaktion des Gesetzgebers auf die Entscheidung des BFH v. 12.1.1990 (BStBl 1990 II S. 423), nach der im Werbungskostenbereich keine Angemessenheitsprüfung vorzunehmen war.

153 *Herrmann/Heuer/Raupach*, § 9 EStG Anm. 210

154 *Kirchhof/Söhn*, § 9 EStG Rdnr. A 2

155 Vgl. *Herrmann/Heuer/Raupach*, § 9 EStG Anm. 210

156 Vgl. S. 14 ff

157 Vgl. *Herrmann/Heuer/Raupach*, § 9 EStG Anm. 235 f

158 BFH v. 21.4.1961, BStBl 1961 III S. 431 (432); v. 3.12.1982, BStBl 1983 II S. 467 (470); v. 17.7.1992, BStBl 1993 II S. 111 (113); ähnlich BFH v. 25.2.1988, BStBl 1988 II S. 766 (767)

und der Privatsphäre, kommt grundsätzlich das durch die Rechtsprechung[159] geschaffene sog. Aufteilungsverbot zur Anwendung. Die Aufwendungen sind danach insgesamt nicht abzugsfähig, wenn sich der durch die Einkunftserzielung veranlaßte Anteil nicht nach objektiven Kriterien leicht und einwandfrei ermitteln läßt.[160]

3. Der Werbungskostenkatalog des § 9 Abs. 1 Satz 3 EStG

Die allgemeine Werbungskostendefinition des § 9 Abs. 1 Satz 1 EStG wird durch eine Aufzählung ausgewählter Tatbestände in Satz 3 Nr. 1 - 7 ergänzt, wobei die Bedeutung dieses "Katalogs" aus systematischer Sicht stark umstritten ist. Nach *Herrmann/Heuer/Raupach*[161] stehen der allgemeine Begriff und die Aufzählung zueinander im Verhältnis von Grundsatz- zu Spezialregelung. Bei Aufwendungen, die nicht ausdrücklich in Satz 3 Nr. 1 - 7 enthalten sind, muß demnach auf die Grundnorm zurückgegriffen werden. Andererseits läßt die Eingangsformulierung "Werbungskosten sind auch..." offen, ob tatsächlich spezielle Ausnahmetatbestände gegenüber der Grundnorm vorliegen oder ob die Aufzählung lediglich der Klarstellung dient. Spezialregelungen müßten sich aber dadurch auszeichnen, daß sie von der Grundvorschrift abweichen.

M.E. hat der Werbungskostenkatalog in § 9 Abs. 1 Satz 3 Nr. 1 - 5 EStG unter Veranlassungsgesichtspunkten keinen rechtsbegründenden Charakter hinsichtlich der Abzugsfähigkeit der dort genannten Aufwendungen dem Grunde nach.[162] Konstitutive Wirkung erlangen lediglich die dort aufgeführten Pauschalierungen hinsichtlich der Höhe des Abzugs.[163] Berücksichtigt man jedoch die Tatsache, daß zum einen die Grundnorm des § 9 Abs. 1 Satz 1 EStG nach wie vor einen finalen Wortlaut aufweist und zum anderen die Rechtsprechung in diesem Bereich keineswegs ein durchgängiges Veranlassungskonzept verfolgt,[164] hat die Aufzählung m.E. auch im geltenden Recht ihre Bedeutung.

Von zentraler Bedeutung für die Zwecke der vorliegenden Abhandlung sind die beiden letztgenannten Tatbestände des Werbungskostenkatalogs, die den Abzug von Aufwendungen für Arbeitsmittel sowie die Berücksichtigung von

159 Vgl. BFH v. 19.10.1970, BStBl 1971 II S. 17

160 Zu Recht kritisch hierzu *Drenseck, W.*, DB 1987 S. 2483 (2486 f)

161 Vgl. *Herrmann/Heuer/Raupach*, § 9 EStG Anm. 350

162 Ähnlich *Herrmann/Heuer/Raupach*, § 9 EStG Anm. 350; vgl. auch BFH v. 9.2. 1994, BStBl 1995 II S. 47 (49) zu § 9 Abs. 1 Satz 3 Nr. 1 EStG

163 § 9 Abs. 1 Satz 3 Nr. 1 Satz 2 EStG (Ertragsanteil bei Leibrenten) sowie Nr. 4 (Kilometersätze bei Fahrten zur Arbeitsstätte bzw. Familienheimfahrten im Rahmen einer doppelten Haushaltsführung)

164 Vgl. die nachfolgenden Ausführungen auf S. 73 ff

Abschreibungen betreffen.[165] Sowohl ihr Verhältnis zur Grundnorm als auch ihr Verhältnis zueinander sind äußerst umstritten. Deshalb sollen die beiden Regelungen an dieser Stelle zunächst ausgeklammert und im weiteren Verlauf der Untersuchung einer ausführlichen Analyse unterzogen werden.[166]

4. Das Veranlassungsprinzip im "Grenzbereich"

Die Tragfähigkeit rechtlicher Grundprinzipien läßt sich m.E. in letzter Konsequenz nur anhand ihrer praktischen Umsetzung in Grenzfällen ermessen. Bezogen auf das Veranlassungsprinzip zeigt sich aber gerade bei näherer Untersuchung der oben genannten Fallgruppen,[167] daß trotz der im Grundsatz übereinstimmenden Auffassungen hinsichtlich der Interpretation des Werbungskostenbegriffs längst nicht alle Probleme gelöst sind.

4.1 Aufwendungen bei gesicherten Einnahmen

Symptomatisch hierfür ist beispielsweise die Entscheidung des IV. Senats v. 8.11.1984,[168] wonach Aufwendungen eines angestellten Chefarztes für Weihnachtsgeschenke an seine Mitarbeiter - also ***Aufwendungen trotz gesicherter Einnahmen*** - keine Werbungskosten sein sollen, "...weil sie auf die Erwerbung, Sicherung und Erhaltung seiner Bezüge (...) von seiten seines Arbeitgebers ohne Einfluß sind." Eine andere Beurteilung wird nur bei Arbeitnehmern mit erfolgsabhängigen Bezügen für möglich gehalten. Es bedarf in diesem Zusammenhang keiner weiteren Erläuterung mehr, daß diese Ausführungen in krassem Gegensatz zu der ansonsten in der Rechtsprechung vertretenen Geltung des Veranlassungsprinzips stehen und ein eindeutig finales Verständnis des Werbungskostenbegriffs zum Ausdruck bringen.[169] Obwohl die dargestellten Entscheidungen insofern Sonderfälle betreffen, als der Abzug von Geschenken und Bewirtungsaufwendungen sowohl bei der Finanzverwaltung als auch bei der Rechtsprechung regelmäßig auf Mißtrauen stößt, macht es sich der BFH m.E. zu leicht, wenn er sich zur Begründung seiner Auffassung entgegen aller anderslautenden Bekundungen hier wieder auf den Wortlaut des

165 § 9 Abs. 1 Satz 3 Nr. 6 und Nr. 7 EStG

166 Vgl. S. 126 ff und S. 153 ff

167 Vgl. S. 69

168 BStBl 1985 II S. 286 (287); ähnlich BFH v. 23.3.1984, BStBl 1984 II S. 557 (558); v. 24.5.1973, BStBl 1973 II S. 634; FG Köln v. 28.2.1985, EFG 1985 S. 552 (rkr.). Die beiden letztgenannten Urteile betreffen den Abzug von Bewirtungsaufwendungen bei Einkünften aus nichtselbständiger Tätigkeit.

169 Zu Recht kritisch deshalb *Söffing, G.*, FR 1985 S. 275; *Prinz, U.*, FR 1986 S. 397; *Tipke/Lang*, (Steuerrecht, 1994) § 9 Rz. 230, 248

§ 9 Abs. 1 Satz 1 EStG zurückzieht. Das FG Baden-Württemberg[170] hatte in der Vorinstanz völlig zu Recht einen Werbungskostenabzug unter Veranlassungsgesichtspunkten bejaht.

4.2 Nachträgliche Aufwendungen - Annäherung an die Vermögenssphäre

Wesentlich weitreichender ist dagegen die Rechtsprechung zur Fallgruppe der ***nachträglichen Aufwendungen***. Das hier geltende Abzugsverbot für nachträgliche *Schuldzinsen* in den Fällen, in denen der bei der Veräußerung von Immobilien oder Beteiligungen erzielte Erlös nicht zur vollen Deckung der zu ihrem Erwerb aufgenommenen Kredite ausreicht,[171] ist unter Veranlassungsgesichtspunkten ebenfalls höchst zweifelhaft.[172]

Beispiel:

A hat die Anschaffung eines Mietwohngrundstücks durch einen Kredit finanziert. Nachdem sich das Grundstück als unrentabel erweist, veräußert er es mit Verlust. Der Veräußerungserlös reicht nicht aus, um die Restschuld voll abzudecken.

Der BFH[173] stellt zunächst zutreffend fest, daß nachträgliche Werbungskosten vorliegen, wenn "...die Aufwendungen mit einer Tätigkeit oder einem Rechtsverhältnis i.S. einer Einkunftsart in wirtschaftlichem Zusammenhang stehen." Im Anschluß daran werden die Grundsätze zum nachträglichen Schuldzinsenabzug im Betriebsbereich aufgezeigt. Danach sind Schuldzinsen nachträgliche Betriebsausgaben, wenn sie für eine Schuld gezahlt werden, die (negatives) Betriebsvermögen ist. Dies ist auch für nach Beendigung der betrieblichen Tätigkeit verbleibende Restschulden unstreitig der Fall, wenn der Steuerpflichtige die aus der Verwertung bzw. Veräußerung der Wirtschaftsgüter erzielten Erlöse vollständig zur Deckung der Verbindlichkeiten eingesetzt hat. Aufgrund der unterschiedlichen Einkünfteermittlung gebe es jedoch im Rahmen der Einkünfte aus Vermietung und Verpachtung kein Betriebsvermögen; die Schuld sei deshalb auch keine Betriebsschuld.[174] Die Schuldzinsen seien deshalb nicht

170 Urteil v. 13.5.1982, EFG 1982 S. 610

171 Vgl. BFH v. 21.12.1982, BStBl 1983 II S. 373; v. 9.8.1983, BStBl 1984 II S. 29; v. 23.2.1984 IV R 244/80 (n.v.); v. 26.2.1985, BFH/NV 1985 S. 69; v. 31.7.1991, BFH/NV 1992 S. 33; v. 12.11.1991, BStBl 1992 II S. 289; v. 8.12.1992, BFH/NV 1993 S. 654 (656); v. 19.1.1993, BFH/NV 1993 S. 714; v. 7.9.1993, BFH/NV 1994 S. 234; v. 7.12.1993, BFH/NV 1994 S. 624; FG Bremen v. 20.12.1990, EFG 1991 S. 465 (rkr.)

172 Gl.A. *Söffing, G.*, DB 1990 S. 2086 (2088): "M.E. schimmert hier der überholte finale Werbungskostenbegriff noch durch."

173 Urteil v. 21.12.1982, BStBl 1983 II S. 373 (374)

174 Gl.A. *Kirchhof/Söhn*, § 9 EStG Rdnr. C 64

abziehbar, weil sie nicht mit angestrebten oder zugeflossenen Einnahmen im Zusammenhang stünden. Nachträgliche Schuldzinsen sind nach diesen Grundsätzen nur insoweit abziehbar, als sie auf die Zeit der Vermietung und Verpachtung entfallen, aber erst nach Beendigung der Tätigkeit gezahlt werden.[175]

Diese Begründung des BFH ist nicht nur vom Ergebnis her abzulehnen, sie ist m.E. auch insofern höchst widersprüchlich, als der BFH zunächst ausdrücklich auf die Veranlassung durch eine steuerbare Tätigkeit abstellt, um diese dann aber durch den "Umweg" über die betrieblichen Einkunftsarten wieder auf einen finalen Zusammenhang mit den Einnahmen zurückzuschrauben.[176] In eine ähnliche Richtung gehen die Ausführungen *v. Bornhaupts*,[177] wenn er einerseits von der Geltung des Veranlassungsprinzips ausgeht, andererseits aber hervorhebt, Schuldzinsen stünden nur in einem *mittelbaren* Zusammenhang mit den Einkünften, der mit der Veräußerung des Grundstücks endet. Dies würde bedeuten, daß das Veranlassungsprinzip uneingeschränkt nur bei einem *unmittelbaren* Zusammenhang mit den Einnahmen gilt, womit aber der finale Werbungskostenbegriff wieder in greifbare Nähe rückt.

Zusätzliche Brisanz gewinnt die Rechtsprechung in diesem Bereich dadurch, daß in den neueren Judikaten[178] verstärkt auf den Zusammenhang nachträglicher Schuldzinsen mit der Veräußerung und damit der privaten Vermögenssphäre hingewiesen wird. Dieser Gedanke wird im Schrifttum insbesondere von *Meyer*[179] vertreten, der aus der Tatsache, daß der Veräußerungserlös nicht zur Deckung der Restverbindlichkeit ausreicht, die Brücke zu einem steuerlich unbeachtlichen Wertverlust des Grundstücks schlägt. Die steuerliche Unbeachtlichkeit des Veräußerungsvorgangs schlägt danach auf die verbleibende Restschuld durch. M.E. kann man den Abzug nachträglicher Schuldzinsen im Haushaltseinkünftebereich nicht ablehnen, ohne gleichzeitig den Schuldzinsenabzug in diesem Bereich generell mit dem Hinweis auf die Vermögenssphäre in Frage zu stellen. Außerdem kann diese Argumentation nicht erklären, warum auch Schuldzinsen nach der - steuerbaren und steuerpflichtigen - Veräußerung einer wesentlichen Beteiligung[180] nicht berücksichtigt werden

---

175 Vgl. BFH v. 21.12.1982, BStBl 1983 II S. 373 (374); v. 23.1.1990, BStBl 1990 II S. 464 (465); v. 12.11.1991, BStBl 1992 S. 289 (290)

176 Unverständlich ist angesichts dieser Rechtslage die Auffassung von *Langohr*, der es ohne jede Bezugnahme auf die dargestellte Rechtsprechung als unstreitig bezeichnet, daß derartige Aufwendungen abgezogen werden können; vgl. *Langohr, Th.G.*, (Veranlassungsprinzip, 1990) S. 151

177 Vgl. *v. Bornhaupt, K.J.*, in *Kirchhof/Söhn*, § 9 EStG Rdnr. C 60 ff

178 Vgl. BFH v. 12.11.1991, BStBl 1992 II S. 289 (290); noch deutlicher in der Vorinstanz FG Düsseldorf v. 7.11.1989, EFG 1990 S. 420 (421)

179 Vgl. *Meyer, B.*, FR 1985 S. 123; zustimmend *Kirchhof/Söhn*, § 9 EStG Rdnr. C 65

180 Vgl. BFH v. 9.8.1983, BStBl 1984 II S. 29

können.[181] Nachdem die Zinsen aber gerade nicht zu den Anschaffungs- bzw. Herstellungskosten der betreffenden Wirtschaftsgüter gehören[182] und der Veranlassungszusammenhang mit einer Erwerbstätigkeit durch die Verwendung des gesamten Veräußerungserlöses zur Schuldendeckung nicht unterbrochen wird,[183] müssen sie auch nach Beendigung dieser Tätigkeit entsprechend den Grundsätzen im betrieblichen Bereich berücksichtigt werden.[184]

Ähnliche Gesichtspunkte gelten für die Berücksichtigung von *Instandhaltungsaufwendungen* in der Zeit zwischen Beendigung der Vermietung und Veräußerung (bzw. Eigennutzung) des Grundstücks. Der BFH[185] lehnt einen Werbungskostenabzug ab, wenn sich der Verkäufer im Kaufvertrag zu einer nachträglichen Schadensbeseitigung verpflichtet. Die Begründung des BFH[186] sowie die Entscheidungen mehrerer Finanzgerichte[187] lassen jedoch erkennen, daß nachträgliche Erhaltungsaufwendungen grundsätzlich dem nicht steuerbaren Veräußerungsvorgang (bzw. der Eigennutzung) zugeordnet werden. Eine "Mitveranlassung" durch die vorangegangene Vermietung soll dabei unerheblich sein. M.E.[188] ist die pauschale Versagung des Werbungskostenabzugs hier genauso wenig gerechtfertigt wie bei nachträglichen Schuldzinsen. Vielmehr ist zu unterscheiden zwischen der Beseitigung von Schäden aufgrund der vorangegangenen Vermietungstätigkeit und Maßnahmen, die ohne Bezug zu dieser Tätigkeit im Hinblick auf die zukünftige Verwendung des Objekts durchgeführt werden. Im ersten Fall liegen nach Veranlassungsgesichtspunkten zweifellos Werbungskosten vor, deren Abzugsfähigkeit durch die zeitlich nachgelagerte Durchführung der Maßnahmen nicht berührt wird. Eine Berücksichtigung der Aufwendungen scheidet lediglich im zweiten Fall aus, wenn die Instandhaltungsarbeiten durch die geplante Veräußerung bzw. Eigennutzung veranlaßt sind. Liegt eine gemischte Veranlassung vor, d.h. die Aufwendungen

181 Gl.A. *Biergans, E.*, (Einkommensteuer, 1992) S. 919 m.w.N.

182 Vgl. S. 110

183 Gl.A. FG Baden-Württemberg v. 6.11.1990, EFG 1991 S. 185 (186) (rkr.): "Schuldzinsen gehören nicht zum Vermögensbereich, sondern sind grundsätzlich typische Werbungskosten, Betriebsausgaben oder Privataufwendungen. Es geht hier also nicht um den eigentlichen Bereich der Vermögensgewinne oder -verluste."

184 Im Ergebnis gl.A. FG Münster v. 7.8.1990, EFG 1991 S. 315 (Rev. IX R 115/90); FG Düsseldorf v. 8.7.1992, EFG 1992 S. 732 (Rev. IX R 114/92); *Drenseck, W.*, FR 1992 S. 332 (333); *Herrmann/Heuer/Raupach*, § 9 EStG Anm. 371 m.w.N.; *Paus, B.*, FR 1984 S. 135; *ders.*, DStZ 1992 S. 634; *Rössler, G.*, DStZ 1992 S. 493; *Schmidt/Drenseck*, § 9 EStG Anm. 2j m.w.N.

185 Vgl. BFH v. 23.1.1990, BStBl 1990 II S. 465 sowie BFH/NV 1990 S. 761

186 Vgl. BFH v. 23.1.1990, BStBl 1990 II S. 465 (466)

187 Vgl. FG München v. 14.11.1990, EFG 1991 S. 244 (rkr.); FG Hessen v. 1.3.1991, EFG 1991 S. 471 (rkr.)

188 Gl.A. *E.B.*, DStR 1992 S. 976; *Drenseck, W.*, FR 1990 S. 119

dienen zum Teil der Beseitigung der durch die Vermietung veranlaßten Schäden und zum Teil der nachfolgenden nicht steuerbaren Verwendung des Grundstücks, sind die Aufwendungen m.E. im Wege der Schätzung aufzuteilen. Das Aufteilungsverbot kommt nicht zur Anwendung, da ausreichend objektive Kriterien für eine Trennung vorhanden sind.[189]

Eine Versagung des Werbungskostenabzugs im Bereich sog. nachträglicher Aufwendungen kommt m.E. nur insoweit in Betracht, als die Aufwendungen ausschließlich durch die Veräußerungshandlung (bzw. die sonstige nicht steuerbare Nutzung) veranlaßt sind.[190] Dies ist beispielsweise der Fall bei:

(1) Kosten für Verkaufsinserate (Ausnahme: Spekulationsgeschäfte);[191]

(2) Zinsfreistellungsgebühren des Verkäufers an den Käufer eines Grundstücks;[192]

(3) Vorfälligkeitsentschädigungen für die vorzeitige Ablösung eines Kredites, um ein Grundstück lastenfrei übereignen zu können;[193]

(4) Räumungskosten zur Entmietung eines Grundstücks, um dieses veräußern zu können.[194]

Ein Vergleich der geschilderten Rechtslage mit der früheren Auffassung des BFH zeigt deutlich, welche Probleme die höchstrichterliche Rechtsprechung mit der Einordnung des Veranlassungsprinzips in das System der Überschußeinkünfte hat. Die heutige restriktive Interpretation, die sich bei nachträglichen Aufwendungen verstärkt auf finale Gesichtspunkte zurückzieht, steht in krassem Gegensatz zu der vor nunmehr über 20 Jahren vertretenen (zu) extensiven Auslegung des Werbungskostenbegriffs. So hat der VIII. Senat des BFH in seiner Entscheidung v. 25.7.1972[195] unter Hinweis auf das Veranlassungsprinzip ohne jede Differenzierung ausgeführt:

"Wie Instandhaltungsaufwendungen als Werbungskosten anerkannt werden und anerkannt werden müssen, die ein Grundstückseigentümer macht, um das Haus instand zu setzen und es dann günstiger veräußern zu können (...), ebenso sind die Prozeß- und Räumungskosten der Steuerpflichtigen Werbungskosten, die diese machen mußten, um das Grundstück an X veräußern zu können."

---

189 Gl.A. *E.B.*, DStR 1992 S. 976 (977)

190 In diesem Fall liegen m.E. bereits begrifflich keine nachträglichen Aufwendungen mehr vor, sondern vorbereitende Aufwendungen für die nachfolgende nicht steuerbare Handlung.

191 Vgl. *Bauer, K.*, (Dualismus, 1974) S. 61 f

192 Vgl. BFH v. 20.2.1990, BStBl 1990 II S. 775

193 Vgl. BFH v. 23.1.1990, BStBl 1990 II S. 464; FG München v. 12.12.1989, EFG 1990 S. 421 (rkr.)

194 Vgl. BFH v. 23.2.1988, BFH/NV 1989 S. 485

195 Vgl. BStBl 1972 II S. 880 (881)

Die vorstehend exemplarisch aufgezeigten Fälle verdeutlichen, daß auch die Übernahme des Veranlassungsprinzips in den Bereich der Werbungskosten trotz der über Jahrzehnte geführten intensiven Diskussionen und allgemein übereinstimmender Grundauffassungen zu erheblichen Abgrenzungsproblemen führt. Die Gründe dafür liegen m.E. zum einen in einer undifferenzierten Anwendung des Veranlassungsprinzips,[196] zum anderen aber auch in der letztlich immer noch nicht konkretisierten steuerlichen "Zwitternatur"[197] der Vermögenssphäre. Wenngleich sich nach der hier vertretenen Auffassung, die die Erwerbstätigkeit in den Mittelpunkt des Veranlassungszusammenhangs stellt und eine differenzierte Zurechnung von einzelnen Handlungen und Aufwendungen vornimmt, in den gezeigten Fällen eine systemgerechte Abgrenzung ergibt, bleibt dennoch eine gewisse Rechtsunsicherheit bestehen. Weitere Abgrenzungsprobleme, die an dieser Stelle nicht vertieft werden sollen, ergeben sich bei Prozeßkosten im Rahmen der Einkünfte aus Kapitalvermögen und aus Vermietung und Verpachtung. Sofern der Prozeß die Eigentumsverhältnisse am "Stammvermögen" betrifft, wird die Abzugsfähigkeit versagt. Geht es dagegen um die Erlangung von Erträgen bzw. die Nutzung des Grundvermögens allgemein (Ausnahme: beabsichtigte Veräußerung oder Eigennutzung), handelt es sich bei den Prozeßkosten um Werbungskosten.[198]

III. Veranlassungsprinzip und Vermögensverluste

1. Vermögensverluste als "Aufwendungen"

Systematisch lassen sich Substanzverluste unter die Fallgruppe der unfreiwilligen Aufwendungen bzw. Zwangsaufwendungen[199] subsumieren. Daß es sich bei Vermögensverlusten um "Aufwendungen" i.S.d. § 9 Abs. 1 Satz 1 EStG handelt, darf mittlerweile als unstreitig bezeichnet werden.[200] Die gegenteilige Auffassung des FG Düsseldorf,[201] nach der aufgrund des fehlenden Willensmoments hier bereits begrifflich keine Aufwendungen vorliegen, widerspricht der Definition des Aufwendungsbegriffs,[202] der nicht per se ein finales (oder

---

196 Vgl. hierzu S. 16 f

197 So *Prinz, U.*, (Werbungskosten, 1984) S. 6

198 Vgl. den ausführlichen Überblick über die Rechtsprechung bei *Wolff, Th.*, (Vermögenssphäre, 1993) S. 294 ff

199 Vgl. S. 69

200 Vgl. z.B. BFH v. 13.1.1989, BStBl 1989 II S. 382 (383); v. 4.7.1986, BStBl 1986 II S. 771; *Langohr, Th.G.*, (Veranlassungsprinzip, 1990) S. 42

201 Urteile v. 12.12.1975, EFG 1976 S. 549 (550) (rkr.); v. 5.4.1978, EFG 1978 S. 539 (rkr.); ebenso FG Köln v. 29.10.1980, EFG 1981 S. 128 (rkr.)

202 Vgl. S. 70

kausales) Verständnis des Werbungskostenbegriffs zum Ausdruck bringt.[203] Nach dieser Interpretation müßten auch die ebenfalls als Aufwendungen bezeichneten Betriebsausgaben bewußt und gewollt erbracht werden. Wie der BFH[204] mehrfach entschieden hat, kann ein in verschiedenen Vorschriften des selben Gesetzes verwendeter gleicher Begriff mangels entgegenstehender ausdrücklicher Vorschriften grundsätzlich nicht unterschiedlich ausgelegt werden. Darauf weist auch *Kanzler*[205] in einer aktuellen Kommentierung zu § 33 EStG hin, lehnt dann aber eine Berücksichtigung von Vermögenseinbußen als außergewöhnliche Belastung ebenso mit der Begründung ab, aufgrund der Unfreiwilligkeit lägen begrifflich keine Aufwendungen vor.[206] Widersprüchlich erscheint derselbe Autor m.E., wenn er einerseits zwar entsprechend der von ihm geforderten einheitlichen Interpretation ein zum Werbungskostenbereich ergangenes Urteil des BFH[207] mit "anderer Ansicht" zitiert,[208] an anderer Stelle aber ausführt, im Bereich der Einkommensverwendung würden unfreiwillige Vermögensminderungen nicht vom Aufwendungsbegriff erfaßt, weil sich deren Aufwendungscharakter nicht aus einem Veranlassungszusammenhang mit einer Einkunftsart herleiten liesse.[209] Danach müßte es dann doch verschiedene Aufwendungsbegriffe geben. M.E. ist der Aufwendungsbegriff als solcher nicht geeignet, bestimmte Rechtsfolgen zu determinieren. Vielmehr liegen entsprechend der Begriffsdefinition[210] bei jedem Abfluß von Geld oder geldwerten Gütern Aufwendungen vor, die dann in das einkommensteuerliche Regelungsgefüge eingebettet werden müssen. Erst in einem nachgelagerten Schritt ist somit jeweils zu prüfen, ob die Aufwendungen die Tatbestandsvoraussetzungen einer bestimmten Rechtsnorm erfüllen, also entweder durch eine Erwerbstätigkeit *veranlaßt*, vom Gesetzgeber explizit als *Sonderausgaben* zum Abzug zugelassen oder dem Steuerpflichtigen *zwangsläufig* i.S.d. § 33 EStG erwachsen sind. Ist dies nicht der Fall, handelt es sich um einkommensteuer-

203 Gl.A. *Langohr, Th.G.*, (Veranlassungsprinzip, 1990) S. 42; *Prinz, U.*, (Werbungskosten, 1984) S. 191

204 Urteile v. 8.10.1975, BStBl 1976 II S 164 (165); v. 28.1.1976, BStBl 1976 II S. 288 (289); v. 12.11.1977, BStBl 1978 II S. 9; v. 23.9.1980, BStBl 1981 II S. 92 (94)

205 Vgl. *Kanzler, H.-J.* in *Herrmann/Heuer/Raupach*, § 33 EStG Anm. 33

206 Vgl. *Kanzler, H.-J.* in *Herrmann/Heuer/Raupach*, § 33 EStG Anm. 34 ("Schäden, Verluste") und Anm. 300 ("Deliktsverluste", "Kapitalanlage", "Verluste"); ebenso *Schmidt/ Drenseck*, § 33 EStG Anm. 4a; *Kirchhof/Söhn*, § 33 EStG Rdnr. B 3

207 Vgl. BFH v. 19.3.1982, BStBl 1982 II S. 442

208 Vgl. *Kanzler, H.-J.* in *Herrmann/Heuer/Raupach*, § 33 EStG Anm. 34 ("Schäden, Verluste") und Anm. 300 ("Deliktsverluste", "Verluste")

209 Vgl. *Kanzler, H.-J.* in *Herrmann/Heuer/Raupach*, § 33 EStG Anm. 34 ("Art der Aufwendungen")

210 Vgl. S. 70

lich unbeachtliche Aufwendungen.[211] Vor diesem Hintergrund sollte m.E. auch die Rechtsprechung,[212] die Vermögensverlusten im Rahmen des § 33 EStG pauschal den Aufwendungscharakter abspricht, neu überdacht werden.[213] *Seitrich*[214] weist zutreffend darauf hin, daß die Nichtanerkennung von Vermögensverlusten in diesem Bereich dem zentralen Merkmal der *Zwangsläufigkeit* widerspricht.

2. Systematisierungsansätze

2.1 Grundsätze

Auch im geltenden Recht ist die Behandlung von Vermögensverlusten im Haushaltseinkünftebereich nach wie vor nicht abschließend geklärt. Das in der historischen Retrospektive[215] zum Ausdruck gekommene allgemeine Bewußtsein, Substanzverluste seien im Bereich der Haushaltseinkünfte nicht abzugsfähig, ist jedoch unter der veranlassungsorientierten Auslegung des Werbungskostenbegriffs weitgehend der Überzeugung gewichen, daß auch hier eine steuerliche Berücksichtigung möglich ist. Die in der jüngeren Literatur vertretenen Meinungen sind überwiegend recht großzügig. So ist beispielsweise *Drenseck*[216] der Auffassung, daß mit Ausnahme reiner Wertminderungen eigentlich jeder Vermögensverlust, der mit einer Einkunftserzielung in Zusammenhang steht, unabhängig von der Art der Einkünfte als Werbungskosten berücksichtigt werden sollte. Daß in diesen Fällen der Vermögensbereich tangiert wird, soll dabei unerheblich sein. Jedoch ist man sich offensichtlich auch bewußt, daß man sich angesichts des Einkünftedualismus hier an der Grenze bewegt. Symptomatisch hierfür ist die Aussage von *Prinz*,[217] in Grenzfällen seien daher "subtile Unterscheidungen erforderlich, die *naturgemäß beim jeweiligen Rechtsanwender unterschiedlich ausfallen* und verfahrensrechtliche Beweisprobleme nach sich ziehen." Im Sinne des auch oder gerade für das Steuerrecht

211 Vgl. § 12 Nr. 1 EStG

212 Vgl. BFH v. 23.2.1968, BFHE 92 S. 199 (200); v. 16.11.1993, BFH/NV 1994 S. 551 m.w.N.; FG München v. 7.12.1993, EFG 1994 S. 754 (Rev. III R 200/94); FG Köln v. 25.11.1980, EFG 1981 S. 396 (397) (rkr.); FG Nürnberg v. 6.3.1967, EFG 1967 S. 405 (rkr.); FG Düsseldorf v. 21.3.1967, EFG 1967 S. 560 (rkr.)

213 Ein erster Schritt in diese Richtung ist möglicherweise das Urteil des III. Senats des BFH v. 6.5.1994 (BStBl 1995 II S. 104), wonach auch Kosten zur Beseitigung von Schäden an einem Vermögensgegenstand Aufwendungen i.S.d. § 33 EStG sein können.

214 Vgl. *Seitrich, P.*, BB 1990 S. 470 (471)

215 Vgl. S. 48 ff

216 Vgl. *Drenseck, W.*, DStR 1985 S. 206; ähnlich *Knobbe-Keuk, B.*, DStZ 1984 S. 335; *Paus, B.*, FR 1983 S. 502

217 Vgl. *Prinz, U.* in *Herrmann/Heuer/Raupach*, § 9 EStG Anm. 191 (Hervorh. d. Verf.)

unerläßlichen Postulats der Rechtssicherheit ist eine solche Einstellung m.E. jedoch strikt abzulehnen. Da sich das gesamte Steuerrecht als Eingriffsrecht darstellt, muß der Steuerpflichtige - worauf *Söffing*[218] zutreffend hinweist - grundsätzlich aus dem Gesetz entnehmen können, bei welchem Sachverhalt welche steuerliche Belastung auf ihn zukommt.

Nach derzeitigem Stand der Rechtsprechung ist hinsichtlich der Qualifikation von Wertänderungen und Vermögensverlusten zu unterscheiden zwischen:

(1) Einkunftserzielungsvermögen,

(2) Arbeitsmitteln und

(3) sonstigem Privatvermögen.

Zu (1): Zum sog. ***Einkunftserzielungsvermögen*** im engeren Sinn gehören alle ertragbringenden Wirtschaftsgüter, also z.B. vermietete Immobilien oder Wertpapiere. Sie dienen *unmittelbar* der Verwirklichung des Steuertatbestands. Wertänderungen sind bei ihnen grundsätzlich nur im Wege der auf abnutzbare Wirtschaftsgüter beschränkten planmäßigen Abschreibungen sowie evtl. einer Absetzung für außergewöhnliche technische oder wirtschaftliche Abnutzung zu berücksichtigen.[219] Darüber hinausgehende Vermögensverluste sind aufgrund des Vermögensneutralitätsprinzips steuerlich unbeachtlich.[220]

Zu (2): Als ***Arbeitsmittel*** sind diejenigen Wirtschaftsgüter gekennzeichnet, die nicht selbst die "Einkunftsgrundlage" darstellen und bei der Verwirklichung des Steuertatbestandes eine sog. Hilfsfunktion erfüllen.[221] Auch sie sind im Normalfall über die planmäßige Nutzungsdauer abzuschreiben, gegebenenfalls kommt auch eine AfaA in Betracht. Der Verlust eines Arbeitsmittels führt nach der Rechtsprechung des BFH[222] unabhängig von den AfA-Vorschriften zu einem Werbungskostenabzug. Zur Begründung beruft sich der BFH hierbei auf den Wortlaut des § 9 Abs. 1 Satz 3 Nr. 6 EStG, der den Abzug von "Aufwendungen für Arbeitsmittel" gestattet. Eine steuerliche Berücksichtigung des Verlustes soll dabei auch dann möglich sein, wenn dieser durch ein neutrales Ereignis außerhalb der beruflichen Sphäre herbeigeführt wurde. Nur wenn der Verlust bei einer privaten Verwendung des Arbeitsmittels eingetreten ist, scheidet ein Werbungskostenabzug aus.[223]

---

218 Vgl. *Söffing, G.*, DB 1990 S. 2086 (2088)

219 Vgl. z.B. *v. Bornhaupt, K.J.*, BB 1986 S. 1963; *Herrmann/Heuer/Raupach*, § 9 EStG Anm. 193

220 Vgl. z.B. BFH v. 9.11.1993, BStBl 1994 II S. 289 (290) m.w.N.

221 Zum Arbeitsmittelbegriff vgl. ausführlich S. 153 ff

222 Vgl. BFH v. 29.4.1983, BStBl 1983 II S. 586; v. 4.7.1986, BStBl 1986 II S. 771

223 Vgl. BFH v. 29.4.1983, BStBl 1983 II S. 586; *Glanegger, P.*, DStZ 1984 S. 583 (585); *Herrmann/Heuer/Raupach*, § 9 EStG Anm. 193

Beispiele:

(1) Ein vom Steuerpflichtigen als Arbeitsmittel genutzter Pkw wird nachts vor dessen Haus entwendet und später in stark beschädigtem Zustand wieder aufgefunden. Der von der Versicherung nicht ersetzte Schaden führt zu einem Werbungskostenabzug in Form einer AfaA.

(2) Ein Steuerpflichtiger erleidet mit einem als Arbeitsmittel anerkannten Pkw einen Unfall auf einer privaten Fahrt. Der Schaden kann steuerlich nicht berücksichtigt werden.

*Zu (3): **Sonstige Substanzverluste*** an privaten Wirtschaftsgütern können ebenfalls Werbungskosten sein. In diesem Bereich hat sich eine umfangreiche Rechtsprechung herausgebildet, die insbesondere bei den Einkünften aus nichtselbständiger Tätigkeit von Bedeutung ist. Voraussetzung für eine steuerliche Berücksichtigung unfreiwilliger Verluste ist, daß:

(a) der Verlust des Wirtschaftsgutes bei der beruflichen Verwendung eingetreten ist[224] oder

(b) die Einwirkung aus in der Berufssphäre liegenden Gründen erfolgt ist.[225]

2.2 Umsetzung in Einzelfällen

2.2.1 Einkünfte aus nichtselbständiger Tätigkeit

2.2.1.1 Verluste bei Dienstreisen und Sachschäden

Eine Einwirkung aus in der Berufssphäre liegenden Gründen hat der BFH[226] im Fall der Beschädigung des privaten Pkw eines Polizeibeamten angenommen, die auf einen persönlichen Racheakt im Zusammenhang mit beruflichen Ermittlungen zurückgeführt wurde. Dies muß m.E. dann auch für die Beschädigung oder Zerstörung anderer privater Wirtschaftsgüter gelten. Dabei müssen jedoch die in der beruflichen Sphäre begründeten Motive des Schadensverursachers im einzelnen dargelegt werden können.[227]

Das Kriterium der beruflichen Verwendung hat insbesondere für Vermögensverluste Bedeutung erlangt, die anläßlich einer Dienstreise eintreten. Als Rechtsgrundlage für einen Werbungskostenabzug kommt nach Auffassung des FG Köln[228] nur § 9 Abs. 1 Satz 3 Nr. 7 EStG in Betracht. Das FG hatte jedoch keine Bedenken, den Verlust eines Reisekostenvorschusses durch Diebstahl nach den Grundsätzen einer Absetzung für außergewöhnliche technische oder

224 Vgl. BFH v. 4.7.1986, BStBl 1986 II S. 771
225 Vgl. BFH v. 19.3.1982, BStBl 1982 II S. 442
226 Vgl. Urteil v. 19.3.1982, BStBl 1982 II S. 442
227 Vgl. BFH v. 28.1.1994, BStBl 1994 II S. 355. Die Beschädigung des Pkw eines Platzwarts durch Besucher einer Sportanlage führt danach nicht zu einem Werbungskostenabzug; a.A. FG Düsseldorf v. 13.1.1993, EFG 1993 S. 374 (Vorinstanz)
228 Vgl. Urteil v. 29.10.1980, EFG 1981 S. 128 (rkr.)

wirtschaftliche Abnutzung (AfaA) zum Abzug zuzulassen, da das Geld als "Arbeitsvermögen" anzusehen sei.[229] Das FG Hamburg[230] ließ in einem ähnlich gelagerten Fall einen Abzug nach § 9 Abs. 1 Satz 1 EStG zu, während das FG Hessen[231] für den Diebstahl eines Reisekostenvorschusses aus der Wohnung des Steuerpflichtigen eine Berücksichtigung ablehnte. Bemerkenswert ist in diesem Zusammenhang, daß sich das FG Köln[232] nur einen Monat nach dem eben erwähnten Urteil entschieden gegen eine Berücksichtigung privater Vermögensverluste infolge eines Diebstahls oder eines anderen Vermögensdelikts ausgesprochen hat.

Der VI. Senat des BFH[233] hat einen Werbungskostenabzug für den Diebstahl einer Geldbörse im Rahmen einer Dienstreise (Zugfahrt) mit der Begründung versagt, der Verlust sei gerade nicht bei einer Verwendung für berufliche Zwecke eingetreten. Danach darf der Zusammenhang des schadensbegründenden Ereignisses mit der beruflichen Tätigkeit nicht "zu lose und entfernt" sein. Nur Schäden, die durch die Benutzung öffentlicher Verkehrsmittel eintreten, sollen berücksichtigungsfähig sein, z.B. wenn das mitgeführte Geld bei einem Eisenbahnunglück verbrennt. Ein Diebstahl sei dagegen nicht beruflich veranlaßt, weil er lediglich gelegentlich der Fahrt eingetreten sei. Mehrere Finanzgerichte[234] haben in diesem Zusammenhang auch den Verlust sonstiger, auf Dienstreisen mitgeführter Privatgegenstände (Kleidung, Schmuck, Reisetasche etc.) als steuerlich irrelevant qualifiziert. Dagegen bejaht der VI. Senat[235] des BFH neuerdings eine Verwendung für berufliche Zwecke, wenn der private Pkw eines Arbeitnehmers während einer Dienstreise von einem Hotelparkplatz entwendet wird. Darüber hinaus können nunmehr ausdrücklich auch Aufwendungen für eine Reisegepäckversicherung[236] sowie Verluste oder Beschädigungen aufgrund eines typischen Reiserisikos (Diebstahls-, Transport- oder Unfallschaden)[237] zu einem Werbungskostenabzug führen. Angesichts dieser

229 Dieses Ergebnis wurde im Schrifttum m.E. zu Recht als "skurril" bezeichnet; vgl. *Bormann, M.*, INF 1982 S. 397

230 Vgl. Urteil v. 13.10.1982, EFG 1983 S. 344 (rkr.)

231 Vgl. Urteil v. 3.6.1986, EFG 1986 S. 597, bestätigt durch BFH v. 16.1.1990 VI R 120/86 (n.v.)

232 Vgl. Urteil v. 25.11.1980, EFG 1981 S. 396 (397) (rkr.) zum Verlust von privaten Bankeinlagen; vgl. hierzu S. 168 ff

233 Vgl. Urteil v. 4.7.1986, BStBl 1986 II S. 771

234 Vgl. FG München v. 11.12.1985, EFG 1986 S. 229 (rkr.); FG Nürnberg v. 29.11.1988, EFG 1989 S. 226 (rkr.); FG Saarland v. 23.6.1989, EFG 1990 S. 19 (rkr.)

235 Vgl. BFH v. 25.5.1992, BStBl 1993 II S. 44

236 Vgl. BFH v. 19.2.1993, BStBl 1993 II S. 519 (520)

237 Vgl. BFH v. 30.11.1993, BStBl 1994 II S. 256 (258)

ausgeprägten Kasuistik ist *Drenseck*[238] zuzustimmen, wenn er die Rechtsprechung in diesem Bereich als nicht mehr gesichert bezeichnet.

Kosten eines Verkehrsunfalls mit einem privaten Pkw können als Werbungskosten berücksichtigt werden, wenn sich der Unfall auf einer beruflich veranlaßten Fahrt ereignet. Insoweit gelten dieselben Grundsätze wie im betrieblichen Bereich.[239] Die Unfallkosten teilen in diesen Fällen das Schicksal der Fahrtkosten.[240] Daran ändert sich grundsätzlich auch nichts, wenn der Unfall durch einen bewußten oder leichtfertigen Verstoß gegen die Verkehrsvorschriften verursacht wurde. Eine Ausnahme gilt allerdings bei Unfällen, die durch Alkoholeinfluß herbeigeführt werden[241] oder dadurch verursacht sind, daß der Fahrer einem Beifahrer die Schnelligkeit seines Wagens demonstrieren will.[242]

Die für die Beseitigung des Schadens aufgewendeten Beträge sind in voller Höhe abzugsfähig, wobei Ersatzleistungen Dritter anzurechnen sind.[243] Eine Aufteilung im Verhältnis der privaten zur beruflichen Nutzung ist nicht vorzunehmen.[244] Wird keine Reparatur durchgeführt, kann der Schaden im Wege der AfaA geltend gemacht werden. Diese bemißt sich als Differenz zwischen den ursprünglichen Anschaffungskosten abzüglich fiktiver AfA bis zum Schadenseintritt auf der einen und dem Wert nach dem Unfall auf der anderen Seite.[245] Eine AfaA kommt auch neben den Reparaturkosten in Betracht, sofern nach der Reparatur technische Mängel verbleiben.[246] Dagegen kann ein sog. merkantiler Minderwert bei einem reparierten Kfz nicht berücksichtigt werden.[247] Aufgrund dieser neueren Rechtsprechung ist die in älteren Judikaten[248] vertretene Auffassung, die die Höhe des Werbungskostenabzugs nach der Dif-

238 Vgl. *Schmidt/Drenseck*, § 9 EStG Anm. 2k

239 Vgl. BFH v. 28.11.1977 (GrS), BStBl 1978 II S. 105 (108)

240 Vgl. z.B. BFH v. 31.1.1992, BStBl 1992 II S. 401 (402); v. 14.11.1986, BStBl 1987 II S. 275; v. 11.10.1984, BStBl 1985 II S. 10 (11)

241 Vgl. z.B. BFH v. 6.4.1984, BStBl 1984 II S. 434. Zu weiteren Besonderheiten (Unfälle auf privaten Umwegen) vgl. *Schmidt/Drenseck*, § 19 EStG Anm. 12 ("Unfallkosten")

242 Vgl. BFH v. 28.11.1977 (GrS), BStBl 1978 II S. 105 (108); vgl. hierzu die allgemeinen Ausführungen zum Veranlassungsprinzip auf S. 13 f

243 Vgl. *Schmidt/Drenseck*, § 9 EStG Anm. 2m, § 19 Anm. 12 ("Unfallkosten") jeweils m.w.N.

244 Vgl. z.B. BFH v. 19.3.1982, BStBl 1982 II S. 442 (443)

245 Vgl. FG Köln v. 16.1.1992, EFG 1992 S. 659 (rkr.); FG Rheinland-Pfalz v. 16.12. 1993, EFG 1994 S. 622 (Rev. IV R 25/94)

246 Vgl. BFH v. 27.8.1993, BStBl 1994 II S. 235

247 Vgl. BFH v. 31.1.1992, BStBl 1992 II S. 401; v. 27.8.1993, BStBl 1994 II S. 235

248 Vgl. BFH v. 9.11.1979, BStBl 1980 II S. 71; v. 19.3.1982, BStBl 1982 II S. 442 (443)

ferenz zwischen dem *Zeitwert* des Fahrzeugs vor und nach der Beschädigung bemessen wollte, offensichtlich überholt.[249]

2.2.1.2 Darlehen zur Arbeitsplatzsicherung

Ein Verlust aus beruflicher Verwendung liegt nach nach dem Urteil des VI. Senats v. 13.1.1989[250] auch dann vor, wenn ein Arbeitnehmer eine Kaution bzw. ein unverzinsliches oder niedrig verzinsliches Darlehen verliert, das er seinem Arbeitgeber zur Sicherung seines Arbeitsplatzes gegeben hat. Diese Auffassung hat der Senat[251] mittlerweile auch auf den Verlust angemessen verzinslicher Darlehen ausgedehnt. Die bewußte Inkaufnahme des Verlustrisikos aus Gründen, die in der beruflichen Sphäre liegen, rechtfertigt danach einen Werbungskostenabzug im Rahmen des § 19 EStG. Der erforderliche Veranlassungszusammenhang ist dann zu bejahen, wenn ein fremder Dritter angesichts der finanziellen Situation des Arbeitgebers das Darlehen nicht oder nur gegen Gewährung ausreichender Sicherheiten gewährt hätte, die dem Arbeitnehmer nicht eingeräumt wurden.[252] Demgegenüber hatte der VIII. Senat in seiner Entscheidung v. 19.10.1982[253] einen Werbungskostenabzug für angemessen verzinsliche Arbeitnehmerdarlehen abgelehnt und den Ausfall als steuerlich unbeachtlichen Verlust einer Kapitalforderung qualifiziert. Die Behandlung unverzinslicher bzw. niedrig verzinslicher Darlehen wurde in diesem Zusammenhang ausdrücklich offen gelassen.

Ebenso wie Darlehensverluste führen auch Bürgschaftszahlungen zu einem Werbungskostenabzug, wenn die Bürgschaft zugunsten des Arbeitgebers eingegangen wurde, um das Dienstverhältnis zu sichern.[254] Die Abzugsfähigkeit ist m.E.[255] analog zu den Arbeitnehmerdarlehen auch dann gegeben, wenn der Arbeitnehmer angemessene Bürgschaftsprovisionen erhält.

---

249 Gl.A. FG Münster v. 13.1.1994, EFG 1994 S. 472 (rkr.); *Schmidt/Drenseck*, § 19 EStG Anm. 12 ("Unfallkosten")

250 Vgl. BStBl 1989 II S. 382 (383)

251 Vgl. BFH v. 7.5.1993, BStBl 1993 II S. 663; v. 8.7.1993, BFH/NV 1993 S. 654

252 Vgl. ausführlich S. 182 ff

253 Vgl. BStBl 1982 II S. 295

254 Vgl. BFH v. 29.2.1980, BStBl 1980 II S. 395; FG Berlin v. 31.3.1978, EFG 1979 S. 172, bestätigt durch BFH v. 7.8.1981, VI R 113/78 (n.v.)

255 Gl.A. *Schmidt/Drenseck*, § 19 EStG Anm. 12 ("Bürgschaft"); *Kirchhof/Söhn*, § 9 EStG Rdnr. B 402

2.2.2 Kapitaleinkünfte

Im Rahmen der Einkünfte aus Kapitalvermögen resultieren die zentralen Anwendungsfälle von *Substanzverlusten aus Leistungsbeziehungen zwischen Kapitalgesellschaften und ihren Gesellschaftern.* Dabei geht es regelmäßig um die Gewährung von Gesellschafterdarlehen und die Übernahme von Bürgschaftsverpflichtungen zugunsten der Kapitalgesellschaft. Der VIII. Senat des BFH[256] nimmt hier in ständiger Rechtsprechung eine Veranlassung durch das Gesellschaftsverhältnis an und lehnt es deshalb ab, die Vermögensverluste als Werbungskosten anzuerkennen. Dies gilt ausdrücklich auch dann, wenn ein Darlehen gewährt wurde, um die Beteiligung zu retten.[257] Eine Inanspruchnahme aus der Bürgschaft bzw. der Ausfall der Darlehensforderung führt danach regelmäßig zu nachträglichen Anschaffungskosten für die Beteiligung, so daß sich der Verlust nur im Rahmen des § 17 EStG bei einer Veräußerung der Anteile bzw. der Liquidation der Gesellschaft auswirken kann. Für nicht wesentlich beteiligte Gesellschafter ist damit eine steuerliche Geltendmachung des Verlustes ausgeschlossen.

Daran ändert sich grundsätzlich auch nichts, wenn der Gesellschafter zugleich Arbeitnehmer der Kapitalgesellschaft ist. Eine Veranlassung durch das Dienstverhältnis und damit eine steuerliche Berücksichtigung entsprechend den Grundsätzen bezüglich verlorener Arbeitnehmerdarlehen und -bürgschaften hält der BFH nur beim Vorliegen "ganz außergewöhnlicher Umstände" für möglich. Solche Ausnahmefälle liegen z.B. vor, wenn ein Gesellschafter-Geschäftsführer eine Bürgschaftsverpflichtung im Hinblick darauf eingeht, daß er sich in seiner spezifischen Funktion als Arbeitnehmer schadensersatzpflichtig gemacht hat oder wenn er sich wegen einer Tätigkeit im Rahmen der Geschäftsführung verbürgt, aus der er als Haftender in Anspruch genommen werden könnte.[258] Darüber hinaus wurde eine andere Beurteilung (Werbungskostenabzug) für den Fall in Betracht gezogen, daß die Beteiligung wegen ihres unbedeutenden Umfangs vernachlässigt werden kann.[259] Wann eine "unbedeutende Beteiligung" vorliegen soll, hat der BFH jedoch offen gelassen. Das FG

256 Vgl. BFH v. 16.4.1991, BStBl 1992 II S. 234 (236); v. 19.5.1992, BStBl 1992 II S. 902 (904); v. 7.7.1992, BStBl 1993 II S. 333 (336); v. 8.12.1992, BFH/NV 1993 S. 654 (656); vgl. ausführlich S. 188 ff

257 Im Urteil v. 16.4.1991 (BStBl 1992 II S. 234 (236)) hatte der BFH diese Frage noch offen gelassen.

258 Vgl. BFH v. 1.12.1961, BStBl 1962 III S. 63; v. 20.12.1988, BFH/NV 1990 S. 23; v. 14.5.1991, BStBl 1991 II S. 758 (759); v. 31.7.1991, BFH/NV 1992 S. 33 (33 f); v. 19.5.1992, BStBl 1992 II S. 902 (904)

259 Vgl. BFH v. 20.12.1988, BFH/NV 1990 S. 23 (24); v. 14.5.1991, BStBl 1991 II S. 758 (759); v. 26.11.1993, BStBl 1994 II S. 242

München[260] geht in diesem Zusammenhang von einer Obergrenze von 5 v.H. aus. In neueren Judikaten[261] betont der VI. Senat ausdrücklich, daß sämtliche Umstände des jeweiligen Einzelfalls zu würdigen seien.

2.2.3 Einkünfte aus Vermietung und Verpachtung

Bei den Einkünften aus Vermietung und Verpachtung sind vor allem zwei Gesichtspunkte hervorzuheben. So hat der Große Senat des BFH[262] *verlorene Anzahlungen für ein Bauvorhaben*, für die wegen des Konkurses des Bauunternehmers keine Herstellungsleistungen erbracht wurden, zum Werbungskostenabzug zugelassen. Begründet wurde die Berücksichtigung des Forderungsverlustes im wesentlichen mit dem Veranlassungsprinzip und dem Nettoprinzip. Nachdem es im vorgelegten Fall nur um Anzahlungen für die Herstellung eines abnutzbaren Wirtschaftsguts (Gebäude) ging, ist offen, ob auch verlorene Vorauszahlungen für die Anschaffung nicht abnutzbarer Wirtschaftsgüter abgezogen werden können.[263]

Der IX. Senat[264] des BFH lehnt es in einer neueren Entscheidung ab, *Kursverluste bei Fremdwährungsdarlehen*, die zur Finanzierung einer vermieteten Immobilie aufgenommen wurden, als Werbungskosten bei den Einkünften aus Vermietung und Verpachtung zu berücksichtigen. Zur Begründung verweist er auf die Unbeachtlichkeit der Vermögenssphäre, die einem Werbungskostenabzug entgegensteht, wenn die Aufwendungen durch den Vermögensbereich veranlaßt sind. Insoweit liegt ein privater Vermögensverlust vor.

2.3 Kritische Würdigung

Die hier zunächst exemplarisch aufgezeigten Fälle, die an anderer Stelle noch eingehender untersucht werden,[265] machen deutlich, daß die Herstellung eines steuerrelevanten Veranlassungszusammenhangs zwischen einem Vermögensverlust und einer Erwerbstätigkeit i.S.d. §§ 19 - 21 EStG offensichtlich sehr uneinheitlich gehandhabt wird. Der restriktiven Auffassung bei den Einkünften aus Kapitalvermögen steht eine relativ großzügige Einstellung bezüglich den Einkünften aus nichtselbständiger Tätigkeit sowie aus Vermietung und Ver-

260 Vgl. Urteil v. 9.7.1991, EFG 1992 S. 15 (16) (rkr.)

261 Vgl. BFH v. 17.7.1992, BStBl 1993 II S. 111 (113); v. 26.11.1993, BStBl 1994 II S. 242

262 Vgl. Beschluß v. 4.7.1990, BStBl 1990 II S. 830 (836 f)

263 Vgl. *Schmidt/Drenseck*, § 9 EStG Anm. 2j a.E.; vgl. ausführlich S. 177 ff

264 Vgl. BFH v. 9.11.1993, BStBl 1994 II S. 289; vgl. ausführlich S. 201 ff

265 Vgl. S. 175 ff, S. 182 ff, S. 188 ff und S. 201 ff

pachtung gegenüber. Während im Schrifttum[266] bereits Konzepte vorgelegt werden, die eine äußerst weitgehende Berücksichtigung von Vermögensverlusten gestatten, scheint der IX. Senat des BFH[267] diese Entwicklung neuerdings wieder bremsen zu wollen. Er verweist ausdrücklich auf den Ausnahmecharakter der Fälle, in denen der Große Senat bzw. der VI. Senat den Werbungskostenabzug von verlorenen Anzahlungen sowie Arbeitnehmerdarlehen gestattet haben. Insoweit handle es sich um "besondere Fallgestaltungen."

Auffällig sind in diesem Zusammenhang die Äußerungen des BFH zum Vermögensneutralitätsprinzip. Der IX. Senat[268] mißt ihm ganz offensichtlich einen sehr weitreichenden Inhalt zu und spricht von einem Grundsatz, daß Vermögensverluste bei der Ermittlung der Haushaltseinkünfte nicht berücksichtigt werden dürfen. Der Dualismus der Einkünfteberechnung "hat zur Folge, daß Wertänderungen - also sowohl Wertsteigerungen *als auch Wertverluste* - im Vermögen des Steuerpflichtigen, auch wenn es der Einkünfteerzielung dient, bei der Einkünfteberechnung grundsätzlich unberücksichtigt bleiben (...)." Demgegenüber geht es nach nach Auffassung des Großen Senats[269] insbesondere darum, Wertänderungen eines Wirtschaftsguts bei dessen Veräußerung außer Betracht zu lassen. Danach handelt es sich also eher um einen "Grundsatz der Nichtberücksichtigung der *Veräußerungssphäre*." Der VI. Senat[270] spricht schließlich von einem "Grundsatz, daß *im Steuerrecht nichtrealisierte Verluste* nicht steuermindernd berücksichtigt werden dürfen." Dieser Grundsatz sei durch die Berücksichtigung verlorener Arbeitnehmerdarlehen nicht angetastet worden.

Damit läßt sich festhalten, daß das Veranlassungsprinzip in der Rechtsprechung offensichtlich als flexibles Instrument gehandhabt wird, mit dem durch eine "wertende Zuordnung" bei Vermögensverlusten annähernd jedes gewünschte Ergebnis begründet werden kann. Hand in Hand damit geht im jeweiligen Einzelfall eine ebenfalls flexible Charakterisierung des Vermögensneutralitätsprinzips, die von einem sehr weittragenden Grundsatz bis hin zu einem vernachlässigbaren Privileg auf der Veräußerungsseite reicht. Die "Definitionen" der verschiedenen Senate des BFH sprechen m.E. für sich. Im Ergebnis erweist sich die zu Beginn dieses Teils[271] dargestellte Prinzipienüberlagerung als konturenloses und dehnbares Gebilde.

266 Vgl. *Alt, M.*, (Überschußvermögen, 1994) S. 61 ff und S. 161 ff
267 Vgl. Urteil v. 9.11.1993, BStBl 1994 II S. 289 (290)
268 Vgl. BFH v. 9.11.1993 BStBl 1994 II S. 289 (290) (Hervorh. d. Verf.); ebenso FG Köln v. 25.11.1980, EFG 1981 S. 396 (397) (rkr.)
269 Beschluß v. 4.7.1990, BStBl 1990 II S. 830 (836)
270 Vgl. BFH v. 31.1.1992, BStBl 1992 II S. 401 (403) (Hervorh. d. Verf.)
271 Vgl. S. 47 f

Zugleich wird aber auch deutlich, daß sich die Berücksichtigung von Vermögensverlusten auch als *Problem der steuergegenständlichen Zuordnung bestimmter Handlungseinheiten zu einer konkreten Erwerbstätigkeit* darstellt. Betrachtet man eine Darlehensgewährung isoliert als die Überlassung von Kapital gegen Entgelt zur Nutzung an einen Dritten, besteht kein Zweifel, daß es sich bei einem Forderungsverlust um einen steuerlich irrelevanten Verlust von Einkunftserzielungsvermögen handelt. Diese Qualifikation kann jedoch offensichtlich durch das Motiv der Arbeitsplatzsicherung bzw. eine Veranlassung durch das Gesellschaftsverhältnis überlagert werden mit der Folge, daß der Substanzverlust zu einem Werbungskostenabzug führt oder die Anschaffungskosten der Beteiligung erhöht.

C. Konkretisierung des Vermögensneutralitätsprinzips

I. Die Funktion des Vermögens bei der Verwirklichung des Steuertatbestands

1. Bestandsaufnahme

Im Rahmen der Ermittlung der Gewinneinkünfte steht grundsätzlich die Vermögensentwicklung im Mittelpunkt der Betrachtung. Wirtschaftsgüter des Betriebsvermögens werden einkommensteuerlich voll erfaßt, da der Gewinn als Differenz zwischen dem Betriebsvermögen am Ende des Wirtschaftsjahrs und dem Betriebsvermögen am Ende des vorhergehenden Wirtschaftsjahrs unter Neutralisierung von Entnahmen und Einlagen definiert ist.[272] Eine steuerlich irrelevante Vermögenssphäre - wie es sie bei den Haushaltseinkünften gibt - existiert in diesem Bereich nicht. Die Abgrenzung des Betriebsvermögens vom Privatvermögen ist deshalb für steuerliche Zwecke außerordentlich bedeutsam und besitzt seit jeher einen hohen Stellenwert in Rechtsprechung und Literatur, wobei regelmäßig eine Dreiteilung in notwendiges Betriebsvermögen, gewillkürtes Betriebs- bzw. Privatvermögen und notwendiges Privatvermögen vorgenommen wird.[273]

272 Vgl. § 4 Abs. 1 Satz 1 EStG

273 Vgl. z.B. BFH v. 30.4.1975, BStBl 1975 II S. 582; *Biergans, E.*, (Einkommensteuer, 1992) S. 247 f

Während der Begriff des Betriebsvermögens im Einkommensteuergesetz verankert ist,[274] findet sich keine Regelung über die Einordnung des außerbetrieblichen Vermögens. Aus dem Vermögensneutralitätsprinzip ergibt sich zunächst, daß ein "steuerverhaftetes Vermögen" im engeren Sinne im Rahmen der Haushaltseinkunftsarten nicht existiert.[275] Die Ermittlung der Einkünfte findet grundsätzlich nur durch einen Vergleich der Einnahmen mit den Werbungskosten statt. Andererseits belegen verschiedene Vorschriften des Einkommensteuergesetzes,[276] daß auch bei den außerbetrieblichen Einkunftsarten eine Einbeziehung des "Stammvermögens" in unterschiedlichem Ausmaß erforderlich ist. Das EStG kennt somit "...das *Überschußvermögen* sehr wohl im Guten (...) wie im Bösen (...)."[277]

Obwohl Begriffe wie "Einkunftsquelle", "Einkunftserzielungsvermögen", "Erwerbsvermögen", "Berufsvermögen" oder "Arbeitsvermögen" bereits seit langem im steuerlichen Sprachgebrauch Verwendung finden, hat die Rechtsprechung bisher - soweit ersichtlich - keine einheitlichen Grundsätze hierzu entwickelt. Der BFH[278] hat die Frage nach der Existenz eines außerbetrieblichen Erwerbsvermögens und den hieraus gegebenenfalls zu ziehenden Konsequenzen bisher ausdrücklich offen gelassen.[279] In der Literatur sind die Meinungen geteilt.[280]

Bevor die Problematik näher untersucht wird, empfiehlt sich zunächst eine terminologische Eingrenzung der Materie bezüglich der Haushaltseinkunftsarten. Die Tatsache, daß das Gesetz selbst nicht von einem derartigen Vermögen spricht, hat - wie soeben erwähnt - zu einer Vielzahl von häufig uneinheitlich

274 Vgl. z.B. § 4 Abs. 1, § 5 Abs. 1 und § 6 Abs. 1 EStG

275 Vgl. *Herrmann/Heuer/Raupach*, § 9 EStG Anm. 185; ähnlich *Kirchhof/Söhn*, § 9 EStG Rdnr. B 85

276 Vgl. § 9 Abs. 1 Satz 3 Nr. 6 (Arbeitsmittel) und Nr. 7 (Abschreibungen), § 17, § 22 Nr. 2 i.V.m. § 23, § 20 Abs. 2 Nr. 2 - 4, § 21 Abs. 1 Nr. 4 EStG

277 Vgl. *Jüptner, R.*, (Leistungsfähigkeit, 1987) S. 112

278 Urteile v. 19.10.1982, BStBl 1983 II S. 295 (296); v. 8.10.1985, BStBl 1986 II S. 596 (597); v. 14.2.1989, BStBl 1989 II S. 922 (924)

279 Ablehnend Niedersächsisches FG v. 4.2.1987, EFG 1987 S. 349 (aufgehoben durch BFH v. 16.2.1990, BStBl 1990 II S. 883, allerdings ohne Bezugnahme auf die Frage nach der Existenz eines solchen Vermögens); bejahend offensichtlich FG Köln v. 29.10. 1980, EFG 1981 S. 128 (rkr.)

280 ***Für*** die Existenz eines Einkunftserzielungsvermögens: *Alt, M.*, (Überschußvermögen, 1994) S. 161 ff; *Herrmann/Heuer/Raupach*, § 9 EStG Anm. 589; *Jakob, W.*, (Einkommensteuer, 1991) S. 73; *Littmann/Bitz/Hellwig*, § 7 EStG Rn 65; *Meyer-Arndt, L.*, DB 1988 S. 1237; *Schmidt/Drenseck*, § 9 EStG Anm. 11b; *Tipke/Lang*, (Steuerrecht, 1994) § 9 Rz. 254, 267; *Wassermeyer, F.*, DStR 1982 S. 557 (558); ***ablehnend:*** *Blümich*, § 9 EStG Rz. 497; *v. Bornhaupt, K.J.*, BB 1986 S. 1963; *ders.* in *Kirchhof/ Söhn*, § 9 EStG Rdnr. B 85, C 64; *Mittmann, V.*, FR 1983 S. 344 (345); *Paus, B.*, FR 1983 S. 502 (502, 505); *Schlarb, E.*, DStR 1984 S. 332 FN 9

verwendeten Begriffen geführt. Bestes Beispiel hierfür ist der Begriff der *Einkunftsquelle*, der insbesondere auch im Zusammenhang mit der Zurechnung von Einkünften mit verschiedenen Begriffsinhalten gefüllt wurde.[281] So können darunter z.B. die verschiedenen Einkunftsarten verstanden werden,[282] aber auch ertragbringende Wirtschaftsgüter (Grundstücke, Wertpapiere) bzw. Sachgesamtheiten (Betriebe).[283] Aus der Sicht des tätigkeitsorientierten Steuergegenstands kann der Begriff jedoch letztlich nur im Sinne einer auf die Erzielung von Einkünften gerichteten Erwerbstätigkeit verstanden werden, worauf *Drenseck*[284] hinweist, der aber gleichzeitig zu Recht klarstellt, daß der Begriff eigentlich nicht mehr verwendet werden sollte.[285] Bemerkenswert ist in diesem Zusammenhang m.E., daß bereits zur Zeit der Quellentheorie unter der Einkommensquelle "Handel und Gewerbe" nicht der Betrieb als solcher mit den dazugehörigen Maschinen, Gebäuden und sonstigen Anlagen verstanden wurde, sondern die mit Hilfe dieser Einrichtungen ausgeübte *Tätigkeit* des Unternehmers.[286]

Die Begriffe *Berufsvermögen* bzw. *Arbeitsvermögen* scheiden für eine grundlegende Abgrenzung ebenfalls aus, da sie zu starke Assoziationen an die nichtselbständigen Einkünfte i.S.d. § 19 EStG wecken.[287] Um weitere Unklarheiten aufgrund neuer Wortschöpfungen zu vermeiden, wird im folgenden in Anlehnung an verschiedene neuere Literaturbeiträge[288] der Begriff ***Überschußvermögen*** verwendet.

---

281 Vgl. *Biergans/Stockinger*, FR 1982 S. 25 (30) m.w.N.

282 Vgl. FG Köln v. 29.10.1980, EFG 1981 S. 128 (rkr.); *Littmann, E.*, INF 1967 S. 1

283 Dies dürfte nach wie vor die gängigste Interpretation sein; vgl. z.B. BFH v. 6.10.1993, BStBl 1994 II S. 113; v. 1.2.1972, BStBl 1972 II S. 347; v. 15.11.1957, BStBl 1958 III S. 103; OFH v. 26.3.1947, BFHE 54 S. 198 (199); *v. Bornhaupt, K.J.*, FR 1989 S. 423 (424); *ders.*, BB 1986 S. 1963; *ders.*, FR 1981 S. 497 (499); *Engel/Kölsch*, INF 1994 S. 141 (142); *Jakob, W.*, (Einkommensteuer, 1991) S. 71; *Jülicher, M.*, DStR 1994 S. 305 (307); *Kirchhof/Söhn*, § 9 EStG Rdnr. B 10, B 87; *Tipke/Lang*, (Steuerrecht, 1994) § 9 Rz. 151

284 *Schmidt/Drenseck*, § 9 EStG Anm. 11b; gl.A. *Herrmann/Heuer/Raupach*, § 9 EStG Anm. 116, 145 ("Erwerbsleistung"); *Wassermeyer, F.*, StuW 1982 S. 352 (356 und 364); *Ruppe, H.G.*, JDStJG 1 (1978) S. 7 (15 f)

285 Zur Kritik am Begriff der "Einkunftsquelle" vgl. auch *Biergans/Stockinger*, FR 1982 S. 25 (30 f)

286 Vgl. *Fuisting/Strutz*, § 6 PrEStG 1906 Anm. 13 (S. 180) mit Hinweis auf die Rechtsprechung des PrOVG; vgl. S. 64 f

287 Gl.A. *Herrmann/Heuer/Raupach*, § 9 EStG Anm. 530, 589; *Ippisch, E.*, DStR 1985 S. 263 (264); *Prinz, U.*, (Werbungskosten, 1984) S. 281; *Wolff, Th.*, (Vermögenssphäre, 1993) S. 111

288 Vgl. *Jüptner, R.*, (Leistungsfähigkeit, 1987) S. 112; *Alt, M.*, (Überschußvermögen, 1994); *ders.*, StuW 1994 S. 138

2. Die Abgrenzung des Betriebsvermögens

Als Ausgangspunkt für die Entwicklung und Bedeutung des Überschußvermögens bietet sich zunächst eine Betrachtung der Vermögenszuordnung im Betriebsbereich an.

2.1 Vermögenszuordnung unter Veranlassungsgesichtspunkten

2.1.1 Notwendiges Betriebsvermögen

Als notwendiges Betriebsvermögen sind alle Wirtschaftsgüter anzusehen, die *zwingend* in das Betriebsvermögen einzubeziehen sind. Nachdem das Gesetz zwar den Begriff des Betriebsvermögens kennt, ihn aber nicht definiert, muß die Zuordnung aus allgemeinen systematischen Kriterien abgeleitet werden.[289] § 15 Abs. 2 EStG umschreibt den Betrieb als Betätigung und stellt damit die dynamische, tätigkeitsorientierte Komponente im Gegensatz zu der durch das vorhandene Vermögen repräsentierten statischen Komponente in den Vordergrund. Die Bestimmung der Einkunftsart, aus der sich anschließend über § 2 Abs. 2 EStG die anzuwendende Einkünfteermittlungsmethode ergibt, erfolgt über die Qualität der ausgeübten Tätigkeit.[290] Ist diese beispielsweise als gewerblich identifiziert, sind die Einkünfte - mit Ausnahme der in § 4 Abs. 3 EStG vorgesehenen Vereinfachungsregelung[291] - grundsätzlich durch Vermögensvergleich zu ermitteln.[292] Erst zu diesem - nachgelagerten - Zeitpunkt stellt sich somit die Frage nach der statischen Komponente, d.h. welches Vermögen in die Gewinnermittlung einzubeziehen ist.[293] Führt man sich weiter vor Augen, daß der bilanzielle Vermögensvergleich nach der Eliminierung von Einlagen und Entnahmen zum gleichen Ergebnis führen muß wie die Ermittlung des Überschusses der Betriebseinnahmen über die Betriebsausgaben bzw. die Gewinn- und Verlustrechnung,[294] ist es nur folgerichtig, das Vermögen nach denselben Kriterien zuzuordnen wie die Einnahmen und Ausgaben. Aus der Sicht des tätigkeitsorientierten Steuergegenstands wird die Vermögenszuordnung daher ebenfalls anhand des Veranlassungsprinzips vorgenommen.[295]

---

289 Vgl. *Wassermeyer, F.*, JDStJG 3 (1980) S. 315 (321)

290 Vgl. *Schmidt, A.*, (Personengesellschaften, 1989) S. 57

291 Die Gewinnermittlung nach § 4 Abs. 3 EStG berücksichtigt die Vermögensentwicklung ebenso wie der Bestandsvergleich; vgl S. 31 f und 102 ff

292 § 4 Abs. 1, § 5 EStG

293 Vgl. *Koller, A.*, (Abgrenzung, 1993) S. 71 ff ("Vermögenszuordnung als Folge der Leistungszuordnung"); *Schmidt, A.*, (Personengesellschaften, 1989) S. 57

294 Vgl. *Koller, A.*, (Abgrenzung, 1993) S. 22

295 Vgl. *Schmidt, A.*, (Personengesellschaften, 1989) S. 57 f; *Wasmer, C.*, (Einkünftezurechnung, 1985) S. 15; *Wassermeyer, F.*, JDStJG 3 (1980) S. 315 (321 ff)

Keine Einigkeit besteht jedoch hinsichtlich der konkreten Ausprägungen des erforderlichen Veranlassungszusammenhangs. *Koller*[296] weist zutreffend darauf hin, daß infolge eines handlungsorientierten, dynamischen Verständnisses vom "Betrieb" eine Aussage über die Vermögenszuordnung stets einen zeitlichen Bezug aufweisen muß, da sich die Vermögenszuordnung im Zeitablauf aufgrund wechselnder Handlungszustände ändern kann. Grundlegend lassen sich dabei in Bezug auf ein konkretes Wirtschaftsgut zwei Handlungszustände unterscheiden, nämlich die zeit*punkt*bezogene Übertragung (Erwerb, Veräußerung, unentgeltliche Übertragung) und die zeit*raum*bezogene Nutzung. Wenngleich beide Handlungstatbestände sich häufig als Einheit darstellen, kann die Veranlassung einer *Übertragungshandlung* (*kausaler Gesichtspunkt*) im Einzelfall auch von der vor- oder nachgelagerten *Nutzung* (*finaler Gesichtspunkt*) abweichen.

Beispiele:

(1) Unternehmer A erwirbt einen Kleinlastwagen für betriebliche Zwecke, der entsprechend vom Zeitpunkt der Anschaffung an auch betrieblich genutzt wird. Die (betriebliche) Veranlassung des Anschaffungsvorgangs stimmt mit der nachfolgenden Nutzung überein, wodurch eine Differenzierung im Grunde überflüssig ist.

(2) Unternehmer A erwirbt einen Pkw, um ihn seinem Sohn zu schenken. Als dieser ihm eröffnet, daß er lieber ein Motorrad hätte, nutzt A den Wagen als Betriebsfahrzeug. Aufgrund der zunächst privat veranlaßten Anschaffung gelangt der Pkw erst durch die nachgelagerte Nutzung im Wege der Einlage ins Betriebsvermögen.

Die Rechtsprechung vermittelt in diesem Bereich kein einheitliches Bild. Meist wird die Zuordnung von Wirtschaftsgütern nach finalen Gesichtspunkten vorgenommen.[297] Ausschlaggebend ist die Verwendung für betriebliche Zwecke. Danach gehören Wirtschaftsgüter immer dann zum notwendigen Betriebsvermögen, wenn sie objektiv erkennbar zum unmittelbaren Einsatz im Betrieb[298] ihres (wirtschaftlichen) Eigentümers bestimmt sind. Zum Teil werden aber auch die vorstehenden Erwägungen berücksichtigt und ein Zugang zum Betriebsvermögen dann angenommen, wenn das betreffende Wirtschaftsgut "betrieblich veranlaßt angeschafft, hergestellt oder eingelegt"[299] worden ist. Der für eine betriebliche Veranlassung erforderliche Zusammenhang mit dem Betrieb "wird nicht nur durch die Widmung eines angeschafften Gegen-

296 Vgl. *Koller, A.*, (Abgrenzung, 1993) S. 23

297 Besonders deutlich BFH v. 22.1.1981, BStBl 1981 II S. 564 (566); v. 23.6.1983, BStBl 1983 II S. 725 (727); v. 6.3.1991, BStBl 1991 II S. 829 (830); v. 12.9.1991, BStBl 1992 II S. 134

298 Zur Frage, wann ein unmittelbarer Einsatz im Betrieb anzunehmen ist, vgl. ausführlich *Biergans, E.*, (Einkommensteuer, 1992) S. 249 f

299 Vgl. BFH v. 11.11.1987, BStBl 1988 II S. 424; v. 10.6.1988, BFH/NV 1989 S. 348 (349); v. 9.8.1989, BStBl 1990 II S. 128 (129)

standes für betriebliche Zwecke begründet; er wird auch unabhängig von der tatsächlichen oder beabsichtigten Nutzung des Gegenstandes dadurch hergestellt, daß der Anschaffungsvorgang als solcher betrieblich veranlaßt ist."[300]

Der letztgenannten Auffassung ist m.E.[301] zuzustimmen. Über den ***Zugang*** eines Wirtschaftsguts zum Betriebsvermögen entscheiden zunächst ausschließlich kausale Gesichtspunkte, d.h. die Veranlassung des Erwerbsvorgangs, da dieser der finalen Komponente - der Nutzung - zeitlich vorgelagert ist. Die nachfolgende Nutzung kann lediglich die Frage nach der fortbestehenden Vermögenszuordnung bzw. dem ***Verbleib*** im Betriebs- oder Privatvermögen beantworten. Bei einer Divergenz zwischen kausaler und finaler Komponente kommt es folglich zu Entnahme- bzw. Einlagevorgängen.

Die materielle Bedeutung der aufgezeigten Grundsätze verdeutlicht die Entscheidung des I. Senats des BFH v. 11.11.1987.[302] Ein Möbeleinzelhändler hatte im Rahmen einer Zwangsversteigerung ein Mietwohngrundstück erworben, um eine betriebliche Forderung zu retten, die durch eine Grundschuld auf diesem Grundstück gesichert war. Die Vermietung wurde beibehalten, der Erwerb insgesamt als privater Vorgang behandelt. Demgegenüber nahm der BFH zutreffend einen Zugang des Grundstücks zum Betriebsvermögen im Erwerbszeitpunkt an. Die betriebliche Veranlassung lag dabei auf der Hand, da anderenfalls der Verlust des Grundpfandrechts gedroht hätte.[303] Aufgrund der Beibehaltung der außerbetrieblichen Nutzung kam es jedoch unmittelbar nach der Erteilung des Zuschlags zu einer Entnahme,[304] die sich gewinnerhöhend auswirkte, da von einem über den Anschaffungskosten liegenden Teilwert auszugehen war.

Das Urteil des I. Senats steht im Widerspruch zur früheren Rechtsprechung des IV. Senats,[305] nach der für eine Zuordnung zum notwendigen Betriebsvermögen nicht allein auf die betriebliche Veranlassung des Anschaffungsvorgangs abgestellt werden kann. "Wesentlich ist vielmehr - wofür allerdings die Ursache der Anschaffung mit herangezogen werden kann - auf den tatsächli-

300 Vgl. BFH v. 10.6.1988, BFH/NV 1989 S. 348 (349)

301 Gl.A. *Koller, A.*, (Abgrenzung, 1993) S. 24 f; *Biergans, E.*, (Einkommensteuer, 1992) S. 252

302 BStBl 1988 II S. 424

303 Im Grundbuch waren vorrangige Belastungen in nicht unerheblicher Höhe eingetragen, die allein bereits das festgesetzte Mindestgebot überstiegen.

304 Vgl. BFH v. 11.11.1987, BStBl 1988 II S. 424 (426). Offen bleibt allerdings, ob der BFH eine Entnahme auch dann angenommen hätte, wenn das Grundstück von Anfang an im Betriebsvermögen ausgewiesen worden wäre; vgl. die nachfolgenden Ausführungen zum gewillkürten Betriebsvermögen auf S. 96 ff

305 Vgl. BFH v. 22.1.1981, BStBl 1981 II S. 564; v. 23.5.1985, BStBl 1985 II S. 517; v. 9.10.1986, BFH/NV 1987 S. 708

chen Verwendungszweck im Einzelfall, also auf die konkrete Funktion des Wirtschaftsguts abzustellen (...)."[306] Damit wurde insbesondere für den Fall der Beteiligung eines Steuerberaters an einer Kapitalgesellschaft notwendiges Betriebsvermögen verneint, sofern der Betrieb der Kapitalgesellschaft der freiberuflichen Tätigkeit wesensfremd ist und die Beteiligung wirtschaftliches Eigengewicht besitzt. Unerheblich ist dabei, ob die Beteiligung in der Absicht erworben wurde, das steuerliche Mandat der Gesellschaft zu erlangen.[307] Im Schrifttum[308] wird zum Teil der maßgebliche Veranlassungszusammenhang über den Erwerbsvorgang hinaus ausgedehnt, indem gefordert wird, nicht nur die Anschaffung, Herstellung oder Einlage eines Wirtschaftsguts müsse betrieblich veranlaßt sein, sondern auch ihre laufende Verwendung oder Nutzung. Dies entspricht jedoch im Ergebnis ebenso einer streng finalen Betrachtungsweise, die ausschließlich die nachhaltige Betriebsvermögenseigenschaft zu klären vermag.

Festzuhalten bleibt, daß ein aus betrieblichen Gründen angeschafftes Wirtschaftsgut zunächst für eine logische Sekunde zu Betriebsvermögen wird. Eine nachfolgende private Nutzung führt jedoch sofort nach der Anschaffung zu einer Entnahme.[309] Materielle Bedeutung erlangt diese Differenzierung allerdings nur in Ausnahmefällen, da im Normalfall grundsätzlich davon auszugehen ist, daß sich Anschaffungskosten und Teilwert im Zeitpunkt der Anschaffung entsprechen.[310] Eine Entnahme unmittelbar nach dem Erwerb hat somit keine Auswirkungen auf die Höhe des Gewinns. In diesem Fall ist ausschließlich die konkrete Nutzung eines Wirtschaftsguts für die Zuordnung relevant. Zudem läßt sich die subjektive Veranlassung der zugrunde liegenden Anschaffungshandlung in der Mehrzahl der Fälle objektiv nur durch den tatsächlichen Verwendungszweck verifizieren.[311] Vom Ergebnis her läßt sich somit die ausschließlich finale Betrachtung im Regelfall rechtfertigen. Ihre mangelnde Trennschärfe zeigt sich erst in Grenzfällen, in denen zum einen die betriebliche Veranlassung des Erwerbsvorgangs durch objektive Umstände belegt wird

---

306 Vgl. BFH v. 22.1.1981, BStBl 1981 II S. 564 (566) unter Bezugnahme auf den Beschluß des Großen Senats v. 19.10.1970, BStBl 1971 II S. 17

307 Vgl. BFH v. 22.1.1981, BStBl 1981 II S. 564; v. 23.5.1985, BStBl 1985 II S. 517

308 Vgl. *Wasmer, C.*, (Einkünftezurechnung, 1985) S. 15; *Tipke,K.*, StuW 1979 S. 193 (206); *Schmidt, A.*, (Personengesellschaften, 1989) S. 57 f

309 Das selbe gilt mit umgekehrten Vorzeichen (Einlage) bei privat veranlaßter Anschaffung und nachfolgender betrieblicher Nutzung; vgl. Beispiel (2) auf S. 93

310 Zu den Teilwertvermutungen der Rechtsprechung vgl. ausführlich *Biergans, E.*, (Einkommensteuer, 1992) S. 421 ff

311 Vgl. *Koller, A.*, (Abgrenzung, 1993) S. 26

und zum anderen Anschaffungskosten und Teilwert im Erwerbszeitpunkt divergieren.[312]

2.1.2 Gewillkürtes Betriebsvermögen

2.1.2.1 Rechtslage

Über das notwendige Betriebsvermögen hinaus räumt die Rechtsprechung dem Steuerpflichtigen in bestimmten Fällen ein Wahlrecht ein, einzelne Wirtschaftsgüter dem Betriebsvermögen oder dem Privatvermögen zuzuordnen. Zu diesem sog. gewillkürten Betriebsvermögen gehören Wirtschaftsgüter, "die weder notwendiges Betriebs- noch notwendiges Privatvermögen sind, jedoch in einem gewissen objektiven Zusammenhang mit dem Betrieb stehen, d.h. objektiv dem Betrieb des Kaufmanns zu dienen geeignet und subjektiv (nach Widmung und buchmäßiger Behandlung) ihm zu dienen oder ihn zu fördern bestimmt sind."[313] Typisches Beispiel hierfür sind Mietshäuser und Wertpapiere. Voraussetzung für eine Willkürung ist zunächst, daß der Gewinn durch Vermögensvergleich ermittelt wird. Die betriebliche Einnahmen-Ausgabenrechnung nach § 4 Abs. 3 EStG schließt demnach eine Bildung gewillkürten Betriebsvermögens aus.[314] Dadurch wird jedoch nicht nur das Postulat der Gesamtgewinngleichheit[315] durchbrochen, "sondern auch der Begriff des Betriebsvermögens in Abhängigkeit von der Gewinnermittlung mit unterschiedlichem Inhalt belegt."[316] Daher ist die Anknüpfung der Willkürungsmöglichkeit an die Art der Gewinnermittlung, die zudem keine materielle Rechtfertigung erfährt, abzulehnen.[317]

---

312 Weitere Bedeutung hat die Differenzierung zwischen kausalen und finalen Gesichtspunkten beispielsweise beim Tausch eines bisher betrieblich genutzten Wirtschaftsguts gegen ein privates Wirtschaftsgut sowie bei der Erfassung betrieblich veranlaßter Sachgeschenke; vgl. hierzu *Koller, A.*, (Abgrenzung, 1993) S. 24 f

313 Vgl. BFH v. 27.3.1968, BStBl 1968 II S. 522; ähnlich BFH v. 26.4.1989, BFH/NV 1991 S. 357 (358) jeweils m.w.N.

314 Vgl. z.B. BFH v. 7.10.1982, BStBl 1983 II S. 101 (103); v. 12.2.1976, BStBl 1976 II S. 663; v. 13.3.1964, BStBl 1964 III S. 455 (457); offen gelassen in BFH v. 14.1. 1982, BStBl 1982 II S. 345 (346). Das Willkürungsverbot gilt auch für die Gewinnermittlung nach Durchschnittssätzen i.S.d. § 13a EStG; vgl. BFH v. 23.5.1991, BStBl 1991 II S. 798

315 Vgl. S. 32

316 Vgl. *Biergans, E.*, (Einkommensteuer, 1992) S. 264

317 Zur Kritik vgl. *Biergans, E.*, (Einkommensteuer, 1992) S. 264 f; *Schmidt/Heinicke*, § 4 EStG Anm. 34d jeweils m.w.N. Auch der X. Senat des BFH bezweifelt mittlerweile, daß die Möglichkeit zur Bildung gewillkürten Betriebsvermögens von der Art der Gewinnermittlung abhängen soll; vgl. Urteil v. 22.9.1993, BStBl 1994 II S. 172 (173)

Wann der geforderte objektive Zusammenhang mit dem Betrieb vorliegt, wird regelmäßig unter Berücksichtigung der Umstände des jeweiligen Einzelfalles entschieden. Generell läßt sich dabei feststellen, daß Gewerbetreibenden eine größere Entscheidungsfreiheit zugestanden wird als bilanzierenden Freiberuflern und Land- und Forstwirten.[318] Dies entspricht dem Grundgedanken des § 344 Abs. 1 HGB, wonach die von einem Kaufmann vorgenommenen Rechtsgeschäfte im Zweifel dem Betrieb seines Handelsgewerbes zugerechnet werden.[319] Dagegen ist bei Freiberuflern und Land- und Forstwirten der Betrieb durch die Eigenart ihres Berufs eingeschränkt. Um Unklarheiten zu vermeiden, muß der Wille des Steuerpflichtigen hinsichtlich der Zuordnung eines Wirtschaftsgutes klar und eindeutig erkennbar sein.[320] Die Entscheidung zur Zuordnung eines Wirtschaftsgutes zum Betriebsvermögen wird in erster Linie aus der buchmäßigen Behandlung abgeleitet.[321]

Eine Willkürung von Grundstücken zum Betriebsvermögen wird insbesondere deshalb bejaht, weil diese vermietet oder veräußert werden können und dadurch in der Lage sind, *dem Betrieb finanzielle Mittel zuzuführen.*[322] Ebenso lehnt der BFH[323] regelmäßig auch eine gewinnrealisierende Entnahme ab, wenn bisher betrieblich genutzte Wirtschaftsgüter an Dritte vermietet[324] werden, da die *bisherige betriebliche Nutzung* auch den künftigen Verbleib im Betriebsvermögen rechtfertige. In der Literatur[325] wird dieses Ergebnis mit dem Hinweis auf die sog. Subsidiaritätsklauseln[326] begründet. Der I. Senat[327] hat zwar diesen Grundsatz mittlerweile dahingehend eingeschränkt, daß in der Vermietung eine Entnahmehandlung zu sehen ist, "wenn sie mit der betriebli-

---

318 Vgl. BFH v. 22.1.1981, BStBl 1981 II S. 564 (566); v. 10.12.1964, BStBl 1965 III S. 377 (378)

319 Vgl. hierzu *Wassermeyer, F.*, JDStJG 3 (1980) S. 315 (319)

320 Vgl. z.B. BFH v. 22.9.1993, BStBl 1994 II S. 172 (173)

321 Vgl. BFH v. 27.10.1993, BFH/NV 1994 S. 472; v. 23.10.1990, BStBl 1991 II S. 401; v. 17.5.1990, BStBl 1991 II S. 216 (217) m.w.N.; v. 30.4.1975, BStBl 1975 II S. 582

322 Vgl. BFH v. 30.4.1975, BStBl 1975 II S. 582 (583 f); v. 1.12.1976, BStBl 1977 II S. 315 (317); v. 17.5.1990, BStBl 1991 II S. 216 (217); FG Baden-Württemberg v. 4.4.1990, EFG 1990 S. 564 (rkr.). Dies gilt entsprechend für Wertpapiere und Bankkonten; vgl. BFH v. 30.4.1975, BStBl 1975 II S. 582 (583 f)

323 Vgl. BFH v. 9.1.1964, BStBl 1964 III S. 97; v. 17.8.1972, BStBl 1972 II S. 942

324 Die Errichtung eines Einfamilienhauses auf einem betrieblichen Grundstück durch eine Personengesellschaft und die anschließende *unentgeltliche* Überlassung an einen Mitgesellschafter zu privaten Wohnzwecken führt dagegen zu einer Entnahme; vgl. BFH v. 30.6.1987, BStBl 1988 II S. 418; v. 17.5.1990, BStBl 1991 II S. 216 (217)

325 Vgl. *Herrmann/Heuer/Raupach*, § 21 EStG Anm. 2; *Littmann/Bitz/Hellwig*, § 21 EStG Rn 14; *Tipke/Lang*, (Steuerrecht, 1994) § 9 Rz. 610; vgl. auch *Alt, M.*, (Überschußvermögen, 1994) S. 95

326 Vgl. §§ 20 Abs. 3 und 21 Abs. 3 EStG

327 Urteil v. 1.10.1986, BStBl 1987 II S. 114 (115)

chen Tätigkeit in keinem wirtschaftlichen Zusammenhang steht und auf Dauer angelegt ist." Im Ergebnis dürfte sich die Rechtslage dadurch aber nicht geändert haben,[328] da in dem zu entscheidenden Fall trotz fehlendem wirtschaftlichem Zusammenhang mit dem Betrieb, voraussichtlich 20-jähriger Dauer der Vermietung und des offenbar fortgeschrittenen Alters des Steuerpflichtigen keine dauerhafte außerbetriebliche Nutzung gesehen wurde.[329]

Darüber hinaus sind Wirtschaftsgüter dann willkürungsfähig, wenn sie als *Sicherheit für betriebliche Kredite* dienen.[330] In diesem Zusammenhang wurde vom BFH[331] bereits eine potentielle Verpfändungs*möglichkeit* als ausreichend erachtet. Ebenso rechtfertigt schließlich die Anschaffung eines Wirtschaftsgutes aus betrieblichen Mitteln eine Zuordnung zum Betriebsvermögen.[332]

Letztlich ist die Rechtsprechung in diesem Bereich jedoch extrem ergebnisorientiert und zum Teil auch widersprüchlich. Die dem Steuerpflichtigen grundsätzlich eingeräumten sehr weitgehenden Wahlrechte zur Willkürung von Wirtschaftsgütern finden ihre Grenzen in den Fällen, in denen durch eine Zuordnung zum Betriebsvermögen ein Steuerausfall droht.[333] So gilt der Grundsatz, daß eine Zuordnung zum Betriebsvermögen ausgeschlossen ist, wenn dadurch lediglich Verluste aus der steuerlich irrelevanten Privatsphäre in die betriebliche Sphäre transferiert werden sollen.[334] Im Urteil v. 26.2.1965[335] versagte der VI. Senat des BFH die Willkürung von aus betrieblichen Mitteln angeschafften Wertpapieren mit der Folge, daß der Steuerpflichtige die Steuerbegünstigung für nicht entnommene Gewinne[336] nicht in Anspruch nehmen konnte. Darüber hinaus wurde die Zuordnung einer gewinnbringenden Nutzungsüberlassung zu einer betrieblichen Tätigkeit abgelehnt, wenn sich letztere als - steuerlich irrelevante - Liebhaberei darstellt.[337]

328 Vgl. auch BFH v. 15.4.1993, BFH/NV 1994 S. 87 (88)
329 Zu Recht kritisch hierzu *Paus, B.*, DStZ 1988 S. 55 (59); *Koller, A.*, (Abgrenzung, 1993) S. 70 f
330 Vgl. BFH v. 10.12.1964, BStBl 1965 III S. 377; v. 17.8.1972, BStBl 1972 II S. 942; v. 21.10.1976, BStBl 1977 II S. 150; FG Nürnberg v. 20.4.1988, EFG 1988 S. 508 (rkr.)
331 Urteil v. 30.4.1975, BStBl 1975 II S. 582 (583 f)
332 Vgl. BFH v. 30.7.1964, BStBl 1964 III S. 574; v. 14.11.1972, BStBl 1973 II S. 289 (291); v. 21.5.1976, BStBl 1976 II S. 588 (589)
333 Vgl. *Koller, A.*, (Abgrenzung, 1993) S. 145
334 Vgl. BFH v. 23.10.1990, BStBl 1991 II S. 401 (404); v. 25.2.1982, BStBl 1982 II S. 461 (462); v. 5.3.1981, BStBl 1981 II S. 658 (659) m.w.N.
335 HFR 1965 S. 503; a.A. BFH v. 14.11.1972, BStBl 1973 II S. 289 (291) (VIII. Senat)
336 Vgl. § 10a EStG, der letztmals für den VZ 1992 zulässig ist.
337 Vgl. BFH v. 12.7.1963, BStBl 1963 III S. 435. Im Streitfall war eine zu einem land- und forstwirtschaftlichen Besitz gehörige Kiesgrube verpachtet worden.

2.1.2.2 Kritik

Die Rechtsprechung, die eine Zuordnung von Wirtschaftsgütern weitgehend in das Ermessen des Steuerpflichtigen stellt, ist vom systematischen Ansatz her nicht zu rechtfertigen. Aufgrund fehlender gesetzlicher Grundlage ist die Einräumung von Wahlrechten im Hinblick auf den Grundsatz der Tatbestandsmäßigkeit der Besteuerung nicht haltbar.[338] Anknüpfend an die vorhergehenden Ausführungen zur veranlassungsorientierten Abgrenzung des notwendigen Betriebsvermögens[339] ist die Willkürungsmöglichkeit zudem unter dem Blickwinkel eines tätigkeitsorientierten Steuergegenstands strikt abzulehnen. Das Einkommensteuerrecht unterscheidet nicht im Sinne des HGB zwischen Kaufleuten und Nichtkaufleuten, sondern nennt bestimmte *Tätigkeiten,* aus denen sich die jeweiligen steuerlichen Konsequenzen ergeben. *Beierl*[340] weist zu Recht darauf hin, daß die Rechtsprechung hier logisch vorrangige Prüfungsstufen vertauscht, wenn Einkünfte anhand der vorherigen Zuordnung von Wirtschaftsgütern zum Betriebs- oder Privatvermögen qualifiziert werden. Ausgangspunkt der Überlegungen müßte vielmehr die Subsumtion eines abstrakten Sachverhalts unter den Tatbestand einer Einkunftsart (Erwerbstätigkeit) sein. Erst wenn die zugrundeliegende Tätigkeit festgestellt ist, kann logischerweise eine Vermögenszuordnung erfolgen.[341] So ist beispielsweise die Erfassung einer Vermietungstätigkeit im betrieblichen Bereich "keine Folge der Betriebsvermögenseigenschaft des überlassenen Wirtschaftsguts (...); vielmehr führt die 'Betrieblichkeit' der Vermietungshandlung zur Betriebsvermögenseigenschaft des überlassenen Grundstücks."[342] Wie *Koller*[343] ausführlich dargelegt hat, ist unter dem Primat der weitestgehenden Trennung von Steuertatbeständen jede marktüblich vergütete Nutzungsüberlassung grundsätzlich[344] der entsprechenden Tätigkeit im Rahmen der §§ 20 und 21 EStG zuzuordnen. Die Herkunft der Mittel aus dem Betrieb ist danach ebensowenig zur Rechtfertigung einer Willkürung geeignet wie die Verwendung erzielter Erträge im betrieblichen Bereich. Für eine abweichende Erfassung im betrieblichen Bereich nach den §§ 20 Abs. 3, 21 Abs. 3 EStG muß vielmehr eine übergeordnete (betriebliche) Leistungsveranlassung gesondert nachgewiesen werden.[345]

338 Zu Recht kritisch hierzu *Wassermeyer, F.*, JDStJG 3 (1980) S. 315 (326); *Koller, A.*, (Abgrenzung, 1993) S. 145
339 Vgl. S. 92 ff
340 Vgl. *Beierl, O.*, (Einkünftequalifikation, 1987) S. 76
341 Vgl. hierzu ausführlich *Koller, A.*, (Abgrenzung, 1993) S. 69 ff
342 Vgl. *Koller, A.*, (Abgrenzung, 1993) S. 73
343 Vgl. *Koller, A.*, (Abgrenzung, 1993) S. 81 f, 143 ff
344 Für diese Zuordnung spricht der Beweis des ersten Anscheins; vgl. S. 17 f
345 Vgl. ausführlich *Koller, A.*, (Abgrenzung, 1993) S. 90 f; vgl. auch S. 117 ff

Auch der Rechtsgedanke des § 344 HGB kann in diesem Zusammenhang nicht als Begründung dienen. Die von einem Kaufmann vorgenommenen Rechtsgeschäfte gelten nach dieser Regelung im Zweifel als zum Betrieb seines Handelsgewerbes gehörig. Sinn und Zweck der Vorschrift ist es sicherzustellen, daß der Geschäftspartner eines Kaufmanns auf die Anwendung bestimmter handelsrechtlicher Vorschriften vertrauen kann.[346] Aus diesem Grund bejaht die Rechtsprechung des BGH[347] das Vorliegen eines Handelsgeschäfts auch bei einem nur entfernten, lockeren Zusammenhang mit dem Handelsgewerbe. Ein Handelsgeschäft liegt beispielsweise bereits dann vor, wenn ein Kaufmann "private Ausgaben über sein Geschäft laufen läßt."[348] Daß diese Grundsätze für die vom Veranlassungsprinzip geprägte Zurechnung für steuerliche Zwecke ohne Bedeutung sind, bedarf an dieser Stelle keiner näheren Ausführungen.[349] Auch nach Auffassung des RFH[350] ist § 344 HGB "für die einkommensteuerrechtliche Frage der zulässigen Bilanzierung nicht entscheidend."

Ausgehend von einem tätigkeitsorientierten Steuergegenstand kann auch der Hinweis auf die Subsidiaritätsklauseln[351] nicht überzeugen, da grundsätzlich von einer Gleichrangigkeit der sieben Einkunftsarten auszugehen ist.[352] Darüber hinaus bestimmen die Vorschriften lediglich, daß Einkünfte aus Nutzungsüberlassungen den betrieblichen Einkünften zuzurechnen sind, soweit sie zu diesen gehören, ohne aber Kriterien zu nennen, wann dies der Fall ist. Allein durch die Aufnahme eines vermieteten Grundstücks in Buchführung und Bilanz eines Unternehmens ändert sich nichts an der zugrundeliegenden Tätigkeit.[353] Die Abgrenzung kann demnach nur nach allgemeinen systematischen Prinzipien erfolgen, so daß die genannten Normen lediglich deklaratorische Bedeutung haben.[354]

Nach alledem erfährt das Rechtsinstitut des gewillkürten Betriebsvermögens aus systematischer Sicht keine Rechtfertigung. Ein Wahlrecht kann letztlich

346 Vgl. *Boeker*, BB 1955 S. 1125 (1126)
347 Vgl. Urteil v. 5.5.1960, NJW 1960 S. 1852 (1853)
348 Vgl. *Schlegelberger*, § 344 HGB Anm. 12
349 Vgl. z.B. den "Schuldzinsenbeschluß" des Großen Senats des BFH v. 4.7.1990, BStBl 1990 II S. 817
350 Vgl. RFH v. 14.1.1931, RFHE 27 S. 340 (347); vgl. auch RFH v. 3.11.1927, RStBl 1928 S. 107
351 Vgl. §§ 20 Abs. 3 und 21 Abs. 3 EStG
352 Vgl. S. 117 ff
353 So aber *Alt, M.*, (Überschußvermögen, 1994) S. 95. Danach ist die buchmäßige Zuordnung des Grundstücks zum Betriebsvermögen Indikator für die betriebliche Veranlassung der damit erwirtschafteten Erträge; vgl. hierzu auch S. 112
354 Gl.A. *Koller, A.*, (Abgrenzung, 1993) S. 72 und S. 93 f; *Herrmann/Heuer/Raupach*, § 2 EStG Anm. 95; a.A. *Schmidt, A.*, (Personengesellschaften, 1989) S. 59 f. Nach der letztgenannten Auffassung liegt eine konstitutive Umqualifizierung von Tätigkeiten vor.

nur hinsichtlich unverzinster, jederzeit verfügbarer Nominalmittel (Bargeld, Girokonten) angenommen werden. Sie können beliebig zwischen Betriebs- und Privatsphäre transferiert werden, da sich Finanzierungsmittel einem konkreten Veranlassungszusammenhang zu einer Tätigkeit entziehen. Erst wenn die Mittel einer konkreten Zweckbestimmung zugeführt werden, muß die Zuordnung des damit erworbenen Vermögens nach den vorstehenden Gesichtspunkten erfolgen.[355] Demgegenüber berücksichtigt die Rechtsprechung diese Gesichtspunkte offensichtlich nur in den Fällen, in denen der Verdacht einer Erlangung "ungerechtfertigter" Steuervorteile besteht.

2.2 Betriebsvermögen und Einkünfteermittlung

Die Zuordnung von Wirtschaftsgütern zum Betriebsvermögen hat zur Folge, daß diese unbeschränkt steuerverhaftet werden. Unabhängig von der Art der Gewinnermittlung vollzieht sich sowohl die laufende Nutzung als auch die Substanzverwertung (Veräußerung, Entnahme) im steuerbaren Bereich. Dabei ist im Hinblick auf verschiedene Rechtsfolgen[356] zu differenzieren zwischen Anlagevermögen und Umlaufvermögen. Zum ***Anlagevermögen*** gehören diejenigen Wirtschaftsgüter, die am Bilanzstichtag dazu bestimmt sind, dem Geschäftsbetrieb des Unternehmens *auf Dauer zu dienen*.[357] Sie stellen aus der Sicht eines tätigkeitsorientierten Steuergegenstandes letztlich die Hilfsmittel dar, mittels derer die betrieblichen Leistungen erbracht werden.[358] Wirtschaftsgüter, die nicht langfristig genutzt, sondern möglichst schnell verbraucht, verarbeitet oder in liquide Mittel umgesetzt werden sollen, gehören dagegen zum ***Umlaufvermögen***.[359]

Bei Gewinnermittlung durch ***Vermögensvergleich*** erfolgt die Bewertung des Vermögens regelmäßig mit den Anschaffungs- bzw. Herstellungskosten,[360] die bei abnutzbaren Wirtschaftsgütern des Anlagevermögens jährlich um planmäßige Abschreibungen gekürzt werden (Anschaffungswertprinzip). Ein über die Anschaffungs- bzw. Herstellungskosten hinausgehender Wertansatz ist grundsätzlich unzulässig.[361] Darüber hinaus besteht ein Wahlrecht, den Teilwert an-

---

355 Vgl. *Koller, A.*, (Abgrenzung, 1993) S. 27

356 Z.B. Aktivierungsfähigkeit, bilanzielle Bewertung, Gewährung von Investitionszulagen; vgl. *Biergans, E.*, (Einkommensteuer, 1992) S. 213

357 Vgl. § 247 Abs. 2 HGB

358 Ähnlich bereits *Fuisting/Strutz*, § 6 PrEStG 1906 Anm. 13

359 Vgl. BFH v. 2.2.1990, BStBl 1990 II S. 706 (707) m.w.N.

360 Bei Einlagen und Entnahmen ist - von Ausnahmen abgesehen - der Teilwert maßgeblich.

361 Eine Ausnahme gilt nach § 6 Abs. 1 Nr. 2 Satz 4 EStG lediglich für bestimmte Wirtschaftsgüter bei land- und forstwirtschaftlichen Betrieben wie z.B. Holz oder Wein, bei

zusetzen, sofern dieser am Bilanzstichtag unter den fortgeführten Anschaffungs- bzw. Herstellungskosten liegt.[362] Für Gewerbetreibende, die ihren Gewinn nach § 5 EStG ermitteln, wird dieses Wahlrecht bei voraussichtlich *dauerhaften Wertminderungen* von Wirtschaftsgütern des *Anlagevermögens* aufgrund des Maßgeblichkeitsprinzips zur Pflicht, da in der Handelsbilanz zwingend der niedrigere Tageswert[363] angesetzt werden muß.[364] Wirtschaftsgüter des *Umlaufvermögens* müssen bei diesem Personenkreis auch bei *vorübergehenden Wertminderungen* mit dem niedriegeren Teilwert angesetzt werden. Im übrigen gilt aufgrund der Ausprägungen des Vorsichtsprinzips (Realisations- und Imparitätsprinzip),[365] daß Gewinne erst ausgewiesen werden dürfen, wenn sie verwirklicht worden sind.[366] Dagegen sind Verluste zwingend auch zu berücksichtigen, wenn sie noch nicht realisiert sind.[367] Die Berücksichtigung von Forderungsverlusten ergibt sich durch eine Herabsetzung auf den niedrigeren Teilwert, wobei unerheblich ist, ob es sich um Darlehensforderungen oder Forderungen aus betrieblichen Leistungen handelt.

Wird der Gewinn durch ***Einnahmen-Ausgabenrechnung*** nach § 4 Abs. 3 EStG ermittelt, erfolgt die Bewertung des abnutzbaren Anlagevermögens zwar ebenfalls mit den (fortgeführten) Anschaffungs- bzw. Herstellungskosten.[368] Darüber hinaus wird die Gewinnermittlung jedoch vom Zufluß- bzw. Abflußprinzip beherrscht, d.h. Realisationszeitpunkt ist der Zeitpunkt, in dem Einnahmen zufließen bzw. Ausgaben abfließen. So können insbesondere die Anschaffungskosten von Wirtschaftsgütern des Umlaufvermögens im Erwerbszeitpunkt in voller Höhe als Betriebsausgaben abgezogen werden. Für nicht abnutzbare Wirtschaftsgüter des Anlagevermögens regelt § 4 Abs. 3 Satz 4 EStG ausdrücklich, daß deren Anschaffungs- bzw. Herstellungskosten erst zum Zeitpunkt der Veräußerung oder Entnahme als Betriebsausgaben abgezogen werden können. Bis dahin sind sie in einem besonderen, laufend geführten Verzeichnis festzuhalten. Dies gilt entsprechend bei der Einlage von nichtabnutzbaren Anlagegütern für den Einlagewert (Teilwert). In diesem Bereich haben

---

denen mit zunehmender Lagerdauer Wertsteigerungen eintreten; vgl. *Biergans, E.*, (Einkommensteuer, 1992) S. 504

362 Vgl. § 6 Abs. 1 Nr. 1 und 2 EStG

363 Vgl. § 253 Abs. 2 Satz 3 EStG

364 Steigt der Teilwert in späteren Perioden wieder an, besteht ein Zuschreibungswahlrecht, allerdings maximal bis zu den fortgeführten Anschaffungs- bzw. Herstellungskosten; vgl. § 6 Abs. 1 Nr. 1 und 2 EStG

365 Vgl. *Biergans, E.*, (Einkommensteuer, 1992) S. 174 f

366 Als Realisationszeitpunkt gilt der Zeitpunkt der Leistungserbringung.

367 Ausnahme: vorübergehende Wertschwankungen des Anlagevermögens

368 § 4 Abs. 3 Satz 3 schreibt explizit die Berücksichtigung der AfA-Regelungen vor.

die handelsrechtlichen Grundsätze ordnungsmäßiger Buchführung keine Bedeutung; auch Teilwertabschreibungen sind nicht zulässig.[369]

Ebenso führt die Gewährung eines betrieblich veranlaßten Darlehens im Zeitpunkt der Darlehenshingabe nicht zu einer Betriebsausgabe.[370] Dadurch soll offensichtlich verhindert werden, daß reine Zahlungsvorgänge, die nicht auf einer Leistung beruhen, zu Gewinnverlagerungen führen können.[371] Während Forderungsverluste aus einer betrieblichen Leistung durch den späteren Einnahmeausfall "automatisch" berücksichtigt werden, muß der Ausfall einer betrieblichen Darlehensforderung unter dem Postulat der Gesamtgewinngleichheit in dem Wirtschaftsjahr als Betriebsausgabe erfaßt werden, in dem er (ganz oder teilweise) feststeht.[372] Ähnliche Gesichtspunkte gelten für Kursgewinne oder -verluste bei Fremdwährungsverbindlichkeiten. Sie stellen im Jahr der (Teil-)Tilgung Betriebseinnahmen bzw. Betriebsausgaben dar.[373] Schließlich führt auch der Verlust einer im Betriebsvermögen gehaltenen Beteiligung an einer Kapitalgesellschaft zu einem Betriebsausgabenabzug.[374]

Im Zuge einer Vereinfachung der Gewinnermittlung wird somit das Periodizitätsprinzip bei der Einnahmen-Ausgabenrechnung weitgehend aufgehoben. Dies ändert aber nichts an der Tatsache, daß die zu ermittelnde Zielgröße - der Gewinn - dieselbe ist und damit dem Betriebsvermögen unabhängig von der Art der Gewinnermittlung grundsätzlich die gleiche Bedeutung beizumessen ist.[375] Für die Wirtschaftsgüter des Anlagevermögens liegt diese Schlußfolgerung sogar auf der Hand, da sie - abgesehen von der Unzulässigkeit von Teilwertabschreibungen - gleichbehandelt werden.

Die Beschränkung der Teilwertabschreibung auf den Vermögensvergleich ist m.E. aus zwei verschiedenen Blickwinkeln zu bewerten. Einerseits erscheint

369 Vgl. BFH v. 24.11.1955, BStBl 1956 III S. 38 (39); v. 24.11.1959, BStBl 1960 III S. 188 (189); *Biergans, E.*, (Einkommensteuer, 1992) S. 679

370 Vgl. BFH v. 8.10.1969, BStBl 1970 II S. 44; v. 15.11.1990, BStBl 1991 II S. 228 (229). Entsprechend führt die Rückzahlung der Verbindlichkeit nicht zu einer Betriebseinnahme.

371 Gl.A. *Biergans, E.*, (Einkommensteuer, 1992) S. 685

372 Vgl. BFH v. 2.9.1971, BStBl 1972 II S. 334 (334 f); v. 23.11.1978, BStBl 1979 II S. 109 (111). Im Urteil v. 8.10.1964 (HFR 1965 S. 23) hatte der BFH dagegen den Betriebsausgabenabzug noch mit der Begründung versagt, der Steuerpflichtige müsse diese Konsequenz als "Preis" für die vereinfachte Gewinnermittlung in Kauf nehmen. Vgl. auch BFH v. 24.11.1959, BStBl 1960 III S. 188 (189). Danach sollten generell Vermögensverluste im Rahmen des § 4 Abs. 3 EStG steuerlich irrelevant sein.

373 Vgl. BFH v. 15.11.1990, BStBl 1991 II S. 228 (229)

374 Vgl. BFH v. 23.11.1978, BStBl 1979 II S. 109

375 Gl.A. *Groh, M.*, FR 1986 S. 393 (396); a.A. *Alt, M.*, (Überschußvermögen, 1994) S. 88, demzufolge das Betriebsvermögen nur für den Bestandsvergleich eine Rolle spielt.

sie systemgerecht, wenn man den Ansatz des niedrigeren Teilwerts aus der Forderung nach einem vom Vorsichtsprinzip geprägten zutreffenden Vermögensausweis zu einem bestimmten Stichtag bzw. einer periodengerechten Gewinnermittlung ableitet. Beide Kriterien haben im Rahmen des § 4 Abs. 3 EStG keine Bedeutung. Andererseits zeigt sich insbesondere bei der Behandlung von Forderungs- und Beteiligungsverlusten im Rahmen der Einnahmen-Ausgabenrechnung, daß man unter dem Postulat der Gesamtgewinngleichheit auch hier ohne Teilwertaspekte nicht auskommt. Aus diesem Grund wird in der Literatur gefordert, das "Dogma über die Nichtanwendbarkeit der Teilwertabschreibung im Rahmen des § 4 Abs. 3" aufzugeben.[376]

3. Die Bestimmung des Überschußvermögens

3.1 Übertragung der Grundsätze aus dem Betriebsbereich

Ebenso wie bei den Gewinneinkünften liegt auch im Bereich der Haushaltseinkünfte der Einkunftserzielung eine Erwerbstätigkeit in Form eines zielgerichteten Handelns zugrunde. Dabei ist insbesondere die Ausübung einer der in den §§ 20 und 21 EStG genannten Tätigkeiten regelmäßig an einen meist umfangreichen Vermögenseinsatz geknüpft. Aber auch im Rahmen einer nichtselbständigen Tätigkeit nutzt der Steuerpflichtige häufig ihm gehörende Wirtschaftsgüter zur Berufsausübung.

Beispiele:

Einrichtung eines häuslichen Arbeitszimmers, Pkw als Arbeitsmittel eines Reisenden etc.

Obwohl die Einkünfteermittlung grundsätzlich nur auf Einnahmen und Werbungskosten abstellt, also kein Vermögensvergleich stattfindet und die Substanzverwertung nicht zur steuerbaren Sphäre gehört, ordnen § 9 Abs. 1 Satz 3 Nr. 6 und 7 EStG auch hier eine Einbeziehung bestimmter Wirtschaftsgüter in die Ermittlung des Einnahmenüberschusses an. Abstrahiert man von der dualistischen Einkünfteermittlung und betrachtet die Ebene der allen Einkunftsarten gemeinsamen steuerbaren *Tätigkeit*, läßt sich außerdem feststellen, daß die *Funktion* des zur Erzielung von Haushaltseinkünften eingesetzten Vermögens identisch ist mit derjenigen des betrieblichen Anlagevermögens. In beiden Fällen dienen die betreffenden Wirtschaftsgüter durch eine dauerhafte Nutzung

376 Vgl. *Littmann/Bitz/Hellwig*, § 2 EStG Rn 121; *Groh, M.*, FR 1986 S. 393 (396). Nach Auffassung des FG Köln kommt eine Teilwertabschreibung "auch bei der Gewinnermittlung nach § 4 Abs. 3 EStG in dem Zeitpunkt in Betracht, in dem die Wertminderung zweifelsfrei feststeht (...)." Vgl. Urteil v. 17.5.1994, EFG 1994 S. 1083 (1084) (rkr.)

als Medium bzw. Hilfsmittel zur Verwirklichung des Steuertatbestands. Aus diesem Grund läßt sich m.E. die Zuordnung eines Überschußvermögens gedanklich nach denselben Kriterien vornehmen wie im Betriebsbereich. Nachdem die steuerbare Sphäre jedoch regelmäßig ausschließlich in der Nutzung des Vermögens und nicht in dessen Verwertung besteht, ist das entscheidende Augenmerk hier auf die *Nutzungshandlung* zu richten. Einlage- und entnahmeähnliche Tatbestände haben keine wert- bzw. gewinnrealisierenden Folgen.[377] Materielle Konsequenzen wie die Geltendmachung von Abschreibungen, der Abzug von Schuldzinsen oder Erhaltungsaufwendungen etc. ergeben sich grundsätzlich erst aus der Nutzung zur Erzielung von Einkünften. Die Veranlassung der *Erwerbs- bzw. Herstellungshandlung* ist lediglich für die Berücksichtigung vorab entstandener Werbungskosten von Bedeutung.

Beispiel:

Kreditfinanzierter Erwerb eines Baugrundstücks. Sofern von einer Bebauungs- und Vermietungsabsicht auszugehen ist, können die Schuldzinsen - ebenso wie die Grundsteuer - als vorab entstandene Werbungskosten geltend gemacht werden.[378] Auch beim Erwerb von Bauerwartungsland ist ein Werbungskostenabzug möglich, wenn mit einer baldigen Bebauungsmöglichkeit gerechnet werden kann.[379]

Aufgrund der fehlenden Einbindung der Vermögenssubstanz ist eine steuerliche Berücksichtigung des Vermögens selbst grundsätzlich nur in Form der planmäßigen Abschreibungen bzw. der ebenfalls auf abnutzbare Wirtschaftsgüter beschränkten Absetzungen für außergewöhnliche technische oder wirtschaftliche Abnutzung zulässig.[380] Der BFH[381] betont regelmäßig, daß die Vornahme von Teilwertabschreibungen im außerbetrieblichen Bereich nicht möglich ist. Darin kann auch keine Ungleichbehandlung gesehen werden, da im betrieblichen Bereich der Möglichkeit der Teilwertabschreibung die uneingeschränkte Erfassung der Veräußerungs- und Entnahmegewinne gegenübersteht.[382] Letztlich bedeutet aber eine Berücksichtigung von Vermögens- und dabei insbesondere von Forderungsverlusten nichts anderes als eine partielle Institutionalisierung des Vermögensvergleichs auf der Verlustseite, bei der mit Teilwertgesichtspunkten operiert wird. Angesichts der Tatsache, daß eine Ein-

---

377 Zur Behandlung von Umwidmungsvorgängen im außerbetrieblichen Bereich vgl. S. 161 ff

378 Vgl. BFH v. 8.2.1983, BStBl 1983 II S. 554. Ein enger zeitlicher Zusammenhang ist hierbei kein zusätzliches Tatbestandsmerkmal, sondern dient lediglich der Erleichterung des Nachweises.

379 Vgl. BFH v. 4.6.1991, BStBl 1991 II S. 761 und BFH/NV 1991 S. 741

380 Vgl. § 9 Abs. 1 Satz 3 Nr. 7 i.V.m. § 7 Abs. 1 Satz 5 EStG

381 Vgl. BFH v. 9.11.1993, BStBl 1994 II S. 289 (290); v. 31.1.1992, BStBl 1992 II S. 401 (403) m.w.N.; v. 12.6.1978 (GrS), BStBl 1978 II S. 620 (623)

382 Vgl. BFH v. 12.6.1978 (GrS), BStBl 1978 II S. 620 (623)

beziehung von Darlehensverlusten in die betriebliche Einnahmen-Ausgabenrechnung erst seit dem Urteil des BFH v. 2.9.1971[383] möglich ist und ausdrücklich auf das Postulat der Gesamtgewinngleichheit gestützt wird, ist zumindest fraglich, ob eine solche Vorgehensweise, die sich eigentlich nur auf den allgemeinen Werbungskostenbegriff des § 9 Abs. 1 Satz 1 EStG berufen kann, vom Gesetz wirklich gedeckt ist.

3.2 Der Wirtschaftsgutbegriff bei den Haushaltseinkünften

3.2.1 Diskussionsstand

Für den in verschiedenen Vorschriften des Einkommensteuergesetzes[384] verwendeten Begriff des Wirtschaftsguts existiert keine Legaldefinition. Eine inhaltliche Konkretisierung erfolgte insbesondere durch die Rechtsprechung zum Bilanzsteuerrecht. Ein Wirtschaftsgut liegt danach vor, wenn ein über die einzelne Periode hinausreichender wirtschaftlicher Vorteil existiert, der übertragbar, konkretisiert und selbständig bewertungsfähig ist.[385]

In jüngerer Zeit wird im Schrifttum[386] des öfteren die Auffassung vertreten, der Begriff des Wirtschaftsgutes habe bei den Haushaltseinkunftsarten einen anderen Inhalt als im Betriebsbereich. Nach Ansicht von *Prinz*[387] "...sind die Konturen des Wirtschaftsgutbegriffes bei den Überschußeinkünften systembedingt enger zu ziehen als im Bilanzierungssektor (Annäherung an einen wirtschaftlich geprägten Gegenstandsbegriff)." Eine genaue Antwort auf die Frage, was unter einem "wirtschaftlich geprägten" Gegenstandsbegriff zu verstehen sein soll, bleibt der Autor jedoch schuldig. Er verweist zur Begründung lediglich auf Abstandszahlungen zur Beendigung eines Mietverhältnisses sowie auf Rechnungsabgrenzungsposten und Rückstellungen, die beim Vermögensvergleich wie Wirtschaftsgüter behandelt werden. *Jonas*[388] lehnt den Wirtschaftsgutbegriff im Bereich der Haushaltseinkünfte offensichtlich vollumfänglich ab, da dieser von den Gesetzeszwecken des HGB geprägt sei. Er spricht von Überschußvermögenseinheiten, die nach dem subjektiven Willen des Steuerpflichtigen zu bestimmen seien.

383 Vgl. BStBl 1972 II S. 334 (334 f)

384 Vgl. z.B. §§ 4 Abs. 1, 5 Abs. 2, 6 Abs. 1, 9 Abs. 1 Satz 3 Nr. 7 EStG

385 Vgl. im einzelnen *Biergans, E.*, (Einkommensteuer, 1992) S. 196 ff

386 Vgl. *Prinz, U.*, FR 1986 S. 397 (407); *ders.* in *Herrmann/Heuer/Raupach*, § 9 EStG Anm. 605; *Wolff, Th.*, (Vermögenssphäre, 1993) S. 148 ff; *Jonas, M., Ch.*, (Aufwendungen, 1993) S. 139 ff

387 Vgl. *Prinz, U.*, FR 1986 S. 397 (407); *ders.* in *Herrmann/Heuer/Raupach*, § 9 EStG Anm. 605

388 Vgl. *Jonas, M., Ch.*, (Aufwendungen, 1993) S. 139 ff, 157 ff

Von einem einheitlichen Wirtschaftsgutbegriff geht dagegen der VIII. Senat des BFH zunächst unmißverständlich in einem Vorlagebeschluß an den Grossen Senat[389] aus. In einer späteren Entscheidung[390] führt derselbe Senat aus, daß der Begriff im Rahmen des § 23 EStG nicht in einem anderen Sinn gebraucht werde als bei den übrigen sechs Einkunftsarten. Der Große Senat hat in seinem Beschluß v. 26.11.1973[391] einen einheitlichen Wirtschaftsgutbegriff für Gebäude bejaht, im übrigen aber ausdrücklich offen gelassen, da die Frage insoweit nicht entscheidungsrelevant war. Darüber hinaus hat der BFH[392] mehrfach in anderem Zusammenhang entschieden, daß ein in verschiedenen Vorschriften desselben Gesetzes verwendeter gleicher Begriff mangels entgegenstehender ausdrücklicher Vorschriften grundsätzlich nicht unterschiedlich ausgelegt werden kann.

3.2.2 Stellungnahme

M.E.[393] ist kein Grund für eine vom Betriebsbereich abweichende Definition des Wirtschaftsgutbegriffs im Rahmen der Haushaltseinkunftsarten ersichtlich. Obwohl der Begriff zweifellos stark vom Bilanzsteuerrecht geprägt ist, wird er auch in anderen Steuerarten inhaltsgleich verwendet.[394] Für unterschiedliche Begriffsinhalte innerhalb der Einkommensteuer besteht keine Notwendigkeit, zumal das EStG in mehreren Vorschriften außerhalb des Gewinnermittlungsbereiches von Wirtschaftsgütern spricht, ohne einen Anhaltspunkt für eine inhaltliche Abweichung zu geben.[395] Die von *Prinz*[396] als Beispiel[397] angeführten Abstandszahlungen zur Beendigung eines Mietverhältnisses im Rahmen der Einkünfte aus Vermietung und Verpachtung können m.E. nicht als Erklärung für abweichende Wirtschaftsgutbegriffe dienen. Zwar hat der Große Se-

389 Vgl. BFH v. 31.8.1971, BStBl 1971 II S. 768 (770): "Der Begriff des Wirtschaftsguts ist für alle Einkunftsarten gleichartig zu verstehen."

390 Vgl. BFH v. 14.11.1978, BStBl 1979 II S. 298 (299)

391 Vgl. BStBl 1974 II S. 132 (134)

392 Urteile v. 8.10.1975, BStBl 1976 II S 164 (165); v. 28.1.1976, BStBl 1976 II S. 288 (289); v. 12.11.1977, BStBl 1978 II S. 9; v. 23.9.1980, BStBl 1981 II S. 92 (94)

393 Gl.A. offensichtlich *Alt, M.*, (Überschußvermögen, 1994) S. 126 ff; *Biergans, E.*, (Einkommensteuer, 1992) S. 195; *Herrmann, H.J.*, StuW 1991 S. 372 (374); *Kruse, H.W.*, FR 1981 S. 473 (478); *Littmann/Bitz/Hellwig*, § 9 EStG Rn 410

394 Zur Einheitlichkeit des Wirtschaftsgutbegriffes im Ertragsteuerrecht und im BewG vgl. BFH v. 25.5.1984, BStBl 1984 II S. 617 (618)

395 §§ 9 Abs. 1 Satz 3 Nr. 7, 10 Abs. 2 Satz 2 a), 23 Abs. 1 und 3 EStG; vgl. auch § 11d EStDV

396 Vgl. *Prinz, U.* in *Herrmann/Heuer/Raupach*, § 9 EStG Anm. 605 a.E.; *ders.*, (Werbungskosten, 1984) S. 295 ff

397 Vgl. auch die Beispiele bei *Paus, B.*, DStZ 1987 S. 48 (50)

nat des BFH in seinem Beschluß v. 2.3.1970[398] Abstandszahlungen im betrieblichen Bereich als immaterielle Wirtschaftsgüter qualifiziert, während der VIII. Senat in zwei späteren Judikaten[399] entsprechende Aufwendungen als sofort abzugsfähige Werbungskosten bei den Einkünften aus Vermietung und Verpachtung behandelt hat. Der VIII. Senat hat aber in seiner Urteilsbegründung jeweils deutlich zu verstehen gegeben, daß es sich nach seiner Auffassung hierbei um einen Rechnungsabgrenzungsposten handelt, dessen "Behandlung als abschreibungsfähiges Wirtschaftsgut" im Bereich der Überschußeinkünfte nach § 11 Abs. 2 EStG ausgeschlossen sei.[400] Darüber hinaus hat auch der IV. Senat[401] Abstandszahlungen zur Beendigung eines Pachtverhältnisses im Rahmen einer (Teil-)Betriebsveräußerung als sofort abzugsfähige Betriebsausgaben angesehen. M.E. wird durch die Abstandszahlung allenfalls ein Nutzungsrecht erworben, dessen Qualifizierung als Wirtschaftsgut aber sowohl im betrieblichen als auch im außerbetrieblichen Bereich abzulehnen ist.[402]

Auch der allgemeine Hinweis auf Rechnungsabgrenzungsposten (Damnum bei Fremdfinanzierungen), die beim Vermögensvergleich "wie Wirtschaftsgüter" behandelt werden,[403] ist m.E. verfehlt, weil es sich bei ihnen auch im Bilanzierungsbereich nicht um Wirtschaftsgüter, sondern um reine Abgrenzungsposten handelt. Aus der Tatsache, daß diese Positionen auch bei der betrieblichen Einnahmen-Ausgabenrechnung nicht vorkommen, müßte man dann im übrigen den Schluß ziehen, daß sogar innerhalb des betrieblichen Bereichs in Abhängigkeit von der Gewinnermittlungsmethode unterschiedliche Wirtschaftsgutbegriffe existieren. Ähnliche Überlegungen gelten für Rückstellungen.

Beispiel:

A ist freiberuflich als Steuerberater tätig und ermittelt seinen Gewinn durch Einnahmen-Ausgabenrechnung. Im Jahr 1994 gibt er einer langjährigen Mitarbeiterin eine Pensionszusage. Die dadurch begründete ungewisse Verbindlichkeit darf er bei der Ermittlung seines Gewinns nicht berücksichtigen. Erst die tatsächliche Pensionszahlung mindert im Abflußzeitpunkt den Gewinn.[404] Unabhängig von der Art der Gewinnermittlung ist A jedoch ab dem Zeitpunkt der Pensionszusage mit der selben (ungewissen) Verbindlichkeit belastet.

---

398 BStBl 1970 II S. 382

399 Vgl. BFH v. 17.1.1978, BStBl 1978 II S. 337; v. 24.10.1979, BStBl 1980 II S. 187

400 Vgl. BFH v. 17.1.1978, BStBl 1978 II S. 337 (338); v. 24.10.1979, BStBl 1980 II S. 187 (188)

401 Vgl. BFH v. 6.5.1982, BStBl 1982 II S. 691

402 Vgl. ausführlich *Biergans, E.*, (Einkommensteuer, 1992) S. 200 f; *ders.*, DStR 1989 S. 367 (369, 374)

403 Vgl. *Prinz, U.* in *Herrmann/Heuer/Raupach*, § 9 EStG Anm. 605 a.E.; *ders.*, (Werbungskosten, 1984) S. 297 f

404 Vgl. *Biergans, E.*, (Renten, 1993) S. 103

Der Wirtschaftsgutbegriff an sich ist auch nicht von den "Gesetzeszwecken des HGB" (Rechenschaftslegung, Gläubigerschutz, Vorsichtsprinzip) geprägt, wie *Jonas*[405] meint, der mit diesem Argument eine unterschiedliche Betrachtungsweise im Haushaltseinkünftebereich rechtfertigen will. Er verkennt m.E., daß die Grundsätze des HGB nicht die *Existenz* eines Wirtschaftsgutes, sondern lediglich seinen *Ansatz* dem Grunde oder der Höhe nach determinieren. So wird beispielsweise mit dem Prinzip der Vorsicht das *Aktivierungsverbot* für originäre immaterielle Einzelwirtschaftsgüter des Anlagevermögens gerechtfertigt,[406] nicht aber deren *Wirtschaftsguteigenschaft* in Frage gestellt. In die Steuerbilanz sind neben einer Reihe von Abgrenzungsposten sämtliche aktivierungsfähigen Wirtschaftsgüter aufzunehmen, die sich im wirtschaftlichen Eigentum des Unternehmers befinden und dem Betrieb im aufgezeigten Sinn als Betriebsvermögen dienen.[407] Somit erzeugt nicht die Bilanz das Wirtschaftsgut, sondern erst wenn ein Wirtschaftsgut vorliegt, stellt sich die Frage nach seiner Aufnahme in die Bilanz. Wird kein Vermögensvergleich durchgeführt, ändert dies nichts an der Existenz von Wirtschaftsgütern. Vielmehr ergibt sich lediglich eine systematisch oder periodisch unterschiedliche Berücksichtigung.

Auch die Wirtschaftsguteigenschaft von Forderungen ist m.E. nicht anzuzweifeln,[408] da sämtliche von der Rechtsprechung entwickelten Merkmale des Wirtschaftsgutbegriffes erfüllt sind. Der Gesetzgeber geht in § 10 Abs. 2 Satz 2 Buchst. a) EStG offensichtlich ebenfalls von der Wirtschaftsguteigenschaft von Forderungen - und zwar auch im Haushaltseinkünftebereich - aus:

"..., es sei denn,

a) das Darlehen dient unmittelbar und ausschließlich der Finanzierung von Anschaffungs- oder Herstellungskosten eines *Wirtschaftsgutes, das* dauernd zur Erzielung von Einkünften bestimmt und *keine Forderung ist*, ..." (Hervorh. d. Verf.).

Darüber hinaus gehören Forderungen nach der Streichung des § 23 Abs. 2 EStG mit Wirkung ab dem 1.1.1994[409] zu den Wirtschaftsgütern i.S.d. § 23 Abs. 1 Nr. 1b EStG. Schließlich erkennt auch der VI. Senat des BFH im Urteil v. 13.1.1989[410] zum Verlust eines unverzinslichen Arbeitnehmerdarlehens die Wirtschaftsguteigenschaft von Forderungen ausdrücklich an, wenn er von einem Verlust *des Wirtschaftsgutes* bei der beruflichen Verwendung spricht.

405 Vgl. *Jonas, M., Ch.*, (Aufwendungen, 1993) S. 139 ff, 161
406 Zur Rechtslage und der - berechtigten - Kritik daran vgl. *Biergans, E.*, (Einkommensteuer, 1992) S. 214 ff
407 Vgl. *Biergans, E.*, (Einkommensteuer, 1992) S. 195
408 Gl.A. offensichtlich *Biergans, E.*, (Einkommensteuer, 1992) S. 203
409 Vgl. hierzu z.B. *Schmidt, L.*, § 23 EStG Anm. 4b
410 Vgl. BStBl 1989 II S. 382 (383); vgl. hierzu S. 85 und S. 182 ff

3.3 Einheitliche Bestimmung der Anschaffungs- oder Herstellungskosten

Nachdem somit von einem für alle Einkunftsarten geltenden einheitlichen Wirtschaftsgutbegriff auszugehen ist, stellt sich als nächstes die Frage nach der Ermittlung der Anschaffungs- bzw. Herstellungskosten. In diesem Bereich besteht - soweit ersichtlich - allgemeine Übereinstimmung dahingehend, daß die Anschaffungs- oder Herstellungskosten für Gewinn- und Überschußeinkünfte grundsätzlich gleich zu ermitteln sind.[411] Unterschiede ergeben sich bei der Behandlung der Umsatzsteuer. Sofern der Erwerber bzw. Hersteller zum Vorsteuerabzug berechtigt ist, gehört sie nicht zu den Anschaffungs- oder Herstellungskosten, andernfalls ist sie miteinzubeziehen.[412] Schuldzinsen und sonstige Finanzierungskosten gehören regelmäßig nicht zu den Anschaffungs- oder Herstellungskosten.[413] Wird jedoch im betrieblichen Bereich in unmittelbarem wirtschaftlichem Zusammenhang mit der Herstellung eines Wirtschaftsgutes ein Kredit aufgenommen, dürfen die Zinsen in die Herstellungskosten einbezogen werden, soweit sie auf den Zeitraum der Herstellung entfallen.[414] Voraussetzung dafür ist ein entsprechendes Vorgehen in der Handelsbilanz.[415] Für Steuerpflichtige, die keine Handelsbilanz aufstellen, gilt dieses Wahlrecht nicht, so daß insbesondere bei den Einkünften aus Vermietung und Verpachtung eine Einbeziehung von Finanzierungskosten in die Herstellungskosten ausscheidet.[416]

4. Erwerbstätigkeit und Veräußerungsgeschäfte

4.1 Die Veräußerung von Anlagevermögen als betriebliches Hilfsgeschäft

Aus dem gesetzlichen Regelungsgefüge läßt sich nach übereinstimmender Auffassung[417] eindeutig ableiten, daß Veräußerungserlöse im Bereich der Haushaltseinkünfte nicht zu steuerbaren Einnahmen führen. Die §§ 19 - 21 EStG stellen ausschließlich auf Nutzungsüberlassungen ab. Einnahmen sind als Güter in Geld oder Geldeswert definiert, die dem Steuerpflichtigen im Rahmen

411 Vgl. z.B. BFH v. 26.11.1973 (GrS), BStBl 1974 II S. 132; BFH; v. 12.6.1978 (GrS), BStBl 1978 II S. 620; v. 12.2.1985, BStBl 1985 II S. 690 (691); v. 4.7.1990 (GrS), BStBl 1990 II S. 830 (835); *Dornfeld, R.*, DB 1980 S. 2006; *Jakob/Wittmann*, FR 1988 S. 540 (547); *Kruse, H.W.*, FR 1981 S. 473 (478)

412 Vgl. § 9b Abs. 1 EStG; BFH v. 27.9. 1990, BFH/NV 1991 S. 297; v. 5.10.1990, BFH/NV 1991 S. 301

413 Vgl. BFH v. 24.5.1968, BStBl 1968 II S. 574

414 Vgl. R 33 Abs. 7 EStR; § 255 Abs. 3 Satz 2 HGB

415 Vgl. BFH v. 7.11.1989, BStBl 1990 II S. 460; R 33 Abs. 7 EStR

416 Vgl. BFH v. 7.11.1989, BStBl 1990 II S. 460 zu Bauzeitzinsen

417 Vgl. z.B. BFH v. 31.3.1987, BStBl 1987 II S. 668 (669); *Herrmann/Heuer/Raupach*, § 8 EStG Anm. 40, 105; *Littmann/Bitz/Hellwig*, § 8 EStG Rn 36

einer Haushaltseinkunftsart zufließen.[418] Damit sind Veräußerungsgeschäfte steuerlich irrelevant.

Im betrieblichen Bereich wird die Veräußerung von Anlagevermögen von der Rechtsprechung[419] ebenso wie von der h.M. im Schrifttum[420] lapidar den sog. betrieblichen Neben- oder Hilfsgeschäften zugeordnet. Der Begriff des "Hilfsgeschäftes" hat vor allem auch in der Umsatzsteuer Bedeutung und umfaßt die Geschäfte, die im Gegensatz zu den "Grundgeschäften" nicht den eigentlichen Gegenstand des Unternehmens bilden.[421] Nach *Littmann/Bitz/Hellwig*[422] ist eine Einnahme auch dann durch eine betriebliche Tätigkeit veranlaßt, wenn sie zwar nicht das unmittelbar angestrebte Ergebnis dieser Tätigkeit ist, aber ohne sie nicht angefallen wäre. Darüber hinaus muß die Beurteilung aller Umstände einen engen Zusammenhang zwischen der Einnahme und der Tätigkeit ergeben. Dies wird bei der Veräußerung von Anlagegütern regelmäßig angenommen. Im Rahmen der umsatzsteuerlichen Behandlung der Vermietung und Verpachtung qualifiziert der BFH[423] explizit auch die Veräußerung eines vorher vermieteten Grundstücks als Hilfsgeschäft aus dieser Tätigkeit.

M.E. ist der Begriff des Hilfsgeschäftes für die hier zu beurteilenden Veräußerungsgeschäfte zu undifferenziert, da nirgendwo zum Ausdruck kommt, ob sich die steuerliche Erfassung bereits aus dem allgemeinen Umfang einer betrieblichen Tätigkeit ergibt oder (lediglich) aus der in § 2 Abs. 2 Nr. 1 i.V.m. § 4 Abs. 1 EStG angeordneten Gewinnermittlungstechnik. Nur wenn letzteres zutrifft, kann dem Einkünftedualismus ein materieller Charakter bescheinigt werden. Von dieser Auffassung ging offensichtlich der RFH aus, der sich in seiner Entscheidung v. 25.10.1923[424] - zur Zeit der Reinvermögenszugangstheorie - einige Mühe gemacht hat, um die Einbeziehung derartiger Veräußerungsgewinne in das betriebliche Ergebnis mit dem Hinweis auf die Gewinnermittlungsvorschrift[425] zu begründen.

---

418 Vgl. § 8 Abs. 1 EStG

419 Vgl. BFH v. 8.10.1964, BStBl 1965 III S. 12 (13); v. 18.3.1965, StRK § 18 EStG R. 369; v. 28.6.1984, BStBl 1984 II S. 798

420 Vgl. *Schmidt/Heinicke*, § 4 EStG Anm. 82b; *Kirchhof/Söhn*, § 4 EStG Rdnr. D 105; *Blümich*, § 4 EStG Rz. 228; *Herrmann/Heuer/Raupach*, § 4 EStG Anm. 46p-q (3); *Hartmann/Böttcher/Nissen/Bordewin*, § 4 EStG Rz. 204c; *Littmann/Bitz/Hellwig*, §§ 4, 5 EStG Rn 1601

421 Vgl. BFH v. 24.2.1988, BStBl 1988 II S. 622 (624); v. 25.3.1988, BStBl 1988 II S. 649 (650); vgl. ausführlich *Bauer, K.-H.*, UR 1991 S. 246

422 Vgl. *Littmann/Bitz/Hellwig*, § 4, 5 EStG Rn 1601

423 Vgl. Urteile v. 24.2.1988, BStBl 1988 II S. 622 (624); v. 10.5.1961, BStBl 1961 III S. 322

424 Vgl. RFHE 13 S. 101

425 Vgl. § 33 EStG 1920

4.2 Die Marktintensitätstheorie

Im neueren Schrifttum[426] wird zunehmend versucht, die Irrelevanz privater Veräußerungsgewinne mit der auf *Neumark*[427] zurückzuführenden Theorie von der Intensität der Marktteilnahme zu rechtfertigen. Dabei läßt sich die Generalklausel formulieren, daß Veräußerungsgewinne im Betriebsvermögen *aus* der Teilnahme am Markt erzielt werden, im Privatvermögen dagegen nur *gelegentlich* einer solchen Teilnahme. Eine intensivere Marktteilnahme bei den Gewinneinkünften löst danach auch intensivere Rechtsfolgen aus. Die Theorie soll zunächst als Erklärungsmodell für die Abgrenzung der betrieblichen von den außerbetrieblichen Einkunftsarten dienen, wobei die §§ 17 und 23 EStG "den Übergang zwischen den weniger marktintensiven Überschußtätigkeiten und den stark marktorientierten Gewinntätigkeiten"[428] markieren. In diesem Zusammenhang werden die sog. Subsidiaritätsklauseln[429] als strukturelle Bestätigung des Intensitätsmodells gesehen.[430] Obwohl einerseits ausdrücklich die in den einzelnen Einkunftsarten "vertypten" steuerbaren Tätigkeiten als Auslöser für die Besteuerung hervorgehoben werden,[431] soll andererseits die Aufnahme eines Mietshauses in die Bilanz eines Warenhandelsunternehmens ohne weiteres nach § 21 Abs. 3 EStG zur Gewerblichkeit der Vermietung führen. Das - willkürlich zugeordnete - Wirtschaftsgut fungiert als Indikator für den betrieblichen Veranlassungszusammenhang.[432] Dieser Sichtweise liegt offensichtlich eine gedankliche Trennung der Einkunftsarten in Haupt- und Nebeneinkunftsarten zugrunde.[433]

Im Ergebnis führt die Intensitätsthese dazu, daß sich die dualistische Einkünfteermittlung praktisch von selbst ergibt, weil die Veräußerung von *Anlage- und Umlaufvermögen* bei allen Gewinneinkunftsarten zum Inhalt der steuerbaren Tätigkeit gehört, bei den Haushaltseinkunftsarten dagegen nicht.[434] In diese Richtung gehen offenbar auch die Ausführungen *Durchlaubs*,[435] wenn er meint, Veräußerungsgewinne bei den Haushaltseinkunftsarten würden im Gegensatz zum Betriebsbereich zufällig erzielt und seien nicht das Ergebnis finaler Handlungen. § 2 Abs. 2 EStG hätte dann nur noch den Charakter einer for-

426 Vgl. *Durchlaub, Th.*, (Privatvermögen, 1993) S. 68 f; *Wittmann, R.*, StuW 1993 S. 35 (39 f); *Alt, M.*, (Überschußvermögen, 1994) S. 71 ff
427 Vgl. *Neumark, F.*, (Einkommensbesteuerung, 1947) S. 44 f
428 Vgl. *Alt, M.*, (Überschußvermögen, 1994) S. 73
429 Vgl. § 20 Abs. 3 und § 21 Abs. 3 EStG
430 Vgl. *Wittmann, R.*, StuW 1993 S. 35 (40)
431 Vgl. *Alt, M.*, (Überschußvermögen, 1994) S. 66 f
432 Vgl. *Alt, M.*, (Überschußvermögen, 1994) S. 95
433 So ausdrücklich *Durchlaub, Th.*, (Privatvermögen, 1993) S. 68 f
434 Vgl. *Alt, M.*, (Überschußvermögen, 1994) S. 92
435 Vgl. *Durchlaub, Th.*, (Privatvermögen, 1993) S. 68 f

malen Berechnungsanweisung.[436] Damit wäre das Vermögensneutralitätsprinzip in der Tat nicht mehr als ein Grundsatz der Nichtberücksichtigung der *Veräußerungs*sphäre. Einer weitgehenden Gleichbehandlung des Vermögens bei allen Einkunftsarten und damit auch einer umfassenden Berücksichtigung von Vermögensverlusten wäre grundsätzlich der Weg geebnet.

II. Steuergegenständliche Zuordnung von Veräußerungsgeschäften - Stellungnahme

M.E. gehen die dargestellten Rechtfertigungsversuche von mehreren falschen Prämissen aus. Es wird nämlich unterstellt, daß:

(1) sich bei den betrieblichen Einkünften das Gewinnstreben und damit auch die "Intensität der Marktteilnahme" nicht nur auf den eigentlichen Güter- oder Leistungsabsatz beschränkt, sondern in gleicher Weise auch auf die Erzielung von Gewinnen aus der Veräußerung von Anlagegütern gerichtet ist;

(2) der Inhalt der gesetzlich definierten Tätigkeiten durch eine einfache Zuordnung von Wirtschaftsgütern vom Steuerpflichtigen nach Belieben bestimmt werden kann;

(3) die Bezieher von Haushaltseinkünften nicht auf die Erzielung von Wertzuwächsen, sondern nur auf die Nutzungsentgelte abstellen.

Vor allem wird aber unterstellt, daß sich die steuerliche Erfassung von Veräusserungsgewinnen bereits aus den §§ 13, 15 und 18 EStG, d.h. aus dem Umfang des Steuergegenstands im betrieblichen Bereich, ergibt.[437] Dem ist m.E. entgegenzuhalten, daß bereits die preußischen Einkommensteuergesetze[438] von "Einkommen aus Handel und Gewerbe" gesprochen haben. Obwohl bereits zur damaligen Zeit der Gewerbebetrieb als *Tätigkeit* beschrieben[439] und nahezu identisch definiert wurde, war die Einbeziehung von Veräußerungsgewinnen aber alles andere als selbstverständlich.[440] Selbst wenn das geltende EStG mittlerweile mit Hilfe der Markteinkommenstheorie interpretiert wird, heißt das m.E. nicht, daß sich die Einbeziehung von Veräußerungsgewinnen in die Einkünfteermittlung auch ohne die Vorschriften des § 2 Abs. 2 Nr. 1 i.V.m. § 4 Abs. 1 EStG ergibt. Diese These soll anhand der nachfolgenden Ausführungen erhärtet werden.

---

436 Vgl. bereits S. 44
437 Vgl. *Alt, M.*, (Überschußvermögen, 1994) S. 92
438 Vgl. §§ 6 und 13 PrEStG 1906
439 Vgl. *Fuisting/Strutz*, § 6 PrEStG 1906 Anm. 13 (S. 180); vgl. S. 65 und S. 91
440 Vgl. S. 26

1. Gleichartigkeit und Ungleichartigkeit von Leistungen

Aus dem Grundsatz der Tatbestandsmäßigkeit der Besteuerung läßt sich die Forderung ableiten, steuerlich relevante Sachverhalte für die Bestimmung steuergegenständlicher Beurteilungseinheiten soweit zu zerlegen, "wie das für die Anwendung der verschiedenen Normen möglich und notwendig ist."[441] Dieses Trennungsprimat bringt auch der BFH[442] in ständiger Rechtsprechung deutlich zum Ausdruck. Unerheblich ist dabei grundsätzlich, ob es sich um Tätigkeiten handelt, die potentiell mehrere Einkunftsarten betreffen oder ob es um eine einkunftsartinterne Abgrenzung geht.[443] Nachdem die Gemeinsamkeit aller Einkunftsarten in einer mit Einkunftserzielungsabsicht unternommenen Teilnahme am Marktgeschehen besteht,[444] bezeichnet *Ruppe*[445] zutreffend den Akt der Verwertung von Leistungen am Markt als den zentralen Bestandteil sämtlicher steuerbarer Tätigkeiten.[446] Darauf aufbauend erscheint es nur folgerichtig, wenn *Koller*[447] die einzelne Marktleistung als Ausgangspunkt für die Bestimmung des Umfangs einer Erwerbstätigkeit bezeichnet. Die Konkretisierung des Umfangs einer Erwerbstätigkeit stellt sich somit als Problem der Zusammenfassung von Leistungen dar.

Ausgehend von den in § 15 Abs. 2 Satz 1 EStG beschriebenen vier Positivmerkmalen einer jeden betrieblichen Tätigkeit[448] geht es hierbei zunächst um die Bestimmung gleichartiger Leistungen,[449] da der Betriebsbegriff und dabei insbesondere das Merkmal der Nachhaltigkeit auf die Vornahme mehrerer gleichartiger Handlungen abstellt.[450] Unter diesen Prämissen bieten sich die von *Schick*[451] zunächst für die Abgrenzung freiberuflicher Tätigkeiten entwikkelten Kriterien als Entscheidungshilfe an. Ausgehend von einer berufsbildbe-

441 Vgl. *Schick, W.*, (Freie Berufe, 1973) S. 101

442 Vgl. Urteile v. 28.3.1957, BStBl 1957 III S. 182 (183); v. 29.1.1970, BStBl 1970 II S. 319; v. 7.3.1974, BStBl 1974 II S. 383 (384); v. 21.12.1976, BStBl 1977 II S. 244 (245); v. 17.3.1981, BStBl 1981 II S. 522 (525); v. 9.8.1983, BStBl 1984 II S. 129 (131)

443 Wie *Koller* nachgewiesen hat, tendiert die Rechtsprechung allerdings bei einkunftsartinternen Abgrenzungsproblemen zu einem weiteren Verständnis einheitlicher Steuergegenstände; vgl. *Koller, A.*, (Abgrenzung, 1993) S. 31

444 Vgl. hierzu S. 32 ff

445 Vgl. *Ruppe, H.G.*, JDStJG 1 (1978) S. 7 (16)

446 Vgl. auch § 22 Nr. 3 EStG, der Einkünfte aus *Leistungen* erfaßt, soweit sie nicht zu anderen Einkunftsarten gehören.

447 Vgl. *Koller, A.*, (Abgrenzung, 1993) S. 31

448 Selbständigkeit, Nachhaltigkeit, Gewinnerzielungsabsicht, Teilnahme am allgemeinen wirtschaftlichen Verkehr

449 Vgl. *Koller, A.*, (Abgrenzung, 1993) S. 37

450 Vgl. BFH v. 3.6.1954, BStBl 1954 III S. 238

451 Vgl. *Schick, W.*, (Freie Berufe, 1973) S. 103 f

zogenen Betrachtung sind einzelne Leistungen immer dann einer einheitlichen Erwerbstätigkeit zuzuordnen, wenn es sich entweder um:

(1) ***typischerweise*** im Rahmen eines bestimmten Berufs erbrachte Leistungen oder

(2) um sog. ***Annexleistungen*** eines Berufs handelt.[452]

Zu (1): Zu den berufstypischen Leistungen[453] gehören im freiberuflichen Sektor beispielsweise die Erstellung von Steuererklärungen bei einem Steuerberater, das Zeichnen von Bauplänen bei einem Architekten und dergleichen.

Zu (2): Demgegenüber geht es beim Begriff der Annextätigkeit um Leistungen, die zwar im Verhältnis zu den typischen Hauptleistungen nicht mehr als gleichartig bezeichnet werden können, aber immer noch zum Berufsbild gehören. Weitere Voraussetzung ist, daß sie keinem eigenständigen Berufsbild zugeordnet werden können.[454] Beispiele hierfür sind die Tätigkeit eines Architekten als Bauschätzer[455] sowie das Verabreichen von Fangopackungen durch einen Masseur.[456]

Als ungleichartige Leistungen, die auch nicht mehr vom Begriff der Annexleistung erfaßt werden können, sind für die Zwecke der vorliegenden Abhandlung insbesondere die Verkäufe von Heilmitteln durch Angehörige ärztlicher Berufe hervorzuheben. Ein Arzt, der mit behördlicher Erlaubnis Medikamente gegen Entgelt an Patienten abgibt, ist nach Auffassung des BFH[457] insoweit gewerblich tätig.[458] Gleiches gilt für Tierärzte bei der Abgabe von Medikamenten oder Impfstoffen gegen Entgelt,[459] für Augenärzte beim Verkauf von Kontaktlinsen und Pflegemitteln[460] sowie für die Vermittlung oder den Verkauf von Hörgeräten durch Hals-, Nasen- und Ohrenärzte.[461] Demnach kann

---

452 Obwohl diese Grundsätze zweifellos ihr Hauptanwendungsgebiet im Bereich der freiberuflichen Tätigkeit finden, lassen sie sich ebenso für die steuergegenständliche Beurteilung im Rahmen der übrigen betrieblichen Tätigkeiten heranziehen; vgl. *Koller, A.*, (Abgrenzung, 1993) S. 53 (zu gewerblichen Tätigkeiten)

453 In diesem Zusammenhang wird auch von sog. "Kernleistungen" gesprochen; vgl. *Koller, A.*, (Abgrenzung, 1993) S. 43

454 Vgl. *Schick, W.*, (Freie Berufe, 1973) S. 103; *Koller, A.*, (Abgrenzung, 1993) S. 44

455 Vgl. BFH v. 30.4.1959, BStBl 1959 III S. 267

456 Vgl. BFH v. 24.1.1985, BStBl 1985 II S. 676; zu weiteren Beispielen vgl. *Koller, A.*, (Abgrenzung, 1993) S. 44 f

457 Vgl. BFH v. 26.5.1977, BStBl 1977 II S. 879

458 M.E. kann eine gewerbliche Tätigkeit nur angenommen werden, wenn die Abgabe der Heilmittel nicht ausschließlich den eigenen Patienten vorbehalten ist und damit eine selbständige Marktteilnahme vorliegt. Ansonsten handelt es sich um eine Annexleistung; gl.A. *Koller, A.*, (Abgrenzung, 1993) S. 186

459 Vgl. BFH v. 1.2.1979, BStBl 1979 II S. 574; v. 27.7.1978, BStBl 1978 II S. 686

460 Vgl. H 136 EStR ("Heilberufe")

461 Vgl. BMF-Schreiben v. 12.2.1990, DStR 1990 S. 250

auch das Anfertigen von Zahnprothesen für eigene Patienten in einem eigenen Labor entgegen der früheren Auffassung des BFH[462] nicht mehr als Annextätigkeit des zahnärztlichen Berufs gewertet werden.[463] Die frühere Rechtsprechung[464] tendierte unter dem Gedankengut der vom RFH[465] für die Abgrenzung von Nebeneinkünften im Bereich der nichtselbständigen Tätigkeit entwickelten ***Abfärbe- bzw. Ausflußtheorie*** in diesen Fällen zu einer Einheitsbetrachtung. Danach ist immer dann von einer einheitlichen Betätigung auszugehen, wenn eine Tätigkeit durch das *Ausnutzen von Fähigkeiten und Kenntnissen aus einer anderen Tätigkeit* gefördert wird oder wenn sich ein Fördereffekt im Bereich des *Leistungsabsatzes* ergibt, wie dies beim angesprochenen Verkauf von Heilmitteln der Fall ist.[466] Mittlerweile wurde diese Sichtweise aber auch in der Rechtsprechung zu Recht weitestgehend aufgegeben.[467] Abgesehen davon, daß die Ausflußtheorie schon früher wegen ihrer mangelnden Praktikabilität kritisiert wurde,[468] ist sie nach dem hier vertretenen Stufenbaukonzept[469] bereits vom systematischen Ansatz her abzulehnen, weil das dem tätigkeitsorientierten Steuergegenstand immanente *zielgerichtete* Handeln nicht durch herkunftsorientierte Informationen bestimmt werden kann.[470]

Hieraus ergibt sich m.E. bereits deutlich, daß sich die pauschale Aussage, die Veräußerung von *Anlagevermögen* gehöre zum Inhalt jeder betrieblichen Tätigkeit, als nicht haltbar erweist. Wenn sich schon die Veräußerung von *berufsnahem Umlaufvermögen* (Heilmittel) nicht mehr als Annexleistung einer freiberuflichen Tätigkeit darstellt, muß dies m.E. umso mehr für die Veräußerung von Anlagegütern gelten.

Ähnliche Gesichtspunkte gelten m.E. auch für die beiden übrigen Gewinneinkunftsarten. Hier wird zwar die Veräußerung von Umlaufvermögen häufig den zentralen Inhalt der jeweiligen Tätigkeit darstellen. Auf das Anlagevermögen läßt sich dieser Gedanke jedoch regelmäßig nicht übertragen. Selbst wenn man im Fall eines anlageintensiven gewerblichen Produktionsbetriebs gefühlsmäßig

---

462 Vgl. Urteil v. 13.8.1953, BStBl 1953 III S. 292
463 Vgl. *Koller, A.*, (Abgrenzung, 1993) S. 46
464 Vgl. BFH v. 12.1.1961, StRK § 2 Abs. 1 GewStG R. 149 (Verkauf von Heilmitteln durch Heilpraktiker)
465 Vgl. RFH v. 22.10.1931, RStBl 1931 S. 953; v. 23.9.1937, RStBl 1937 S. 1186
466 Vgl. *Koller, A.*, (Abgrenzung, 1993) S. 56
467 Vgl. ausführlich *Koller, A.*, (Abgrenzung, 1993) S. 57 ff
468 Vgl. *Kapp/Brockhoff*, (Außerordentliche Einkünfte, 1958) S. 63. Sie weisen zutreffend darauf hin, daß sich verschiedene wirtschaftliche Aktivitäten eines Steuerpflichtigen "oft genug" gegenseitig befruchten, so daß es praktisch unmöglich ist, geeignete Abgrenzungskriterien für die Anwendung der Ausflußtheorie festzulegen.
469 Vgl. S. 5 ff
470 Gl.A. *Koller, A.*, (Abgrenzung, 1993) S. 60 f

noch zu der Auffassung gelangen kann, daß die Veräußerung von Maschinen in gewisser Weise zu dieser Tätigkeit gehört, finden sich auch hier leicht Beispiele, die diesbezüglich keinen Unterschied zu den Haushaltseinkunftsarten erkennen lassen.

Beispiel:

(1) A ist selbständiger Versicherungsvertreter und damit Gewerbetreibender.[471] Er erwirbt ein Reihenhaus für DM 450.000 und nutzt das Erdgeschoß (50 qm) als Büroraum. Der erste Stock und das ausgebaute Dachgeschoß (100 qm) dienen ihm und seiner Familie zu Wohnzwecken. Außerdem schafft A für Kundenbesuche einen überwiegend für betriebliche Zwecke genutzten Pkw zum Preis von DM 45.000 an.

(2) B ist angestellter Außendienstmitarbeiter bei einer großen Versicherungsgesellschaft und erzielt damit Einkünfte aus nichtselbständiger Tätigkeit.[472] Im übrigen Sachverhalt wie in Beispiel (1). Der Pkw ist als Arbeitsmittel i.S.d. § 9 Abs. 1 Satz 3 Nr. 6 EStG zu qualifizieren.

Beide betreuen einen regional abgegrenzten Kundenkreis. Nach fünf Jahren wird jeweils das Haus mit einem Gewinn von DM 150.000 und der inzwischen voll abgeschriebene Pkw mit einem Gewinn von DM 10.000 veräußert. In Beispiel (1) ergibt sich ein zu versteuernder Gewinn von DM 60.000,[473] während die Veräußerungsvorgänge in Beispiel (2) unberücksichtigt bleiben. Ein Unterschied in der Intensität der Marktteilnahme bzw. im Berufsbild, der dieses Ergebnis ohne die Einkünfteermittlungsvorschrift des § 2 Abs. 2 EStG rechtfertigen könnte, ist m.E. nicht ersichtlich.

2. Subjektive Leistungsveranlassung

2.1 Leistungsvereinigung und Gleichordnung der Einkunftsarten

Neben der Annexleistung ist die sog. Leistungsvereinigung der zweite wesentliche Aspekt für die steuergegenständliche Zuordnung einer bestimmten Einzelleistung zu einer Erwerbstätigkeit. Ausgangspunkt der Überlegungen ist dabei, daß mehrere Leistungstatbestände immer dann einer einheitlichen Erwerbstätigkeit zuzuordnen sind, wenn sie im Rahmen eines übergeordneten, einheitlichen Erwerbsziels erbracht werden. Nach *Koller*[474] ist zwischen vertikaler und horizontaler Leistungsvereinigung zu differenzieren. Der für die vorliegende Untersuchung relevante Gesichtspunkt der *vertikalen Leistungsver-*

---

471 Ein selbständiger Versicherungsvertreter übt auch dann eine gewerbliche Tätigkeit aus, wenn er nur für ein einziges Versicherungsunternehmen tätig sein darf; vgl. BFH v. 26.10.1977, BStBl 1978 II S. 137; H 136 EStR ("Versicherungsvertreter")

472 Ein Vertreter kann auch dann Arbeitnehmer sein, wenn er erfolgsabhängig entlohnt wird und eine gewisse "Bewegungsfreiheit" hat; vgl. Abschn. 67 Abs. 1 LStR 1993

473 Ein Drittel des Hauses ist als notwendiges Betriebsvermögen zu qualifizieren; vgl. im einzelnen *Biergans, E.*, (Einkommensteuer, 1992) S. 265 ff

474 Vgl. *Koller, A.*, (Abgrenzung, 1993) S. 86 ff

einigung ist dadurch gekennzeichnet, daß zwischen zwei Leistungstatbeständen ein Über- bzw. Unterordnungsverhältnis besteht, d.h. der Zweck einer konkreten Leistung besteht in der Förderung einer übergeordneten Erwerbstätigkeit (Hilfscharakter einer Leistung).[475] Entscheidende Bedeutung kommt hierbei der subjektiven Komponente des Veranlassungsprinzips zu, wobei die subjektive Leistungsveranlassung durch objektive Umstände glaubhaft gemacht werden muß.

Das Einkommensteuergesetz bringt derartige Sachverhalte in den sog. Subsidiaritätsklauseln[476] zum Ausdruck, wonach Einkünfte aus Kapitalvermögen, aus Vermietung und Verpachtung bzw. sonstige Einkünfte nicht isoliert zu betrachten, sondern einer anderen Tätigkeit zuzuordnen sind, sofern sie zu dieser Tätigkeit "gehören." Abgesehen davon, daß der Wortlaut dieser Vorschriften im Schrifttum zu Recht als verunglückt bezeichnet wird,[477] wurde bereits im Zusammenhang mit der Kritik am sog. gewillkürten Betriebsvermögen[478] auf ihren fehlenden Aussagegehalt hingewiesen. Nachdem keine Kriterien aufgeführt sind, die die Zugehörigkeit zu einer übergeordneten Tätigkeit spezifizieren, kann den Subsidiaritätsklauseln lediglich deklaratorische Bedeutung beigemessen werden. *Beierl*[479] bezeichnet die Gesetzesformulierung deshalb zutreffend als Tautologie. Eine Zuordnung kann letztlich nur anhand der allgemeinen einkommensteuersystematischen Regeln - und damit anhand des Veranlassungsprinzips[480] - vorgenommen werden.

Ausgangspunkt für die Abgrenzung vertikaler Leistungseinheiten nach dem Gesichtspunkt des übergeordneten Erwerbszieles ist der Grundsatz der Gleichordnung der sieben Einkunftsarten, der auch von der wohl h.M. im Schrift-

---

475 Demgegenüber nimmt der Steuerpflichtige bei einer *horizontalen Leistungseinheit* mit mehreren gleichrangigen Leistungstatbeständen einheitlich am Markt teil. Zentrales Abgrenzungskriterium ist hierbei die Selbständigkeit der Marktteilnahme, die insbesondere bei sog. Leistungsbündeln zu prüfen ist; vgl. hierzu ausführlich *Koller, A.*, (Abgrenzung, 1993) S. 165 ff

476 Vgl. § 20 Abs. 3, § 21 Abs. 3, § 22 Nr. 3 Satz 1 sowie § 23 Abs. 3 EStG

477 Zuzurechnen sind grundsätzlich nicht die (betragsmäßig ermittelten) Einkünfte, sondern bereits die zugrunde liegende Handlung. Andernfalls könnten Veräußerungsgewinne aufgrund des dualistischen Einkünfteermittlungssystems nicht besteuert werden; vgl. *Koller, A.*, (Abgrenzung, 1993) S. 91 FN 6; *Schmidt, A.*, (Personengesellschaften, 1989) S. 59

478 Vgl. S. 99 ff

479 Vgl. *Beierl, O.*, (Einkünftequalifikation, 1987) S. 78 f; gl.A. *Koller, A.*, (Abgrenzung, 1993) S. 91; *Herrmann/Heuer/Raupach*, § 20 EStG Anm. 400

480 Ebenso *Jakob/Jüptner*, (Parteienfinanzierung, 1986) S. 80: "Da der Veranlassungszusammenhang mit der konkreten steuerbaren Tätigkeit herzustellen ist, wird mit der Veranlassung zugleich über die Frage der Subsidiarität einzelner Einkunftsarten mitentschieden."

tum[481] vertreten wird. Dies bedeutet, daß zunächst jedes marktüblich abgewickelte Leistungsverhältnis nach dem Beweis des ersten Anscheins einer eigenen steuergegenständlichen Beurteilung zugänglich ist (Primat des Entgeltmotivs).[482] Dient demnach die Vermietung einer Immobilie primär der Erzielung von Mieteinnahmen, ist die Tätigkeit im Rahmen des § 21 EStG zu erfassen. Etwas anderes gilt nur, wenn ein übergeordnetes betriebliches Motiv in den Vordergrund tritt.

Auch die Subsidiaritätsklauseln sind in diesem Zusammenhang m.E.[483] nicht geeignet, den Gleichordnungsgrundsatz zu durchbrechen, da sie aufgrund ihres deklaratorischen Charakters keine Konkurrenzsituation zugunsten oder zu Ungunsten einer bestimmten Einkunftsart entscheiden. Sofern eine Nutzungsüberlassung durch eine betriebliche Tätigkeit veranlaßt ist, liegt tatbestandsmäßig bereits eine originäre betriebliche Handlung vor. Umgekehrt kann eine marktüblich vergütete Nutzungsüberlassung ohne übergeordnetes betriebliches Leistungsmotiv nicht mit dem Hinweis auf diese Vorschriften durch einen einfachen Buchungsakt einer betrieblichen Tätigkeit zugeordnet werden, da sich an der *Tätigkeit* selbst nichts ändert.[484]

Ausgehend von dem Primat des Entgeltmotivs, nach dem die marktübliche Abwicklung eines Leistungsverhältnisses prima facie gegen den Hilfscharakter einer Leistung spricht, ist eine übergeordnete Leistungsveranlassung insbesondere dann anzunehmen, wenn im Verhältnis zu fremden Dritten auf ein marktübliches Entgelt bzw. im weiteren Sinne auf marktübliche Vertragsbedingungen verzichtet wird.[485]

---

481 Vgl. *Beierl, O.*, (Einkünftequalifikation, 1987) S. 78 f; *Herrmann/Heuer/Raupach*, § 2 EStG Anm. 87; *Koller, A.*, (Abgrenzung, 1993) S. 93 f; *Lang, J.*, (Bemessungsgrundlage, 1988) S. 218 ff

482 Vgl. ausführlich *Koller, A.*, (Abgrenzung, 1993) S. 94 ff

483 Gl.A. *Koller, A.*, (Abgrenzung, 1993) S. 94; a.A. *Alt, M.*, (Überschußvermögen, 1994) S. 95

484 Vgl. hierzu auch S. 100. Etwas anderes könnte unter Beachtung des Grundsatzes der Tatbestandsmäßigkeit der Besteuerung nur gelten, wenn eine Vorschrift ausdrücklich und konstitutiv die Umqualifizierung einer Leistungsbeziehung anordnet, wie dies z.B. bei § 15 Abs. 1 Nr. 2 EStG der Fall ist; vgl. *Koller, A.*, (Abgrenzung, 1993) S. 94

485 Von einer Leistungsvereinigung ist auch auszugehen, wenn die Gegenleistung nicht in Geldeinheiten, sondern in einer Realleistung besteht, die im Rahmen der übergeordneten Erwerbstätigkeit "verbraucht" wird. Darüber hinaus kann auch eine Beherrschungsleistung einen einheitlichen Steuergegenstand begründen, wenn eine Beteiligung an einer Kapitalgesellschaft dazu dient, deren Tätigkeit in eine übergeordnete Erwerbstätigkeit des Gesellschafters einzugliedern (Hilfscharakter einer Beteiligung); vgl. hierzu ausführlich *Koller, A.*, (Abgrenzung, 1993) S. 126 ff und S. 150 ff

Beispiele:

(1) Unternehmer A hat mehrere Mietwohnungen, die er zu günstigen Konditionen ausschließlich an eigene Arbeitnehmer vermietet, um sie an den Betrieb zu binden. Die Vermietung stellt sich als betriebliche Hilfsleistung dar.[486]

(2) Arbeitnehmer B gibt seinem Arbeitgeber, der Liquiditätsprobleme hat, ein marktüblich verzinstes Darlehen zur Sicherung seines Arbeitsplatzes, wobei er auf die Einräumung entsprechender Sicherheiten verzichtet. Obwohl der Einsatz von Kapital einer nichtselbständigen Tätigkeit grundsätzlich wesensfremd ist,[487] ist die Darlehenshingabe als Hilfsleistung im Rahmen des § 19 EStG zu qualifizieren. Ohne das Motiv der Arbeitsplatzsicherung wäre B nicht bereit, ein risikobehaftetes Darlehen unter Verzicht auf einen zusätzlichen "Risikozuschlag" zu vergeben.[488]

(3) Ein Steuerberater verbürgt sich bei einer Bank für den Kredit eines wichtigen Mandanten, der sich in Zahlungsschwierigkeiten befindet, um das Mandat nicht zu verlieren. Obwohl Geldgeschäfte grundsätzlich nicht zur Tätigkeit eines Steuerberaters gehören,[489] handelt es sich um eine Hilfsleistung, die durch die betriebliche Tätigkeit veranlaßt ist.[490]

Darüber hinaus kann es auch zu einer Leistungsvereinigung kommen, wenn zwei Leistungsbeziehungen zwar nebeneinender zu marktüblichen Konditionen abgewickelt werden, aber in einem synallagmatischen Verhältnis zueinander stehen.[491]

Beispiel:

Ein Unternehmer vermietet Wohnungen an seine Arbeitnehmer. Für den Fall der Beendigung des Dienstverhältnisses sieht der Mietvertrag eine Kündigungsklausel vor. Unabhängig von ihrer zivilrechtlichen Zulässigkeit bringt die Klausel die betriebliche Veranlassung der Vermietungshandlung zum Ausdruck. Es handelt sich um eine betriebliche Hilfsleistung.

2.2 Irrelevanz der Mittelverwendung

Aus den vorangangenen Ausführungen ergibt sich, daß Veräußerungsleistungen in aller Regel keine Hilfsleistungen darstellen. Bezogen auf die Veräußerung von Anlagevermögen zu Marktkonditionen kann sich der Hilfscharakter der Veräußerungshandlung letztlich nur auf die (potentielle) Herstellung eines

---

486 Vgl. hierzu auch BFH v. 14.4.1988, BFH/NV 1989 S. 95 (97) m.w.N. Danach ist die Vermietung an Arbeitnehmer nur dann zwingender Bestandteil der betrieblichen Tätigkeit, "wenn für die Vermietung von Wohnungen gerade an Betriebsangehörige betriebliche Gründe maßgebend waren (...)."

487 Vgl. BFH v. 19.10.1982, BStBl 1983 II S. 295 (296)

488 Vgl. S. 182 ff

489 Vgl. *Koller, A.*, (Abgrenzung, 1993) S. 35, 40 f, 43 ff

490 Vgl. BFH v. 24.8.1989, BStBl 1990 II S. 17 m.w.N.

491 *Koller* spricht in diesem Zusammenhang von einem mittelbaren Leistungsaustausch; vgl. *Koller, A.*, (Abgrenzung, 1993) S. 142

finanziellen Förderungszusammenhangs mit der betrieblichen Tätigkeit stützen. Der Veräußerungserlös kann zur Finanzierung anderweitiger betrieblicher Anschaffungen bzw. Aufwendungen verwendet werden. Wenngleich einer mittelverwendungsorientierten Betrachtungsweise im Gegensatz zum "herkunftsorientierten" Gedankengut der Ausflußtheorie[492] zumindest noch eine gewisse Zielbezogenheit im Sinne des tätigkeitsorientierten Steuergegenstandes unterstellt werden kann, ist sie m.E.[493] dennoch nicht geeignet, eine subjektive Leistungsveranlassung mit der Folge einer vertikalen Leistungsvereinigung zu begründen.

Bereits der Versuch, zwischen einzelnen Aktiv- und Passivposten eines Unternehmens einen konkreten Finanzierungszusammenhang herzustellen, ist zwangsläufig zum Scheitern verurteilt. Im Rahmen komplexer Handlungsabläufe stellt sich die Beschaffung von Mitteln einerseits und deren Verwendung andererseits als simultanes Entscheidungsproblem dar.[494] Jedes Bemühen um die Herstellung eines wirtschaftlichen Zusammenhangs zwischen einzelnen Aktiva und Passiva eines Betriebs beinhaltet grundsätzlich eine Fiktion, weil es dem Steuerpflichtigen unbenommen ist, über zugeflossene finanzielle Mittel frei zu verfügen. Dies gilt sogar dann, wenn wenn Mittel unter einer konkreten Zweckbindung zufließen, weil diese bei abstrakten Zahlungsmitteln nur *nominal* besteht.[495] Dem Empfänger steht es *faktisch* selbst in solchen Fällen frei, den zugeflossenen Betrag anderweitig zu verwenden. Aus diesem Grund wird im Schrifttum[496] zu Recht die Auffassung vertreten, daß die Verwendung zweckgebundener Mittel für die Anschaffung eines Wirtschaftsgutes die Höhe der Anschaffungskosten nicht beeinflussen darf. So dürfen beispielsweise auch Investitionszuschüsse die Anschaffungskosten nicht mindern.[497] Für das steuerliche Wahlrecht,[498] die Zuschüsse ertragswirksam zu vereinnahmen oder erfolgsneutral von den Anschaffungskosten abzusetzen, fehlt die Rechtsgrundlage. Ebenso liegen bei einer zweckgebundenen Schenkung finanzieller Mittel zum Erwerb eines Grundstücks (mittelbare Grundstücksschenkung) entgegen

492 Vgl. S. 116

493 Gl.A. *Koller, A.*, (Abgrenzung, 1993) S. 146

494 Vgl. *Siegel, T.*, StuW 1985 S. 207; ähnlich *Biergans, E.*, (Investitionsrechnung, 1973) S. 247 f

495 Vgl. *Koller, A.*, (Abgrenzung, 1993) S. 147

496 Vgl. *Küting/Weber*, § 255 HGB Anm. 65; *Beck Bil.-Komm.*, § 255 HGB Anm. 117

497 Ebenso *Knobbe-Keuk, B.*, (Bilanzsteuerrecht, 1993) S. 163 f; *Koller, A.*, (Abgrenzung, 1993) S. 147; *Nieland, H.*, DStZ 1986 S. 216 (218); a.A. *Groh, M.*, DB 1988 S. 2147 (2149)

498 Vgl. BFH v. 22.1.1992, BStBl 1992 II S. 488; R 34 Abs. 2 EStR

der Auffassung der Rechtsprechung[499] und der Finanzverwaltung[500] eigene Anschaffungskosten des Beschenkten vor.[501] Im Zusammenhang mit der Anwendung des § 3c EStG hat auch der BFH[502] ausdrücklich die Irrelevanz der Mittelverwendung für die Begründung eines Veranlassungszusammenhangs hervorgehoben. Ein Abzugsverbot nach dieser Vorschrift besteht nur dann, wenn Einnahmen und Aufwendungen durch dasselbe Ereignis veranlaßt sind. Durch die "bloße Finanzierung von Aufwendungen durch steuerfreie Einnahmen"[503] wird kein unmittelbarer wirtschaftlicher Zusammenhang zwischen den Erfolgskomponenten i.S.d. § 3c EStG hergestellt, so daß die Aufwendungen ungekürzt abzugsfähig sind.

In diesem Kontext werden auch die Zuordnungsregeln der Rechtsprechung im Hinblick auf den ***Schuldzinsenabzug*** von *Biergans*[504] zu Recht als lediglich bedingt taugliche Hilfskriterien bezeichnet, weil sie letztlich immer auf einer Fiktion beruhen. Der BFH[505] stellt bei der Zuordnung von Verbindlichkeiten zur betrieblichen oder privaten Sphäre im wesentlichen auf die Veranlassung eines Kredits zum Zeitpunkt der Aufnahme ab. Aber selbst wenn zu diesem Zeitpunkt die geforderte Verwendung der Mittel für betriebliche Zwecke - bzw. zur Erzielung von Haushaltseinkünften - vorliegt, läßt sich diese bei einer zeit*raum*bezogenen Betrachtung nicht mehr nachvollziehen.

Beispiel:

Ein Unternehmer finanziert den Bau einer Lagerhalle durch die Aufnahme eines Einzelkredits. Im Kreditvertrag ist die Möglichkeit von Sondertilgungen vorgesehen, die er aufgrund hoher Umsätze auch wahrnehmen könnte. Trotzdem unterläßt er dies und entnimmt die liquiden Mittel für die Anschaffung einer privaten Segelyacht.

Damit wird deutlich, daß auch bei Einzelfinanzierungen die Herstellung eines konkreten Veranlassungszusammenhangs im Zeitablauf willkürlich erscheint. Unter Berücksichtigung der Tatsache, daß der Steuerpflichtige in der Regel laufend Investitions- und Finanzierungstätigkeiten vornimmt, wäre andererseits die Zuordnung des Kredites im obigen Beispiel zur Privatsphäre ebenfalls nur eine - nicht nachvollziehbare - Fiktion.[506] Im Ergebnis muß man somit anerkennen, daß die Mittelverwendung keine Rückschlüsse auf einen konkreten

499 Vgl. BFH v. 8.6.1994, BStBl 1994 II S. 779; v. 15.5.1990, BStBl 1992 II S. 67
500 Vgl. BMF-Schreiben v. 31.12.1994, BStBl 1994 I S. 887 (888)
501 Gl.A. *Koller, A.*, (Abgrenzung, 1993) S. 147
502 Vgl. Urteile v. 11.10.1989, BStBl 1990 II S. 88 (89); v. 29.1.1986, BStBl 1986 II S. 479 (480 f)
503 Vgl. BFH v. 11.10.1989, BStBl 1990 II S. 88 (89)
504 Vgl. *Biergans, E.*, (Einkommensteuer, 1992) S. 289 f
505 Vgl. Beschluß v. 4.7.1990 (GrS), BStBl 1990 II S. 817 (824) m.w.N.
506 Gl.A. *Koller, A.*, (Abgrenzung, 1993) S. 148

Veranlassungszusammenhang hinsichtlich der Fremdkapitalzinsen zuläßt.[507] Die bestehenden Möglichkeiten, private Kredite in steuerlich relevante Verbindlichkeiten umzuwandeln,[508] können unter dem Grundsatz der Finanzierungsfreiheit auch von der Rechtsprechung nicht unterbunden werden. Konsequent erscheint im geltenden Recht letztlich nur der Vorschlag von *Siegel*,[509] eine Zuordnung nach entscheidungslogischen Gesichtspunkten vorzunehmen und fremdfinanzierte Mittel so lange dem Bereich der Einkünfteerzielung zuzurechnen, wie die Höhe der Verbindlichkeiten durch das dafür eingesetzte Vermögen gedeckt ist.[510] Beseitigt werden kann das Problem aber allein durch den Gesetzgeber, indem die seit langem geforderte Wiedereinführung des 1974 abgeschafften allgemeinen Schuldzinsenabzugs verwirklicht wird.[511]

Aus den dargestellten Überlegungen ergibt sich m.E.[512] zwingend, daß ein abstrakter Finanzierungszusammenhang nicht zur Begründung einer Leistungsvereinigung geeignet ist, weil diese unter einem tätigkeitsorientierten Steuergegenstand ausschließlich *handlungsbezogen* verstanden werden kann. Frei werdende Finanzierungsmittel können keinen steuerrelevanten Veranlassungszusammenhang mit einer bestimmten Tätigkeit herstellen, weil die Verwendung der Mittel nicht handlungsbezogen verfolgt werden kann. Diese Grundsätze sind auch bei der Veräußerung von Anlagevermögen zu beachten. Eine "echte" subjektive Förderungsabsicht mit der Konsequenz, daß sich die Veräußerung tatsächlich als betriebliche Hilfsleistung im Sinne einer vertikalen Leistungsvereinigung darstellt, kann deshalb nur in Ausnahmefällen angenommen werden.[513]

Beispiel:

Um die Geschäftsbeziehung nicht zu gefährden, verkauft ein Unternehmer an einen wichtigen Geschäftspartner ein bisher als Lagerplatz genutztes Grundstück, das dieser unbedingt haben will.

---

507 Ebenso *Beiser, R.*, DStZ 1991 S. 197

508 Vgl. BFH v. 4.7.1990 (GrS) S. 817 (825 ff) m.w.N.

509 Vgl. *Siegel, T.*, StuW 1985 S. 207 (209)

510 A.A. offensichtlich BFH v. 4.7.1990 (GrS), BStBl 1990 II S. 817 (823), der ausdrücklich auf das Veranlassungsprinzip abstellt.

511 Vgl. hierzu *Drenseck, W.*, DB 1991 S. 416; *ders.*, (Wiedereinführung, 1993) S. 845; *Kempermann, M.*, DB 1991 S. 669 (672); *-wfr.-*, DB 1990, S. 2239

512 Gl.A. *Koller, A.*, (Abgrenzung, 1993) S. 148 f; ähnlich *Schmidt/Heinicke*, § 20 EStG Anm. 50b zur Abgrenzung zwischen § 20 und § 21 EStG

513 Angesichts der derzeit herrschenden Rahmenbedingungen hinsichtlich des Schuldzinsenabzugs wäre der Steuerpflichtige sogar äußerst schlecht beraten, wenn er den erzielten Veräußerungserlös für betriebliche Investitionen verwenden und private Anschaffungen fremdfinanzieren würde.

3. Zum "Gewinnstreben" bei Veräußerungsgeschäften

Soweit behauptet wird, Veräußerungsgewinne im Rahmen der Haushaltseinkunftsarten würden nur zufällig erzielt und seien nicht das Ergebnis finaler Handlungen, kann dem m.E. bei einer realistischen Betrachtung der tatsächlichen Verhältnisse ebenfalls nicht zugestimmt werden. Dies ergibt sich bereits aus allgemein erwerbsorientierten Überlegungen. Ein von *Jakob/Hörmann*[514] zum Thema Einkunftserzielungsabsicht bei Vermietung und Verpachtung angeführtes Beispiel arbeitet mit dem geringstmöglichen Abschreibungssatz von 2 v.H. und kommt dabei bei einem Fremdfinanzierungsanteil von 80 v.H. und Annuitäten in Höhe von 9 v.H. (anfänglich 1 v.H. Tilgungsanteil) nach 18 Jahren zum sog. "break-even-point," ab dem ein Totalüberschuß erzielt wird.[515] In der Praxis dürfte es allerdings ein offenes Geheimnis sein, daß die Renditen der meisten angebotenen und durchgeführten Immobilieninvestitionen nicht nach dem betriebswirtschaftlichen break-even-point berechnet werden. Neben der Steuerersparnis durch Fremdkapitalzinsen und Abschreibungen interessiert vielmehr der nach Ablauf der Spekulationsfrist zu erwartende (nicht steuerbare) Veräußerungsgewinn. Das "Anlagevermögen" ist von vornherein zur Gewinnerzielung durch Veräußerung bestimmt. Wenngleich der Große Senat des BFH[516] in einem obiter dictum die Einbeziehung nicht steuerbarer Erträge in die Prognose der für die steuerliche Beurteilung relevanten Überschußerzielungsabsicht ausdrücklich verneint, muß man m.E. anerkennen, daß der wirtschaftlich denkende Mensch (homo oeconomicus) diese sehr wohl als wesentliche bzw. zentrale Komponente in seine Kalkulation einbezieht.[517] Ebenso ist der Erwerb von Aktien regelmäßig nicht nur durch die - meist mäßige - Dividendenerwartung, sondern in weit stärkerem Ausmaß von der subjektiven Prognose überdurchschnittlicher Kursentwicklungen geprägt. Gerade die "Verwaltung" eines umfangreicheren Wertpapierbestands zeichnet sich m.E. in der

514 Vgl. *Jakob/Hörmann*, FR 1989 S. 665 (666)

515 Berücksichtigt man, daß die angenommene jährliche Bruttomiete mit 5 v.H. sehr hoch angesetzt ist und daß in der Praxis in vielen Fällen mit sog. Tilgungsaussetzungsmodellen gearbeitet wird, bei denen das Kreditvolumen über eine Lebensversicherung angespart und erst am Schluß der Laufzeit in einem Betrag getilgt wird, dürfte sich dieser Zeitraum erheblich verlängern. Dies gilt umso mehr, wenn bei neuen Gebäuden die gestaffelt-lineare AfA nach § 7 Abs. 5 EStG und in "geeigneten Fällen" auch noch die halbe ortsübliche Miete i.S.d. § 21 Abs. 2 Satz 2 EStG hinzutritt. Allerdings ist bei der Überschußprognose unter Beachtung des Steuerpflichtigen einschließlich seiner Erben grundsätzlich von einer Totalperiode von 100 Jahren auszugehen, wobei nach dem Beweis des ersten Anscheins das Vorliegen einer Einkunftserzielungsabsicht unterstellt wird; vgl. BMF-Schreiben v. 23.7.1992, BStBl 1992 I S. 434

516 Vgl. Beschluß v. 25.6.1984, BStBl 1984 II S. 751 (766)

517 Gl.A. *Jakob/Hörmann*, FR 1989 S. 665 (672 f)

Praxis häufig durch eine rege An- und Verkaufstätigkeit aus, bei der es nicht zuletzt um die Erzielung von Veräußerungsgewinnen geht.

Im Gegensatz dazu sind m.E. im betrieblichen Bereich erzielte Gewinne aus der Veräußerung von Anlagevermögen sogar weniger häufig das Ergebnis finaler Handlungen. Hier geht es regelmäßig um die Maximierung der Erträge aus der eigentlichen "Kerntätigkeit." Das dafür benötigte Anlagevermögen wird weniger im Hinblick auf einen späteren Veräußerungsgewinn ausgewählt, sondern vielmehr nach seiner Tauglichkeit für die Erwirtschaftung laufender Erträge aus der betrieblichen Tätigkeit. Die pauschale Übertragung der "intensiven Marktteilnahme" aus der eigentlichen betrieblichen Tätigkeit auf die Veräußerung von Anlagegütern ist deshalb m.E. abzulehnen, weil sich die Differenzierung "bloße Nutzung versus Umschichtung"[518] im Hinblick auf das *betriebliche Anlagevermögen* mindestens ebenso häufig zugunsten einer bloßen Nutzung auflöst wie im Bereich der Haushaltseinkünfte. Ein wesentlicher Beleg für die hier vertretene Auffassung findet sich sogar im Gesetz selbst, und zwar in den Regelungen der §§ 6b und 6c EStG, die in bestimmten Fällen eine Übertragung von bei der Veräußerung von Anlagegütern realisierten stillen Reserven auf "Ersatzinvestitionen" zulassen.[519] Hier zeigt sich, daß es bei der Veräußerung von Anlagegütern nicht um eine "reguläre" betriebliche Handlung geht. Im Zuge der Einführung dieser Vorschriften hat der Gesetzgeber selbst ausdrücklich eingeräumt, daß Anlagevermögen "*seinem Wesen nach nicht zur Gewinnerzielung durch Veräußerung bestimmt* ist."[520] Aus diesem Grund wurde es u.a. für geboten erachtet, Umstrukturierungsmaßnahmen durch eine Fortführung stiller Reserven in die Zukunft zu erleichtern.[521] Die genannten Vorschriften gewähren letztlich eine - in vielen Fällen sehr lang anhaltende - Steuerstundung, um die Förderung der "Kerntätigkeit" nicht zu behindern.

4. Zwischenergebnis

Wie die vorangegangenen Ausführungen zeigen, ergibt sich die Erfassung von Veräußerungsgewinnen auch im betrieblichen Bereich nicht bereits aus der gesetzlichen Beschreibung der einzelnen Erwerbstätigkeiten in den §§ 13, 15 und 18 EStG. Die im gesetzgeberischen Ermessen liegende endgültige Belastungs-

---

518 Vgl. *Wittmann, R.*, StuW 1993 S. 35 (39)

519 Vgl. ausführlich *Biergans, E.*, (Einkommensteuer, 1992) S. 539 ff

520 Vgl. BT-Dr. IV/2400 S. 62 (Hervorh. d. Verf.); *Littmann/Bitz/Hellwig*, § 6b EStG Rn 7

521 Vgl. BT-Dr. IV/2400 S. 62; BR-Dr. 193/64 S. 46. Danach unterliegen derartige Veräußerungsgewinne einer "Gewinnbesteuerung".

entscheidung im Sinne einer umfassenden Markteinkommensbesteuerung vollzieht sich allein auf der gegenüber der Konkretisierung der einzelnen Einkunftsarten übergeordneten Ebene des § 2 Abs. 2 EStG. Die Veräußerung von Anlagevermögen ist somit ausschließlich aufgrund der *materiellen* Bedeutung dieser Vorschrift (des § 2 Abs. 2 Nr. 1) i.V.m. § 4 Abs. 1 EStG der betrieblichen Tätigkeit und damit der steuerbaren Sphäre zuzuordnen. Sollte sich der Gesetzgeber dazu entschließen, das dualistische System fallen zu lassen, wäre es m.E. ausreichend, § 2 Abs. 2 EStG dahingehend zu ändern, daß die Einkünfte bei allen Einkunftsarten als Gewinn bezeichnet werden.[522] Nichts anderes hat der Gesetzgeber auch in seinen historischen Grundsatzentscheidungen zwischen Quellentheorie, Reinvermögenszugangstheorie und pragmatischem Einkommensbegriff getan. Selbst das unter der Herrschaft der Reinvermögenszugangstheorie stehende EStG 1920 hat die Einkünfte aus Kapitalvermögen sowie aus Vermietung und Verpachtung lediglich als Entgelte aus Nutzungsüberlassungen definiert.[523] Die endgültige Belastungsentscheidung ergibt sich aus anderen Vorschriften.[524]

Die Auswirkungen des hier gefundenen Ergebnisses sollen im folgenden anhand einer m.E. für den Umgang mit dem Vermögensneutralitätsprinzip symptomatischen Streitfrage verdeutlicht werden.

III. Die Grenzen des Veranlassungsprinzips im Bereich der Haushaltseinkünfte

1. Anschaffungs- und Herstellungskosten als Betriebsausgaben/ Werbungskosten dem Grunde nach?

1.1 Problemüberblick

Zu den dogmatisch umstrittensten Problemen des Einkommensteuerrechts gehört zweifellos die für die vorliegende Untersuchung zentrale Frage nach der Betriebsausgaben- bzw. Werbungskostenqualität von Anschaffungs- bzw. Herstellungskosten. Deren Beantwortung scheint wiederum untrennbar verknüpft zu sein mit der Frage nach der Rechtsnatur der Absetzung für Abnutzung

522 Umgekehrt müßten bei einer (hypothetischen) Rückkehr zu quellentheoretischen Grundsätzen lediglich die Vorschriften über die Gewinnermittlung (mit Ausnahme der AfA-Regelungen) sowie Betriebsveräußerungen gestrichen und in § 2 Abs. 2 EStG der Überschuß der Einnahmen über die Werbungskosten als relevante Zielgröße definiert werden.

523 Vgl. §§ 6 und 8 EStG 1920

524 Vgl. § 5 sowie §§ 31 - 38 EStG 1920

(AfA), die unstreitig eine wichtige Rolle im gesamten Ertragsteuerrecht einnimmt.[525] Absetzungen für Abnutzung können nahezu bei allen Einkunftsarten vorkommen. Im krassen Gegensatz zu seiner weitreichenden praktischen Bedeutung steht jedoch die bis heute nicht entschiedene Diskussion um die dogmatischen Grundlagen dieses Rechtsinstituts. Der von *Costede*[526] geprägte Satz, "die Grundlagen dessen, was wir AfA nennen, sind weithin ungeklärt," hat nach wie vor Gültigkeit. Zur Lösung dieses Problems haben sich zwei Theorien herausgebildet, die Aufwandsverteilungsthese und die Wertverzehrthese. Beide stehen sich zum Teil unversöhnlich gegenüber, zum Teil nähern sich die Auffassungen allerdings auch - bewußt oder unbewußt - einander an. Der Wortlaut des § 7 Abs. 1 EStG ist insofern nicht eindeutig, als er zwar einerseits deutlich eine *Verteilung* der Anschaffungs- oder Herstellungskosten eines Wirtschaftsgutes über dessen Nutzungsdauer vorschreibt, diese andererseits aber als Absetzung für *Abnutzung* bezeichnet und damit auch auf einen Wertverzehr abstellt. Von besonderer Bedeutung ist dabei die Frage, ob der in § 9 Abs. 1 Satz 3 Nr. 7 EStG verankerte Verweis auf die Abschreibungsregelung zu einer einheitlichen Interpretation für alle Einkunftsarten zwingt oder ob auch der Charakter der AfA entsprechend der Einteilung der Einkunftsarten "dualistisch" sein kann. Dies ist deshalb nicht von der Hand zu weisen, weil sich die AfA im Haushaltseinkünftebereich auf Wirtschaftsgüter bezieht, die ansonsten der nicht steuerbaren Vermögenssphäre zugeordnet werden. Die Rechtsprechung zeichnet sich insbesondere im Bereich der Haushaltseinkünfte dadurch aus, daß sie offensichtlich je nach Fallgestaltung und gewünschtem Ergebnis beide Positionen vertritt oder die Frage ausdrücklich offen läßt.

Das hierzu vertretene Meinungsspektrum ist insofern äußerst vielschichtig und schwer durchschaubar, als beide Theorien zum Teil auch auf unterschiedliche Bezugspunkte abstellen.[527] Je nach Standpunkt werden sie zur Erklärung des Grundes oder aber des Maßstabs der AfA herangezogen. Dabei läßt sich jedoch ebenfalls beobachten, daß die im Einzelfall gefundenen Ergebnisse ungeachtet der jeweiligen dogmatischen Grundauffassungen teilweise identisch sind. Nachfolgend sollen die wichtigsten Argumente dargestellt und im Anschluß daran einer Analyse unterzogen werden. Die zentralen Aussagen der Rechtsprechung zum Bereich der Haushaltseinkunftsarten werden dabei zunächst ausgeklammert und an den Schluß des Überblicks gestellt.

525 Vgl. *Jakob/Wittmann*, FR 1988 S. 540; *Karrenbauer, M.*, (Abschreibung, 1993) S. 94; *Costede, J.*, StuW 1986 S. 44

526 Vgl. *Costede, J.*, StuW 1986 S. 44

527 Vgl. *Karrenbauer, M.*, (Abschreibung, 1993) S. 94

1.2 Wertverzehrthese

Nach der Wertverzehrthese stellen Anschaffungs-/Herstellungskosten als solche noch keine Betriebsausgaben oder Werbungskosten dar, sondern führen zu einer zunächst unbeachtlichen Vermögensumschichtung.[528] Ein steuerlich zu berücksichtigender Aufwand entsteht danach erst mit dem Einsatz des betreffenden Wirtschaftsguts zur Einkünfteerzielung in Gestalt des dadurch auftretenden qualitativen oder quantitativen Wertverzehrs. Der Zweck der AfA besteht somit darin, diesen Wertverzehr originär als Betriebsausgaben bzw. Werbungskosten zu erfassen. Für den Bereich der Haushaltseinkünfte folgt daraus, daß der Vorschrift des § 9 Abs. 1 Satz 3 Nr. 7 EStG ein rechtskonstitutiver (abzugsbegründender) Charakter beizumessen ist.[529]

Ausgangspunkt der Überlegungen ist dabei der *Aufwendungsbegriff*, der sowohl die Betriebsausgaben als auch die Werbungskosten prägt und nach allgemeinem Verständnis im Sinne von Ausgaben interpretiert wird.[530] Der BFH[531] geht sogar teilweise noch weiter, wenn er Aufwendungen als Oberbegriff für Ausgaben und Aufwand versteht. Danach wären sowohl die Anschaffungs- bzw. Herstellungskosten (Ausgaben) als auch die AfA (Aufwand) als Betriebsausgaben oder Werbungskosten zu qualifizieren. Die Vertreter der Wertverzehrthese engen dagegen den Aufwendungsbegriff dahingehend ein, daß das Vorliegen einer Aufwendung eine Vermögensminderung voraussetzt.[532] So werden insbesondere nach Auffassung von *Karrenbauer*[533] grundsätzlich nur Ausgaben erfaßt, die gleichzeitig Aufwand darstellen, wobei der betriebswirtschaftliche Aufwandsbegriff im Hinblick auf die vom Abflußprinzip geprägten Überschußrechnungen allerdings erweitert werden muß (*erfolgsorientierter Aufwendungsbegriff*). Entsprechend dem die steuerliche Leistungsfähigkeit konkretisierenden Nettoprinzip können nur solche Ausgaben berücksichtigt werden, die in zeitlicher Nähe zu ihrem Abfluß erfolgswirksam werden und damit die Leistungsfähigkeit mindern. Dies ist zwar bei der Anschaffung von Wirtschaftsgütern des Umlaufvermögens der Fall, nicht aber bei (abnutzbaren oder nicht abnutzbaren) Anlagegütern. Bei ihnen tritt der Vermögensum-

---

528 Vgl. z.B. *Knobbe-Keuk, B.*, DB 1985 S. 144 (146 f); *Costede, J.*, StuW 1986 S. 44 (46); *Meyer, D.E.*, BB 1986 S. 986 (987); *Meyer, B.*, DStZ 1984 S. 301; *Vangerow, F.*, StuW 1959 Sp. 547 (549 f)

529 Vgl. *Mittmann, V.*, DStR 1985 S. 99 (100); *Ring, L.*, DStZ 1980 S. 155 (157 f); *Seitrich, P.*, BB 1988 S. 734 (735); *v. Bornhaupt, K.J.*, JDStJG 3 (1980) S. 149 (199); *ders.* in *Kirchhof/Söhn*, § 9 EStG Rdnr. B 97 m.w.N.

530 Vgl. S. 70

531 Vgl. Urteile v. 20.8.1986, BStBl 1986 II S. 904 (905) und BStBl 1987 II S. 108 (110); ebenso *Tipke/Lang*, (Steuerrecht, 1994) § 9 Rz. 226

532 Vgl. *Knobbe-Keuk, B.*, DB 1985 S. 144 (147)

533 Vgl. *Karrenbauer, M.*, (Abschreibung, 1993) S. 54 ff und S. 149 ff

schichtungsgedanke in den Vordergrund, so daß eine Qualifikation als sofort abzugsfähige Betriebsausgaben unter Leistungsfähigkeitsgesichtspunkten ausscheidet. Nachdem auch *Karrenbauer* von einem durch das Veranlassungsprinzip geprägten und mit den Betriebsausgaben identischen Werbungskostenbegriff ausgeht, überträgt er diese Überlegungen auch auf die Überschußermittlung im Haushaltseinkünftebereich. Die von anderen Vertretern der Wertverzehrthese[534] ins Feld geführte Unbeachtlichkeit der Vermögenssphäre lehnt er wegen der zugrunde gelegten Begriffsidentität zur Begründung seiner Auffassung ab. "Die Anschaffungs- oder Herstellungskosten müssen, um als Werbungskosten Anerkennung zu finden, die Voraussetzungen des erfolgsorientierten Werbungskostenbegriffs erfüllen. Dadurch wird aber eine nutzungsdauerbezogene Differenzierung der Wirtschaftsgüter erforderlich."[535]

Im Bereich der *Gewinneinkünfte* beruht die Wertverzehrthese auf einem eher statischen Bilanzverständnis. Für die Aktivierung interessiert demnach nicht der Aufwand, sondern der Wert des aktivierten Wirtschaftsgutes. Die AfA dient entsprechend der Bewertung.[536] Diese Argumentation wird dadurch untermauert, daß Abschreibungen beim Vermögensvergleich auch dann zulässig sind, wenn gar kein Aufwand angefallen ist. Werden geschenkte Wirtschaftsgüter in ein Betriebsvermögen eingelegt, sind sie nach § 6 Abs. 1 Nr. 5 EStG mit dem Teilwert anzusetzen. Sofern es sich dabei um abnutzbare Wirtschaftsgüter des Anlagevermögens handelt, werden von diesem Wertansatz, der durchaus über den ursprünglichen Anschaffungskosten liegen kann, auch Abschreibungen vorgenommen. Daraus schließt *Costede*,[537] daß die Aufgabe der AfA nur darin bestehen kann, den Wertschwund eines Wirtschaftsgutes anzugeben. In diesem Sinne hat auch der IV. Senat des BFH[538] in seinem Grundsatzurteil zur degressiven Abschreibung ausgeführt, die Absetzungen für Abnutzung "sollen nach dem geltenden Einkommensteuerrecht *allein dazu dienen*, den Wertverzehr durch den Gebrauch des Gutes (den Aufwand) auszugleichen."

Für den Bereich der *Haushaltseinkunftsarten* verweist *Knobbe-Keuk*[539] auf die Anschaffungs- oder Herstellungskosten nicht abnutzbarer Wirtschaftsgüter.

---

534 Vgl. *Bringewat, B.*, (Drittaufwand, 1990) S. 50; *Meyer, B.*, DStR 1981 S. 131; *v. Bornhaupt, K.J.*, FR 1981 S. 497 (499 f); ebenso BFH v. 21.12.1982, BStBl 1983 II S. 410 (411); v. 26.3.1974, BStBl 1975 II S. 6 (7)

535 Vgl. *Karrenbauer, M.*, (Abschreibung, 1993) S. 156

536 Vgl. *Costede, J.*, StuW 1986 S. 44 (45)

537 Vgl. *Costede, J.*, StuW 1986 S. 44 (45)

538 Vgl. Urteil v. 11.2.1955, BStBl 1955 III S. 165 (171) (Hervorh. d. Verf.); ebenso *Lang, J.*, (Bemessungsgrundlage, 1988) S. 420

539 Vgl. *Knobbe-Keuk, B.*, DB 1985 S. 144 (147); ebenso *Costede, J.*, StuW 1986 S. 44 (45 f); *v. Bornhaupt, K.J.* in *Kirchhof/Söhn*, § 9 EStG Rdnr. B 97

Wenn diese als Werbungskosten i.S.d. § 9 Abs. 1 Satz 1 EStG zu qualifizieren wären, müßten sie mangels einer entgegenstehenden Vorschrift im Jahr des Abflusses nach § 11 Abs. 2 EStG abgezogen werden können. Nach *Lang*[540] sind die Anschaffungs- oder Herstellungskosten hier unabhängig von ihrer Abnutzbarkeit als "Teil einer erfolgneutralen Umschichtung im Privatvermögen" zu sehen.

Aus dieser Sichtweise wird beispielsweise geschlossen, daß *vergebliche Aufwendungen* im Rahmen der Einkünfte aus Vermietung und Verpachtung, wie z.B. vergebliche Planungskosten oder verlorene Anzahlungen zur Errichtung eines Fertighauses, nicht als Werbungskosten abzugsfähig sind, sofern sie zu den Herstellungskosten des geplanten Hauses gehört hätten.[541] Die Aufwendungen sind danach im steuerlich irrelevanten Privatbereich angefallen, da es zu einer Verwendung des geplanten Wirtschaftsgutes zur Einkünfteerzielung nicht gekommen ist. Erst der tatsächliche Einsatz zur Erzielung von Mieteinnahmen rechtfertigt eine Berücksichtigung des dadurch veranlaßten Wertverzehrs in Form der AfA. Diese Schlußfolgerungen sind offensichtlich aber nicht zwingend, wie die Ausführungen *Karrenbauers* zeigen. Obwohl er mit Nachdruck die Wertverzehrthese vertritt und damit einhergehend § 9 Abs. 1 Satz 3 Nr. 7 EStG einen rechtskonstitutiven Charakter beimißt,[542] fordert er einen Werbungskostenabzug für verlorene Anzahlungen an Bauunternehmer nach § 9 Abs. 1 Satz 1 EStG als "rechtssystematisch richtige Lösung," weil sich die Forderung wirtschaftlich verbraucht hat und damit "ein leistungsfähigkeitsrelevanter Tatbestand gegeben ist."[543]

1.3 Aufwandsverteilungsthese

1.3.1 Grundzüge und Konsequenzen

Von einem völlig entgegengesetzten Standpunkt geht demgegenüber die Aufwandsverteilungsthese aus. Danach besteht der Zweck der AfA darin, die Anschaffungs- bzw. Herstellungskosten abnutzbarer Wirtschaftsgüter periodengerecht über den Zeitraum ihrer Nutzung zu verteilen. Dem liegt der Gedanke zugrunde, daß Anschaffungs-/Herstellungskosten bereits dem Grunde nach Be-

540 Vgl. *Lang, J.*, (Bemessungsgrundlage, 1988) S. 499

541 Vgl. z.B. BFH v. 17.4.1964, BStBl 1964 III S. 383; FG Rheinland-Pfalz v. 22.5.1970, EFG 1970 S. 557 (rkr.); *Mittmann, V.*, FR 1988 S. 127; *ders.*, DStZ 1990 S. 84 (85); *v. Bornhaupt, K.J.*, FR 1981 S. 497 (501 f)

542 Vgl. *Karrenbauer, M.*, (Abschreibung, 1993) S. 165 ff

543 Vgl. ebd. S. 171

triebsausgaben oder Werbungskosten darstellen.[544] § 9 Abs. 1 Satz 3 Nr. 7 EStG hat demnach hinsichtlich der Grundqualifikation als Werbungskosten deklaratorischen Charakter und regelt lediglich die *zeitliche Verteilung* der Aufwendungen abweichend vom Abflußprinzip des § 11 Abs. 2 EStG.[545]

Der Aufwandsverteilungsgedanke kommt in der Rechtsprechung zum einen im Zusammenhang mit der sog. ***Dritt-AfA*** bei unentgeltlichen Nutzungsüberlassungen zum Ausdruck. Der *Vorbehaltsnießbraucher* kann nach Auffassung des BFH[546] die AfA auf das nießbrauchbelastete Grundstück geltend machen, weil er die Anschaffungs- bzw. Herstellungskosten getragen hat. Dementsprechend hat der Nutzungsberechtigte im Rahmen eines unentgeltlich bestellten *Zuwendungsnießbrauchs* keine AfA-Berechtigung.[547] Sofern der Nutzungsberechtigte ausnahmsweise als wirtschaftlicher Eigentümer des belasteten Grundstücks anzusehen ist, kann er dagegen - unabhängig von der Art des Nießbrauchs - Abschreibungen geltend machen,[548] obwohl er die Anschaffungs- bzw. Herstellungskosten nicht getragen hat.[549] Abgesehen davon erlangt diese Sichtweise aber auch im Hinblick auf die Berücksichtigung ***vergeblicher Aufwendungen*** auf die Anschaffung oder Herstellung von Gebäuden erhebliche Bedeutung.[550] Für Vermögensverluste allgemein läßt sich eine steuerliche Berücksichtigung

544 Vgl. z.B. *Biergans, E.*, (Einkommensteuer, 1992) S. 908; *Prinz, U.*, FR 1986 S. 397 (407 ff); (beide allerdings nur für abnutzbare Wirtschaftsgüter); *Jakob/Wittmann*, FR 1988 S. 540; *Kruse, H.W.*, FR 1981 S. 473 (478); *Wolff, Th.*, (Vermögenssphäre, 1993) S. 199 ff; *Meyer, D.E.*, (Nießbrauch, 1984) S. 270 f; a.A. jedoch *ders.*, BB 1986 S. 986 (987); vgl. S. 128

545 Vgl. *Prinz, U.*, FR 1986 S. 397 (407 ff); (allerdings nur für abnutzbare Wirtschaftsgüter); *Herrmann/Heuer/Raupach*, § 9 EStG Anm. 532, 586 - 588; *Hirsch, E.*, DStR 1988 S. 197; *Langohr, Th.G.*, (Veranlassungsprinzip, 1990) S. 158; *Labus, O.*, BB 1964 S. 747

546 Vgl. Urteile v. 28.7.1981, BStBl 1982 II S. 380; v. 16.12.1988, BStBl 1989 II S. 763

547 Vgl. Urteile v. 28.7.1981, BStBl 1982 II S. 454; v. 27.7.1982, BStBl 1983 II S. 6; v. 11.10.1983, BStBl 1984 II S. 266; v. 22.1.1985, BFH/NV 1986 S. 149; v. 24.4. 1990, BStBl 1990 II S. 888

548 Vgl. BFH v. 8.3.1977, BStBl 1977 II S. 629; v. 21.6.1977, BStBl 1978 II S. 303

549 Aus der Wertverzehrthese wird dagegen gefolgert, daß *nur* der wirtschaftliche Eigentümer zur Vornahme von AfA berechtigt ist; vgl. *Karrenbauer, M.*, (Abschreibung, 1993) S. 109. Die Problematik braucht im Rahmen der vorliegenden Abhandlung nicht vertieft zu werden. Wie zuletzt *Koller* dargelegt hat, läßt sich die Abzugsfähigkeit von Dritt-AfA aus tätigkeitsorientierter Sicht unmittelbar durch eine teleologische Erweiterung des § 11d EStDV ableiten. Entscheidend ist dabei weder das wirtschaftliche Eigentum noch das Tragen von Anschaffungs- bzw. Herstellungskosten, sondern allein die Frage, welche Tätigkeit als auslösendes Moment für die "Abnutzung" anzusehen ist. Beruht die unentgeltliche Nutzungsüberlassung zudem auf einem Zuwendungsmotiv, ist die Erwerbstätigkeit des Nutzungsberechtigten maßgeblich; vgl. *Koller, A.*, (Abgrenzung, 1993) S. 21 f; vgl. hierzu auch *Biergans, E.*, (Einkommensteuer, 1992) S. 1064 f

550 Vgl. *Prinz, U.*, (Werbungskosten, 1984) S. 258

leichter rechtfertigen, wenn man bereits die Werbungskostenqualität von Anschaffungs- bzw. Herstellungskosten bejaht. Auch hier finden sich jedoch Stimmen, die § 9 Abs. 1 Satz 3 Nr. 7 EStG lediglich einen deklaratorischen Charakter beimessen,[551] die Abzugsfähigkeit von Vermögensverlusten aber radikal ablehnen.[552]

1.3.2 Gewinneinkunftsarten

Gestützt wird die Aufwandsverteilungsthese im betrieblichen Bereich zunächst auf den Begriff der Betriebsausgaben, der als durch den Betrieb veranlaßte *Aufwendungen* definiert ist. Da der Begriff der Aufwendungen im Gegensatz zum betriebswirtschaftlichen Aufwandsbegriff keine Erfolgswirksamkeit voraussetzt, müssen auch die Anschaffungs- oder Herstellungskosten Betriebsausgaben sein.[553] Der von den Vertretern der Wertverzehrthese postulierte Vermögensumschichtungsgedanke wird damit abgelehnt. Nach Auffassung des BFH[554] ist der Begriff der Betriebsausgaben "durch das Einkommensteuergesetz festgelegt und umfaßt alle Ausgaben eines Betriebes ohne Rücksicht darauf, ob sie im Veranlagungszeitraum bereits Aufwand geworden sind oder nicht." Dazu gehören auch Aufwendungen, die für die Hereinnahme aktivierungspflichtiger Wirtschaftsgüter in den Betrieb gemacht wurden.[555] Beide Judikate betrafen allerdings die Vorschrift des § 160 AO, wonach Betriebsausgaben nicht zu berücksichtigen sind, wenn der Steuerpflichtige dem Verlangen der Finanzbehörde nicht nachkommt, den Zahlungsempfänger zu benennen. In seiner Entscheidung v. 18.2.1982[556] führt der IV. Senat aus, die Anschaffungs- bzw. Herstellungskosten würden im allgemeinen Sprachgebrauch "nicht zu den Betriebsausgaben im engeren Sinne gerechnet."

Für die Betriebsausgabenqualität von Anschaffungs- oder Herstellungskosten sprechen vor allem auch die Grundsätze der betrieblichen Einnahmen-Ausgabenrechnung, die unter der Herrschaft des Zufluß- bzw. Abflußprinzips schon definitionsgemäß nicht auf Aufwandskategorien abstellen kann. Zudem bestimmt § 4 Abs. 3 Satz 4 EStG seit dem 1.1.1971 ausdrücklich, daß die Anschaffungs- oder Herstellungskosten nicht abnutzbarer Wirtschaftsgüter erst im

---

551 Vgl. *Langohr, Th.G.*, (Veranlassungsprinzip, 1990) S. 158 f
552 Vgl. ebd. S. 147
553 Vgl. z.B. *Jakob/Wittmann*, FR 1988 S. 540 (544 ff)
554 Vgl. BFH v. 23.2.1951, BStBl 1951 III S. 77 (78)
555 Vgl. BFH v. 23.2.1951, BStBl 1951 III S. 77 (78); v. 22.5.1968, BStBl 1968 II S. 727
556 Vgl. BStBl 1982 II S. 397 (398) (zu § 4 Abs. 3 EStG)

Zeitpunkt der Veräußerung bzw. Entnahme *als Betriebsausgaben* zu berücksichtigen sind. In der Begründung zu dieser Regelung wird ausgeführt:[557]

"Zu den abzusetzenden Betriebsausgaben gehören grundsätzlich auch die Anschaffungs- oder Herstellungskosten nicht abnutzbarer Wirtschaftsgüter des Anlagevermögens. Nach der Streichung des § 4 Abs. 1 Satz 5 EStG wären daher auch die Anschaffungs- oder Herstellungskosten für Grund und Boden, der zum Anlagevermögen gehört, im Jahr der Zahlung des Kaufpreises in voller Höhe als Betriebsausgaben abzusetzen."

Im Hinblick auf das Postulat der Gesamtgewinngleichheit weisen *Jakob/Wittmann*[558] darauf hin, daß der Begriff der Betriebsausgaben nicht unterschiedlich ausgelegt werden kann, je nachdem ob der Gewinn durch Bestandsvergleich oder durch Einnahmen-Ausgabenrechnung ermittelt wird.

Darüber hinaus beruht die Aufwandsverteilungsthese auf einem ausschließlich dynamischen Verständnis des Charakters der Steuerbilanz, die hier lediglich als Instrument der Gewinnermittlung und nicht als Vermögensübersicht zu verstehen ist. Steuerlich geht es demnach nicht um die Bilanzierung von Wirtschaftsgütern, sondern vielmehr um die Bilanzierung von Kosten.[559] § 7 EStG soll verhindern, "daß Ausgaben, die einen mehrere Perioden anhaltenden Nutzen stiften, bereits im Zeitpunkt der Verausgabung in voller Höhe einkünftemindernd geltend gemacht werden."[560] *Jakob/Jüptner*[561] sprechen in diesem Zusammenhang auch von "geronnenen Betriebsausgaben."

1.3.3 Haushaltseinkunftsarten

Im Bereich der Haushaltseinkünfte wird die Werbungskostenqualität von Anschaffungs- oder Herstellungskosten analog zum Betriebsbereich aus dem veranlassungsorientiert bestimmten Begriff der Werbungskosten abgeleitet.[562] Bereits der Grundsatz der Gleichmäßigkeit der Besteuerung erfordert danach eine möglichst synchrone Handhabung von Werbungskosten und Betriebsausgaben. Insbesondere aber soll aus der Verweisung des § 9 Abs. 1 Satz 3 Nr. 7 EStG auf das "geschlossene" Bilanzsteuerrecht und aus der Tatsache, daß "Anschaffungs- und Herstellungskosten unter dem gleichen Diktum des Veranlassungsprinzips stehend über die Gräben dualistischer Einkünfteermittlung hinweg

557 Vgl. BT-Dr. VI/1901 S. 11
558 Vgl. *Jakob/Wittmann*, FR 1988 S. 540 (545)
559 Vgl. *Jakob/Wittmann*, FR 1988 S. 540 (545 f)
560 Vgl. *Meyer, D.E.*, (Nießbrauch, 1984) S. 271
561 Vgl. *Jakob/Jüptner*, (Parteienfinanzierung, 1986) S. 125
562 Vgl. *Jakob/Wittmann*, FR 1988 S. 540 (547)

einheitlich ausgelegt werden müssen,"[563] auf deren Werbungskostenqualität zu schließen sein.

Der Vermögensumschichtungsgedanke ist nach *Hirsch*[564] im Bereich der Haushaltseinkünfte systemfremd, weil die Einkünfteermittlung hier als reine Geldrechnung ausgestaltet und aufgrund des Grundsatzes der Unbeachtlichkeit der Vermögenssphäre das private Vermögen nicht steuerbar sei. Er begründet seine Auffassung mit dem Beispiel eines angestellten Rechtsanwalts, der einen einschlägigen Kommentar erwirbt. Die Anschaffungskosten könnten *Hirsch* zufolge nach dem Vermögensumschichtungsgedanken nicht als Werbungskosten abgezogen werden, weil ja ein Gegenwert dafür vorliegt. Diesen Gedanken greifen auch *Jakob/Wittmann*[565] auf und argumentieren, daß eine "Anknüpfung an kalkulatorische Phänomene (Wertverzehr) (...) die gesetzliche Linie, die von pagatorischen Größen (Anschaffungs-/Herstellungs*kosten*) ausgeht" und keinen Bestandsvergleich kenne, verlassen würde. Auch hier wird das Vermögensneutralitätsprinzip herangezogen, um die Wertverzehrthese abzulehnen.

In einem nächsten Schritt wird dieses Prinzip dann wieder außer Kraft gesetzt, wenn es um die Frage geht, ob Anschaffungs- oder Herstellungskosten etwa deshalb keine Werbungskosten sein könnten, weil das Privatvermögen steuerlich irrelevant ist.[566] Aufgrund der Überlagerung des Veranlassungsprinzips und des Grundsatzes der Unbeachtlichkeit der Vermögenssphäre[567] sind demnach Aufwendungen auf private Wirtschaftsgüter "ambivalent und finden keine monokausale Erklärung."[568] Nachdem aber der entscheidende Veranlassungszusammenhang zwischen Aufwendungen und der zugrunde liegenden Tätigkeit besteht,[569] sollen alle Tatbestandsmerkmale des Werbungskostenbegriffs erfüllt sein.[570] Das Vermögensneutralitätsprinzip wird mit dem Hinweis

563 Vgl. *Jakob/Wittmann*, FR 1988 S. 540 (547); ähnlich *Littmann/Bitz/Hellwig*, § 17 EStG Rn 10; *Wassermeyer, F.*, FR 1983 S. 157 (164)

564 Vgl. *Hirsch, E.*, DStR 1988 S. 197 (198). Gleichzeitig räumt er aber ein, daß dieser Gedanke beim Vermögensvergleich durchaus bekannt ist.

565 Vgl. *Jakob/Wittmann*, FR 1988 S. 540 (548); ähnlich *Littmann/Bitz/Hellwig*, § 9 EStG Rn 404 a.E., die an anderer Stelle (Rn 408) im Zusammenhang mit § 9 Abs. 1 Satz 3 Nr. 7 EStG von Werbungskosten eigener Art sprechen, die Elemente des Aufwands enthalten.

566 Vgl. *Jakob/Wittmann*, FR 1988 S. 540 (549)

567 Vgl. S. 47 f

568 Vgl. *Jakob/Wittmann*, FR 1988 S. 540 (549)

569 Vgl. hierzu S. 13 ff

570 Vgl. *Jakob/Wittmann*, FR 1988 S. 540 (549); ähnlich *Wassermeyer, F.*, FR 1983 S. 157 (163); *Wolff-Diepenbrock, J.*, DStR 1983 S. 250 (255); *Kruse, H.W.*, FR 1981 S. 473 (478); *Prinz, U.*, FR 1986 S. 397 (407 ff). Nach *Prinz* gilt dies jedoch nur für abnutzbare Wirtschaftsgüter.

auf die Abzugsfähigkeit von Erhaltungsaufwendungen verworfen.[571] Diese seien ebenso Aufwendungen auf das Vermögen wie auch die Anschaffungs- oder Herstellungskosten.[572]

Zur Begründung der These, daß § 9 Abs. 1 Satz 3 Nr. 7 EStG eine reine Verteilungsvorschrift ist, führt *Hirsch*[573] entsprechend seiner Grundauffassung an, daß ein angestellter Vertreter, der einen Pkw erwirbt, die vollen Anschaffungskosten ohne diese Regelung sofort abziehen könnte. Der Pkw könnte dann nach einem Jahr steuerfrei veräußert werden, die Anschaffung eines neuen Pkw hätte wiederum Werbungskosten in Höhe des vollen Kaufpreises zur Folge. Um ein solches dem Nettoprinzip widersprechendes Ergebnis zu verhindern, mußte der Gesetzgeber demnach § 9 Abs. 1 Satz 3 Nr. 7 EStG einfügen.

Aufgrund des fehlenden Abzugsverbotes[574] ist fraglich, wie die Anschaffungs- bzw. Herstellungskosten nicht abnutzbarer Wirtschaftsgüter zu qualifizieren sind. Nach *Biergans*[575] handelt es sich bei ihnen - anders als bei abnutzbaren Wirtschaftsgütern - nicht um Werbungskosten dem Grunde nach, da sie reine Vermögensumschichtungen seien und ihnen damit der Aufwandscharakter fehle. Zum selben Ergebnis kommt *Prinz*.[576] Aufgrund des Vermögensneutralitätsprinzips werden danach die "im nicht abnutzbaren, ertragbringenden Privatvermögen gespeicherten Aufwendungen (...) zu privaten, steuerneutralen Aufwendungen umqualifiziert und scheiden gänzlich aus dem steuerlichen Nexus aus." Dagegen liegen nach *Jakob/Wittmann*[577] nach dem Grundgedanken der Aufwandsverteilungsthese auch hier Werbungskosten vor, die aber nicht abzugsfähig sind, weil sie "...nutzungs- und damit auch leistungsfähigkeitsneutral in der nichtabnutzbaren Vermögenssubstanz gespeichert werden."[578] Somit wäre also zu differenzieren zwischen der abstrakten Werbungskostenqualität bestimmter Aufwendungen und der nachgelagerten Frage ihrer Abzugsfähigkeit, die bei nicht abnutzbaren Wirtschaftsgütern aufgrund des Nettoprinzips ausgeschlossen ist. § 9 Abs. 1 Satz 1 EStG wird in diesem Zusammenhang als "Regelung mit überschießendem Regelungsgehalt" bezeichnet, die durch teleologische Reduktion anhand des Nettoprinzips einzuschränken sei.[579] In eine

571 Daß dieser Gedanke abzulehnen ist, wurde bereits im Rahmen der historischen Retrospektive dargelegt; vgl. hierzu S. 63 ff

572 Vgl. *Jakob/Wittmann*, FR 1988 S. 540 (549)

573 Vgl. *Hirsch, E.*, DStR 1988 S. 197 (199)

574 Vgl. oben S. 129 f

575 Vgl. *Biergans, E.*, (Einkommensteuer, 1992) S. 908

576 Vgl. *Prinz, U.*, FR 1986 S. 397 (409)

577 *Jakob/Wittmann*, FR 1988 S. 540 (549, 552)

578 *dies.*, FR 1988 S. 540 (553)

579 *dies.*, FR 1988 S. 540 (553)

ähnliche Richtung gehen die Ausführungen von *Woring*,[580] wonach es dem Leistungsfähigkeitsprinzip und dem Nettoprinzip widerspricht, Aufwendungen für nicht abnutzbare Wirtschaftsgüter zum Werbungskostenabzug zuzulassen, da keine "wirkliche" Aufwendung im Sinne eines Wertabflusses vorliegt. Der Gesetzgeber habe aus diesem Verständnis heraus eine besondere Regelung für überflüssig gehalten.

Bei der Einordnung der AfA-Regelung in die übergeordneten Grundsätze des Einkommensteuerrechts (Leistungsfähigkeits- und Nettoprinzip) kommen schließlich auch *Jakob/Wittmann*[581] am Begriff des Wertverzehrs nicht vorbei. Die Mietzahlung an einen Vermieter wird dabei in die zwei Komponenten "Entgelt für Nutzungsüberlassung" bzw. Sachkapitalzins und "Entgelt für nutzungsinduzierten Wertverzehr" zerlegt. Da sich beide auf der Einnahmenseite als Bruttobetrag niederschlagen, muß entsprechend dem Nettoprinzip der Wertverzehr im Wege der AfA berücksichtigt werden. In diesem Zusammenhang wird allerdings auch angemerkt, daß im einfachen Gesetzesrecht hinter dem Begriff des Wertverzehrs nicht der Wertverzehr an Wirtschaftsgütern stehe, sondern der Wertverzehr an Aufwendungen. Entscheidend ist demnach, ob sich Aufwendungen verbrauchen.[582] Der Wertverzehr an einem Wirtschaftsgut steht "nur bildhaft `vor´ und rechtstechnisch als `Maß´ für den Verbrauch von Aufwendungen auf dieses Wirtschaftsgut."[583] Grund für die Absetzung ist demzufolge aber die Aufwandsverteilung.

Nach Auffassung von *Glanegger*[584] spricht ebenfalls vieles dafür, daß Anschaffungs- bzw. Herstellungskosten von vornherein als Werbungskosten zu qualifizieren sind. Daraus soll sich beispielsweise die Abzugsfähigkeit von Schuldzinsen für die Anschaffung eines (nicht abnutzbaren) Grundstücks, Erhaltungsaufwendungen sowie der Grundsteuer bei den Einkünften aus Vermietung und Verpachtung erklären lassen.

1.3.4 AfA bei Bodenschätzen

Besonders deutlich kommt die Aufwandsverteilungsthese im Zusammenhang mit der Behandlung von Bodenschätzen zum Ausdruck. Nach § 11d Abs. 2 EStDV sind Absetzungen für Substanzverringerung (AfS) nicht zulässig, wenn der Steuerpflichtige auf einem ihm gehörenden Grundstück Bodenschätze ent-

580 Vgl. *Woring, S.* in *Littmann/Bitz/Hellwig*, § 9 EStG Rn 404

581 Vgl. *Jakob/Wittmann*, FR 1988 S. 540 (552)

582 Auch der Große Senat des BFH spricht in seinem Beschluß v. 4.7.1990 (BStBl 1990 II S. 830 (837) von einem Verbrauch von Aufwendungen.

583 Vgl. *Jakob/Wittmann*, FR 1988 S. 540 (552)

584 Vgl. *Glanegger, P.*, DStZ 1984 S. 583 (585 f)

deckt hat und diese einem Abbauunternehmen zur Ausbeutung überläßt. Der Zweck des gesetzlichen Regelungsgefüges[585] besteht nach Auffassung des BFH[586] nicht darin, einen durch den Abbau von Bodenschätzen verursachten Wertverlust am Grundstück auszugleichen, sondern die Anschaffungskosten eines Wirtschaftsguts auf den Zeitraum seiner Nutzung zu verteilen. Wenn keine entsprechenden Aufwendungen angefallen sind, ist die Vornahme von AfS nicht möglich. Dies ist bei selbst entdeckten Bodenschätzen der Fall, weil sich das Wirtschaftsgut Bodenschatz erst mit Beginn seiner wirtschaftlichen Verwertung konkretisiert.[587] Anschaffungskosten sind lediglich für das Grundstück selbst entstanden. Im außerbetrieblichen Bereich bzw. in einem land- und forstwirtschaftlichen Betrieb entdeckte Bodenschätze konnten jedoch bisher nach Auffassung des I. Senats des BFH[588] nach der Eröffnung eines gewerblichen Abbaubetriebs zum Teilwert in das Betriebsvermögen eingelegt und abgeschrieben werden. Demgegenüber sind Bodenschätze nach Auffassung des VIII. Senats[589] zwar einlagefähig; Absetzungen für Substanzverringerung können jedoch nicht vorgenommen werden, weil die Einlage "nicht zu Anschaffungskosten führt." Nachdem der I. Senat dieser Abweichung von seiner früheren Entscheidung zugestimmt hat und der III. Senat eine solche Abweichung nicht zu erkennen vermochte,[590] ist eine Abschreibung selbst entdeckter Bodenschätze somit nicht mehr möglich.

---

585 Vgl. § 7 Abs. 1 und 6, § 9 Abs. 1 Satz 3 Nr. 7 EStG, § 11d Abs. 2 EStDV

586 Vgl. BFH v. 13.9.1988, BStBl 1989 II S. 37 (38); v. 28.10.1982, BStBl 1983 II S. 106 (108); v. 14.2.1978, BStBl 1978 II S. 343 (344); v. 5.6.1973, BStBl 1973 II S. 702; vgl. auch BFH v. 29.10.1965, BStBl 1966 III S. 88 (89). Im zuletztgenannten Urteil bezeichnet der VI. Senat die AfA-Regelung in einem obiter dictum explizit als Ausnahme von dem Grundsatz des § 11 EStG, weil durch sie Ausgaben unabhängig vom Zeitpunkt der Leistung auf die Nutzungsdauer des Wirtschaftsgutes verteilt würden. Der Grund für diese Aussage war aber offensichtlich, daß dem Steuerpflichtigen eine Nachholung von - zur damaligen Zeit zulässigen - Absetzungen für Substanzverringerung für ein zur Ausbeute überlassenes Sandvorkommen ermöglicht werden sollte.

587 Vgl. BFH v. 29.10.1993, BFH/NV 1994 S. 473 (474); v. 26.11.1993, BStBl 1994 II S. 293 (294 f); v. 19.7.1994, BStBl 1994 II S. 846 (847) jeweils m.w.N.; vgl. hierzu auch *Biergans, E.*, (Einkommensteuer, 1992) S. 198

588 Vgl. Urteil v. 1.7.1987, BStBl 1987 II S. 865 (865 f) (Kiesvorkommen); ebenso BFH v. 26.11.1993, BStBl 1994 II S. 293 (III. Senat)

589 Vgl. Urteil v. 19.7.1994, BStBl 1994 II S. 846 (846 f)

590 Vgl. BFH v. 19.7.1994, BStBl 1994 II S. 846 (848 f)

1.4 Differenzierung zwischen Gewinn- und Haushaltseinkünften

Zum Teil wird in der Literatur ausdrücklich zwischen betrieblichen und außerbetrieblichen Einkünften differenziert. So stellen nach *v. Bornhaupt*[591] Anschaffungs- oder Herstellungskosten im Betriebsbereich Betriebsausgaben dar. Im Haushaltseinkünftebereich führen sie dagegen nicht zu Werbungskosten dem Grunde nach, da dies der Systematik der Überschußeinkünfte widersprechen würde. Umgekehrt favorisiert *Wolff-Diepenbrock*[592] im Betriebsbereich den Wertverzehrgedanken und im Haushaltseinkünftebereich die Aufwandsverteilungsthese.

1.5 Entwicklung der Rechtsprechung im Bereich der Haushaltseinkünfte

Abgesehen von den Judikaten zur Behandlung von Bodenschätzen hat sich der BFH - soweit ersichtlich - zweimal dezidiert zur Werbungskostenqualität von Anschaffungs- bzw Herstellungskosten bekannt. Nach der Entscheidung des VIII. Senats vom 13.11.1973[593] gehört der Aufwand für die Planung eines Gebäudes grundsätzlich zu dessen Herstellungs- oder Anschaffungskosten. Diese seien wiederum Werbungskosten, die sich von anderen Werbungskosten nur insofern unterscheiden, als sie nicht bereits voll im Jahr der Ausgabe, sondern verteilt auf die Jahre der Nutzung abgesetzt werden könnten. Vier Monate später relativiert der VIII. Senat jedoch seine zuvor getroffene Aussage ausdrücklich[594] und führt wörtlich aus:[595]

"Die Auffassung des BFH, daß der Aufwand für den Erwerb einer Einkunftsquelle keine Werbungskosten sind, ist auch folgerichtig und systemgerecht. Denn diese Aufwendungen beziehen sich auf Wirtschaftsgüter, die in aller Regel der privaten Vermögenssphäre zuzurechnen sind und sich in ihrer Substanz der Erfassung bei der Einkommensteuer entziehen. § 9 Nr. 6 EStG (1965) steht hierzu nicht in Widerspruch. Dieser gesetzlichen Regelung liegt die Überlegung zugrunde, daß auch die im Rahmen der in § 2 Abs. 3 Nr. 4 - 7 EStG zur Erzielung von Einkünften eingesetzten Wirtschaftsgüter trotz ihrer Zugehörigkeit zur privaten Vermögenssphäre ***durch ihre Verwendung*** einer Abnutzung unterliegen können. Das ist insbesondere (...) bei den zur Erzielung von Einkünften aus Vermietung und Verpachtung verwendeten

591 Vgl. *v. Bornhaupt, K.J.* in *Kirchhof/Söhn*, § 9 EStG Rdnr. B 98; gl.A. *Meyer, B.*, DStR 1981 S. 131 (132)

592 Vgl. *Wolff-Diepenbrock, J.*, DStZ 1982 S. 331 (332)

593 Vgl. BStBl 1974 II S. 161 (162); ähnlich BFH v. 29.10.1953, BStBl 1953 III S. 353 (354) (IV. Senat)

594 Die "Relativierung" besteht in dem m.E. nicht nachvollziehbaren Hinweis, es seien lediglich "die durch die beabsichtigte Eigennutzung eines Einfamilienhauses in Zukunft entstehenden fiktiven Einnahmen aus Vermietung und Verpachtung gemeint" gewesen; vgl. BFH v. 26.3.1974, BStBl 1975 II S. 6 (7)

595 Vgl. BFH v. 26.3.1974, BStBl 1975 II S. 6 (7) zur (Nicht-)Abschreibungsfähigkeit eines entgeltlich erworbenen dinglichen Wohnrechts (Hervorh. d. Verf.)

Mietwohnhäusern der Fall. Denn hier tritt durch die ständige Nutzung ***ein echter Wertverzehr*** in der Substanz ein, der (...) in Form von AfA geltend gemacht werden kann (...)."

In einem späteren Urteil[596] argumentiert derselbe Senat widersprüchlich. Zunächst wird ausgeführt, daß erst § 9 Abs. 1 Satz 3 Nr. 7 EStG es ermöglicht, Aufwendungen für die Anschaffung oder Herstellung von Wirtschaftsgütern in Form der AfA als Werbungskosten zu behandeln. Somit wäre die Vorschrift im Sinne der Wertverzehrtheorie dahingehend zu verstehen, daß sie eine originäre Abzugsberechtigung für ansonsten nicht steuerbare Aufwendungen darstellt. Unmittelbar darauf spricht sich der Senat dann aber dafür aus, erfolglose Aufwendungen für die Anschaffung oder Herstellung *abnutzbarer* Wirtschaftsgüter in dem Jahr als Werbungskosten zu erfassen, in dem sich mit großer Wahrscheinlichkeit herausstellt, daß es zu keiner Verteilung des Aufwands kommen kann. Bis zu diesem Zeitpunkt hindert § 7 EStG den Steuerpflichtigen, die Aufwendungen durch die Vornahme von Abschreibungen zu berücksichtigen, weil die Nutzung noch nicht begonnen hat. Sobald sich jedoch die Erfolglosigkeit herausstellt, fällt dieses Hindernis weg. Nach dieser Argumentation stellt § 9 Abs. 1 Satz 3 Nr. 7 EStG aber lediglich ein Sofortabzugsverbot für dem Grunde nach bereits feststehende Werbungskosten dar. Die Entscheidung läßt sich zwar mit *Jakob/Wittmann*[597] so auffassen, daß der BFH anscheinend nur *erfolglose* Aufwendungen als Werbungskosten dem Grunde nach ansieht, während nach dem *erfolgreichen* Abschluß des Anschaffungs- oder Herstellungsvorgangs erst die AfA-Regelung den Abzug begründet. Dennoch bleibt m.E. eine gewisse Widersprüchlichkeit bestehen, die darauf hindeutet, daß der BFH seine Aussagen sehr stark im Hinblick auf das gewünschte Ergebnis variiert.

In seiner Entscheidung v. 21.12.1982[598] hat der VIII. Senat des BFH dann die Auffassung vertreten, Anschaffungs- oder Herstellungskosten seien keine Werbungskosten dem Grunde nach, obwohl sie auch mit den Einkünften zusammenhängen. Entsprechend dem Grundsatz der Unbeachtlichkeit der Vermögenssphäre haben danach bei den Haushaltseinkünften *sowohl der Erwerb als auch die Veräußerung* von Wirtschaftsgütern keine einkommensteuerlichen Folgen. Sie dürfen sich nicht auf die Höhe des Überschusses der Einnahmen über die Werbungskosten auswirken. § 9 Abs. 1 Satz 3 Nr. 7 EStG wird folge-

596 Vgl. BFH v. 14.2.1978, BStBl 1978 II S. 455

597 Vgl. *Jakob/Wittmann*, FR 1988 S. 540 (548)

598 Vgl. BFH v. 21.12.1982, BStBl 1983 II S. 410 (411) betr. Zahlungen zur Befreiung eines Grundstücks von einer dinglichen Belastung; ebenso BFH v. 26.3.1974, BStBl 1975 II S. 6 (7) zur (Nicht-)Abschreibungsfähigkeit eines dinglichen Wohnrechts

richtig als Durchbrechung dieses Grundsatzes bezeichnet.[599] In einer früheren Entscheidung sieht der selbe Senat[600] den Sinn und Zweck der AfA-Regelung darin, "den Wertverzehr eines Wirtschaftsguts durch eine periodengerechte Aufwandsverteilung zu berücksichtigen." Damit sieht auch der BFH hier den Grund für die AfA im Wertverzehr von Wirtschaftsgütern, die Aufwandsverteilung dagegen nur als Durchführungsmethode.

In der neueren Rechtsprechung zeichnet sich eine klare Tendenz ab, der Frage auszuweichen. So läßt der Beschluß des Großen Senats des BFH[601] zur Abzugsfähigkeit verlorener Anzahlungen das Gedankengut der Aufwandsverteilungsthese deutlich erkennen, eine Äußerung zur Werbungskostenqualität von Anschaffungs- oder Herstellungskosten wird jedoch vermieden. Der IX. Senat[602] spricht das Problem in zwei neueren Urteilen dagegen zwar an, läßt die Antwort aber ausdrücklich offen.[603] Im Zusammenhang mit (nicht abnutzbaren) Wirtschaftsgütern bei den Einkünften aus Kapitalvermögen hebt der BFH[604] demgegenüber ausdrücklich hervor, daß deren Anschaffungs- und Anschaffungsnebenkosten keine Werbungskosten seien. Somit läßt sich auch hier[605] festhalten, daß die Frage nach der Werbungskostenqualität von Anschaffungs- oder Herstellungskosten in der Rechtsprechung bisher äußerst flexibel gehandhabt wurde. Obwohl sie in den meisten Judikaten deutlich verneint wird, hat der BFH keine Bedenken, diese Sichtweise im Einzelfall wieder einzuschränken bzw. im Fall von selbst entdeckten Bodenschätzen sogar explizit die Verteilungsfunktion der AfA-Regeln hervorzuheben. Die diesbezüglich getroffenen Aussagen hängen offensichtlich maßgeblich vom jeweils gewünschten Ergebnis ab.

---

599 Vgl. BFH v. 21.12.1982, BStBl 1983 II S. 410 (412); v. 29.6.1982, BStBl 1982 II S. 755 (757); FG Düsseldorf v. 12.12.1975, EFG 1976 S. 549 (550) (rkr.)

600 Vgl. BFH v. 27.6.1978, BStBl 1978 II S. 38 (39) zur Abschreibungsfähigkeit von zeitlich befristeten Rechten

601 Vgl. BFH v. 4.7.1990, BStBl 1990 II S. 830 (836 f)

602 Vgl. z.B. BFH v. 14.2.1989, BStBl 1989 II S. 922 (924) zu Umwidmungsvorgängen im Haushaltseinkünftebereich; vgl. hierzu S. 161 ff; v. 9.11.1993, BStBl 1994 II S. 289 (290) zu Kursverlusten bei Fremdwährungsdarlehen; vgl. S. 201 ff

603 Mittlerweile spricht der IX. Senat allerdings wieder von einem "Abzug der Anschaffungskosten als Werbungskosten", und zwar unabhängig vom Abflußzeitpunkt "in Form der AfA verteilt auf die Nutzungsdauer des Wirtschaftsguts." Vgl. Urteil v. 9.2. 1994, BStBl 1995 II S. 47 (49) zur Veräußerung eines Mietwohngrundstücks gegen eine dauernde Last

604 Vgl. Urteil v. 27.6.1989, BStBl 1989 II S. 934

605 Vgl. auch die Ausführungen zum Verhältnis zwischen Veranlassungs- und Vermögensneutralitätsprinzip auf S. 87 f

1.6 Stellungnahme

1.6.1 Der Wertverzehr als Grund für die AfA

Ausgangspunkt der Überlegungen ist hierbei das EStG 1925, in dem die AfA-Regelung erstmals als Verteilungsvorschrift konzipiert wurde. In den vorhergehenden Gesetzen hing die Geltendmachung von Abschreibungen unstreitig von einem tatsächlichen Wertverzehr ab.[606] Aus dem Einleitungssatz des § 16 Abs. 2 REStG 1925[607] läßt sich durchaus entnehmen, daß der Gesetzgeber zum damaligen Zeitpunkt - unter der Geltung eines einheitlichen Abzugsbegriffs[608] - davon ausging, daß Anschaffungs- oder Herstellungskosten Betriebsausgaben bzw. Werbungskosten dem Grunde nach darstellen. Dieser Gedanke findet sich auch in der Gesetzesbegründung.[609] Abgesehen davon, daß in diesem Zusammenhang aber nur von betrieblichem Anlagekapital die Rede ist,[610] kommt m.E. dennoch deutlich zum Ausdruck, daß der *Grund* für die AfA allein im Wertverzehr der eingesetzten Wirtschaftsgüter gesehen wird:[611]

"Umgekehrt dürfen die Anschaffungs- oder Herstellungskosten für Gegenstände, die zur dauernden Verwendung bestimmt sind, nicht ohne weiteres, d.h. nicht in dem Jahre der Anschaffung oder Herstellung, abgesetzt werden; denn mit solchen Gegenständen wird nicht das Einkommen e i n e s Jahres, sondern das mehrerer Jahre erzielt. Infolgedessen sind sie Werbungskosten nicht e i n e s Jahres, sondern mehrerer Jahre. Solche *Vermögensgegenstände* werden bei der Ertragserzielung *fortlaufend verwendet, abgenutzt und allmählich aufgezehrt*. Dementsprechend müssen die Anschaffungs- oder Herstellungskosten auf die mutmaßliche Nutzungsdauer des Gegenstandes verteilt werden. Nach dem Maß, in dem die Gebrauchsfähigkeit eines solchen Gegenstandes im Steuerabschnitt abgenommen hat, sind Teile des Anschaffungs- oder Herstellungspreises als Werbungskosten bei der jeweiligen Einkommensermittlung in Abzug zu bringen. Die Absetzungen *werden im allgemeinen gleichmäßig auf die Nutzungsdauer des Gegenstandes zu verteilen* sein; jedoch muß es dem Steuerpflichtigen unbenommen sein, den Nachweis für außergewöhnliche Abnutzungen zu erbringen, die eine ungleichmäßige Verteilung rechtfertigen."

---

606 Vgl. S. 50 und S. 54 f

607 "Aufwendungen für die Anschaffung oder Herstellung von Gegenständen, deren Verwendung oder Nutzung durch den Steuerpflichtigen sich bestimmungsgemäß auf einen längeren Zeitraum erstreckt, dürfen nicht in dem Steuerabschnitte der Anschaffung oder Herstellung voll abgezogen werden." Der Satz ist allerdings nicht in das EStG 1934 übernommen worden. Vgl. S. 62

608 Vgl. S. 55 f

609 Vgl. Begründung zum Entwurf eines Reichseinkommensteuergesetzes v. 23.4.1925, RT-Dr. III/795 S. 47 ff; abgedruckt bei *Strutz, G.*, § 16 EStG 1925 Anm. 2 (S. 875 ff)

610 Erst zum Schluß der Begründung der gesamten Vorschrift erfolgt ein kurzer Hinweis, daß auch der Vermieter oder Verpächter Absetzungen für Abnutzung abziehen darf; vgl. Begründung zum Entwurf eines Reichseinkommensteuergesetzes v. 23.4.1925, RT-Dr. III/795 S. 49; abgedruckt bei *Strutz, G.*, § 16 EStG 1925 Anm. 2 (S. 877)

611 Vgl. ebd.; abgedruckt bei *Strutz, G.*, § 16 EStG 1925 Anm. 2 (S. 876) (Kursive Hervorh. d. Verf.)

Der Gesetzgeber ging demnach davon aus, daß es sich bei Anschaffungs- oder Herstellungskosten um steuerrelevante Aufwendungen im Sinne des einheitlichen Abzugsbegriffs handeln konnte, sah aber dennoch den Wertverzehr des Wirtschaftsgutes als Grund für die AfA an. Dieser Gedanke kam in der Folgezeit insbesondere in der Einkommensteuerdurchführungsverordnung zum Ausdruck. Bis einschließlich 1950 waren unentgeltlich erworbene Wirtschaftsgüter des Privatvermögens mit dem *gemeinen Wert* anzusetzen.[612] Ab 1951 wurden Sonderregelungen für Gebäude geschaffen, die zunächst mit ihrem zuletzt festgestellten Einheitswert[613] und im Anschluß daran mit den fortgeführten Anschaffungskosten des Rechtsvorgängers[614] anzusetzen waren. Erst ab 1966 schrieb § 11d Abs. 1 EStDV in der noch heute geltenden Fassung für alle Wirtschaftsgüter die Bewertung mit den historischen Anschaffungskosten abzüglich bereits vorgenommener AfA bzw. bei einer Entnahme aus dem Betriebsvermögen mit dem Entnahmewert vor. Die vom BFH[615] zwischenzeitlich zugelassene Absetzung für Substanzverringerung bei selbst entdeckten Bodenschätzen wurde im zweiten Absatz dieser Vorschrift für unzulässig erklärt. Man war inzwischen zu der Auffassung gelangt, daß das Einkommensteuerrecht an tatsächlich entstandene Ausgaben anknüpfen müsse.[616]

Abweichungen von diesem Gedanken finden sich im geltenden Recht allerdings bei Einlage- und Entnahmevorgängen. Die Bewertung von *Einlagen* mit dem Teilwert stellt sich zwar in erster Linie als notwendige Konsequenz des dualistischen Einkünfteermittlungssystems und damit des Vermögensneutralitätsprinzips dar. Bis einschließlich 1954 waren Einlagen ebenfalls mit dem Teilwert anzusetzen, aber nur wenn dieser nicht über den ursprünglichen Anschaffungs- bzw. Herstellungskosten lag. Diese bildeten vielmehr die Obergrenze bei der Bewertung. Um zu vermeiden, daß auf diesem Weg im Privatbereich gebildete stille Reserven steuerverhaftet werden, gestattet § 6 Abs. 1 Nr. 5 EStG als Ersatzrealisationstatbestand nunmehr auch den Ansatz des höheren Teilwerts.[617] Die Tatsache, daß dieser Wert auch als AfA-Bemessungsgrundlage dient, zeigt aber m.E., daß dem Gesetzgeber der Wertverzehrgedanke nach wie vor nicht fremd ist. Ansonsten hätte man auch, wie im Schrifttum[618] in extensiver Anwendung des Aufwandsverteilungsgedankens vorgeschlagen wird, die AfA-Bemessungsgrundlage vom Einlagewert entkoppeln

612 Vgl. § 12 EStDV 1935, RStBl 1935 S. 209 (210)
613 Vgl. § 13 EStDV 1951, BStBl 1952 I S. 65 (69)
614 Vgl. § 27 EStDV 1955, BStBl 1955 I S. 710 (716)
615 Vgl. Urteile v. 21.10.1960, BStBl 1961 III S. 45; v. 29.10.1965, BStBl 1966 III S. 88
616 Vgl. Begründung zu § 11d EStDV, BR-Dr. 29/66
617 Vgl. S. 34 f
618 Vgl. *Alt, M.*, (Überschußvermögen, 1994) S.159

und auf die (fortgeführten) Anschaffungs- oder Herstellungskosten begrenzen können. Ähnliche Überlegungen gelten, wenn ein früher zu einem Betriebsvermögen gehörendes Wirtschaftsgut *entnommen*[619] und anschließend zur Erzielung von Haushaltseinkünften genutzt wird. Unabhängig von den historischen Anschaffungs- oder Herstellungskosten bemißt sich die AfA in diesem Fall unstreitig nach dem Entnahmewert.[620] Ist dieser Wert im Zeitpunkt der Entnahme zu niedrig berechnet worden, ist nach Auffassung des BFH[621] im Rahmen der anschließenden außerbetrieblichen Nutzung sogar der Ansatz einer höheren AfA-Bemessungsgrundlage möglich.

Somit ging es in der gesamten Entwicklung der Abschreibungs- und Bewertungsvorschriften zweifellos um die Berücksichtigung eines durch die Erzielung von Einkünften veranlaßten Wertverzehrs an Wirtschaftsgütern. Dem steht m.E. nicht entgegen, daß eine steuerliche Berücksichtigung dieses Wertverzehrs im außerbetrieblichen Bereich nach dem Willen des Gesetzgebers mittlerweile grundsätzlich nur noch auf der Basis tatsächlicher Ausgaben des Steuerpflichtigen oder seines Rechtsvorgängers möglich ist.

Darüber hinaus nähern sich die Positionen "Aufwands- oder Ausgabenverteilung" und "Berücksichtigung des Wertverzehrs" unter Beachtung des wirtschaftlich denkenden Menschen (homo oeconomicus) einander an, wenn man sich vor Augen führt, daß bei Anschaffungs- oder Herstellungsvorgängen der Wert eines Wirtschaftsguts regelmäßig durch die dafür hingegebene Gegenleistung (Ausgaben) repräsentiert wird. Insofern beinhaltet auch die Frage, ob der *Verbrauch* von Wirtschaftsgütern oder von Aufwendungen entscheidend ist,[622] keinen fundamentalen Gegensatz. Allerdings verbrauchen sich Aufwendungen nur, wenn sich auch das mit ihnen erworbene Wirtschaftsgut bei der *Nutzung* im Rahmen einer Erwerbstätigkeit verbraucht.[623] Dabei läßt sich m.E. die logische Reihenfolge dahingehend formulieren, daß sich Aufwendungen im selben Umfang verbrauchen, wie sich auch das Wirtschaftsgut verbraucht und nicht etwa umgekehrt. Der Wertverzehr wird praktisch "im Vorfeld" geregelt, nämlich mit der Differenzierung zwischen abnutzbaren und nicht abnutzbaren *Wirtschaftsgütern*. Nur die erstgenannte Gruppe ist abschreibungsfähig, weil

---

619 Zur Entnahme als Ersatzrealisationstatbestand vgl. S. 34

620 Vgl. BFH v. 29.4.1992, BStBl 1992 II S. 969; v. 2.2.1990, BStBl 1990 II S. 497 (500); v. 9.8.1983, BStBl 1983 II S. 759

621 Vgl. Urteil v. 29.4.1992, BStBl 1992 II S. 969; a.A. FG Hamburg v. 2.5.1994, EFG 1994 S. 1038 (Rev. IX R 53/94)

622 Vgl. S. 136

623 Gl.A. *Meyer, D.E.*, BB 1986 S. 986 (987); *Karrenbauer, M.*, (Abschreibung, 1993) S. 160. Entscheidend ist danach der Verbrauch der für die Aufwendungen erlangten Gegenleistung.

sich ihr Wert im Zeitablauf verzehrt. Dies kommt bei der Absetzung nach Maßgabe der Leistung[624] oder des Substanz*verzehrs*[625] ebenso deutlich zum Ausdruck wie bei der AfaA. Unter Berücksichtigung der Tatsache, daß die Anschaffungs- oder Herstellungskosten eines Wirtschaftsgutes im wirtschaftlichen Verkehr zwischen einander fremden Personen regelmäßig dessen Wert verkörpern, erscheint die Verteilung dieser Aufwendungen auf die potentielle Nutzungsdauer auch als sinnvoller praktischer Weg zur Berücksichtigung des Wertverzehrs. Anderenfalls müßte wie zur Zeit der preußischen Gesetze und des EStG 1920[626] jedes Wirtschaftsgut jährlich neu bewertet werden. Die Aufwands- bzw. Ausgabenverteilung stellt sich nach alledem als schematisiertes Verfahren zur Berücksichtigung dieses Wertverzehrs im Sinne der BFH-Entscheidung v. 27.6.1978[627] dar.[628]

1.6.2 Anschaffungs- oder Herstellungskosten als steuerrelevante Aufwendungen

Sind tatsächlich Anschaffungs- oder Herstellungskosten für ein Wirtschaftsgut geleistet worden, läßt sich die Frage, ob diese trotz der Dominanz des Wertverzehrgedankens dem Grunde nach Betriebsausgaben oder Werbungskosten darstellen können, m.E. nur aus der Systematik des Einkommensteuergesetzes heraus beantworten.

1.6.2.1 Gewinneinkünfte

Im Betriebsbereich ergibt sich m.E. ein ***geschlossenes System***, dem der Gedanke zugrunde liegt, daß Anschaffungs- bzw. Herstellungskosten *angesichts der gesetzlich angeordneten Einbeziehung des Vermögens in die Einkünfteermittlung*[629] Betriebsausgaben dem Grunde nach darstellen. Dabei soll nicht bestritten werden, daß die Anschaffung eines Wirtschaftsgutes, und zwar unabhängig davon, ob es einer Abnutzung unterliegt oder nicht, zunächst zu einer Vermögensumschichtung führt. Darin liegt, wie gezeigt, der zentrale Einwand der Vertreter der Wertverzehrthese, die an diesem Punkt den gesetzlichen Aufwendungsbegriff auf einen zeitnahen *Aufwands*begriff reduzieren bzw. eine Vermögensminderung voraussetzen. Dem ist jedoch entgegenzuhalten, daß das

624 § 7 Abs. 1 Satz 4 EStG
625 Absetzung für Substanzverringerung; vgl. § 7 Abs. 6 EStG
626 Vgl. S. 50 und S. 54 f
627 Vgl. BStBl 1978 II S. 38 (39)
628 Gl.A. *Lang, J.*, (Bemessungsgrundlage, 1988) S. 499, der von einer vereinfachenden Umverteilung von Anschaffungs- oder Herstellungskosten spricht.
629 Vgl. S. 113 ff

Einkommensteuergesetz bei der Beschreibung der Abzugsbegriffe nicht darauf abstellt, ob es "zeitnah" zur Entstehung eines Aufwands kommt oder nicht. Nichts anderes bringt die für das gesamte Gesetz geltende Vorschrift des § 11 Abs. 2 EStG[630] zum Ausdruck, wenn dort die erfolgswirksame Erfassung von Ausgaben im Jahr des Abflusses bzw. der Leistung vorgeschrieben ist. Auch die Voraussetzung einer *zeitgleichen* Vermögensminderung läßt sich aus dem Aufwendungsbegriff nicht ableiten.[631]

Dies hat der Gesetzgeber selbst zum Ausdruck gebracht, indem für die betriebliche *Einnahmen-Ausgabenrechnung* ein eigenes Regelungssystem kodifiziert wurde.[632] Danach sind zum einen die AfA-Grundsätze zu befolgen, zum anderen wird aber auch ausdrücklich bestimmt, daß die Anschaffungs- bzw. Herstellungskosten nicht abnutzbarer Wirtschaftsgüter des Anlagevermögens erst im Realisationszeitpunkt - bei Veräußerung oder Entnahme - als Betriebsausgaben zu berücksichtigen sind.[633] Hier zeigt sich, daß der Aufwendungsbegriff von der gesetzgeberischen Intention her offensichtlich weit - d.h. im Sinne des betriebswirtschaftlichen Ausgabenbegriffs - zu verstehen ist. Das Postulat der Gesamtgewinngleichheit und der als Vermögensentwicklung definierte Gewinn zwingen m.E. zu einer weiten Interpretation des Betriebsausgabenbegriffs, weil die Veräußerung von Anlagegütern in der betrieblichen Sphäre im Ergebnis nicht anders behandelt wird als die Veräußerung von Umlaufvermögen. Nachdem im Rahmen der Einnahmen-Ausgabenrechnung das Periodizitätsprinzip ausdrücklich außer Kraft gesetzt ist, könnten auch die Anschaffungs- oder Herstellungskosten von Wirtschaftsgütern des Anlagevermögens im Zeitpunkt der Leistung[634] in voller Höhe abgezogen werden. Durch die dargestellten Vorschriften wird deshalb *auch* die *Erfolgswirksamkeit* der betrieblich veranlaßten Ausgaben geregelt.[635]

Wird der Gewinn durch *Vermögensvergleich* ermittelt, ergibt sich insofern ein anderes Bild. Nach § 4 Abs. 1 Satz 6 EStG sind zwar die Vorschriften über die Betriebsausgaben auch im Rahmen des Bestandsvergleichs zu befolgen. Unmittelbar paßt § 4 Abs. 4 EStG seinem Charakter nach aber eigentlich nur zur

630 Die Vorschriften über die Gewinnermittlung bleiben nach dieser Regelung unberührt. Dabei wird explizit auf § 4 Abs. 1 und § 5 EStG verwiesen. Die betriebliche Einnahmen-Ausgabenrechnung wird dagegen nicht erwähnt.

631 Vgl. *Kirchhof/Söhn*, § 4 EStG Rdnr. E 42 m.w.N.

632 § 4 Abs. 3 Sätze 3 und 4 EStG

633 Der Auffassung von *Kirchhof/Söhn* (§ 4 EStG Rdnr. D 180), wonach diese Regelung nur klarstellenden Charakter hat, ist m.E. nicht zuzustimmen. Wie sich aus R 16 Abs. 3 Satz 5 EStR ergibt, wurden in der Zeit vor dem 1.1.1971 durchaus Anschaffungskosten für nicht abnutzbare Anlagegüter bereits im Zahlungszeitpunkt abgesetzt.

634 Vgl. § 11 Abs. 2 EStG

635 Vgl. hierzu auch *Söhn, H.*, StuW 1991 S. 270 (272 ff)

Einnahmen-Ausgabenrechnung und nicht zu einer bilanziellen Gewinnermittlung, die von vornherein ausschließlich auf periodengerechten *Aufwand* und *Ertrag* abstellt und sich insofern als Fremdkörper im EStG erweist. Hier verhindern die Aktivierungsgrundsätze und Bewertungsregeln einen Abzug der Anschaffungs- bzw. Herstellungskosten bis zur Veräußerung oder Entnahme. Durch die Bilanzierungsregeln wird der weite Betriebsausgabenbegriff letztlich "automatisch" auf den dem Wirtschaftsjahr zuzurechnenden *Aufwand* reduziert.

Im Ergebnis ist damit der im Schrifttum[636] mittlerweile verbreiteten und auch vom BFH[637] vertretenen Auffassung zuzustimmen, daß der Begriff der "Aufwendungen" als Oberbegriff für "Ausgaben" und "Aufwand" zu interpretieren ist. Über einen längeren Zeitraum betrachtet gleichen sich die Begriffe Ausgaben und Aufwand insofern an, als jede betrieblich veranlaßte Ausgabe irgendwann zu Aufwand wird.[638] Aufgrund der materiellen Anordnung in § 2 Abs. 2 Nr.1 i.V.m. § 4 Abs. 1 EStG unterliegen Wirtschaftsgüter des Anlagevermögens vom Zeitpunkt ihrer Anschaffung oder Herstellung an einer unbeschränkten Steuerverhaftung und werden im Zeitablauf zu einer steuerrelevanten Vermögensminderung. Sobald sie aus der betrieblichen Sphäre ausscheiden, entsteht ein Aufwand in Höhe des (Rest-)Buchwertes, der mit dem Veräußerungserlös bzw. Entnahmewert saldiert wird. Im betrieblichen Bereich überschneiden sich deshalb die Aufwandsverteilungsthese und die Wertverzehrthese, weil sowohl die *Nutzung* als auch die *Verwertung* des Anlagevermögens der steuerbaren Sphäre zuzuordnen sind. Die Anschaffungs- oder Herstellungskosten können ebenso als Betriebsausgaben betrachtet werden wie die AfA.

1.6.2.2 Haushaltseinkünfte

Demgegenüber verweist § 9 Abs. 1 Satz 3 Nr. 7 EStG im ***offenen System*** der Haushaltseinkünfte nur auf die AfA-Regeln. Mit der Einführung des vom Werbungskostenbegriff abgekoppelten Betriebsausgabenbegriffs wurde zugleich die AfA-Regelung gesetzessystematisch in den Gewinnermittlungsbereich verlegt.[639] Der Gesetzestext für die Haushaltseinkunftsarten lautet in Verbindung mit der Einleitung des § 9 Abs. 1 Satz 3 EStG "*Werbungskosten sind* auch *Ab-*

636 Vgl. *Ruppe, H.G.*, JDStJG 3 (1980) S. 103 (117 ff); *Kirchhof/Söhn*, § 4 EStG Rdnr. E 22 ff m.w.N.; *Tipke/Lang*, (Steuerrecht, 1994) § 9 Rz. 226; *Söhn, H.*, StuW 1991 S. 270 (271 f, 277); ähnlich *Biergans, E.*, (Einkommensteuer, 1992) S. 687 f

637 Vgl. Urteile v. 20.8.1986, BStBl 1986 II S. 904 (905) und BStBl 1987 II S. 108 (110)

638 Zu den gesetzlich geregelten Ausnahmen (nicht abziehbare Betriebsausgaben) vgl. § 4 Abs. 5 - 7 EStG

639 Vgl. S. 62

setzungen für Abnutzung und Substanzverringerung und erhöhte Absetzungen"[640] und bezeichnet damit ausdrücklich die AfA selbst als Werbungskosten. Wäre der Gesetzgeber von der Werbungskosteneigenschaft von Anschaffungs- oder Herstellungskosten ausgegangen, hätte er hinter § 9 Abs. 1 Satz 2 EStG den Satz anfügen können, "die Vorschriften über die Absetzungen für Abnutzung und Substanzverringerung sind zu befolgen," ebenso wie er dies bei den Gewinnermittlungsvorschriften[641] getan hat.

Anschaffungs- oder Herstellungskosten werden im Bereich der Haushaltseinkunftsarten aufgrund der fehlenden Einbeziehung der Vermögensentwicklung[642] auch bei langfristiger Betrachtung nicht zwingend irgendwann zu Aufwand. Die Anschaffung einer Wohnung bewirkt zunächst nichts anderes als einen steuerneutralen Erwerb von privatem Vermögen, der sich erst dann im steuerbaren Bereich auswirkt, wenn die Wohnung im Rahmen einer Vermietungstätigkeit *genutzt* wird, und dies auch nur, so lange diese Tätigkeit ausgeübt wird. Nur wenn und solange abnutzbare Wirtschaftsgüter im Rahmen einer Erwerbstätigkeit eingesetzt werden, kann deren Wertverzehr in Form der schematisierten Aufwandsverteilung berücksichtigt werden. Die Veräußerung eines Mietwohngrundstücks führt zu steuerlich irrelevanten privaten Einnahmen. Entsprechend gibt es auch keinen Restbuchwert, der zu Aufwand führt. Eine Qualifizierung der Anschaffungskosten als Werbungskosten hätte zur Folge, daß im Fall einer Beendigung der Vermietungstätigkeit nach einigen Jahren der überwiegende Teil der "Werbungskosten" einfach verschwindet.[643]

M.E. muß sich das Veranlassungsprinzip als Subprinzip zur Konkretisierung der Leistungsfähigkeit nach den übergeordneten Grundsätzen richten. Dabei führt kein Weg an der Erkenntnis vorbei, daß das im Bereich der Haushaltseinkünfte *praktizierte* Leistungsfähigkeitsprinzip infolge des geteilten Markteinkommenskonzepts[644] anders formuliert werden muß, und zwar als die in der Summe der Einkünfte zum Ausdruck kommende Fähigkeit eines Steuersubjekts, *Reinerträge aus Nutzungsüberlassungen* zu erzielen. Damit soll keinesfalls eine Rückkehr zum finalen Werbungskostenbegriff propagiert werden. Es kommt aber m.E. deutlich zum Ausdruck, daß auch aus der Sicht eines tätigkeitsorientierten Steuergegenstandes die uneingeschränkte Übertragung der betrieblichen Grundsätze auf die Haushaltseinkunftsarten nicht möglich ist. In Anbetracht der Tatsache, daß das System bereits auf seiner höchsten Ebene gespalten wird, *determiniert die vorgegebene Vermögensneutralität auch die*

640 Hervorh. d. Verf.
641 Vgl. § 4 Abs. 1 Satz 6 und § 4 Abs. 3 Satz 3 EStG
642 Im Gegensatz zum betrieblichen Bereich ist hier nur die *Nutzung* steuerrelevant.
643 Gl.A. *Meyer, B.*, DStR 1981 S. 131 (132)
644 Vgl. S. 32 ff

Reichweite des nachgelagerten Veranlassungsprinzips. Werbungskosten sind daher niemals die Anschaffungs- oder Herstellungskosten, sondern immer nur der *nutzungsinduzierte Wertverzehr* in Form von Abschreibungen.[645] Bei Wirtschaftsgütern mit einer Nutzungsdauer von weniger als einem Jahr ergibt sich der volle Abzug daraus, daß sich ihr Wert innerhalb dieses Zeitraumes verzehrt. Sofern die Anschaffungskosten nicht mehr als DM 800 betragen, ordnet § 9 Abs. 1 Satz 3 Nr. 7 EStG mit rechtsbegründender Wirkung auch bei mehrjähriger Nutzungsdauer ausnahmsweise einen Sofortabzug in analoger Anwendung der Vereinfachungsregelung des § 6 Abs. 2 EStG an.[646]

Die These von *Hirsch*,[647] ein angestellter Rechtsanwalt könnte beim Erwerb eines Kommentars nach dem Vermögensumschichtungsgedanken keine Aufwendungen geltend machen, weil er einen Gegenwert erhält, ist m.E. verfehlt. Nachdem es sich um ein abnutzbares Wirtschaftsgut handelt, sind die Anschaffungskosten grundsätzlich im Wege der Abschreibung zu berücksichtigen. Der Sofortabzug ergibt sich lediglich aus dem Vereinfachungsaspekt für Wirtschaftsgüter mit geringen Anschaffungskosten. Aufgrund der vorgegebenen Gesetzessystematik ist es m.E. nicht nachvollziehbar, den Vermögensumschichtungsgedanken bei den Haushaltseinkünften mit dem Hinweis auf den Grundsatz der Unbeachtlichkeit der Vermögenssphäre und den fehlenden Bestandsvergleich als systemfremd zu erklären und im selben Atemzug die Anschaffungskosten für das steuerlich irrelevante Vermögen als Werbungskosten zu qualifizieren.[648]

Aus der unbestrittenen Abzugsfähigkeit von Erhaltungsaufwendungen läßt sich diesbezüglich nichts anderes herleiten,[649] weil diese auch im geltenden Recht nicht mit den Anschaffungs- bzw. Herstellungskosten vergleichbar sind. Ihr Abzug rechtfertigt sich bei Gebäuden daraus, daß unselbständige Gebäudeteile zusammen mit dem Gebäude einheitlich abgeschrieben werden, obwohl sie eine kürzere Lebensdauer haben. Die Aufwendungen für den Ersatz solcher Bestandteile dienen grundsätzlich dazu, das Gebäude in dem Zustand zu erhalten, der sich aus der Unterstellung der gleichen Lebensdauer aller Teile als Grund-

---

645 Im Ergebnis gl.A. BFH v. 21.12.1982, BStBl 1983 II S. 410 (411), wonach bei den Haushaltseinkunftsarten sowohl der Erwerb als auch die Veräußerung von Wirtschaftsgütern keine einkommensteuerlichen Folgen haben; vgl. S. 139 f

646 Dementsprechend hat die Rechtsprechung vor der Übernahme dieser Vorschrift in den Bereich der Haushaltseinkünfte bei mehrjährig nutzbaren Wirtschaftsgütern mit geringeren Anschaffungs- oder Herstellungskosten auch nur die Geltendmachung von Abschreibungen gestattet, nicht aber einen Sofortabzug; vgl. BFH v. 8.11.1963, BStBl 1964 III S. 36

647 Vgl. *Hirsch, E.*, DStR 1988 S. 197 (198)

648 Vgl. S. 133 ff

649 Vgl. S. 134 f

lage für die einheitliche Abschreibung ergibt.[650] Ähnliche Überlegungen gelten beispielsweise für Reparaturen an Maschinen oder Pkw. Die Differenzierung zwischen Herstellungs- und Erhaltungsaufwendungen wird im geltenden Recht *dem Grunde nach* ebenso praktiziert wie zu Zeiten der preußischen Einkommensteuergesetze.[651] Der Unterschied besteht lediglich darin, daß Herstellungsaufwendungen nunmehr - richtigerweise - in die Abschreibungen einbezogen werden dürfen. Läßt man die - überflüssige, weil systemfremde - Unmittelbarkeitsthese des PrOVG außer Betracht, vermochte bereits die Quellentheorie die Abzugsfähigkeit von Erhaltungsaufwand durchaus schlüssig zu erklären.[652] Ebensowenig läßt m.E.[653] der Hinweis auf die einkunftsartenübergreifend einheitliche *Bestimmung* der Anschaffungs- oder Herstellungskosten[654] einen Schluß auf deren *Werbungskostenqualität* zu.[655]

Schließlich wäre insbesondere auch eine Regelung bezüglich der Anschaffungskosten nicht abnutzbarer Wirtschaftsgüter erforderlich gewesen, worauf im Schrifttum[656] völlig zu Recht hingewiesen wird. Dies zeigt sich auch daran, daß der Gesetzgeber dort, wo er davon ausging, daß Anschaffungskosten für nicht abnutzbare Wirtschaftsgüter unter den steuerrelevanten Abzugsbegriff fallen könnten, nämlich bei der betrieblichen Einnahmen-Ausgabenrechnung, ein ausdrückliches Abzugsverbot kodifiziert hat. Nicht nachvollziehbar ist m.E., wie aus einer Vorschrift, die über Jahrzehnte hinweg als zu eng empfunden wurde (§ 9 Abs. 1 Satz 1 EStG),[657] im Hinblick auf die Anschaffung nicht abnutzbarer Wirtschaftsgüter jetzt plötzlich eine Norm mit überschießendem Regelungsgehalt werden kann, die durch teleologische Reduktion eingeschränkt werden muß.

---

650 Vgl. BFH v. 9.11.1976, BStBl 1977 II S. 279

651 Ein Unterschied besteht allerdings in der Abzugsfähigkeit *der Höhe nach*. Während ursprünglich streng auf den Zustand eines Wirtschaftsgutes zum Zeitpunkt der "Begründung der Quelle" abgestellt wurde (vgl. S. 50 f), läßt die heutige sehr großzügige Interpretation des Begriffs "Erhaltungsaufwand" auch wertsteigernde Aufwendungen in erheblichem Umfang zum Abzug zu; vgl. z.B. BFH v. 4.7.1990, BStBl 1990 II S. 830 (836); *Schmidt/Drenseck*, § 21 EStG Anm. 14; *Biergans, E.*, (Einkommensteuer, 1992) S. 408 f

652 Vgl. S. 63 f

653 Gl.A. *Meyer, B.*, DStR 1982 S. 134 (135 FN 3)

654 Vgl. hierzu S. 110

655 So aber *Kruse, H.W.*, FR 1981 S. 473 (478); *Jakob/Wittmann*, FR 1988 S. 540 (547)

656 Vgl. S. 129 f

657 Vgl. die historische Retrospektive auf S. 48 ff

1.6.3 Der "Überentlastungseffekt" des § 9 Abs. 1 Satz 3 Nr. 7 EStG

Nach *Jakob/Wittmann*[658] zeigt die Tatsache, daß neue Anschaffungskosten für ein bereits abgeschriebenes Jugendstilhaus wieder zu Abschreibungen führen, daß der Wertverzehr ("Stein für Stein") nicht der Grund für die AfA sein kann. Diese als Argument gegen die Wertverzehrthese gedachten Ausführungen weisen m.E. auf die eigentliche Problematik des § 9 Abs. 1 Satz 3 Nr. 7 EStG hin. Wenn nach der vollständigen Verteilung der Ausgaben ein fremder Dritter bereit ist, noch etwas für ein Wirtschaftsgut zu bezahlen, heißt dies zunächst in der Tat, daß noch ein Wert vorhanden ist. Die Abschreibungen waren letztlich zu hoch angesetzt, so daß sich stille Reserven gebildet haben. Führt man sich vor Augen, daß nach dem Prinzip der Nettobesteuerung grundsätzlich nur der auf der Basis tatsächlicher Ausgaben bewertete Verzehr von Gütern und Leistungen[659] die Steuerbemessungsgrundlage mindern darf,[660] zeigt sich, daß die AfA-Regelung im Bereich der Haushaltseinkünfte insbesondere im Hinblick auf Immobilien häufig nicht mit dem Nettoprinzip vereinbar ist. Auf diese Tatsache wird im Schrifttum[661] allerdings nur vereinzelt hingewiesen.

Im ***Betriebsbereich*** wirkt der bei der Veräußerung erzielte Gewinn (oder auch Verlust) durch die Einbeziehung der Vermögensentwicklung als Regulativ für die zuvor berücksichtigten Abschreibungen. Sofern die tatsächliche Wertentwicklung nicht mit den fortgeführten Anschaffungs- oder Herstellungskosten übereinstimmt, erfolgt zu diesem Zeitpunkt ein steuerwirksamer Ausgleich. Der als pauschale Aufwandsverteilung eröffnete Kreis schließt sich beim Verlassen der betrieblichen Sphäre im Ergebnis doch wieder zum tatsächlichen *Wertverzehr*. Nur dieser wirkt in der Gesamtbetrachtung steuermindernd.

Demgegenüber entfällt bei den ***Haushaltseinkunftsarten*** eine abschließende Regulierung. Stimmt der Abschreibungsverlauf nicht mit der tatsächlichen Wertentwicklung überein, ist auch die am Nettoprinzip zu messende Erfolgsrechnung unrichtig, worauf *Lang*[662] zutreffend hinweist:

"Der (...) Gesetzeszweck der AfA, den durch die Erzielung der Einkünfte verursachten Wertverzehr zu berücksichtigen, gewinnt bei der Ermittlung der Überschußeinkünfte besondere Bedeutung, weil hier die AfA aus der Vermögenszuwachsrechnung herausgelöst ist, so daß jede Abweichung von dem tatsächlichen Wertverzehr *die Erfolgsrechnung nicht korrigierbar verfälscht*. Die vereinfachende Umverteilung der Anschaffungs- oder Herstellungskosten begeg-

---

658 Vgl. *Jakob/Wittmann*, FR 1988 S. 540 (541)

659 Vgl. *Meyer, D.E.*, BB 1986 S. 986 (987)

660 Nach der Terminologie der Aufwandsverteilungsthese, die aber hier zum selben Ergebnis kommen muß, dürften sich in der Gesamtbetrachtung nur "tatsächlich verbrauchte Aufwendungen" steuermindernd auswirken.

661 Vgl. insbesondere *Lang, J.*, (Bemessungsgrundlage, 1988) S. 499 f; andeutungsweise auch *Durchlaub, Th.*, (Privatvermögen, 1993) S. 107

662 Vgl. *Lang, J.*, (Bemessungsgrundlage, 1988) S. 499 (Hervorh. d. Verf.)

net deshalb im Bereich der Quelleneinkünfte größeren Bedenken als im Bereich der Gewinneinkünfte."

Bezogen auf die Vermietung von Gebäuden bedeutet dies, daß die in den letzten Jahrzehnten eingetretenen erheblichen Wertsteigerungen in vielen Fällen zu einem doppelten steuerlichen Vorteil führten. Aufgrund dieser Überlegungen schlägt *Lang*[663] de lege ferenda eine Abschreibungskorrektur in Form einer Nachversteuerung vor. Der Berichtigungsbetrag besteht dabei in der Differenz zwischen dem Gesamtbetrag der AfA und dem tatsächlichen Wertverlust.[664] *Durchlaub*,[665] der die dualistische Einkünfteermittlung bzw. die Nichterfassung privater Veräußerungsgewinne unter dem Gesichtspunkt der "Intensität der Marktteilnahme" verteidigt, geht diesbezüglich noch weiter und bezeichnet § 9 Abs. 1 Satz 3 Nr. 7 EStG als "rechtssystematische Fehlentwicklung" bzw. als "Systembruch". Die Vorschrift sei nach der Ablösung des § 7b durch § 10e EStG inzwischen überflüssig und könne beseitigt werden. Ihr Verbleib im EStG kann danach nur als gesetzgeberische Fehlentscheidung oder als Versehen gewertet werden. M.E. schießt diese Forderung über das Ziel hinaus, weil auch nach dem im Bereich der Haushaltseinkunftsarten vorherrschenden quellentheoretischen Grundverständnis eine Einbeziehung des nutzungsinduzierten Wertverzehrs selbstverständlich ist.[666] Wenngleich sich durch das schematisierte Verteilungsverfahren insbesondere im Immobilienbereich unbestritten in der Mehrzahl der Fälle ein sog. "Überentlastungseffekt" ergibt,[667] ist die Möglichkeit zur Vornahme von Abschreibungen dem Grunde nach auch im Bereich der Haushaltseinkunftsarten geboten.

1.6.4 Fazit

Festzuhalten bleibt, daß die Anschaffungs- oder Herstellungskosten von Wirtschaftsgütern des Anlagevermögens ***im Betriebsbereich*** aufgrund der Steuerbarkeit der Substanzverwertung einen dualistischen Charakter aufweisen. Hier berühren sich die vermeintlichen Gegensätze "Ausgabenverteilung" und "Wertverzehr". Aus dem Blickwinkel der *Nutzung* zur Erstellung betrieblicher

663 Vgl. *Lang, J.*, (Bemessungsgrundlage, 1988) S. 500

664 Der Vorschlag entspricht im Ergebnis der Handhabung der AfA-Vorschriften zur Zeit der preußischen Einkommensteuergesetze sowie des EStG 1920, die jeweils Abschreibungen nur bei einem tatsächlichen Wertverzehr zuließen.

665 Vgl. *Durchlaub, Th.*, (Privatvermögen, 1993) S. 107 f

666 Vgl. S. 21 und S. 50

667 Dies gilt umso mehr, wenn man bedenkt, daß durch die großzügig gehandhabte Abzugsfähigkeit von Erhaltungsaufwendungen Gebäude mit einer soliden Grundsubstanz häufig weit über die gesetzlich vorgegebene Nutzungsdauer hinaus mit steuerlicher Wirkung "am Leben erhalten" werden können; vgl. S. 149 FN 651

Leistungen tritt der auf der Basis tatsächlicher Ausgaben bewertete Verzehr der Wirtschaftsgüter in den Vordergrund. Bezogen auf die spätere *Substanzverwertung*, die durch § 2 Abs. 2 Nr. 1 i.V.m. § 4 Abs. 1 EStG der eigentlichen "Kerntätigkeit" gleichgestellt ist,[668] kann aber auch von Betriebsausgaben dem Grunde nach gesprochen werden.

Im Bereich der ***Haushaltseinkunftsarten***, in dem es ausschließlich auf die *Nutzung* des Vermögens ankommt, handelt es sich dagegen bei Anschaffungs- oder Herstellungskosten nicht um Werbungskosten dem Grunde nach. Die Reichweite des Veranlassungsprinzips hat sich an der Vorgabe der übergeordneten Vermögensneutralität zu orientieren. Eine deckungsgleiche Interpretation der Begriffe Betriebsausgaben und Werbungskosten findet hier ihre Grenzen, weil sie der vorgegebenen Gesetzessystematik zuwiderlaufen würde. § 9 Abs. 1 Satz 3 Nr. 7 EStG ist damit lediglich insofern deklaratorisch, als er nach Maßgabe des Nettoprinzips eine Selbstverständlichkeit zum Ausdruck bringt. Die Berücksichtigung von Abschreibungen wurde auch historisch von keiner Einkommenstheorie in Zweifel gezogen. Es handelt sich aber dennoch um einen *zwingend notwendigen* Verweis, der die Berücksichtigung von Abschreibungen im Bereich der Haushaltseinkünfte *konstituiert*, da die Abschreibungsregelung gesetzessystematisch im Gewinnermittlungsbereich angesiedelt ist. Entgegen der Auffassung von *Hirsch*[669] wird § 9 Abs. 1 Satz 1 EStG nicht von der AfA-Regelung verdrängt, sondern durch sie erweitert. Anschaffungs- bzw. Herstellungskosten von im Rahmen einer Erwerbstätigkeit eingesetzten Wirtschaftsgütern stellen im Haushaltseinkünftebereich keine Werbungskosten dem Grunde nach dar, die lediglich abweichend von § 11 Abs. 2 EStG verteilt werden müssen. Vorschriften über eine mögliche *Verteilung von steuerrelevanten Aufwendungen* finden sich in diesem Bereich lediglich in den §§ 11a und 11b EStG sowie § 82b EStDV, wonach größere Erhaltungsaufwendungen für Gebäude an Stelle des gesetzlich vorgeschriebenen Sofortabzugs unter bestimmten Voraussetzungen auf zwei bis fünf Jahre gleichmäßig verteilt werden dürfen.[670]

668 Vgl. S. 113 ff

669 Vgl. *Hirsch, E.*, DStR 1988 S. 197 (198)

670 Gl.A. vor der Einführung der §§ 11a und 11b EStG *Meyer, B.*, DStR 1981 S. 131 (132) hinsichtlich § 82b EStDV

2. Sonderfall Arbeitsmittel?

2.1 Grundzüge der Regelung

Nach ausdrücklicher gesetzlicher Regelung[671] gehören zu den Werbungskosten auch Aufwendungen für Arbeitsmittel. Eine Legaldefinition des Arbeitsmittelbegriffs existiert nicht. Das Gesetz verweist lediglich beispielhaft auf Werkzeuge und typische Berufskleidung. Im Schrifttum[672] werden Arbeitsmittel als Wirtschaftsgüter beschrieben, die lediglich Hilfsfunktion bei der Verwirklichung des Steuertatbestands haben und nicht selbst die "Einkunftsgrundlage" bilden. Einigkeit besteht auch darüber, daß § 9 Abs. 1 Satz 3 Nr. 6 EStG für alle Haushaltseinkunftsarten gilt, während sich dessen Vorgängerregelung im EStG 1925[673] dem Wortlaut nach nur auf Arbeitnehmer bezog.[674] Dabei wird allerdings übersehen, daß bereits die zeitgenössischen Kommentatoren[675] - m.E. zu Recht - darauf hinwiesen, daß die Vorschrift über ihren Wortlaut hinaus selbstverständlich für alle Einkunftsarten gelten mußte. Obwohl der zentrale Anwendungsbereich der Regelung unbestritten bei den Einkünften aus nichtselbständiger Tätigkeit liegt, gibt es auch im Rahmen der übrigen Haushaltseinkunftsarten zweifellos Wirtschaftsgüter, die sich als "Arbeitsmittel" zur Ausübung der jeweiligen Tätigkeit darstellen, z.B. das Werkzeug eines Vermieters, der notwendige Reparaturen an den von ihm vermieteten Wohnungen selbst ausführt oder die Schreibmaschine zur Abfassung von Schriftstücken bei Tätigkeiten i.S.d. § 20 EStG.

Als Arbeitsmittel sind nach ständiger Rechtsprechung[676] unter einem vom Veranlassungsprinzip geprägten Werbungskostenbegriff diejenigen Wirtschaftsgüter anzusehen, die *unmittelbar* der beruflichen Tätigkeit zu dienen bestimmt sind und (fast) ausschließlich zu beruflichen Zwecken genutzt werden. Nach Auffassung von *Prinz*[677] sollte die Rechtsprechung analog zur Interpretation des allgemeinen Werbungskostenbegriffs auch hier auf das Unmittelbarkeitserfordernis verzichten. Allerdings darf die Bedeutung dieses Kriteriums m.E. in

---

671 Vgl. § 9 Abs. 1 Satz 3 Nr. 6 EStG

672 Vgl. *Herrmann/Heuer/Raupach*, § 9 EStG Anm. 540; *Kirchhof/Söhn*, § 9 EStG Rdnr. H 5; *Koller, A.*, (Abgrenzung, 1993) S. 28

673 Vgl. § 16 Abs. 5 Nr. 5 EStG 1925

674 *Herrmann/Heuer/Raupach*, § 9 EStG Anm. 544; *Kirchhof/Söhn*, § 9 EStG Rdnr. H 4; *Littmann/Bitz/Hellwig*, § 9 EStG Rn 380

675 Vgl. *Blümich/Schachian*, § 16 EStG 1925 Anm. 24; *Strutz, G.*, § 16 EStG 1925 Anm. 90

676 Vgl. BFH v. 7.10.1954, BStBl 1954 III S. 362; v. 18.2.1977, BStBl 1977 II S. 464; v. 15.5.1981, BStBl 1981 II S. 735 (736); v. 4.7.1986, BStBl 1986 II S. 771 (772); v. 21.10.1988, BStBl 1989 II S. 356; v. 15.12.1989, BStBl 1990 II S. 692 (693)

677 Vgl. *Prinz, U.* in *Herrmann/Heuer/Raupach*, § 9 EStG Anm. 540

diesem Zusammenhang nicht überschätzt werden, da der BFH[678] selbst davon spricht, daß es für die Anerkennung von Aufwendungen als Werbungskosten "genügt," wenn sie für Wirtschaftsgüter getätigt werden, die unmittelbar der Ausübung der Tätigkeit dienen. Zudem scheint *Prinz* auch eine wesentlich engere Vorstellung von einem unmittelbaren Zusammenhang zu haben als die Rechtsprechung. Er konstatiert hinsichtlich des Fahrrads eines angestellten Nachtwächters lediglich einen mittelbaren Erwerbsbezug, während der BFH[679] in dem von ihm zitierten Urteil m.E. zutreffend einen unmittelbaren Zusammenhang annahm.

Handelt es sich um Wirtschaftsgüter, die auch im Rahmen der privaten Lebensführung Verwendung finden, ist eine geringfügige private Mitbenutzung unschädlich.[680] Sofern jedoch die Privatnutzung nicht von untergeordneter Bedeutung ist,[681] kommt eine (anteilige) Berücksichtigung nur in Betracht, wenn objektive Merkmale eine zutreffende, leicht nachprüfbare Trennung in berufliche und private Nutzungsanteile ermöglichen. Ist dies nicht der Fall, sind nach dem Aufteilungsverbot[682] die gesamten Aufwendungen nicht abzugsfähig.

Obwohl der BFH, wie oben gezeigt wurde, im Bereich der Haushaltseinkünfte überwiegend die sog. Wertverzehrthese vertritt, soll offensichtlich für Arbeitsmittel etwas anderes gelten. Anschaffungskosten für Arbeitsmittel werden in der Rechtsprechung[683] ausdrücklich als *Werbungskosten dem Grunde nach* qualifiziert. Die Arbeitsmittelregelung ist darüber hinaus insofern bemerkenswert, als aus ihrem Wortlaut zum Teil Konsequenzen abgeleitet werden, die das gesamte System der Einkommensteuer buchstäblich auf den Kopf stellen. Neben der bereits dargestellten[684] Auffassung der Rechtsprechung,[685] der Verlust eines Arbeitsmittels führe zu einem Werbungskostenabzug, handelt es sich dabei im wesentlichen um drei Gesichtspunkte, nämlich:

(1) die Behandlung von Aufwendungen für nicht abnutzbare Arbeitsmittel,

(2) das Verhältnis der Vorschrift zur AfA-Regelung des § 9 Abs. 1 Satz 3 Nr. 7 EStG sowie

---

678 Vgl. BFH v. 15.5.1981, BStBl 1981 II S. 735 (736)

679 Vgl. BFH v. 15.9.1961, BStBl 1961 III S. 552 (553)

680 BFH v. 15.5.1981, BStBl 1981 II S. 735 (736); v. 21.10.1988, BStBl 1989 II S. 356

681 Zur Bestimmung der "Unschädlichkeitsgrenze" vgl. *Herrmann/Heuer/Raupach*, § 9 EStG Anm. 547 (10 v.H. als Orientierungsleitlinie). Der BFH legt sich nicht auf einen konkreten Grenzwert fest, hat aber einen privaten Nutzungsanteil von 15,5 v.H. als steuerschädlich betrachtet; vgl. Urteil v. 21.11.1986, BStBl 1987 II S. 262

682 Vgl. S. 71 f

683 Vgl. z.B. BFH v. 15.5.1981, BStBl 1981 II S. 735; zustimmend *v. Bornhaupt* in *Kirchhof/Söhn*, § 9 EStG Rdnr. B 102; kritisch *Meyer, B.*, DStR 1982 S. 134

684 Vgl. S. 81 f

685 Vgl. BFH v. 29.4.1983, BStBl 1983 II S. 586; v. 4.7.1986, BStBl 1986 II S. 771

(3) die steuerlichen Konsequenzen der Veräußerung eines als Arbeitsmittel genutzten Wirtschaftsguts.

Zu (1): Aufwendungen für ***nicht abnutzbare Arbeitsmittel*** sind nach nicht näher begründeter Auffassung von *Prinz*[686] und *v. Bornhaupt*[687] im Abflußzeitpunkt in voller Höhe abzugsfähig. Auch *Lang*,[688] der im übrigen die Wertverzehrthese vertritt,[689] leitet diese Rechtsfolge aus § 9 Abs. 1 Nr. 6 EStG ab. Im Hinblick auf das Nettoprinzip zieht er jedoch auch die aus dieser Sicht einzig folgerichtige Konsequenz:[690]

"*Das geltende Recht versagt endgültig in den Fällen der Aufwendungen für nicht abnutzbare Arbeitsmittel*, die in beliebiger Höhe abgesetzt werden können, ohne daß der Steuerpflichtige beruflichen Aufwand hat."

Während *Prinz*[691] seiner zuvor aufgestellten These konsequent folgt und für als nicht abnutzbare Wirtschaftsgüter qualifizierte Gemälde anerkannter Meister[692] den Sofortabzug fordert, scheut sich *v. Bornhaupt* offenbar, diese Schlußfolgerung zu ziehen.[693] Er verneint zwar ebenfalls die Abschreibungsfähigkeit, spricht aber einen Sofortabzug nicht an. Seine Ausführungen lassen sich mit *Karrenbauer*[694] vielmehr dahingehend interpretieren, daß eine Berücksichtigung der Aufwendungen als Werbungskosten in diesem Fall ausgeschlossen sein soll. Läßt man die Tatsache, daß nicht abnutzbare Arbeitsmittel in der Praxis wohl kaum denkbar sind,[695] außer Betracht, würden sich unter ei-

---

686 Vgl. *Prinz, U.* in *Herrmann/Heuer/Raupach*, § 9 EStG Anm. 532

687 Vgl. *v. Bornhaupt, K.J.* in *Kirchhof/Söhn*, § 9 EStG Rdnr. H 22

688 Vgl. *Lang, J.*, (Bemessungsgrundlage, 1988) S. 499; ähnlich *Wolff, Th.*, (Vermögenssphäre, 1993) S. 181

689 Vgl. hierzu S. 128 ff

690 Vgl. *Lang, J.*, (Bemessungsgrundlage, 1988) S. 499 (Hervorh. d. Verf.)

691 Vgl. *Prinz, U.* in *Herrmann/Heuer/Raupach*, § 9 EStG Anm. 580 ("Bilder")

692 Vgl. BFH v. 2.12.1977, BStBl 1978 II S. 164 zur Gewährung einer Investitionszulage. Ebenso soll es sich bei berufshistorischen Gegenständen um nicht abnutzbare Wirtschaftsgüter handeln; vgl. BFH v. 9.8.1989, BStBl 1990 II S. 15; zu Recht kritisch hierzu *Biergans, E.*, (Einkommensteuer, 1992) S. 198 f, weil insbesondere auch Gebäude vielfach so stark im Wert steigen, daß ihre Entwertung durch Abnutzung und Veralten dadurch überkompensiert wird.

693 Vgl. *v. Bornhaupt, K.J.* in *Kirchhof/Söhn*, § 9 EStG Rdnr. H 57 f

694 Vgl. *Karrenbauer, M.*, (Abschreibung, 1993) S. 164

695 Die angesprochenen Gemälde anerkannter Meister dürften schon wegen der nunmehr auch im Werbungskostenbereich vorzunehmenden Angemessenheitsprüfung kaum in Betracht kommen; vgl. S. 71. Zudem wird in der neueren Rechtsprechung die Anschaffung von "Gegenständen der Kunst im weitesten Sinne" für ein häusliches Arbeitszimmer der privaten Lebensführungssphäre zugeordnet, wobei der BFH zutreffend darauf hinweist, daß ein Bild regelmäßig nicht der Ausübung der Tätigkeit im Sinne der Arbeitsmitteldefinition dient; vgl. BFH v. 30.10.1990, BStBl 1991 II S. 340; vgl. auch FG Rheinland-Pfalz v. 9.4.1991, EFG 1992 S. 65 (rkr.); BFH v. 14.5.1991, BStBl 1991 II S. 837

ner solchen Rechtslage interessante Gestaltungsmöglichkeiten durch eine in voller Höhe steuermindernde Anschaffung am Ende eines Jahres und anschließender steuerfreier Weiterveräußerung im nächsten Jahr ergeben.

Soweit ersichtlich, wurde in der Rechtsprechung ein voller Abzug der Anschaffungskosten in Zweifelsfällen offensichtlich noch nie in Erwägung gezogen. Mehrere Finanzgerichte[696] haben beispielsweise zwischen 120 und 265 Jahre alte Musikinstrumente (Violine, Cello) bei Orchestermusikern als abnutzbare Arbeitsmittel qualifiziert und eine Nutzungsdauer zwischen 15 und 50 Jahren angenommen. Die Frage nach einem Sofortabzug wurde dabei nicht aufgeworfen. Vielmehr ging es jeweils darum, daß das Finanzamt eine Abnutzung der Instrumente verneinte und damit eine Berücksichtigung der Aufwendungen vollumfänglich ablehnte. Nach Auffassung des FG Berlin[697] unterliegen alte - im Urteilsfall um das Jahr 1820 hergestellte - Stilmöbel keiner wirtschaftlichen Abnutzung. Die technische Abnutzung solcher Wirtschaftsgüter ist danach so gering, daß sie steuerlich vernachlässigt werden kann. Demgegenüber qualifizierte der BFH[698] einen antiken - etwa 100 Jahre alten - Schreibtisch sowie den dazugehörigen Sessel als abnutzbare Wirtschaftsgüter. Obwohl die betreffenden Möbelstücke zweifelsfrei als Arbeitsmittel genutzt wurden, war von einem potentiellen Sofortabzug der Anschaffungskosten auch hier keine Rede.

Zu (2): Bis zur Änderung der Vorschrift durch das Steuerreformgesetz v. 25.7. 1988[699] wurde im Schrifttum[700] darüber hinaus im ***Verhältnis zur AfA-Regelung*** eine steuersystematische Gleichordnung bzw. sogar eine Vorrangstellung des § 9 Abs. 1 Satz 3 Nr. 6 EStG gesehen. Aufwendungen für die Anschaffung mehrjährig nutzbarer Arbeitsmittel sollten danach ungeachtet ihrer Höhe in vollem Umfang im Jahr der Anschaffung als Werbungskosten abgezogen werden können. Nach Auffassung von *Prinz*[701] hat der Gesetzgeber aus Vereinfachungsgründen in Kauf genommen, daß "im Einzelfall ausnahmsweise einmal verhältnismäßig hohe Aufwendungen sofort voll abgesetzt werden (zB für ein ganz überwiegend zu Dienstfahrten benutztes Auto eines Arbeitnehmers) (...)." Das FG Berlin[702] ging dementsprechend von einem Wahlrecht des Steu-

696 Vgl. FG Berlin v. 23.6.1976 VI 73/75, n.v. (rkr.); FG Hamburg v. 15.5. 1985 III 188/ 82, n.v. (rkr.); FG Hessen v. 24.2.1992 3 K 901/90, n.v. (rkr.)

697 Vgl. Urteil v. 10.4.1984, EFG 1984 S. 610 (rkr.)

698 Vgl. Urteil v. 31.1. 1986, BStBl 1986 II S. 355

699 Vgl. BStBl 1989 I S. 224 (227)

700 Vgl. *Prinz, U.* in *Herrmann/Heuer/Raupach*, § 9 EStG Anm. 532; *Lang, J.*, (Bemessungsgrundlage, 1988) S. 498; *Högemann, W.*, BB 1961 S. 211 (212)

701 Vgl. *Prinz, U.* in *Herrmann/Heuer/Raupach*, § 9 EStG Anm. 532

702 Vgl. Urteil v. 31.1.1969, EFG 1969 S. 399 (aufgehoben durch BFH v. 15.10.1971, VI R 74/69 (n.v.), vgl. EFG 1972 S. 470)

erpflichtigen aus, die Aufwendungen sofort in voller Höhe oder über die AfA-Regelung geltend zu machen. Demgegenüber hielt der BFH in ständiger Rechtsprechung[703] m.E. zutreffend[704] an der Vorrangstellung des § 9 Abs. 1 Satz 3 Nr. 7 EStG fest, so daß die Anschaffungs- bzw. Herstellungskosten von abnutzbaren Arbeitsmitteln ausschließlich über Abschreibungen berücksichtigt werden konnten. Dabei fällt auf, daß in den neueren Judikaten auch nicht mehr von einer Werbungskostenqualität der Anschaffungskosten die Rede ist. Der BFH[705] führt wörtlich aus, "daß als Werbungskosten nur der Wertverzehr in Form der AfA nach Maßgabe des § 9 Abs. 1 Nr. 7 EStG berücksichtigungsfähig ist (...)."

Mit Wirkung ab 1990 hat der Gesetzgeber das Verhältnis zu § 9 Abs. 1 Satz 3 Nr. 7 EStG im Sinne der aufgezeigten Rechtsprechung klargestellt. Danach ist nunmehr der dargestellte Streit um den Sofortabzug zumindest für abnutzbare Wirtschaftsgüter endgültig beendet, da die AfA-Regelung ausdrücklich auch für Arbeitsmittel gilt. Der Verweis auf diese Vorschrift stellt gleichzeitig die analoge Anwendung des § 6 Abs. 2 EStG (geringwertige Wirtschaftsgüter) klar, so daß die Anschaffungs- bzw. Herstellungskosten für selbständig nutzungsfähige Arbeitsmittel in voller Höhe im Jahr der Anschaffung oder Herstellung abgezogen werden können, wenn sie DM 800 nicht übersteigen.[706] Maßgeblich sind die Nettoanschaffungskosten ohne Umsatzsteuer.[707]

Zu (3): Schließlich zieht *Wolff-Dieppenbrock*[708] eine Besteuerung von Veräußerungsgewinnen aus dem Verkauf von "Arbeitsvermögen" in Erwägung, da es das Gesetz nicht ausschließe, Gewinne aus der Veräußerung von Wirtschaftsgütern, deren Anschaffungskosten als Werbungskosten berücksichtigt wurden, als Einnahmen i.S.d. § 8 EStG zu erfassen.[709]

---

703 Vgl. z.B. BFH v. 7.10.1954, BStBl 1954 III S. 362; v. 8.11.1963, BStBl 1964 III S. 36; v. 29.1.1971, BStBl 1971 II S. 327 und S. 459 (461); v. 8.2.1974, BStBl 1974 II S. 306; v. 18.2.1977, BStBl 1977 II S. 464; v. 31.1.1986, BStBl 1986 II S. 355 (356); v. 21.10.1988, BStBl 1989 II S. 356 (357); v. 25.9.1992, BStBl 1993 II S. 106 (107)

704 Vgl. die nachfolgende Stellungnahme auf S. 158 ff

705 Vgl. Urteil v. 21.10.1988, BStBl 1989 II S. 356 (357); ebenso BFH v. 25.9.1992, BStBl 1993 II S. 106 (107)

706 Vgl. § 9 Abs. 1 Satz 3 Nr. 7 i.V.m. § 6 Abs. 2 EStG

707 Vgl. Abschn. 44 Abs. 3 LStR 1993. Dies ist insofern hervorzuheben, als die beim Erwerb von Wirtschaftsgütern gezahlte Umsatzsteuer im Bereich der Haushaltseinkünfte grundsätzlich Bestandteil der Anschaffungs- bzw. Herstellungskosten ist; vgl. BFH v. 27.9.1990, BFH/NV 1991 S. 297; v. 5.10.1990, BFH/NV 1991 S. 301

708 Vgl. *Wolff-Dieppenbrock, J.* in *Littmann/Bitz/Hellwig*, § 9 EStG Rn 383

709 Zutreffend a.A. BFH v. 15.5.1981, BStBl 1981 II S. 735 (737); Abschn. 44 Abs. 3 Satz 6 LStR; *v. Bornhaupt, K.J.* in *Kirchhof/Söhn*, § 9 EStG Rdnr. H 23

2.2 Zur Teleologie der Arbeitsmittelvorschrift - Stellungnahme

Bei isolierter Wortlautinterpretation ist einzuräumen, daß die aus § 9 Abs. 1 Satz 3 Nr. 6 EStG gezogenen Schlußfolgerungen durchaus möglich sind. Unabhängig davon, wieviel Gewicht man dem Wortlaut einer Vorschrift bei ihrer Auslegung beimessen will, kommt m.E. aber auch dem Gesetzeszweck (Telos) *in jedem Fall* eine entscheidende Bedeutung zu. Das *Primat der teleologischen Methode* wird im Schrifttum insbesondere von *Tipke/Lang*[710] hervorgehoben. Danach darf die Auslegung "nie isolierte Wortphilologie sein, sondern muß den wirklichen Sinn des Rechtssatzes erforschen." Dies muß umso mehr gelten, wenn der Wortlaut bereits auf den ersten Blick so evident gegen die gesamte Gesetzessystematik verstößt wie in diesem Fall.[711] Der Sinn und Zweck der Arbeitsmittelvorschrift wurde bereits bei ihrer erstmaligen Kodifizierung[712] im Schrifttum deutlich zum Ausdruck gebracht:[713]

> "Die Bestimmung ist nicht bloß überflüssig (auch ohne sie müßten Aufwendungen hierfür abgesetzt werden), sondern auch irreführend."

M.E. basieren die gesamten Diskussionen um die Arbeitsmittelregelung auf einer fatalen Fehl- bzw. Überinterpretation des § 9 Abs. 1 Satz 3 Nr. 6 EStG. Letztlich lag der Vorschrift nur die - allerdings bei der praktischen Umsetzung verfehlte - Klarstellungsabsicht des Gesetzgebers zugrunde, daß auch im Rahmen einer nichtselbständigen Tätigkeit Wirtschaftsgüter zu beruflichen Zwekken eingesetzt werden können und die Aufwendungen dafür im Rahmen des normalen Wertverzehrs berücksichtigt werden müssen. Darauf deutet auch der heutige Wortlaut des § 9 Abs. 1 Satz 3 Nr. 6 EStG nach wie vor hin, wenn dort bestimmt ist:

> "Aufwendungen für Arbeitsmittel, zum Beispiel für *Werkzeuge und typische Berufskleidung* (Hervorh. d. Verf.). Nummer 7 bleibt unberührt."

Bereits die Entstehungsgeschichte der Vorschrift zeigt, daß aus ihr keine aussergewöhnlichen Rechtsfolgen abgeleitet werden können. Aufgrund der Tatsache, daß die Finanzämter angeblich zum Teil Zweifel hinsichtlich der Abzugs-

---

710 Vgl. *Tipke/Lang*, (Steuerrecht, 1994) § 5 Rz. 50 ff m.w.N.

711 So wird beispielsweise auch § 15 Abs. 4 EStG, der *pauschal* den Verlustausgleich und -abzug für Verluste aus gewerblicher Tierzucht und Tierhaltung einschränkt, seinem Zweck - dem Schutz der landwirtschaftlichen Betriebe - entsprechend angewendet. Betroffen ist nur die in gewerblicher Form betriebene Haltung und Zucht traditionell landwirtschaftlicher Tierarten; vgl. BFH v. 29.10.1987, BStBl 1988 II S. 264

712 Vgl. § 16 Abs. 5 Nr. 5 EStG 1925

713 Vgl. *Blümich/Schachian*, § 16 EStG 1925 Anm. 24 (S. 241); ebenso, wenn auch weniger drastisch *Strutz, G.*, § 16 EStG 1925 Anm. 3 (S. 879) und Anm. 88 (S. 1005)

fähigkeit von Aufwendungen für Werkzeug, Berufskleidung[714] und insbesondere Fortbildungszwecke angemeldet hatten, war ursprünglich geplant, die allgemeine Werbungskostendefinition des § 16 Abs. 1 EStG 1925 durch folgenden zweiten Satz zu ergänzen:[715]

"Dazu gehören auch Aufwendungen für Werkzeuge, Berufskleidung und Fortbildungszwekke."

In der zweiten Lesung im Ausschuß des Reichstages wurde dann beschlossen, für *Werkzeuge* und *Berufskleidung* den Begriff "Arbeitsmittel" zu verwenden und die Regelung im Werbungskostenkatalog des § 16 Abs. 5 EStG 1925 zu plazieren.[716] Nach *Strutz*[717] sind dabei unter Werkzeugen im weiteren Sinn sämtliche zur Ausführung der Arbeit dienenden "Gerätschaften" zu verstehen. Somit hatte die Vorschrift von Anfang an nur einen sehr eingeschränkten - und zudem deklaratorischen - Aussagegehalt. Daß dabei u.a. in keiner Weise an den Abzug von Aufwendungen für nicht abnutzbare Wirtschaftsgüter gedacht wurde, liegt m.E. auf der Hand.

Ebenso war auch der Streit um die Anwendung der AfA-Grundsätze oder einen Sofortabzug der Aufwendungen für Arbeitsmittel, der zum Verweis auf die AfA-Vorschrift der Nr. 7 geführt hat,[718] von Anfang an verfehlt, wenn man bedenkt, daß Arbeitsmittel - und dabei insbesondere Werkzeuge und Berufskleidung - mit hohen Anschaffungskosten zur Zeit des EStG 1925 wohl selten waren. Darüber hinaus weist *Strutz*[719] wie selbstverständlich darauf hin, der Wortlaut der Vorschrift[720] bedeute nicht, "...daß diese Aufwendungen ohne weiteres in voller Höhe in dem Steuerabschnitt, in dem sie erfolgen, abgezogen werden dürften." Danach gelten die Vorschriften des § 16 Abs. 2 EStG 1925 zur Anwendung der AfA auch für Arbeitsmittel. Lediglich bei weniger kostspieligen Anschaffungen sollte in Durchbrechung der AfA-Grundsätze auch bei einer mehrjährigen Nutzungsdauer ein Sofortabzug möglich sein.

---

714 Diese Begründung ist insofern überraschend, als bereits das PrOVG Aufwendungen für Berufskleidung zum Abzug zugelassen hatte; vgl. die Nachweise bei *Strutz, G.*, § 16 EStG 1925 Anm. 88 (S. 1005 f)

715 Vgl. *Strutz, G.*, § 16 EStG 1925 Anm. 3 (S. 879)

716 Vgl. ebd. Anm. 3 (S. 882)

717 Vgl. ebd. Anm. 88 (S. 1005)

718 Vgl. § 9 Abs. 1 Satz 3 Nr. 6 Satz 2 EStG

719 Vgl. *Strutz, G.*, § 16 EStG 1925 Anm. 89 (S. 1007). Gl.A. offensichtlich *Becker* (*E.*, § 16 EStG 1925 Bem. 43a (S. 548)) zur AfA "...beim Einkommen aus unselbständiger Arbeit (Verbrauch der Arbeitskleidung, des Fahrrads, der Schreibmaschine) (...)." *Ders.*, § 16 EStG 1925 Bem. 54c (S. 572): "Er (§ 16 Abs. 2 und 3, Anm. d.Verf.) gilt auch für die Arbeitsgeräte der Angestellten und Beamten (Fahrräder, Fachbücherei) (...)."

720 § 16 Abs. 5 Nr. 5 EStG 1925: "***Aufwendungen*** (...) für Arbeitsmittel (...)" (Hervorh. d. Verf.)

Dies bedeutet aber nichts anderes als die analoge Anwendung der Regeln über geringwertige Wirtschaftsgüter im geltenden Recht.

Die Differenzierung zwischen Einkunftserzielungsvermögen im engeren Sinn und Arbeitsmitteln sowie die daraus abgeleiteten unterschiedlichen Rechtsfolgen[721] erscheinen im Licht des tätigkeitsorientierten Steuertatbestands m.E. höchst zweifelhaft. Begreift man als Steuergegenstand ausschließlich die Erwerbs*tätigkeit*, hat unter diesem Aspekt jegliches eingesetzte Vermögen nur Hilfsfunktion für die Verwirklichung des Steuertatbestands.[722] Auch aus der historischen Entwicklung des Einkommensteuergesetzes lassen sich keinerlei Anhaltspunkte dafür ableiten, daß die Qualifikation eines Wirtschaftsgutes als Arbeitsmittel insbesondere auch im Hinblick auf die Berücksichtigung von Vermögensverlusten zu anderen Konsequenzen führen muß als der Verlust von Einkunftserzielungsvermögen. Zieht man eine Parallele zum Betriebsbereich, handelt es sich zweifellos sowohl beim Einkunftserzielungsvermögen als auch bei Arbeitsmitteln um sog. "Anlagevermögen" im Haushaltseinkünftebereich.[723] Aus der wenig aussagekräftigen Formulierung des § 9 Abs. 1 Satz 3 Nr. 6 EStG derart weitreichende Folgerungen zu ziehen, ist m.E. durch das Gesetz nicht gedeckt.

Intention des Gesetzgebers kann es nach alledem im Licht einer quellentheoretischen Fundierung der Haushaltseinkunftsarten nur gewesen sein, daß die *nutzungsbedingte* Wertminderung des der Erwerbstätigkeit dienenden Vermögens berücksichtigt werden sollte.[724] Dieses Ziel wäre m.E. aber bereits durch § 9 Abs. 1 Satz 3 Nr. 7 EStG vollumfänglich erreicht worden,[725] zumal der Vorschrift keinerlei Anhaltspunkte zu entnehmen sind, daß sie nur für die Einkünfte aus Vermietung und Verpachtung gelten soll. Der oben zitierten Auffassung von *Blümich/Schachian* ist somit auch im geltenden Recht uneingeschränkt zuzustimmen. Eine Streichung der Arbeitsmittelvorschrift hätte m.E. keine materiellen Auswirkungen. Letztlich kann ihr lediglich ein deklaratorischer Charakter beigemessen werden, weil sie keinen über § 9 Abs. 1 Satz 3 Nr. 7 EStG hinausgehenden Regelungsgehalt hat.

721 Vgl. S. 154 ff

722 Vgl. S. 104 f

723 A.A. *Jonas, M.Ch.*, (Aufwendungen, 1993) S. 154. Er bezeichnet - m.E. unzutreffend - Werkzeuge und Berufskleidung bei bilanzieller Gewinnermittlung als Umlaufvermögen.

724 In diesem Sinne auch FG Düsseldorf v. 12.12.1975, EFG 1976 S. 549 (550 f) (rkr.)

725 Ähnlich *Lang, J.*, (Bemessungsgrundlage, 1988) S. 500: "Der Ansatz und die Bewertung des Wertverzehrs führt zu dem Ergebnis, daß § 9 Abs. 1 Nr. 7 im Prinzip ausreicht, um den Vermögensaufwand zu erfassen (...). § 9 Abs. 1 Nr. 6 kann demnach ersatzlos gestrichen werden."

Die Anschaffungs- oder Herstellungskosten von Arbeitsmitteln sind damit ebensowenig Werbungskosten dem Grunde nach wie diejenigen von Wirtschaftsgütern des sog. Einkunftserzielungsvermögens.[726] Sowohl der Erwerbs- als auch der Veräußerungsvorgang vollziehen sich in der steuerlich irrelevanten Privatsphäre. Die *Nutzung* zur Ausübung der jeweiligen Tätigkeit führt dazu, daß der dadurch verursachte Wertverzehr in Form von Abschreibungen geltend gemacht werden kann. Auch hinsichtlich der Behandlung von Vermögensverlusten können sich daher keine unterschiedlichen Rechtsfolgen ergeben. Eine steuerliche Berücksichtigung ist in beiden Fällen *nicht* möglich.

Der Auffassung des FG München,[727] wonach der Verlust eines nicht verzinslichen Arbeitnehmerdarlehens unter dem Gesichtspunkt eines verlorenen Arbeitsmittels zu einem Werbungskostenabzug führt, kann somit in doppelter Hinsicht nicht zugestimmt werden. Zum einen ist die Darlehensforderung kein Arbeitsmittel im aufgezeigten Sinn, da sie nicht zur Ausführung einer Tätigkeit verwendet werden kann,[728] zum anderen ist der Verlust eines Arbeitsmittels ebenso steuerlich irrelevant wie der Verlust anderer im Rahmen einer außerbetrieblichen Erwerbstätigkeit eingesetzter Wirtschaftsgüter. § 9 Abs. 1 Satz 3 Nr. 6 EStG kann nicht als Ausdruck eines allgemeinen Grundsatzes gesehen werden, wonach nur Wirtschaftsgüter, die unmittelbar der Erwirtschaftung von Einkünften durch Nutzungsüberlassung dienen, steuerlich irrelevant wären.

3. Umwidmungsvorgänge

Nachdem das EStG im außerbetrieblichen Bereich keine Vorschriften über einlage- und entnahmeähnliche Tatbestände enthält, war lange Zeit unklar, welche Konsequenzen sich ergeben, wenn Wirtschaftsgüter, die zunächst ausschließlich privat genutzt bzw. dem Steuerpflichtigen aus privaten Gründen geschenkt worden waren, später im Rahmen einer Erwerbstätigkeit zur Erzielung von Einkünften i.S.d. §§ 19 - 21 EStG eingesetzt werden.

Beispiele:

(1) Zur privaten Nutzung angeschaffte Möbel werden später im Rahmen eines Untermietverhältnisses mit vermietet.

---

726 Gl.A. *Meyer, B.*, DStR 1981 S. 131 (133): "Die Beurteilung von AK als Werbungskosten ist im Bereich privater Einkunftsarten systemfremd, weil mit Arbeitsmitteln schließlich nicht gehandelt wird, sondern nur über deren zweckentsprechende Nutzung die Verbindung zur Einkunftsquelle entsteht." *Ders.*, DStR 1982 S. 134

727 Urteil v. 15.7.1992, EFG 1993 S. 143 (rkr.); ebenso *Koller, A.*, (Abgrenzung, 1993) S. 122

728 Insofern gl.A. BFH v. 13.1.1989, BStBl 1989 II S. 382 (383); ebenso in der Vorinstanz FG Rheinland-Pfalz v. 20.11.1984, EFG 1985 S. 342 (343)

(2) Ein Wohnzimmerschrank wird zwei Jahre nach der Anschaffung als Aktenschrank im häuslichen Arbeitszimmer genutzt.

(3) Ein geschenkt erhaltener Schreibtisch wird als Arbeitsmittel genutzt.

Nach Auffassung des Niedersächsischen FG[729] sollte eine steuerliche Berücksichtigung nur dann möglich sein, wenn die Wirtschaftsgüter von vornherein zum Zwecke der Einkunftserzielung angeschafft worden waren. Im Schrifttum herrschte zwar insofern Übereinstimmung, als eine Geltendmachung von Abschreibungen auch in solchen Fällen gefordert wurde, die Höhe der Bemessungsgrundlage blieb jedoch umstritten. Während sich *Paus*[730] und *Seitrich*[731] in entsprechender Anwendung des § 6 Abs. 1 Nr. 5 EStG für den Verkehrswert im Zeitpunkt der Umwidmung aussprachen, sollten nach der h.M.[732] die ursprünglichen Anschaffungs- bzw. Herstellungskosten abzüglich der bis zum Zeitpunkt der Umwidmung "verbrauchten" AfA maßgeblich sein. *Ippisch*[733] forderte dagegen, die ungekürzten historischen Anschaffungskosten zugrunde zu legen.

Der BFH[734] hat die Streitfrage mit mehreren neueren Urteilen nunmehr im Sinne der h.M. entschieden. Obwohl eine dem § 6 Abs. 1 Nr. 5 EStG entsprechende Regelung im Bereich der Haushaltseinkünfte fehlt, kann der Steuerpflichtige auch hier Abschreibungen geltend machen. Diese bemessen sich nach den ursprünglichen Anschaffungs- bzw. Herstellungskosten abzüglich der AfA, die bis zum Zeitpunkt der Umwidmung "verbraucht" ist. Nachdem die Regelung des § 6 Abs. 1 Nr. 5 EStG primär vermeiden soll, daß im Privatbereich gebildete stille Reserven bei der Einlage in ein Betriebsvermögen steuerverhaftet werden,[735] erscheint die Auffassung des BFH m.E. systemgerecht. Sie entspricht dem in § 11d EStDV zum Ausdruck kommenden Grundgedanken, wonach im Rahmen der Haushaltseinkunftsarten nur der auf der Basis tatsächlicher Ausgaben bewertete Verzehr von Wirtschaftsgütern die Steuerbemessungsgrundlage mindern soll.[736]

729 Urteile v. 4.2.1987, EFG 1987 S. 349 (aufgehoben durch BFH v. 16.2.1990, BStBl 1990 II S. 883); v. 26.10.1987, EFG 1988 S. 296 (rkr.)

730 Vgl. *Paus, B.*, INF 1987 S. 73

731 Vgl. *Seitrich, P.*, BB 1988 S. 734 (735 f)

732 Vgl. z.B. FG Berlin v. 6.11.1985, EFG 1986 S. 439 (rkr.); *Meyer, B.*, FR 1987 S. 54 (56); *Blümich*, § 9 EStG Rz. 491; *Herrmann/Heuer/Raupach*, § 7 EStG Anm. 142; *Richter, H.*, DStR 1984 S. 680 (681); *Zeitler, F.-Ch.*, BB 1984 S. 1422 (1424); *Schmidt/Drenseck*, § 9 EStG Anm. 11b

733 Vgl. *Ippisch, E.*, DStR 1985 S. 263 (267 f)

734 Vgl. BFH v. 14.2.1989, BStBl 1989 II S. 922 (924); v. 15.12.1989, BStBl 1990 II S. 692 (693); v. 2.2.1990, BStBl 1990 II S. 684; v. 16.2.1990, BStBl 1990 II S. 883; v. 15.12.1992, BFH/NV 1993 S. 599 (600)

735 Vgl. S. 34 f

736 Zur historischen Entwicklung der relevanten Wertansätze vgl. S. 142

Im umgekehrten Fall einer "Entwidmung" gelten diese Grundsätze entsprechend.[737] Im Zeitpunkt der Beendigung der beruflichen Nutzung endet die AfA-Berechtigung. Der noch nicht abgeschriebene Teil der Bemessungsgrundlage kann nicht mehr berücksichtigt werden, weil kein durch eine erwerbsbedingte Nutzung veranlaßter Wertverzehr mehr gegeben ist.

IV. Ergebnis - die Neutralität des Vermögens

Unter dem Oberbegriff des ***Erwerbsvermögens*** im Sinne der betrieblichen *und* außerbetrieblichen Einkunftsarten ist nach dem hier vertretenen tätigkeitsorientierten Verständnis des Steuergegenstandes das Vermögen zu verstehen, das mit Hilfe des Veranlassungsprinzips einer steuerbaren Erwerbstätigkeit zugeordnet werden kann. Dabei gilt der Grundsatz "Vermögenszuordnung folgt Leistungszuordnung".[738] Eine willkürliche Zuordnung von Wirtschaftsgütern, insbesondere auch anhand der sog. Subsidiaritätsklauseln, ist deshalb abzulehnen, weil sie nicht geeignet ist, den gesetzlichen Tatbestand zu verändern.

Die ***Markteinkommenstheorie*** ist unstreitig das zentrale Erklärungsmodell für das geltende Einkommensteuergesetz. Dessen ungeachtet muß sich aber auch ein Erklärungsmodell an die gesetzessystematischen Vorgaben halten. Nach der Terminologie von *Ruppe*[739] besteht der "kleinste gemeinsame Nenner" aller Einkunftsarten in der entgeltlichen Verwertung von Gütern und Leistungen am Markt. Obwohl sich das EStG 1925 und die ihm folgenden Einkommensteuergesetze vordergründig von den finanzwissenschaftlichen Theorien losgesagt haben, kommt zweifellos nach wie vor "das Nebeneinander der unterschiedlichen Einkommenskonzepte von Quellen- und Reinvermögenszugangstheorie zum Ausdruck (...)."[740] Diese Konsequenz ist in dem heute praktizierten dualistischen Konzept letztlich zwangsläufig, wenn man bedenkt, daß beide die diametralen Eckpunkte in einem System verkörpern, nach dem das Einkommen von der *Entstehungsseite* her bestimmt werden soll. Dabei ist festzuhalten, daß die Quellentheorie im Ergebnis bereits eine eingeschränkte Form der Markteinkommensbesteuerung verwirklichte, indem sie grundsätzlich die "Kernerträge" aus bestimmten wirtschaftlichen *Tätigkeiten* erfaßte, wobei das tätigkeitsorientierte Denken insbesondere im betrieblichen Bereich auch zum Ausdruck gebracht wurde.

---

737 Vgl. BFH v. 15.12.1989, BStBl 1990 II S. 692; v. 15.12.1992, BFH/NV 1993 S. 599 (601 f)

738 Vgl. S. 92 ff

739 Vgl. *Ruppe, H.G.*, JDStJG 1 (1978) S. 7 (16)

740 Vgl. *Wittmann, R.*, (Markteinkommen, 1992) S. 44

Auch im geltenden Recht werden die Haushaltseinkunftsarten von diesem quellentheoretischen Grundgedanken beherrscht. Das Einkommensteuergesetz enthält entsprechend der nach wie vor maßgeblichen Begründung zum EStG 1925 einen systemimmanenten Grundsatz, der eine Nichtberücksichtigung des privaten Vermögens gebietet. Dies erkennt prinzipiell auch der BFH[741] an, wenn er in einschlägigen Urteilen davon spricht, ***Wertveränderungen*** des zur Einkünfteerzielung eingesetzten Vermögens müßten außer Betracht bleiben. Das Vermögensneutralitätsprinzip ist nicht allein als Privileg auf der Gewinnseite bzw. als "Grundsatz der Unbeachtlichkeit der *Veräußerungs*sphäre" zu - sehen. Es stellt vielmehr einen systemtragenden Grundsatz dar, dessen Folgen sowohl in positiver als auch in negativer Hinsicht akzeptiert werden müssen.

Wie die Ausführungen zur Zuordnung von Veräußerungsgeschäften[742] gezeigt haben, erklärt sich die Einbeziehung oder Nichteinbeziehung der Vermögensentwicklung in die Ermittlung der Einkünfte nicht bereits aus dem steuergegenständlichen Umfang der einzelnen Einkunftsarten. Maßgeblich für die endgültige Belastungsentscheidung ist vielmehr die übergeordnete Vorschrift des § 2 Abs. 2 EStG. Ausgehend von der Erkenntnis, daß sämtliche Einkunftsarten durch eine zielgerichtete Verwertung von bestimmten Leistungen am Markt geprägt sind und die Ausübung dieser Tätigkeiten mit Hilfe der gleichen Wirtschaftsgüter erfolgt, müssen deshalb auch die Konsequenzen aus der vom Gesetzgeber vorgegebenen Zweiteilung der Einkunftsarten gezogen werden.

Sowohl das Nettoprinzip als auch das Veranlassungsprinzip sind Subprinzipien zur Konkretisierung des übergeordneten Markteinkommenskonzepts. Wenn aber bereits das übergeordnete Prinzip durch das dualistische System zweigleisig verwirklicht wird, muß dies auch für die Subprinzipien gelten. Von einer ***Überlagerung*** des Vermögensneutralitätsprinzips durch das Veranlassungsprinzip[743] kann deshalb m.E. keine Rede sein. Vielmehr determiniert die Neutralität des Vermögens als systemimmanenter, übergeordneter Grundsatz die Reichweite des nachgelagerten Veranlassungsprinzips. Nach dieser Vorgabe sind daher auch die in die Ermittlung der jeweiligen Einkünfte einzubeziehenden Erfolgskomponenten zu bestimmen.[744]

Die finale Formulierung des Werbungskostenbegriffs bezweckte ursprünglich nichts anderes als die Abgrenzung der mit dem Ertrag zusammenhängenden Aufwendungen von den darüber hinausgehenden Aufwendungen für das Ver-

741 Vgl. z.B. BFH v. 27.6.1989, BStBl 1989 II S. 934 (935); v. 9.11.1993, BStBl 1994 II S. 289 (290)

742 Vgl. S. 113 ff

743 Vgl. S. 47 f

744 Im Ergebnis gl.A. *Langohr, Th.G.*, (Veranlassungsprinzip, 1990) S. 173

mögen. Durch die in der Rechtsprechung entwickelte Unmittelbarkeitsthese wurden die Abzugsmöglichkeiten jedoch über die gesetzgeberische Intention hinaus eingeschränkt. Wenngleich die erweiternde Auslegung des Werbungskostenbegriffs und seine Angleichung an den Betriebsausgabenbegriff deshalb grundsätzlich gerechtfertigt erscheinen, bedeutet dies nicht, daß damit auch die *Vermögensentwicklung* - und zwar sowohl auf der Gewinn- als auch auf der Verlustseite - in die Ermittlung der Haushaltseinkünfte einbezogen werden kann. Zwar läßt sich die Abzugsfähigkeit der "vermögensbezogenen" Schuldzinsen und Erhaltungsaufwendungen mit dem Veranlassungsprinzip rechtfertigen, da diese durch eine Erwerbstätigkeit veranlaßt sind und nicht zu den Anschaffungs- oder Herstellungskosten eines Wirtschaftsgutes zählen. Eine Einschränkung im Vergleich zum Betriebsausgabenbegriff ergibt sich aufgrund des dargelegten Prinzipienverhältnisses aber insbesondere[745] hinsichtlich der Anschaffungs- oder Herstellungskosten von Wirtschaftsgütern des Privatvermögens. Während im betrieblichen Bereich aufgrund der Einbeziehung der Substanzverwertung insoweit von Betriebsausgaben dem Grunde nach gesprochen werden kann, handelt es sich bei den Haushaltseinkunftsarten, die nur auf die Vermögensnutzung abstellen, zunächst um steuerlich irrelevante private Ausgaben. Wenn auch ein "Zusammenhang" der Anschaffung mit einer Erwerbstätigkeit vorliegt, steht die übergeordnete Systematik hier einer Qualifikation als Werbungskosten entgegen. Vermögensneutralität heißt angesichts der quellentheoretischen Fundierung der Haushaltseinkunftsarten in Verbindung mit einem (sachgerechten) veranlassungsorientierten Werbungskostenbegriff nichts anderes als die ***Neutralität des Vermögens selbst***. Aus diesem Grund sollte m.E. auch nicht von einem "Grundsatz der Unbeachtlichkeit der Vermögens*sphäre*" gesprochen werden, weil dadurch die eigentliche Intention letztlich verwischt wird.

Werden im außerbetrieblichen Bereich Wirtschaftsgüter im Rahmen einer Erwerbstätigkeit eingesetzt, kann somit lediglich der nutzungsinduzierte Wertverzehr *abnutzbarer Wirtschaftsgüter* im Rahmen der gesetzlich zulässigen Absetzungen für Abnutzung einschließlich AfaA berücksichtigt werden. Dieser auf der Basis tatsächlicher Ausgaben bewertete Güterverzehr ist aufgrund der abzugsbegründenden Vorschrift des § 9 Abs. 1 Satz 3 Nr. 7 EStG originär als Werbungskosten zu erfassen. Für eine Berücksichtigung darüber hinausgehender ***Vermögensverluste*** bleibt im geltenden Recht kein Raum. Angesichts der gesetzlichen Rahmenbedingungen scheidet ein Abzug nach dem allgemeinen Werbungskostenbegriff des § 9 Abs. 1 Satz 1 EStG aus. Ebensowenig ist

745 Unstreitig ist, daß sich Veräußerungsvorgänge im steuerlich irrelevanten Privatbereich vollziehen.

die Regelung des § 9 Abs. 1 Satz 3 Nr. 6 EStG geeignet, das Vermögensneutralitätsprinzip zu durchbrechen. Abgesehen davon, daß bereits die Differenzierung zwischen "Einkunftserzielungsvermögen" und "Arbeitsmitteln" zweifelhaft erscheint, weil unter einem *tätigkeitsorientierten* Steuergegenstand jegliches eingesetzte Vermögen als "Hilfsmittel" zur Erfüllung des Steuertatbestands zu qualifizieren ist, kann ihr letztlich nur ein deklaratorischer Charakter beigemessen werden. Obwohl sie zweifellos für alle Haushaltseinkunftsarten gilt, stellt die Vorschrift im Grunde lediglich klar, daß auch im Rahmen einer nichtselbständigen Tätigkeit ggf. Wirtschaftsgüter zur Ausführung dieser Tätigkeit eingesetzt werden und diese nach den allgemeinen Grundsätzen zu berücksichtigen sind. Eine Abzugsberechtigung für Vermögensverluste läßt sich ihr nicht entnehmen.

Aufgrund der fehlenden steuerlichen Einbindung der Vermögensentwicklung in die Ermittlung der Haushaltseinkünfte wird das sog. Überschußvermögen nach alledem im Schrifttum m.E. zutreffend lediglich als Denkfigur bezeichnet, die der sprachlichen und argumentativen Vereinfachung dient.[746] Über die aufgezeigten Grundsätze hinausgehende Rechtsfolgen können aus der Vermögenszuordnung im außerbetrieblichen Bereich nicht abgeleitet werden.

Die dargestellten Konsequenzen ergeben sich m.E. als zwangsläufiger Ausfluß der vom Gesetzgeber vorgegebenen Zweiteilung der Einkunftsarten. Solange mit Hilfe gleicher Wirtschaftsgüter ausgeübte einheitliche *Erwerbstätigkeiten* unterschiedlich behandelt werden, erscheint es höchst widersprüchlich, die Abzugsfähigkeit von Vermögensverlusten anhand von identischen Maßstäben zu beurteilen. Das Veranlassungsprinzip kann deshalb für alle Einkunftsarten gleich interpretiert werden, "soweit in ihm zum Ausdruck kommt, daß Vermögensverluste bei den Überschußeinkünften keine steuermindernde Wirkung haben dürfen."[747] Gleichheit der Besteuerung heißt insbesondere in diesem Fall nichts anderes, als daß Ungleiches auch ungleich behandelt werden muß.

746 Vgl. *Herrmann/Heuer/Raupach*, § 9 EStG Anm. 589
747 Vgl. *Langohr, Th.G.*, (Veranlassungsprinzip, 1990) S. 174

Teil 4

Die Berücksichtigung von Forderungsverlusten im Rahmen der Haushaltseinkunftsarten

A. Unterscheidung nach der Anzahl der Veranlassungsebenen

Im folgenden werden die wichtigsten Anwendungsfälle von Forderungsverlusten im Haushaltseinkünftebereich näher analysiert. Die kasuistische Darstellungsweise in diesem Teil wurde dabei bewußt gewählt, um die Notwendigkeit einer einheitlichen Lösung trotz der auf den ersten Blick unterschiedlich gearteten Fallgestaltungen zu verdeutlichen. Die Fälle lassen sich nach der Anzahl der für die steuergegenständliche Zuordnung zur Disposition stehenden Veranlassungsebenen unterscheiden in ein- und mehrdimensionale Leistungsbeziehungen.

Eine ***eindimensionale*** Leistungsbeziehung liegt beispielsweise bei verlorenen Anzahlungen für die Anschaffung bzw. Herstellung von Wirtschaftsgütern sowie ausgefallenen Einlagen bei Kreditinstituten vor, weil hier jeweils nur eine Erwerbstätigkeit betroffen ist, durch die der Forderungsverlust verursacht wurde. Beim Ausfall von Arbeitnehmerdarlehen bzw. -bürgschaften existieren dagegen zwei grundsätzlich einer selbständigen Beurteilung zugängliche Handlungsebenen (***zweidimensionale*** Leistungsbeziehung). Die Kreditgewährung kann subjektiv durch die Erzielung von Zinseinnahmen im Rahmen des § 20 EStG veranlaßt sein und damit eine eigene Erwerbstätigkeit begründen. Sie kann sich aber auch als Hilfsleistung der nichtselbständigen Tätigkeit darstellen. In diesem Fall ist sie im Bereich des § 19 EStG zu erfassen. Eine ***dritte Dimension*** ergibt sich in den Fällen, in denen Gesellschafter einer Kapitalgesellschaft dieser Darlehen gewähren. Außer in der direkten Erzielung von Zinseinnahmen aus dem Darlehen kann die subjektive Leistungsveranlassung entweder:

(1) in der Förderung seiner Beteiligungseinkünfte in Form von Gewinnausschüttungen (*Einkunftserzielungsebene des Gesellschafters*) oder

(2) im Gesellschaftsverhältnis (*Ebene der Kapitalgesellschaft*)

begründet sein. Sofern der darlehensgewährende Gesellschafter dabei gleichzeitig als Arbeitnehmer bei "seiner" Kapitalgesellschaft tätig ist, kommt schließlich auch das Dienstverhältnis als veranlassende Ebene in Betracht, wenn die Kreditgewährung primär der Erhaltung seines Arbeitsplatzes dienen soll (***vierdimensionale*** Leistungsbeziehung).

Wenngleich sich nach der hier vertretenen Auffassung im Ergebnis keine Unterschiede in der steuerlichen Behandlung von Substanzverlusten ergeben, ist dennoch unstreitig, daß nach dem in Teil 3[1] dargestellten Prinzip der Leistungsveranlassung beim Vorliegen einer mehrdimensionalen Leistungsbeziehung die Darlehensgewährung nicht isoliert betrachtet werden kann. Die steuerliche Berücksichtigungsfähigkeit der entstandenen Verluste hängt in diesen Fällen zumindest nach derzeitiger Rechtslage entscheidend davon ab, welcher Tätigkeit innerhalb der Haushaltseinkunftsarten sie unter Veranlassungsgesichtspunkten zuzuordnen sind.

Grundsätzlich unerheblich ist bei mehrdimensionalen Leistungsbeziehungen, in welcher zeitlichen Reihenfolge die einzelnen Handlungen vorgenommen werden.

Beispiele:

(1) A gewährt seinem zukünftigen Arbeitgeber X ein Darlehen in der Absicht, bei ihm als Arbeitnehmer angestellt zu werden.

(2) A ist seit mehreren Jahren bei X als Prokurist angestellt. Als X dringend Finanzmittel benötigt, gewährt A ihm ein Darlehen.

B. Eindimensionale Leistungsbeziehungen

I. Verluste von Kapitalanlagen

1. Einlagen bei Kreditinstituten oder sonstige private Darlehen

1.1 Rechtslage

Der hier zu erörternde Fall ist unter einem funktionierenden Bundesaufsichtsamt für das Kreditwesen zugegebenermaßen von geringer praktischer Relevanz, dafür aber umso bedeutsamer zur systematischen Durchdringung der dieser Abhandlung zugrundegelegten Problematik. Gerade weil es bis Juni 1974 der "Verkehrsauffassung" entsprach, "...daß Einlagen bei Kreditinstituten ei-

1 Vgl. S. 117 ff

nem realistischen Risiko nicht unterlagen,"[2] führte der Zusammenbruch des Bankhauses I.D. Herstatt KGaA der Öffentlichkeit die negativen Konsequenzen des dualistischen Systems besonders deutlich vor Augen. Nach *Felix*[3] handelte es sich dabei um den ersten Insolvenzfall, "...an dem auf der Gläubigerseite der Kopfzahl nach überwiegend Privatpersonen beteiligt sind, ferner zusätzlich in einer derartigen Massenanzahl."

Die Versuche der Anleger, ihre Einlagenverluste wenigstens steuerlich geltend zu machen, wurden von der Rechtsprechung in jeder Hinsicht zurückgewiesen. So führte das FG Köln[4] aus, die erlittenen Vermögensverluste könnten keine Werbungskosten sein, da im privaten Bereich grundsätzlich nur die Erträge des Kapitalvermögens steuerpflichtig seien. Wertänderungen am Vermögen selbst blieben demgegenüber einkommensteuerlich belanglos; eine Berücksichtigung realisierter Werteinbußen komme deshalb nur ausnahmsweise bei Spekulationsgeschäften in Betracht, da hier auch realisierte Wertsteigerungen erfaßt würden.

Auch ein Erlaß aus Billigkeitsgründen wurde aus diesem Grundgedanken heraus entschieden abgelehnt, da die Billigkeit aus sachlichen Gründen lediglich ein zwar vom Gesetz gedecktes, aber vom Gesetzgeber nicht gewolltes Ergebnis vermeiden soll:

"Dafür, daß die Nichtberücksichtigung des Verlusts von Spareinlagen bei der Ermittlung der Einkünfte aus Kapitalvermögen vom Gesetzgeber nicht gewollt ist, fehlt jeder Anhaltspunkt. Die einkommensteuerliche Nichtberücksichtigung von Wertänderungen des Vermögens entspricht vielmehr außerhalb des betrieblichen Bereichs *gerade einem dem Gesetz zugrunde liegenden Kerngedanken*. Private Vermögensverluste durch einen Bank-Konkurs sollen sich ebensowenig auf die ESt auswirken wie solche Verluste aus dem Zusammenbruch eines Bauunternehmens oder durch Diebstahl oder ein anderes Vermögensdelikt."[5]

Schließlich wurde auch eine Berücksichtigung als außergewöhnliche Belastung verneint, weil zum einen Vermögensverluste keine Aufwendungen i.S.d. § 33 Abs. 1 EStG seien[6] und zum anderen das Merkmal der Zwangsläufigkeit nicht erfüllt sei.[7]

Für den Fall einer Darlehensgewährung zwischen Privatpersonen hatte das FG Düsseldorf[8] bereits 1975 eine steuerliche Berücksichtigung des Forderungsver-

2 So *Felix, G.*, FR 1975 S. 136
3 Vgl. ebd. S. 136
4 Vgl. Urteil v. 25.11.1980, EFG 1981 S. 396 (rkr.)
5 Vgl. FG Köln v. 25.11.1980, EFG 1981 S. 396 (397) (rkr.) (Hervorh. d. Verf.); ebenso BFH v. 24.3.1981, BStBl 1981 II S. 505 (506 f)
6 Gl.A. *Kanzler, H.-J.* in *Herrmann/Heuer/Raupach*, § 33 EStG Anm. 300 ("Kapitalanlage")
7 Vgl. FG Köln v. 25.11.1980, EFG 1981 S. 396 (397) (rkr.)
8 Urteil v. 12.12.1975, EFG 1976 S. 549 (rkr.)

lustes mit dem Hinweis auf die Konsequenzen der dualistischen Einkünfteermittlung versagt. Ebenso führen Abwertungsverluste einer Fremdwährungsforderung infolge der Verschlechterung des Wechselkurses der DM gegenüber der ausländischen Währung nicht zu Werbungskosten bei den Einkünften aus Kapitalvermögen.[9]

1.2 Literaturmeinungen

Die Diskussion um die Berücksichtigungsfähigkeit von Einlagenverlusten beschränkte sich auf nur wenige Beiträge. Schon diese Tatsache zeigt, daß man sich bezüglich der steuerlichen Konsequenzen grundsätzlich im klaren war. Die Versuche von *Felix*[10] und *Felix/Lagemann*[11] stellten darüber hinaus im wesentlichen darauf ab, einen Werbungskostenabzug aus Billigkeitsgründen zu fordern, der zunächst insbesondere auf drei Argumente gestützt war:

(1) Das Prinzip der Besteuerung nach der Leistungsfähigkeit gehe dem System der dualistischen Einkünfteermittlung vor, zumal "...im Falle einer Vermögenseinlage bei einem Kreditinstitut steuerfreie Gewinne überhaupt nicht erzielt werden können."[12]

(2) Das Verhalten der Aufsichtsbehörden habe das Entstehen der Verluste in wesentlicher Weise mitverursacht.

(3) Das fehlende Risikobewußtsein der Einlegerschicht und deren Vertrauen in das Kreditgewerbe (Nichtvorhersehbarkeit der Insolvenz) fordere in diesem Fall einen Billigkeitserlaß.

Schließlich wurde auch noch ein "materiell-rechtliches" Argument nachgeschoben, das ebenfalls auf der Risikokomponente aufgebaut war. Danach sind im Umkehrschluß aus § 20 Abs. 2 Nr. 1 EStG[13] alle "besonderen Nachteile" aus Kapitalvermögen als negative Einkünfte zu qualifizieren.[14] Aus der Tatsache, daß die günstigen Einlagekonditionen nur durch besondere Risikotatbestände finanziert werden konnten, folge die Berücksichtigung der späteren Risikoausfälle als negative Einkünfte. "Der duale Grundsatz der Besteuerung erhöhter Herstatt-Zinsen führt auch zum erweiterten Werbungskostenbegriff unter Einbeziehung der Herstatt-Verluste." Diese Argumentation findet sich auch bei *Paus*,[15] der grundsätzlich Darlehensverluste im Rahmen des § 20 EStG als

9 Vgl. BFH v. 9.10.1979, BStBl 1980 II S. 116
10 Vgl. *Felix, G.*, FR 1975 S. 136
11 Vgl. *Felix/Lagemann*, FR 1976 S. 136
12 Vgl. ebd. S. 136 (137)
13 Nach dieser Vorschrift gehören zu den Einkünften aus Kapitalvermögen auch besondere Entgelte oder Vorteile, die neben den in Abs. 1 bezeichneten Einnahmen oder an deren Stelle gewährt werden.
14 Vgl. *Felix/Lagemann*, FR 1976 S. 136 (139)
15 Vgl. *Paus, B.*, FR 1983 S. 502 (504 f)

Werbungskosten anerkennen will, weil zu den Aufwendungen in diesem Sinne auch ein übernommenes Verlustrisiko bzw. ein tatsächlicher Verlust gehört, "falls er seinen Ausgleich in steuerpflichtigen Einnahmen und nicht in der Chance auf nicht steuerbare Wertsteigerungen findet." Das Vermögensneutralitätsprinzip sei hier unbeachtlich, weil bei Kapitalforderungen, die über DM lauten, Wertsteigerungen nicht möglich sind.

Demgegenüber sprechen sich *Muuss/Domann*[16] für eine Nichtberücksichtigung der Verluste aus, die wegen der unterschiedlichen Einkünfteermittlung im Betriebs- und Privatbereich zwingend sei. Der Gesetzgeber habe etwaige Härten, die sich aus diesem System ergeben, bewußt in Kauf genommen. In solchen Fällen sei aber für eine Billigkeitsregelung kein Raum.[17] Eine Sonderbehandlung der Herstatt-Verluste müßte auch auf andere insolvenzbedingte Vermögensverluste durchschlagen "...und würde eine Aushöhlung eines wesentlichen Grundsatzes der Ertragsbesteuerung bedeuten, da nämlich im Ergebnis private Verluste von der Allgemeinheit zu tragen, private Gewinne dagegen nicht zu versteuern wären."[18] Ein Fehlverhalten der Aufsichtsbehörde sei - selbst wenn es nachweisbar wäre - in diesem Fall kein Grund für eine Billigkeitsmaßnahme, da es nicht in direktem Zusammenhang mit der Entstehung der Steuer stehe.[19] Ebenso sei auch das Argument des fehlenden Risikobewußtseins nicht stichhaltig, da auch von kleineren Anlegern erwartet werden könne, daß sie nicht nur die höhere Rendite, sondern auch die Absicherung ihrer Einlagen im Auge haben.

1.3 Stellungnahme

M.E. ist die Berücksichtigung der erlittenen Verluste zu Recht abgelehnt worden. Die zu ihrer Geltendmachung angeführten Argumente sind durchwegs nicht stichhaltig. Das Leistungsfähigkeitsprinzip wird im Bereich der Haushaltseinkünfte durch das System der dualistischen Einkünfteermittlung nur eingeschränkt verwirklicht. Dies gilt sowohl in positiver als auch in negativer Hinsicht.[20] Somit kann es auch nicht im Einzelfall zur Rechtfertigung für be-

---

16 Vgl. *Muuss/Domann*, FR 1975 S. 292; ebenso bereits *Blümich/Schachian*, § 16 EStG 1925 Anm. 10 (S. 221)

17 Ebenso BFH v. 10.5.1972, BStBl 1972 II S. 649; v. 3.3.1970, BStBl 1970 II S. 503 (503 f)

18 Vgl. *Muuss/Domann*, FR 1975 S. 292 (293)

19 Auf die Konsequenzen, die möglicherweise aus einem Behördenverhalten zu ziehen sind, braucht im Rahmen der vorliegenden Abhandlung nicht näher eingegangen zu werden.

20 Vgl. S. 147 f und S. 163 ff

stimmte der Gesetzessystematik widersprechende Billigkeitsentscheidungen herangezogen werden. Dadurch würden m.E. in der Tat systemtragende Grundsätze ausgehöhlt. Ob steuerfreie Gewinne überhaupt erzielt werden können oder wie hoch das Risiko einer wirtschaftlichen Handlung einzuschätzen ist,[21] ist aufgrund der *Neutralität des Vermögens* unerheblich. Die Einlagenverluste können daher auch nicht aufgrund des höheren Risikos in einen "erweiterten Werbungskostenbegriff" einbezogen bzw. als "besondere Nachteile" und damit negative Einkünfte qualifiziert werden. Diese Argumentation vermengt in unzulässiger Weise die Ertragssphäre mit der Vermögenssphäre, denn Wertsteigerungen werden gerade nicht als besondere Vorteile von § 20 Abs. 2 Nr.1 EStG erfaßt. Dementsprechend können auch Wertminderungen nicht berücksichtigt werden.[22]

Eine Berücksichtigung als außergewöhnliche Belastung scheidet m.E. aufgrund des fehlenden Merkmals der Zwangsläufigkeit[23] aus. Dagegen ist die Auffassung, Vermögensverluste seien keine Aufwendungen, inzwischen überholt. Wie bereits dargelegt wurde,[24] ist der Begriff der Aufwendungen für sämtliche Vorschriften des EStG grundsätzlich einheitlich zu interpretieren. Wenn aber Vermögensverluste Aufwendungen i.S.d. § 9 Abs. 1 EStG darstellen können, müssen sie grundsätzlich auch als Aufwendungen i.S.d. § 33 EStG in Betracht kommen.

2. Verluste des typisch stillen Gesellschafters

2.1 Rechtslage

Laufende Verluste, die einem typisch stillen Gesellschafter[25] aufgrund einer gesellschaftsvertraglich vereinbarten Verlustbeteiligung zugerechnet werden, stellen bei ihm Werbungskosten im Rahmen der Einkünfte aus Kapitalvermögen dar,[26] und zwar unabhängig davon, ob sie durch eine Nachschußzahlung

21 Vgl. hierzu auch die nachfolgenden Ausführungen zur stillen Gesellschaft
22 Ähnlich FG Köln v. 25.11.1980, EFG 1981 S. 396 (397) (rkr.)
23 Vgl. hierzu z.B. *Biergans, E.*, (Einkommensteuer, 1992) S. 1474 ff
24 Vgl. S. 78 ff
25 Die folgenden Ausführungen gelten ebenso für die typische Unterbeteiligung.
26 Vgl. RFH v. 23.5.1933, RStBl 1933 S. 1078; v. 15.1.1936, RStBl 1936 S. 554; BFH v. 10.11.1987, BStBl 1988 II S. 186; FG München v. 5.11.1980, EFG 1981 S. 341 (rkr.); v. 15.1.1992, EFG 1992 S. 463

ausgeglichen werden oder sein Einlagenkonto mindern.[27] Auf Verluste, die die Höhe der Einlage übersteigen, ist § 15a EStG sinngemäß anzuwenden.[28]

Die Veräußerung einer stillen Beteiligung an einen Dritten zu einem den Buchwert der Einlage übersteigenden Preis führt zu einem steuerlich unbeachtlichen Gewinn in der privaten Vermögenssphäre.[29] Dementsprechend führt eine Veräußerung unter dem Buchwert zu einem steuerlich unbeachtlichen Vermögensverlust.[30] Das gleiche gilt, wenn eine stille Gesellschaft durch Kündigung oder Konkurs beendet wird und die Abfindung bzw. Konkursquote geringer ist als die - ggf. um Verluste geminderte - Einlage.[31] Übersteigt dagegen der Abfindungsbetrag im Rahmen der Auflösung der stillen Gesellschaft den Nennwert der Einlage, gehört der Mehrbetrag nach Auffassung des BFH[32] grundsätzlich zu den Einkünften aus Kapitalvermögen i.S.d. § 20 Abs. 2 Nr. 1 EStG.

1.2 Stellungnahme

Die Besonderheit im Zusammenhang mit typisch stillen Gesellschaftsverhältnissen besteht darin, daß durch den Abzug der laufenden Verluste Vermögensverluste als Werbungskosten berücksichtigt werden. Durch § 20 Abs. 1 Nr. 4 Satz 2 EStG, der die analoge Anwendung des § 15a EStG regelt, wurde dieser Grundsatz sogar vom Gesetzgeber festgeschrieben.[33] Im Schrifttum wird diese Sonderregelung meist kommentarlos hingenommen bzw. befürwortet.[34] *Tipke/Lang*[35] sprechen zu Recht von einer Durchbrechung des "Quellenprinzips" bei der stillen Beteiligung, die den Werbungskostenbegriff auf Einlageverluste und Nachschüsse des stillen Gesellschafters erweitert.

27 Vgl. FG München v. 5.11.1980, EFG 1981 S. 341 (rkr.)

28 § 20 Abs. 1 Nr. 4 Satz 2 EStG; vgl. hierzu ausführlich *Biergans, E.*, (Einkommensteuer, 1992) S. 1252 f; *Schmidt/Heinicke*, § 20 EStG Anm. 35c m.w.N.

29 Vgl. BFH v. 11.2.1981, BStBl 1981 II S. 465

30 Vgl. *Kirchhof/Söhn*, § 20 EStG Rdnr. F 139

31 Vgl. FG München v. 5.11.1980, EFG 1981 S. 341 (342) (rkr.); v. 15.1.1992, EFG 1992 S. 463 (rkr.); *Herrmann/Heuer/Raupach*, § 20 EStG Anm. 162; *Kirchhof/Söhn*, § 20 EStG Rdnr. F 147; *Schmidt/Heinicke*, § 20 EStG Anm. 35d

32 Urteil v. 14.2.1984, BStBl 1984 II S. 580

33 Vgl. *Schmidt/Heinicke*, § 20 EStG Anm. 35b

34 Vgl. z.B. *Herrmann/Heuer/Raupach*, § 20 EStG Anm. 162; *Kirchhof/Söhn*, § 20 EStG Rdnr. F 149; *Paus, B.*, FR 1983 S. 502 (504)

35 Vgl. *Tipke/Lang*, (Steuerrecht, 1994) § 9 Rz. 471; *Lang, J.*, (Bemessungsgrundlage, 1988) S. 494; vgl. auch *Schmidt/Heinicke*, § 20 EStG Anm. 35b, der die Vorschrift als unsystematisch bezeichnet

Begründet wurde der Werbungskostenabzug durch den RFH[36] damit, daß das Verlustrisiko im Hinblick auf höhere Gewinnchancen in Kauf genommen wird. M.E. ist diese Begründung jedoch nicht haltbar. Mit dem gleichen Recht kann man damit auch die steuerliche Berücksichtigung von verlorenen Spareinlagen bei privaten Kreditinstituten sowie von Forderungsverlusten aus sonstigen - risikoreicheren - Kapitalanlagen fordern:[37]

Beispiele:

(1) Gewährung eines weit über dem Marktniveau verzinsten Darlehens an einen Schuldner mit schlechter Bonität ohne ausreichende Sicherheiten.

(2) Beteiligung an zweifelhaften Kapitalanlagemodellen, die mit hohen Renditen werben, sofern diese auf die Erzielung steuerpflichtiger Erträge gerichtet sind.[38]

In allen Fällen wird ein höheres Verlustrisiko in Kauf genommen, um höhere steuerpflichtige Erträge erwirtschaften zu können. Die "Risikokomponente" ist demnach kaum zur Rechtfertigung dieser Sonderregelung geeignet. Wie das FG Köln[39] zu den Herstattverlusten zutreffend ausgeführt hat, "...pflegt es auch dem wirtschaftlichen Laien bekannt zu sein, daß die am nächsten liegende Ursache für höhere Kapitalerträge in einem erhöhten Risiko liegt. Sicherheit und Ertrag sind hier üblicherweise umgekehrt proportional." Festzuhalten bleibt somit, daß die Behandlung laufender Verluste bei typisch stillen Gesellschaftern eine weitere - für den Steuerpflichtigen allerdings positive - Durchbrechung des Vermögensneutralitätsprinzips darstellt, die aus systematischen Erwägungen keine Rechtfertigung erfährt.

3. Wertverluste von Genußscheinen

Die aufgezeigte Sonderbehandlung der typisch stillen Gesellschaft war der Ausgangspunkt für die Diskussion um die steuerliche Behandlung von Wertverlusten bei Genußscheinen[40] im Zuge einer Kapitalherabsetzung. Im Schrifttum[41] wurde dazu die Auffassung vertreten, daß durch den Erwerb von Genußscheinen auch ein stilles Gesellschaftsverhältnis begründet werden könne mit der Konsequenz der Berücksichtigungsfähigkeit der Wertverluste. Das FG

36 Urteil v. 23.5.1933, RStBl 1933 S. 1078 (1078 f); ebenso FG München v. 5.11.1980, EFG 1981 S. 341 (rkr.)

37 Vgl. auch die nachfolgenden Ausführungen zu Wertverlusten bei Genußscheinen

38 Vgl. hierzu die aktuelle Darstellung zum sog. "Ambros-Fall" bei *Meyer-Scharenberg, D.E.*, DStR 1994 S. 889 (895 f)

39 Urteil v. 25.11.1980, EFG 1981 S. 396 (397)

40 Zum Begriff der Genußscheine bzw. Genußrechte und ihrem Einsatz als Finanzierungsinstrument vgl. z.B. *Angerer, H.-P.*, DStR 1994 S. 41

41 Vgl. *Meilicke, H.*, BB 1989 S. 465

Münster[42] hat dagegen - m.E. zu Recht - dargelegt, daß die beiden Rechtsinstitute nicht miteinander vergleichbar seien. Ein Werbungskostenabzug für die erlittenen Vermögensverluste wurde folgerichtig abgelehnt.

Ohne auf die Diskussion um die Vergleichbarkeit von Genußscheinen und typisch stillen Beteiligungen hier näher eingehen zu müssen, zeigt sich m.E. deutlich, auf welch unsicherem Boden das Einkommensteuerrecht in diesem Bereich steht. Zum einen ist die Nichtberücksichtigung der Wertverluste im Hinblick auf das Vermögensneutralitätsprinzip absolut systemkonform. Zum anderen paßt aber die Begründung, mit der der RFH die Sonderbehandlung für Verluste bei der stillen Gesellschaft ins Leben gerufen hat, ebenso für den Erwerb von Genußscheinen. Auch hier wird im Interesse einer höheren Gewinnerwartung ein höheres Risiko eingegangen.

II. Forderungen im Zusammenhang mit der Anschaffung oder Herstellung eines Wirtschaftsgutes

Die nachfolgenden Ausführungen betreffen die Fälle, in denen eine für den Erwerb oder die Herstellung eines Wirtschaftsguts geleistete Anzahlung wegen Konkurses des Lieferanten bzw. durch Veruntreuung ausfällt. Hierbei ergibt sich die Besonderheit, daß es zu einer Nutzung des betreffenden Wirtschaftsgutes im Rahmen einer Erwerbstätigkeit noch gar nicht gekommen ist. Der Forderungsverlust tritt bereits in der Investitionsphase ein.[43]

1. Beurteilungsgrundsätze in Rechtsprechung und Literatur

1.1 Verlorene Anzahlungen für Arbeitsmittel

Praktisch wohl weniger bedeutsam, aber durchaus vorstellbar ist dabei zunächst der Fall, daß ein Steuerpflichtiger eine Anzahlung für die Herstellung (bzw. Anschaffung) eines zur Nutzung als Arbeitsmittel gedachten Wirtschaftsgutes leistet, dafür aber keine Gegenleistung bekommt.

Beispiele:

(1) Der Steuerpflichtige A erzielt Einkünfte aus nichtselbständiger Tätigkeit. Er leistet an den Möbelschreiner M eine Anzahlung in Höhe von DM 1.000 für die Herstellung eines Schreibtisches, um sein häusliches Arbeitszimmer einzurichten. M fällt in Konkurs, die Anzahlung von A ist verloren.

---

42 Urteil v. 23.5.1991, EFG 1992 S. 16 (rkr.); gl.A. *Fichtelmann, H.*, BB 1989 S. 1461

43 Vgl. hierzu auch *Mittmann, V.*, DStZ 1989 S. 323

(2) Der nichtselbständig tätige Versicherungsvertreter B leistet eine Anzahlung für einen Pkw, der ganz überwiegend zu beruflichen Zwecken genutzt werden soll. Die Anzahlung geht durch durch Veruntreuung des Verkäufers verloren.

Für den letztgenannten Fall hat der VI. Senat des BFH im Urteil vom 21.3. 1975[44] einen Werbungskostenabzug mit der Begründung abgelehnt, es handle sich um einen Geldverlust in der Privatsphäre, weil bei einem Kfz erst aus der - hier nicht möglichen - tatsächlichen Verwendung auf eine Arbeitsmitteleigenschaft geschlossen werden könne. Das FG Köln[45] hatte demgegenüber in der Vorinstanz den Werbungskostenabzug bejaht, da es sich bei dem Pkw aufgrund des Berufs des Klägers (Reisevertreter) eindeutig um ein Arbeitsmittel handle. Die "Vergeblichkeit" der Aufwendungen steht danach einem Werbungskostenabzug nicht entgegen.

Die Versagung des Werbungskostenabzugs durch den BFH wurde zum damaligen Zeitpunkt relativ kommentarlos hingenommen.[46] Lediglich *Nissen*[47] war der Auffassung, es wäre "... auch eine andere Betrachtungsweise vertretbar gewesen, nachdem die fast ausschließliche berufliche Nutzung des zu erwerbenden PKW insbesondere für Dienstreisen unstreitig war." In der neueren Literatur sind die Meinungen geteilt. Während *Kirchhof/Söhn*[48] der Entscheidung ausdrücklich zustimmen, ist sie nach *Herrmann/Heuer/Raupach*[49] unzutreffend und überholt, da es sich bei derartigen Fällen um reine verlorene Erwerbsaufwendungen handle. Allerdings sollen für gemischt genutzte Wirtschaftsgüter, die zu weniger als 90 v.H. erwerbsbezogen genutzt werden, strengere Maßstäbe gelten.

Noch restriktiver als der BFH zeigt sich schließlich das FG Münster in seinem Urteil v. 23.6.1982.[50] Danach kommt ein Werbungskostenabzug auch dann nicht in Betracht, wenn ein Pkw angeschafft und bereits tatsächlich überwiegend beruflich genutzt wird.[51] Die betreffenden - vergeblichen - Anschaffungsaufwendungen seien der steuerlich irrelevanten privaten Vermögenssphäre zuzurechnen und könnten "nicht durch die bloße Ingebrauchnahme des WG den Charakter von WK annehmen (...)."

---

44 BStBl 1975 II S. 641

45 Urteil v. 16.5.1973, EFG 1973 S. 425

46 Vgl. - *O* -, StBP 1975 S. 260; - *o.V.* -, HFR 1975 S. 363; *Meyer, B.*, DStR 1981 S. 131 (133)

47 Vgl. *Nissen, K.-H.*, DStZ A 1975 S. 351

48 § 9 EStG Rdnr. B 700, H 21

49 § 9 EStG Anm. 193

50 Vgl. EFG 1983 S. 165 (rkr.)

51 Im Streitfall hatte der Steuerpflichtige einen vom Verkäufer des Pkw veruntreuten Kreditbetrag an die kreditgewährende Bank zurückgezahlt.

1.2 Verlorene Anzahlungen für Wirtschaftsgüter des Einkunftserzielungsvermögens

Bereits in seiner Entscheidung v. 14.2.1978[52] hat der VIII. Senat des BFH verlorene Anzahlungen für die Anschaffung oder Herstellung ***abnutzbarer Wirtschaftsgüter*** (Gebäude) zum Werbungskostenabzug zugelassen. Die Aufwendungen seien in dem Veranlagungszeitraum zu berücksichtigen, "in dem sich mit großer Wahrscheinlichkeit herausstellt, daß es zu keiner Verteilung des Aufwands nach den in § 9 Abs. 1 Nr. 7 EStG angeführten Vorschriften kommen kann." In einem späteren Urteil[53] führt der Senat aus, derartige Aufwendungen seien Werbungskosten[54] und gehörten nicht zu den Herstellungskosten, weil sie nicht wertbestimmend in das Gebäude eingehen.[55]

Demgegenüber zählen nach Auffassung des IX. Senats[56] Anzahlungen für die Herstellung eines Gebäudes, die wegen Konkurses des Bauunternehmers ohne Gegenleistung bleiben, zu den Herstellungskosten.[57] Danach setzt eine Qualifizierung als Herstellungskosten nicht voraus, daß die Aufwendungen einen geldwerten Niederschlag im Wert des Wirtschaftsgutes gefunden haben. Die abweichende bilanzsteuerliche Behandlung ist demnach nicht auf den Bereich der Einkünfte aus Vermietung und Verpachtung übertragbar. Letztlich handelt es sich bei dieser Entscheidung m.E. um eine "salomonische" Lösung. Der BFH[58] bringt deutlich zum Ausdruck, daß die in der Bilanz als *Forderung* zu aktivierende Anzahlung bei ihrem Ausfall im betrieblichen Bereich unter dem Gesichtspunkt einer Teilwertabschreibung zum sofortigen Betriebsausgabenabzug führt. Nachdem er sich zutreffend durch das Vermögensneutralitätsprinzip an einem Werbungskostenabzug für den Vermögensverlust gehindert sieht,[59] bezieht er sie in die Herstellungskosten ein, um die Aufwendungen nicht ganz verloren geben zu müssen. Dabei wird allerdings eine abweichende

---

52 Vgl. BStBl 1978 II S. 455; ebenso FG Baden-Württemberg v. 9.12.1986, EFG 1987 S. 298 (rkr.)

53 Vgl. BFH v. 9.9.1980, BStBl 1981 II S. 418 (419)

54 Das FG Köln hat dagegen in seinem Urteil zu den Herstatt-Verlusten (vgl. S. 169) verlorene Bankeinlagen ausdrücklich mit Verlusten aus dem Zusammenbruch eines Bauunternehmers gleichgestellt und eine steuerliche Berücksichtigung in beiden Fällen abgelehnt; vgl. Urteil v. 25.11.1980, EFG 1981 S. 396 (397) (rkr.)

55 Ebenso BFH v. 15.11.1985, BStBl 1986 II S. 367 zu § 4b Abs. 4 Satz 2 InvZulG 1975

56 Vgl. Urteil v. 24.3.1987, BStBl 1987 II S. 695 (696 f)

57 Ebenso sollen auch Gerichts- und Anwaltskosten des Bestellers im Konkursverfahren sowie von einem Architekten unterschlagene Zahlungen in die Herstellungskosten des Gebäudes eingehen; vgl. Urteile v. 24.3.1987, BFH/NV 1987 S. 763 sowie BFH/NV 1988 S. 23

58 Vgl. Urteil v. 24.3.1987, BStBl 1987 II S. 695 (698)

59 Auch hier zeigt sich, daß der IX. Senat des BFH offensichtlich den Grundsätzen des dualistischen Systems am stärksten verhaftet ist; vgl. S. 88

Definition des Herstellungskostenbegriffs im Vergleich zu den Gewinneinkünften in Kauf genommen. Zugleich stellt der IX. Senat[60] klar, daß die durch die Einbeziehung der verlorenen Anzahlungen überhöhten Herstellungskosten nicht zu einer sofortigen AfaA berechtigen. Lediglich die Bemessungsgrundlage für die normale AfA nach § 7 Abs. 4 oder 5 EStG erhöht sich.

Abweichend hiervon wollte der IV. Senat[61] in Übereinstimmung mit der früheren Rechtsprechung einen sofortigen Werbungskostenabzug zulassen, sah sich aber durch die Entscheidung des IX. Senats, der einer Abweichung nicht zustimmte, daran gehindert. Damit mußte die Frage dem Großen Senat vorgelegt werden, der sie im Sinne des Vorlagebeschlusses beantwortete und damit einen Sofortabzug bejahte.[62]

Im ersten Teil seiner Ausführungen befaßt sich der Große Senat[63] dabei ausführlich mit dem Herstellungskostenbegriff. Ausgehend vom Wortlaut des § 255 Abs. 2 Satz 1 HGB gehören dazu Aufwendungen für den Verbrauch von Gütern und die Inanspruchnahme von Diensten zur Herstellung eines Wirtschaftsguts. Die bloße Leistung einer Vorauszahlung führt deshalb noch nicht zu Herstellungskosten. Vielmehr entsteht zunächst ein selbständiges Wirtschaftsgut in Gestalt einer Forderung,[64] die den Anspruch auf die (Werk-) Leistung oder auf Rückzahlung wiedergibt.[65] Erst wenn die Leistung erbracht wird, kommt es insoweit zu einer Verrechnung mit der Forderung und damit zur Entstehung von Herstellungskosten. Diese Grundsätze müssen steuerlich für alle Einkunftsarten gleich angewendet werden. Im Anschluß daran hat der Große Senat[66] jedoch keine Bedenken, den Verlust der Forderung als "verlorene Aufwendungen" und damit als sofort abzugsfähige Werbungskosten zu qualifizieren. Neben dem Veranlassungsprinzip und dem Nettoprinzip findet sich in der Begründung vor allem der Hinweis darauf, daß substanzerhaltende - auch wertsteigernde - Aufwendungen auf Gebäude ebenso als Werbungskosten anerkannt werden. Das Vermögensneutralitätsprinzip wird dahingehend interpretiert, daß es insbesondere die Nichterfassung von *Veräußerungsvorgängen* gebiete.[67] Für Aufwendungen zur Herstellung eines Gebäudes sei, wie auch

60 Vgl. Urteil v. 24.3.1987, BStBl 1987 II S. 695 (698)

61 Vgl. Beschluß v. 26.1.1989, BStBl 1989 II S. 411

62 Vgl Beschluß v. 4.7.1990 (GrS), BStBl 1990 II S. 830; gl.A. mittlerweile BFH v. 31.3.1992, BStBl 1992 II S. 805 (IX. Senat)

63 Vgl. Beschluß v. 4.7.1990, BStBl 1990 II S. 830 (833 ff)

64 Ebenso *Mathiak, W.*, DStR 1990 S. 691 (696); *Herrmann, H.J.*, StuW 1991 S. 372 (374)

65 Vgl. hierzu auch BFH v. 16.5.1973, BStBl 1974 II S. 25; *Beck Bil.-Komm.*, § 247 HGB Anm. 545 (schwebendes Kreditgeschäft)

66 Vgl. Beschluß v. 4.7.1990 (GrS), BStBl 1990 II S. 830 (836 f)

67 Vgl. hierzu bereits S. 88

für die übrigen mit den Einkünften aus Vermietung und Verpachtung zusammenhängenden Aufwendungen, "allgemein kennzeichnend, daß sie zwar die Vermögensebene betreffen, aber zugleich auch mit dem Ziel erbracht werden, Einkünfte zu erzielen."[68] Im Anschluß daran findet sich die folgende Aussage:[69]

"Die vorstehenden Erwägungen (...) zeigen, daß der steuerbare Bereich bei Einkünften aus Vermietung und Verpachtung, soweit abnutzbare Wirtschaftsgüter betroffen sind, die der Erzielung von Einnahmen dienen, durch den Gesetz-(Verordnungs-)geber anders abgegrenzt ist als z.B. bei den Einkünften aus Kapitalvermögen, wo die Rechtsprechung Aufwendungen für die Anschaffung von - allerdings nicht abnutzbaren - Anlagegegenständen nicht den Werbungskosten zurechnet (...)."

Dabei wird m.E., wie auch den übrigen Ausführungen des Großen Senats zu entnehmen ist,[70] deutlich, daß verlorene Anzahlungen für den Erwerb ***nicht abnutzbarer Wirtschaftsgüter*** (Grund und Boden, Wertpapiere) keine Berücksichtigung als Werbungskosten finden sollen.[71] Nach *Jakob/Wittmann*[72] ist ein Werbungskostenabzug dagegen auch hier geboten, da sich die Aufwendungen verbrauchen, "...bevor sie sich - in einem solchen Wirtschaftsgut verdinglicht - konkretisieren konnten." Der bloße Substanzbezug kann danach dem Werbungskostenabzug nicht entgegenstehen, da insbesondere auch Finanzierungsaufwendungen sowie Steuern und sonstige Abgaben[73] für nicht abnutzbare Wirtschaftsgüter ausdrücklich als Werbungskosten anerkannt werden.

Im übrigen sind die Auffassungen im Schrifttum geteilt. Während *Biergans*[74] und *Mittmann*[75] eine steuerliche Berücksichtigung aufgrund des Vermögensneutralitätsprinzips generell ablehnen, spricht sich die überwiegende Meinung[76] für einen Werbungskostenabzug aus. Nach Auffassung von *List*[77] führt die Entscheidung des Großen Senats zu einem "befriedigenden Ergebnis". Im Ausgangsfall hatte das Gebäude wegen der anteiligen betrieblichen Nutzung

---

68 Vgl. BFH v. 4.7.1990 (GrS), BStBl 1990 II S. 830 (836)

69 Vgl. ebd. S. 830 (837)

70 Gl.A. *Herrmann, H.J.*, StuW 1991 S. 372 (375)

71 Ebenso BFH v. 14.2.1978, BStBl 1978 II S. 455; FG Rheinland-Pfalz v. 23.4.1993, EFG 1993 S. 780 (rkr.); OFD Köln v. 16.3.1992, FR 1992 S. 347

72 Vgl. *Jakob/Wittmann*, FR 1988 S. 540 (553); gl.A. *Drenseck, W.*, DStR 1985 S. 206; *Knobbe-Keuk, B.*, DStZ 1984 S. 335 (338)

73 Vgl. § 9 Abs. 1 Satz 3 Nr. 1 und 2 EStG

74 Vgl. *Biergans, E.*, (Einkommensteuer, 1992) S. 916

75 Vgl. *Mittmann, V.*, DStZ 1989 S. 323 (330); *ders.*, DStZ 1990 S. 84; *ders.*, FR 1988 S. 127

76 Vgl. z.B. *Schmidt/Drenseck*, § 9 EStG Anm. 2j; *Drenseck, W.*, DStR 1985 S. 206; *Paus, B.*, INF 1988 S. 101; *Jakob/Wittmann*, FR 1988 S. 540 (553); *Knobbe-Keuk, B.*, DStZ 1984 S. 335 (338); *List, H.*, NWB 1990 F. 3 S. 7539 (7542); *Mathiak, W.*, DStR 1990 S. 691 (696)

77 Vgl. *List, H.*, NWB 1990 F. 3 S. 7539 (7542)

zur Hälfte zum notwendigen Betriebsvermögen und zur anderen Hälfte zum notwendigen Privatvermögen gehört, so daß für den betrieblich genutzten Teil unstreitig ein Betriebsausgabenabzug zulässig war. Die vergeblichen Vorauszahlungen "beim Wohnungsteil nicht einmal als Werbungskosten zu berücksichtigen, *hätte als unbefriedigend, ja geradezu als ungerecht* empfunden werden müssen."[78]

Angesichts der Tatsache, daß verlorene Vorauszahlungen für nicht abnutzbare Wirtschaftsgüter vom Abzug ausgeschlossen sein sollen, weist *Herrmann*[79] zutreffend auf die Problematik der Ausführungen des Großen Senats hin. Einerseits wird nämlich ein selbständiges Wirtschaftsgut "Forderung" angenommen und nach § 9 Abs. 1 Satz 1 EStG als Werbungskosten qualifiziert, während andererseits die Berücksichtigung des Verlustes doch wieder davon abhängen soll, auf welches Wirtschaftsgut sich die Forderung ursprünglich bezogen hat.[80] Obwohl er sich durchaus bewußt ist, daß die Forderung ein eigenes Wirtschaftsgut darstellt,[81] plädiert *Herrmann*[82] deshalb dafür, verlorene Anzahlungen für ein Gebäude abweichend vom Bilanzsteuerrecht "zwar zu dessen Herstellungskosten zu rechnen, aber *großzügig eine AfaA* nach § 9 Abs. 1 Satz 3 Nr. 7 i.V.m. § 7 EStG *zuzulassen.*" Anderenfalls würden verlorene Vorauszahlungen zum Erwerb von Grund und Boden "bei ihrem Ausfall besser behandelt als ein Verlust des Grund und Bodens selbst."

2. Stellungnahme

M.E. kann den Ausführungen des Großen Senats in drei Punkten zugestimmt werden:

(1) Anschaffungs- oder Herstellungskosten sind für sämtliche Einkunftsarten in gleicher Weise zu ermitteln.[83]

(2) Geleistete Anzahlungen gehören nicht zu den Anschaffungs- oder Herstellungskosten.

(3) Eine Anzahlung stellt ein eigenständiges Wirtschaftsgut (Forderung) dar.

---

78 Vgl. ebd. S. 7539 (7542). Die grundlegend unterschiedliche Behandlung der Vermögensentwicklung in beiden Fällen wird mit keinem Wort erwähnt.

79 Vgl. *Herrmann, H.J.*, StuW 1991 S. 372 (375)

80 Gl.A. *Knobbe-Keuk, B.*, DStZ 1984 S. 335 (338 FN 24): "Da es sich bei dem Vermögensverlust aber gerade nicht um Anschaffungs- oder Herstellungskosten eines abnutzbaren Wirtschaftsgutes handelt, ist es nicht so recht plausibel, wieso bei dem verlorenen Aufwand zu differenzieren sein soll. Entscheidend ist allein, ob *dieser* dem Werbungskostenbegriff zu subsumieren ist."

81 Vgl. *Herrmann, H.J.*, StuW 1991 S. 372 (374)

82 Vgl. ebd. S. 372 (375) (Hervorh. d. Verf.)

83 Vgl. S. 110

Daraus ergibt sich aber zunächst zwingend, daß die Forderung auch einer selbständigen Beurteilung zu unterziehen ist und nicht im Ergebnis als Surrogat für das dahinterstehende "eigentliche Wirtschaftsgut" behandelt werden kann. Unabhängig davon, ob sich die geplante Anschaffung oder Herstellung auf ein sog. Arbeitsmittel oder sonstige abnutzbare bzw. nicht abnutzbare Wirtschaftsgüter bezieht, muß die Frage nach der Werbungskostenqualität der *Anzahlungsforderung* mit *Knobbe-Keuk*[84] einheitlich beantwortet werden. Das Argument, der Verlust der Anzahlung würde in diesem Fall steuerlich besser behandelt als der Verlust des Wirtschaftsgutes selbst, geht deshalb ins Leere.

Die Aussage des Großen Senats des BFH,[85] der Gesetzgeber habe den steuerbaren Bereich bei den Einkünften aus Vermietung und Verpachtung, soweit abnutzbare Wirtschaftsgüter betroffen seien, anders abgegrenzt als bei den Kapitaleinkünften, entbehrt m.E. jeglicher Grundlage. Der Werbungskostenbegriff gilt für sämtliche Haushaltseinkunftsarten grundsätzlich in gleicher Weise.[86] Vielmehr ergibt sich aus der Natur der Sache - auch bedingt durch das Festhalten am Nominalwertprinzip[87] -, daß abnutzbares Vermögen im Bereich der Kapitaleinkünfte kaum vorkommt. Der steuerbare Bereich ist in beiden Fällen jedoch grundsätzlich identisch. Besteuert werden die Erträge aus einer Erwerbstätigkeit in Form der (passiven) Überlassung wirtschaftlicher Ressourcen.[88] Deshalb müssen Anzahlungsverluste im Rahmen des § 20 EStG ebenso behandelt werden wie bei den Einkünften aus Vermietung und Verpachtung.[89]

Beispiele:

(1) A leistet eine Anzahlung für den Erwerb einer Beteiligung an einer Kapitalgesellschaft. Infolge Veruntreuung des Kaufpreises durch den Veräußerer geht diese verloren.

(2) Der Vermittler einer Beteiligung an einem geschlossenen Immobilienfonds fällt nach Erhalt einer Anzahlung in Konkurs.

Nach der hier vertretenen Auffassung sind die Forderungsverluste aufgrund des Vermögensneutralitätsprinzips durchwegs nicht berücksichtigungsfähig.[90] Abzulehnen ist insbesondere der offensichtlich von Billigkeitserwägungen getragene Vorschlag von *Herrmann*,[91] die Verluste über eine großzügige Anwen-

84 Vgl. *Knobbe-Keuk, B.*, DStZ 1984 S. 335 (338 FN 24); gl.A. *Schmidt/Drenseck*, § 9 EStG Anm. 2j
85 Vgl. Beschluß v. 4.7.1990, BStBl 1990 II S. 830 (837)
86 Vgl. S. 64
87 Vgl. hierzu ausführlich BFH v. 14.5.1974, BStBl 1974 II S. 572
88 Vgl. S. 8
89 Gl.A. *Drenseck, W.*, DStR 1985 S. 206; a.A. *v. Bornhaupt, K.J.* in *Kirchhof/Söhn*, § 9 EStG Rdnr. B 706
90 Vgl. S. 163 ff
91 Vgl. *Herrmann, H.J.*, StuW 1991 S. 372 (375, 380)

dung der AfaA in den steuerbaren Bereich zu verlagern. Auch wenn die Vornahme von Absetzungen für außergewöhnliche technische oder wirtschaftliche Abnutzung im Bereich der Haushaltseinkunftsarten kraft ausdrücklicher gesetzlicher Anordnung[92] zulässig ist, darf sie nicht dazu mißbraucht werden, die Gesetzessystematik auszuhöhlen. M.E. ist auch die AfaA nur bei *dauerhaft zur Einkunftserzielung eingesetzten* abnutzbaren Wirtschaftsgütern zulässig, sofern der Schaden im Rahmen der Erwerbstätigkeit eingetreten ist.[93] Wie *Herrmann*[94] selbst an anderer Stelle einräumt, kann sich die Berücksichtigung von Forderungsverlusten letztlich nur auf den Gedanken der Teilwertabschreibung stützen, der aber durch den Werbungskostenbegriff nicht gedeckt ist. Somit bleibt festzuhalten, daß der BFH contra legem entscheidet, soweit er Forderungsverluste aus geleisteten Anzahlungen nach § 9 Abs. 1 Satz 1 EStG zum Abzug zuläßt. Zusätzlich bedenklich ist darüber hinaus die Tendenz, den zwischenzeitlich überwunden geglaubten Gedanken unterschiedlicher, "einkunftsartenspezifischer" Werbungskostenbegriffe wieder aufscheinen zu lassen.[95]

C. Mehrdimensionale Leistungsbeziehungen

I. Forderungsverluste im Zusammenhang mit Arbeitsverhältnissen

Die zentralen Anwendungsfälle derartiger Substanzverluste im Rahmen der Einkünfte aus nichtselbständiger Tätigkeit ergeben sich aus ***Darlehensgewährungen*** an den Arbeitgeber bzw. zugunsten des Arbeitgebers eingegangenen ***Bürgschaftsverpflichtungen***. Entscheidende Bedeutung kommt hierbei zunächst der Frage zu, bei welcher Einkunftsart die Leistungsbeziehung nach

92 § 9 Abs. 1 Satz 3 Nr. 7 EStG verweist grundsätzlich auf § 7 Abs. 1, Abs. 4 - 6 EStG und schließt damit auch die in § 7 Abs. 1 Satz 5 EStG verankerte AfaA ein.

93 Insofern ist m.E. auch zweifelhaft, ob die Rechtsprechung, die Verluste an privaten Wirtschaftsgütern unter dem Gesichtspunkt der AfaA zum Abzug zuläßt (vgl. S. 82 ff), mit dem Gesetz zu vereinbaren ist; vgl. hierzu auch *Langohr, Th.G.*, (Veranlassungsprinzip, 1990) S. 173 f. Danach verstößt die Geltendmachung von Totalverlusten im Wege einer AfaA trotz einer ggf. vorliegenden beruflichen Veranlassung angesichts des Einkünftedualismus gegen den Gleichheitssatz.

94 Vgl. *Herrmann, H.J.*, StuW 1991 S. 372 (375): "Indem der Große Senat dennoch partiell Substanzverluste infolge des Ausfalls einer Anzahlung als Werbungskosten berücksichtigt, hat er den bisherigen Grundsatz wesentlich eingeschränkt, daß eine *Teilwertabschreibung* i.S. von § 6 Abs. 1 Nr. 1 Satz 2 EStG bei den Überschußeinkünften nicht zulässig ist."

95 Vgl. S. 64

dem Kriterium der subjektiven Leistungsveranlassung[96] steuergegenständlich zu erfassen ist. Dabei sind Darlehensgewährung und Bürgschaftsübernahme wirtschaftlich insofern vergleichbar, als dem Arbeitgeber in beiden Fällen ein Kredit eingeräumt wird.[97] Eine Zuordnung zur nichtselbständigen Tätigkeit führt nach geltender Rechtslage zu einer Berücksichtigung des Forderungsverlustes als Werbungskosten im Rahmen des § 19 EStG.

1. Zuordnungskriterien

Die Kreditgewährung an den Arbeitgeber ist grundsätzlich dann im Rahmen des § 19 EStG zu erfassen, wenn sie primär nicht dem Ziel der Erwirtschaftung eigener Einkünfte dient, sondern zur Erlangung oder Sicherung des übergeordneten Erwerbsziels "nichtselbständige Tätigkeit" eingegangen wird (***Motiv der Arbeitsplatzsicherung***).[98] Davon ist nach den in Teil 3 dargestellten Grundsätzen[99] nach dem Beweis des ersten Anscheins immer dann auszugehen, wenn der Arbeitnehmer auf ein marktübliches Entgelt bzw. sonstige marktübliche Gegenleistungen, insbesondere die Gewährung ausreichender Sicherheiten, verzichtet. Auch die Entwicklung der Rechtsprechung ist in diesem Sinne verlaufen.[100]

Während der VI. Senat des BFH[101] Bürgschaftszahlungen aus einer zugunsten des Arbeitgebers eingegangenen Bürgschaft zum Werbungskostenabzug zuließ, lehnte es der VIII. Senat[102] anfänglich ab, ein marktüblich verzinstes Darlehen den Einkünften aus nichtselbständiger Tätigkeit zuzuordnen und ließ die Frage für unverzinsliche und niedrig verzinsliche Darlehen offen.[103] Der VI.

96 Vgl. S. 117 ff

97 Vgl. BFH v. 7.5.1993, BStBl 1993 II S. 663

98 Vgl. auch *Lang, J.*, JDStJG 9 (1986) S. 15 (58); *Herrmann/Heuer/Raupach*, § 9 EStG Anm. 193

99 Vgl. S. 119 f

100 Vgl. hierzu auch S. 85

101 Vgl. Urteil v. 29.2.1980, BStBl 1980 II S. 395; FG Berlin v. 31.3.1978, EFG 1979 S. 172, bestätigt durch BFH v. 7.8.1981, VI R 113/78 (n.v.)

102 Vgl. Urteil v. 19.10.1982, BStBl 1983 II S. 295 (296): "Verzinsliche Darlehen eines Arbeitnehmers an seinen Arbeitgeber sind keinesfalls Arbeitsvermögen, sondern Kapitalforderungen im Sinne des § 20 EStG." Der Einsatz von Kapitalvermögen ist danach der nichtselbständigen Tätigkeit wesensfremd. Eine Ausnahme sollte nur dann gelten, wenn die Rückzahlungs- und Zinserwartungen des Darlehensgebers gänzlich unbegründet sind. In diesem Fall wäre das Darlehen als verlorener Zuschuß und damit als Werbungskosten zu werten; kritisch hierzu *Knobbe-Keuk, B.*, DStZ 1984 S. 335 (341)

103 Das FG Düsseldorf hatte bereits 1980 den Verlust eines zur Sicherung des Arbeitsplatzes hingegebenen Darlehens als Werbungskosten qualifiziert; vgl. Urteil v. 17.4.1980, EFG 1980 S. 495 (rkr.)

Senat[104] bejahte einen Abzug zunächst in den beiden zuletzt genannten Fällen und hat diese Rechtsprechung mittlerweile[105] auch auf marktüblich verzinste Darlehen ausgedehnt, sofern ein fremder Dritter angesichts der finanziellen Situation des Arbeitgebers das Darlehen nicht oder nur gegen Einräumung ausreichender Sicherheiten gewährt hätte.

Dem ist m.E. hinsichtlich der steuergegenständlichen Erfassung im Rahmen des § 19 EStG zuzustimmen. Von marktüblichen Vertragsbedingungen kann bei fehlenden Sicherheiten nur dann ausgegangen werden, "wenn sich der Darlehensgeber das zusätzliche Risiko durch einen entsprechenden Zinszuschlag vergüten läßt."[106] Vor diesem Hintergrund hat das FG Baden-Württemberg[107] m.E. zutreffend eine Zuordnung zur nichtselbständigen Tätigkeit für den Fall versagt, daß die vom Arbeitgeber gezahlten Zinsen über dem Marktniveau liegen. Allerdings lassen sich Unschärfebereiche hier kaum vermeiden, so daß eine abschließende Beurteilung letztlich nur anhand sämtlicher Umstände des jeweiligen Einzelfalles möglich ist.[108] Aufgrund der Tatsache, daß der Veranlassungszusammenhang im Zeitablauf wechseln kann,[109] ist ein Darlehensverhältnis, das zunächst isoliert der Erwirtschaftung eigener (Kapital-) Einkünfte dient, m.E. auch dann als Hilfsleistung der nichtselbständigen Tätigkeit zu qualifizieren, wenn der Arbeitnehmer angesichts einer finanziellen Notlage des Arbeitgebers mit seiner Forderung im Rang hinter die übrigen Gläubiger zurücktritt, um eine Überschuldung und damit die Eröffnung des Konkursverfahrens zu vermeiden.[110]

Ebenso wie eine Darlehenshingabe kann sich das ***Halten einer Beteiligung*** als untrennbarer Bestandteil einer nichtselbständigen Tätigkeit erweisen, wenn der Erwerb der Anteile Voraussetzung für eine Anstellung als Arbeitnehmer einer

104 Vgl. Urteil v. 13.1.1989, BStBl 1989 II S. 382 (383); ebenso FG Münster v. 22.6. 1989, EFG 1989 S. 629 (rkr.)

105 Vgl. Urteile v. 7.5.1993, BStBl 1993 II S. 663; v. 8.7.1993, BFH/NV 1993 S. 654 und BFH/NV 1994 S. 165; gl.A. FG Baden-Württemberg v. 20.6.1991, EFG 1993 S. 24 (bestätigt durch BFH v. 16.12.1992, VI R 75/91, n.v.). Dies gilt m.E. analog auch bei entgeltlich eingegangenen Bürgschaftsverpflichtungen; gl.A. *Schmidt/Drenseck*, § 19 EStG Anm. 12 ("Bürgschaft"); *Kirchhof/Söhn*, § 9 EStG Rdnr. B 402

106 Vgl. *Koller, A.*, (Abgrenzung, 1993) S. 98; ähnlich *Knobbe-Keuk, B.*, DStZ 1984 S. 335 (341)

107 Vgl. Urteil v. 9.9.1992, EFG 1993 S. 144 (Rev. VI R 28/93)

108 Dem zuletzt genannten Urteil des FG Baden-Württemberg läßt sich beispielsweise nicht entnehmen, ob und inwieweit der Arbeitgeber auch von einem fremden Dritten noch ein Darlehen erhalten hätte.

109 Vgl. S. 18

110 Vgl. den Sachverhalt der Entscheidung des BFH v. 7.5.1993, BStBl 1993 II S. 663; zum Wesen des Rangrücktritts vgl. S. 193

GmbH ist.[111] In diesem Sinn hat das FG München[112] den konkursbedingten Verlust einer GmbH-Beteiligung in Höhe von 2 v.H. sowie eines der Gesellschaft gewährten unverzinslichen Darlehens als Werbungskosten im Rahmen des § 19 EStG zum Abzug zugelassen. Im Urteilsfall hatte sich ein leitender Angestellter zur Sanierung an einer überschuldeten GmbH beteiligt, weil sich der neue Hauptkapitalgeber nur unter dieser Bedingung engagieren wollte.[113] Dagegen hatte es dasselbe Finanzgericht in einer früheren Entscheidung[114] abgelehnt, den Verlust einer Beteiligung in Höhe von 10 v.H. als Werbungskosten anzuerkennen, obwohl auch hier davon auszugehen war, daß die Beteiligung Voraussetzung für die Anstellung als Geschäftsführer war. Das FG Niedersachsen[115] qualifizierte in einem solchen Fall Finanzierungskosten für den Anteilserwerb als Werbungskosten aus nichtselbständiger Tätigkeit. Damit dürfte die frühere Auffassung des BFH,[116] wonach ein Aktienerwerb zur Erlangung eines Vorstandspostens bei der betreffenden Gesellschaft keinesfalls der nichtselbständigen Tätigkeit zugeordnet werden konnte,[117] überholt sein.

2. Konsequenzen

Der Erfassung der aufgezeigten Sachverhalte bei den Einkünften aus nichtselbständiger Tätigkeit ist m.E. unter Veranlassungsgesichtspunkten dem Grunde nach uneingeschränkt zuzustimmen. Materielle Konsequenzen können sich daraus nach der hier vertretenen Auffassung jedoch nur hinsichtlich der ***laufenden Erträge und Aufwendungen*** ergeben. So sind erhaltene *Zinsen* bzw. *Bürgschaftsprovisionen*[118] unter den Einnahmen i.S.d. § 19 EStG zu erfassen. Auch im Schrifttum[119] scheint sich mittlerweile die Auffassung durchzusetzen, daß Einnahmen nicht nur dann im Bereich des § 19 EStG anzusiedeln sind,

---

111 Gl.A. *Koller, A.*, (Abgrenzung, 1993) S. 180 (FN 73)

112 Vgl. Urteil v. 15.7.1992, EFG 1993 S. 143 (rkr.)

113 Ebenso FG Baden-Württemberg v. 28.4.1994, EFG 1995 S. 67 (Rev. VI R 64/94) zum konkursbedingten Verlust einer Beteiligung von 5 v.H.

114 Vgl. Urteil v. 9.7.1991, EFG 1992 S. 15 (rkr.); ebenso FG Hamburg v. 27.6.1990, EFG 1991 S. 188 (rkr.)

115 Vgl. Urteil v. 27.6.1991, EFG 1992 S. 182 (bestätigt durch BFH v. 29.1.1993, VI R 73/91, n.v.)

116 Vgl. Urteil v. 21.4.1961, BStBl 1961 III S. 431

117 Im Streitfall ging es ebenfalls darum, ob die für den Aktienerwerb zu zahlenden Schuldzinsen als Werbungskosten bei den Einkünften i.S.d. § 19 EStG abgezogen werden können.

118 Gleiches muß auch für Gewinnausschüttungen aus einer der nichtselbständigen Tätigkeit eingegliederten Beteiligung gelten.

119 Vgl. *Koller, A.*, (Abgrenzung, 1993) S. 118; *Jakob, W.*, (Einkommensteuer, 1991) S. 24; a.A. *v. Bornhaupt, K.J.*, FR 1989 S. 423 (424)

wenn sie sich im weitesten Sinne als "Gegenleistung für das Zurverfügungstellen der Arbeitskraft erweisen."[120] Dadurch werden letztlich nur diejenigen Einnahmen erfaßt, die dem Lohnsteuerabzug unterliegen[121]. Entscheidend ist vielmehr, ob die Einnahmen objektiv durch eine Handlung ausgelöst werden, die durch die Erzielung nichtselbständiger Einkünfte veranlaßt ist.[122] Nach *Lang*[123] reicht der Anwendungsbereich des § 19 EStG über das eigentliche "Dienstverhältnis und seinen weisungsgebundenen Bereich hinaus." Dementsprechend sind entstandene Aufwendungen, insbesondere *Refinanzierungszinsen* als Werbungskosten aus nichtselbständiger Tätigkeit zu erfassen.

Entgegen der dargestellten Rechtsprechung sowie der h.M.[124] im Schrifttum können jedoch entstehende ***Substanzverluste*** (Darlehensverluste bzw. Bürgschaftszahlungen oder der Verlust einer GmbH-Beteiligung) nicht zu Werbungskosten führen. Unabhängig davon, welcher Tätigkeit Wirtschaftsgüter im außerbetrieblichen Bereich dienen, scheidet eine steuerliche Berücksichtigung von Vermögensverlusten aufgrund der übergeordneten Vermögensneutralität m.E. in jedem Fall aus. Der allgemeine Werbungskostenbegriff des § 9 Abs. 1 Satz 1 EStG ist auch im Anwendungsbereich des § 19 EStG nicht geeignet, derartige Verluste nach Teilwertgesichtspunkten in die steuerbare Sphäre zu verlagern. Die von *Koller*[125] vorgeschlagene Berücksichtigung als verlorenes "Arbeitsmittel" scheidet schon deshalb aus, weil eine Forderung kein Arbeitsmittel i.S.d. § 9 Abs. 1 Nr. 6 EStG sein kann.[126] In diesem Sinne ist m.E. den folgenden Ausführungen des FG Rheinland-Pfalz[127] zum Verlust eines unverzinslichen Arbeitnehmerdarlehens uneingeschränkt zuzustimmen:[128]

---

120 So lautet die gängige Definition der Rechtsprechung; vgl. die Nachweise bei *Schmidt/Drenseck*, § 19 EStG Anm. 7c

121 Vgl. *Koller, A.*, (Abgrenzung, 1993) S. 119; *Lang, J.*, JDStJG 9 (1986) S. 15 (51)

122 *Koller* weist zutreffend darauf hin, daß beispielsweise auch Streikunterstützungen durch die Gewerkschaften unter die Einnahmen i.S.d. § 19 EStG subsumiert werden müssen, weil das Handeln des streikenden Arbeitnehmers "insoweit eindeutig in den Dienst der Erzielung nichtselbständiger Einkünfte gestellt" ist; vgl. *Koller, A.*, (Abgrenzung, 1993) S. 119 f; gl.A. *Herrmann/Heuer/Raupach*, § 19 EStG Anm. 400 "Streikgelder"; *Lang, J.*, JDStJG 9 (1986) S. 15 (52 f); a.A. BFH v. 24.10.1990, BStBl 1991 II S. 337; ausführlich zum Streitstand vgl. *Knobbe-Keuk, B.*, DB 1992 Beilage 6

123 Vgl. *Lang, J.*, JDStJG 9 (1986) S. 15 (42)

124 Vgl. z.B. *Paus, B.*, FR 1983 S. 502; *Knobbe-Keuk, B.*, DStZ 1984 S. 335 (341); *Koller, A.*, (Abgrenzung, 1993) S. 120 ff; *Lang, J.*, JDStJG 9 (1986) S. 15 (58); *Herrmann/Heuer/Raupach*, § 9 EStG Anm. 193

125 Vgl. *Koller, A.*, (Abgrenzung, 1993) S. 122

126 Vgl. S. 161

127 Urteil v. 20.11.1984, EFG 1985 S. 342 (343) (aufgehoben durch BFH v. 13.1.1989, BStBl 1989 II S. 382)

128 Die Ausführungen beziehen sich auf das Urteil des FG Düsseldorf v. 17.4.1980, EFG 1980 S. 495 (rkr.)

"Das FG Düsseldorf, Senate in Köln (...) hat allerdings den Darlehensverlust eines Arbeitnehmers als WK berücksichtigt. Dessen Rechtsansicht folgt der Senat jedoch nicht. (...). Das FG Düsseldorf verwischt die gesetzliche Unterscheidung zwischen Gewinnermittlung einerseits und Überschußrechnung bei den Einkunftsarten des § 2 Abs. 1 Nr. 4 - 7 EStG andererseits, wenn es aus § 9 Abs. 1 Satz 3 Nr. 6 und 7 EStG ableiten will, daß sich Änderungen hinsichtlich eines "Arbeitsvermögens" steuerlich ebenso auswirken wie Änderungen des Betriebsvermögens (...). In den Regelungen über die Ermittlung der Einkünfte hat sich eine (politische) Entscheidung des Gesetzgebers niedergeschlagen, nämlich (...) Wertminderungen, die nicht auf Abnutzung beruhen, bei den Einkunftsarten des § 2 Abs. 1 Nr. 1 bis 3 EStG zu berücksichtigen, bei den übrigen Einkunftsarten dagegen nicht. Würden Wertminderungen auch bei den Überschußeinkünften berücksichtigt, müßten Veräußerungsgewinne aus diesem Vermögen (...) ebenfalls besteuert werden. Eine solche Umkehrung der Entscheidung des Gesetzgebers läßt sich nicht damit rechtfertigen, daß Vorschriften, die ausdrücklich nur bestimmte Veränderungen im Vermögensbereich betreffen (nämlich die durch *Nutzung* bewirkten Minderungen), zu einem allgemeinen Grundsatz ausgeweitet werden."

Diese auf das Jahr 1984 zurückgehenden Ausführungen[129] verdeutlichen m.E. die in der neueren Rechtsprechung zum Ausdruck kommende Tendenz, sich "eigendynamisch" immer weiter von der Gesetzessystematik zu entfernen. Selbst wenn man aus Billigkeitserwägungen in bestimmten Einzelfällen einen Abzug zulassen möchte, sollte man sich bewußt sein, daß dadurch letztlich die Grenzen verschoben werden und Ungleichbehandlungen gegenüber anderen Sachverhalten entstehen. Wenn Darlehensverluste wegen einer bewußten Inkaufnahme des Verlustrisikos[130] aus Gründen, die in der beruflichen Sphäre liegen,[131] im Rahmen des § 19 EStG geeignet sind, den Werbungskostenbegriff zu erfüllen, muß dies m.E. ebenso für verlorene Bankeinlagen und andere Formen privater Darlehensgewährungen gelten. In allen Fällen wird Vermögen eingesetzt, um *aus einer konkreten Erwerbstätigkeit steuerpflichtige Erträge zu erzielen*. Welcher Tätigkeit dieses Vermögen dient, muß dabei unerheblich sein.

129 Vgl. auch FG Köln v. 25.11.1980, EFG 1981 S. 396 (397) (rkr.) zu verlorenen Bankeinlagen; vgl. S. 169

130 Daß die Risikokomponente als Begründung abzulehnen ist, wurde bereits im Rahmen der Ausführungen zu verlorenen Kapitalanlagen mehrfach erwähnt; vgl. S. 168 ff

131 Vgl. BFH v. 7.5.1993, BStBl 1993 II S. 663

II. Forderungsverluste im Zusammenhang mit Gesellschaftsverhältnissen

1. Problemüberblick

Ebenso wie bei Arbeitsverhältnissen resultieren auch bei Leistungsbeziehungen zu Kapitalgesellschaften Substanzverluste regelmäßig aus dem Ausfall von ***Gesellschafterdarlehen*** sowie der Inanspruchnahme des Gesellschafters aus ***Bürgschaften*** für Schulden der Gesellschaft. Die steuerliche Behandlung von Forderungsverlusten hängt maßgeblich davon ab, welcher Sphäre die Kreditgewährung unter Veranlassungsgesichtspunkten zuzuordnen ist. In Betracht kommen dabei:

(1) das Gesellschaftsverhältnis (***Ebene der Kapitalgesellschaft***) oder

(2) die ***Einkunftserzielungsebene des Gesellschafters***.

Im zuletzt genannten Fall stellt sich zusätzlich die Frage, ob und - wenn ja - in welchen Fällen eine Veranlassung durch eine *nichtselbständige Tätigkeit* angenommen werden kann, wenn der Gesellschafter gleichzeitig Arbeitnehmer (Geschäftsführer) der Kapitalgesellschaft ist. In diesem Fall wären Forderungsverluste nach den im letzten Kapitel aufgezeigten Grundsätzen als verlorene Arbeitnehmerdarlehen zu behandeln.

2. Priorität der Gesellschaftsebene

Wie bereits in Teil 3[132] aufgezeigt wurde, geht die Rechtsprechung bisher grundsätzlich von einer Veranlassung durch das Gesellschaftsverhältnis aus, so daß der jeweilige Substanzverlust zu ***nachträglichen Anschaffungskosten*** auf die Beteiligung führen kann. Dies entspricht grundsätzlich auch der h.M. in der Literatur.[133] Umstritten ist dabei, welche Bedeutung dem Zeitpunkt der Kreditgewährung beizumessen ist. Zunächst wurde regelmäßig gefordert, daß bereits die *Hingabe* des Darlehens bzw. die Übernahme der Bürgschaft durch

---

132 Vgl. S. 86 f

133 Vgl. z.B. *Apitz, W.*, FR 1992 S. 124; *Bullinger, M.*, DStR 1993 S. 225; *Döllerer, G.*, FR 1992 S. 233; *Jülicher, M.*, DStR 1994 S. 305 (307 ff); *Kirchhof/Söhn*, § 9 EStG Rdnr. B 703 ff; *Klauser, W.*, BB 1980 S. 1574 (1575 ff); *Meyer-Scharenberg, D.E.*, DStR 1994 S. 889 (891); *Schmidt, L.*, § 17 EStG Anm. 24e m.w.N.; *Weber, K.*, BB 1992 S. 525 (529 ff); *Wolff-Diepenbrock, J.*, DB 1994 S. 1539; a.A. *Knobbe-Keuk, B.*, DStZ 1984 S. 335; *Dötsch/Eversberg/Jost/Witt*, § 17 EStG Tz. 63 f; *Watermeyer, H.J.*, BB 1993 S. 403

das Gesellschaftsverhältnis veranlaßt sein mußte.[134] Dies sollte nicht der Fall sein, wenn auch ein fremder Dritter zu diesem Zeitpunkt ein Darlehen gewährt bzw. eine Bürgschaft übernommen hätte. Demzufolge führte nur eine Kreditgewährung im Fall einer Unternehmenskrise zu nachträglichen Anschaffungskosten in voller Höhe. Wurde ein Darlehen zu einem Zeitpunkt gewährt, in dem die GmbH noch nicht notleidend war und bei Eintritt der Krise nicht gekündigt, führte zwar unstreitig ein späterer Verzicht bzw. Erlaß des Gesellschafters zu einer verdeckten Einlage.[135] *Bewertungsmaßstab* war dann allerdings der gemeine Wert im Zeitpunkt der Einlage,[136] der in solchen Fällen häufig gegen Null geht, sofern der Verzicht erst nach Beginn der Krise ausgesprochen wird. Aus diesem Grund wurde zwischen Steuerpflichtigen und Finanzämtern regelmäßig "erbittert darum gestritten, wann genau die Krise begann."[137] Die Frage, ob auch ein *Rangrücktritt* (gegenüber allen Gläubigern) als verdeckte Einlage zu werten ist, hat der BFH[138] zwar zunächst bejaht, dann aber für den Streitfall ausdrücklich offen gelassen.[139]

Eine entscheidende Änderung brachte das Urteil des VIII. Senats vom 7.7. 1992.[140] Danach erlangt auch ein in "guten Zeiten" gewährtes und zunächst normal verzinsliches Gesellschafterdarlehen durch *Stehenlassen* in der Krise kapitalersetzenden Charakter, wenn:

(1) der Gesellschafter eine Kündigungsmöglichkeit hat (außerordentlich oder nach § 609 Abs. 2 BGB) und

(2) ihm die Krise der Gesellschaft bewußt ist, wovon prima facie bei einer Beteiligung von mehr als 25 v.H. auszugehen ist ***oder*** er bereits vorher zu erkennen gegeben hat, daß er das Darlehen nach Eintritt einer Krise nicht abziehen wird.

Unabhängig vom Vorliegen einer Einlage wird in diesem Fall im Zeitpunkt der Liquidation eine Veranlassung durch das Gesellschaftsverhältnis angenom-

---

134 Vgl. BFH v. 2.10.1984, BStBl 1985 II S. 320; v. 9.9.1986, BStBl 1987 II S. 257; v. 16.4.1991, BStBl 1992 II S. 234 (235) und BFH/NV 1992 S. 94; OFD Düsseldorf v. 8.10.1990, DStR 1990 S. 749

135 Zum Forderungsverzicht bzw. -erlaß als verdeckte Einlage vgl. BFH v. 29.5.1968, BStBl 1968 II S. 722

136 Vgl. BFH v. 16.4.1991, BStBl 1992 II S. 234 (236) m.w.N.

137 Vgl. *Jülicher, M.*, DStR 1994 S. 305 (309)

138 Urteil v. 16.4.1991, BStBl 1992 II S. 234 (235)

139 Dagegen hat der IV. Senat inzwischen m.E. zutreffend entschieden, daß bei einem Rangrücktritt noch kein Erlaß vorliege, sondern die Verbindlichkeit weiterhin beim Schuldner zu bilanzieren sei. In diesem Fall habe sich lediglich die Rangordnung der Verbindlichkeit geändert; vgl. BFH v. 30.3.1993, BStBl 1993 II S. 502. Vor diesem Hintergrund kann im Zeitpunkt eines Rangrücktritts noch keine Einlage angenommen werden; gl.A. *Jülicher, M.*, DStR 1994 S. 305 (306)

140 Vgl. BStBl 1993 II S. 333

men.[141] Dem Gesellschafter entstehen damit bei einem Verlust des Darlehens nachträgliche Anschaffungskosten in Höhe des Nennwerts der Forderung. Ein Verzicht bzw. Erlaß der Forderung nach Eintritt der Krise geht ins Leere und führt nicht zu einer Bewertung mit dem (niedrigeren) gemeinen Wert. Nur wenn diese Voraussetzungen - ausnahmsweise - nicht erfüllt sind, liegt im Zeitpunkt eines endgültigen Verzichts eine verdeckte Einlage vor, die mit einem gemeinen Wert von 0 DM zu bewerten ist und damit die Anschaffungskosten der Beteiligung nicht erhöht.

Die Finanzverwaltung hat auf diese Entscheidung allerdings - wie im Schrifttum[142] vorausgesagt wurde - mit einem Nichtanwendungserlaß[143] reagiert. Danach ist der Wert des Darlehens "denknotwendigerweise" bereits zu dem Zeitpunkt gemindert, in dem der Gesellschafter Kenntnis von der Krise erlangt. Deshalb sei in jedem Einzelfall zu prüfen, welchen Wert die Forderung noch habe. Dieser Wert könne auch 0 DM betragen. Mittlerweile hat sich auch der I. Senat des BFH[144] in einem Vorlagebeschluß an den Großen Senat einstimmig dafür ausgesprochen, daß beim Forderungsverzicht eines Gesellschafters nachträgliche Anschaffungskosten nur in Höhe des werthaltigen Teils der Forderung entstehen.

Die Rechtslage kann somit derzeit wieder als völlig unklar bezeichnet werden. Dazu hat nicht zuletzt auch eine neuere Entscheidung des VIII. Senats[145] beigetragen. Im Zusammenhang mit der Inanspruchnahme eines beherrschenden Gesellschafter-Geschäftsführers aus einer zugunsten seiner GmbH eingegangenen Bürgschaft[146] wird ausgeführt:[147]

"Sollten die Bürgschaften in einer Zeit übernommen worden sein, zu der die GmbH noch nicht notleidend war, wäre die sich daraus ergebende Kreditaufnahme *wohl nicht* durch das Gesellschaftsverhältnis veranlaßt und die Tilgungsleistungen schon deshalb i.S. des § 17 Abs. 2 EStG nicht zu berücksichtigen (...)."

---

141 Der VIII. Senat hat diese Auffassung in einem weiteren Urteil noch einmal bekräftigt; vgl. BFH v. 18.8.1992, BFH/NV 1993 S. 158 (159); ebenso FG Münster v. 17.12. 1993, EFG 1994 S. 568 (569) (Rev. VIII R 18/94)

142 Vgl. *v. Lishaut, I.*, FR 1993 S. 602 (603): "Das BFH-Urteil vom 7.7.1992 ist zwar aufgrund eines - wie man hört - 'technischen Versehens' in Teil II des Bundessteuerblatts gelangt, aber (...) gleichwohl von der Finanzverwaltung bislang noch nicht vollständig akzeptiert. Ein Nichtanwendungsschreiben ist nicht auszuschließen."

143 Vgl. BMF-Schreiben v. 14.4.1994, BStBl 1994 I S. 257

144 Vgl. Beschluß v. 27.7.1994, BStBl 1995 II S. 27 (28)

145 Vgl. Urteil v. 8.12.1992, BFH/NV 1993 S. 654

146 Im Streitfall nahm der Gesellschafter einen Kredit auf, um die Bürgschaftszahlungen leisten zu können.

147 Vgl. BFH v. 8.12.1992, BFH/NV 1993 S. 654 (655) (Hervorh. d. Verf.). Dabei fällt auf, daß sich der VIII. Senat in diesem Zusammenhang *nicht* auf seine eigene Entscheidung zu den stehengelassenen Gesellschafterdarlehen bezieht.

Damit zeigt sich der BFH bei Bürgschaftsübernahmen offensichtlich noch restriktiver als die Finanzverwaltung,[148] die ausdrücklich die *Aufrechterhaltung* einer zunächst nicht risikobehafteten Bürgschaft bei Eintritt einer Unternehmenskrise mit der *Übernahme* einer Bürgschaftsverpflichtung *in der Krise* gleichgestellt hatte. Während also der VIII. Senat bei Gesellschafterdarlehen großzügiger verfährt und die Darlehenshingabe in der Krise mit dem Stehenlassen in der Krise gleichsetzt, favorisiert umgekehrt die Finanzverwaltung eine einheitliche Behandlung bei Bürgschaftsverpflichtungen.

3. Die Einkunftserzielungsebene des Gesellschafters

Ob und wann im Einzelfall von einer Veranlassung der Kreditgewährung durch die Einkunftserzielungsebene des Gesellschafters ausgegangen werden kann, wird bisher "unterschiedlich und zum Teil auch ergebnisorientiert beurteilt."[149] In Erwägung zu ziehen ist dabei eine subjektive Leistungsveranlassung im Hinblick auf:

(1) die Sicherung der Beteiligung oder

(2) die Sicherung des Arbeitsplatzes im Fall eines zusätzlichen Dienstverhältnisses.

Für den Fall, daß eine Darlehensgewährung bzw. Bürgschaftsübernahme dem Ziel dient, die ***Beteiligung zu erhalten***, hält der BFH ebenfalls an den oben dargestellten Grundsätzen fest. Ein Werbungskostenabzug im Rahmen des § 20 EStG wird abgelehnt, weil derartige Aufwendungen den Anschaffungskosten der Beteiligung vergleichbar und wie der Verlust der Beteiligung selbst - abgesehen von § 17 EStG - dem privaten Bereich des Steuerpflichtigen zuzurechnen seien.[150] Im Urteil v. 16.4.1991[151] hatte der VIII. Senat diese Frage allerdings noch ausdrücklich offen gelassen.

Eine Veranlassung durch das ***Dienstverhältnis*** und damit eine steuerliche Berücksichtigung entsprechend den Grundsätzen bezüglich verlorener Arbeitnehmerdarlehen und -bürgschaften hält der BFH nur beim Vorliegen "ganz außergewöhnlicher Umstände" für möglich, weil "der Erhalt des Arbeitsplatzes zuvörderst den Fortbestand der Gesellschaft" voraussetze.[152] Derartige Ausnahmefälle liegen z.B. vor, wenn ein Gesellschafter-Geschäftsführer eine Bürg-

148 Vgl. OFD Düsseldorf v. 1.2.1989, StEK § 17 EStG Nr. 12; unklar insoweit R 140 Abs. 4 EStR

149 Vgl. *Koller, A.*, (Abgrenzung, 1993) S. 123

150 Vgl. BFH v. 19.5.1992, BStBl 1992 II S. 902 (904); v. 7.7.1992, BStBl 1993 II S. 333 (336); v. 8.12.1992, BFH/NV 1993 S. 654 (656)

151 Vgl. BStBl 1992 II S. 234 (236)

152 Vgl. BFH v. 20.12.1988, BFH/NV 1990 S. 23 (24); FG Saarland v. 15.6.1988, EFG 1988 S. 520 (rkr.)

schaftsverpflichtung im Hinblick darauf eingeht, daß er sich in seiner spezifischen Funktion als Arbeitnehmer schadensersatzpflichtig gemacht hat oder wenn er sich wegen einer Tätigkeit im Rahmen der Geschäftsführung verbürgt, aus der er als Haftender in Anspruch genommen werden könnte.[153] Eine andere Beurteilung (Werbungskostenabzug) wird schließlich für den Fall in Betracht gezogen, daß die Beteiligung wegen ihres unbedeutenden Umfangs vernachlässigt werden kann.[154] Wann eine "unbedeutende Beteiligung" vorliegen soll, hat der BFH jedoch offen gelassen. Das FG München[155] geht in diesem Zusammenhang von einer Obergrenze von 5 v.H. aus.[156] In seinen neueren Judikaten[157] betont der VI. Senat ausdrücklich, daß sämtliche Umstände des jeweiligen Einzelfalls zu würdigen seien.[158]

Zum Teil wird bei Gesellschafter-Geschäftsführern auch eine differenzierte Betrachtung angestellt. Welcher Veranlassungsebene der Vorzug zu geben ist, wird dabei insbesondere anhand der wirtschaftlichen Bedeutung der Geschäftsführertätigkeit im Vergleich zur Beteiligung an der Kapitalgesellschaft entschieden.[159] Sofern die Einkünfte aus dem Dienstverhältnis die Existenzgrundlage des Gesellschafters darstellen, wird die nichtselbständige Tätigkeit als auslösendes Moment für die Kreditgewährung (Darlehen, Bürgschaft) angesehen. Etwas anderes gilt nur, wenn zwischen der Übernahme des Ausfallrisikos und der Höhe der nichtselbständigen Einkünfte ein offensichtliches Mißverhältnis besteht.[160]

Knobbe-Keuk[161] spricht sich dagegen generell für den Vorrang einer Erwerbstätigkeit des Gesellschafters (*Beteiligung* oder *Dienstverhältnis*) aus, um unab-

---

153 Vgl. BFH v. 1.12.1961, BStBl 1962 III S. 63; v. 20.12.1988, BFH/NV 1990 S. 23; v. 14.5.1991, BStBl 1991 II S. 758 (759); v. 31.7.1991, BFH/NV 1992 S. 33 (33 f); v. 19.5.1992, BStBl 1992 II S. 902 (904)

154 Vgl. BFH v. 20.12.1988, BFH/NV 1990 S. 23 (24); v. 14.5.1991, BStBl 1991 II S. 758 (759); v. 26.11.1993, BStBl 1994 II S. 242

155 Vgl. Urteil v. 9.7.1991, EFG 1992 S. 15 (16) (rkr.)

156 Vgl. auch BFH v. 19.5.1992, BStBl 1992 II S. 902. Im Fall einer Beteiligung von genau 25 v.H. lehnte der BFH einen Werbungskostenabzug für verlorene Darlehen sowie Bürgschaftszahlungen im Rahmen des § 19 EStG ab. Damit waren sowohl der Verlust der Beteiligung als auch die Forderungsverluste steuerlich unbeachtlich.

157 Vgl. BFH v. 17.7.1992, BStBl 1993 II S. 111 (113); v. 26.11.1993, BStBl 1994 II S. 242; vgl. auch BFH v. 3.6.1993, BStBl 1994 II S. 162 (164)

158 Vgl. hierzu auch S. 184 f

159 Vgl. *Herrmann/Heuer/Raupach*, § 9 EStG Anm. 195

160 Vgl. FG Köln v. 25.2.1986, EFG 1986 S. 392 (rkr.); v. 24.8.1989, EFG 1990 S. 229 (231) (rkr.); FG Baden-Württemberg v. 4.7.1986, EFG 1986 S. 554 (rkr.); FG Münster v. 15.7.1987, EFG 1988 S. 169 (rkr.); *Stöcker, E.*, DStZ 1986 S. 201 (202)

161 Vgl. *Knobbe-Keuk, B.*, DStZ 1984 S. 335 (338 ff); ähnlich *Bachem, W.*, DStZ 1992 S. 712 (716); *Hoffmann, W.-D.*, BB 1992 S. 680 (681)

hängig von der Beteiligungshöhe in jedem Fall eine Berücksichtigung der Substanzverluste als Werbungskosten zu erreichen.

4. Stellungnahme

4.1 Kreditgewährung als Hilfsleistung

Zunächst ist festzuhalten, daß anhand des regelmäßig angestellten Fremdvergleichs nach geltender Rechtslage letztlich wiederum geprüft werden muß, ob sich die Kreditgewährung als sog. Hilfsleistung im Rahmen einer übergeordneten Erwerbstätigkeit darstellt.[162] Sofern ein fremder Dritter in einer vergleichbaren Situation das Darlehen oder Bürgschaftsversprechen nicht gegeben hätte, bedeutet dies, daß das Risiko des Gesellschafters nicht marktüblich vergütet wird. Dadurch kommt zum Ausdruck, daß das Leistungsmotiv des Gesellschafters nicht in der Erzielung direkter Einnahmen aus der Kapitalüberlassung besteht. Aus diesem Grund stellt sich insbesondere jede Form einer *unentgeltlichen* Kreditgewährung, unabhängig davon, ob sie erst in einer Unternehmenskrise erfolgt oder bereits vorher, als Hilfsleistung eines im nachfolgenden Kapitel näher zu konkretisierenden übergeordneten Erwerbszieles dar.[163] Nichts anderes kann m.E. aber auch für sonstige Handlungen bzw. Vereinbarungen gelten, die dazu führen, daß die Leistungsbeziehung von einer marktüblichen Vertragsgestaltung abweicht. Neben fehlenden Sicherheiten gehören hierzu m.E. vor allem auch sog. *Rangrücktrittserklärungen* gegenüber den übrigen Gläubigern der Gesellschaft.[164] Zweck einer derartigen Vereinbarung ist es regelmäßig, den Ausweis einer Überschuldung der Gesellschaft im Überschuldungsstatus nach § 63 GmbHG und damit die Eröffnung des Konkursverfahrens zu vermeiden, da die Verbindlichkeit dann im *Überschuldungsstatus* nicht passiviert zu werden braucht.[165] Dies gilt im Ergebnis ebenso, wenn sich der Gesellschafter für Schulden der Gesellschaft gegenüber Dritten verbürgt hat. In diesem Fall hat er die Gesellschaft von ihrer Verbindlichkeit freizustellen. Die Schuld wird im Überschuldungsstatus durch den Ansatz des Freistellungsanspruchs auf der Aktivseite neutralisiert.[166]

---

162 Vgl. hierzu auch *Koller, A.*, (Abgrenzung, 1993) S. 124 ("Einnahmeverzicht")

163 Gl.A. offensichtlich *Schmidt, L.*, § 17 EStG Anm. 24e

164 In diesem Sinne auch FG Münster v. 17.12. 1993, EFG 1994 S. 568 (569) (Rev. VIII R 18/94)

165 Vgl. BGH v. 9.2.1987, DB 1987 S. 979; *Baumbach/Hueck*, § 63 GmbHG Anm. 15 m.w.N.

166 Vgl. BGH v. 9.2.1987, DB 1987 S. 979

Unter Berücksichtigung der Tatsache, daß der Veranlassungszusammenhang im Zeitablauf wechseln kann,[167] ist dem BFH zuzustimmen, wenn er das *Stehenlassen* eines zunächst verzinslichen Darlehens mit einer Hingabe in der Krise gleichsetzt. Ein Unterschied im wirtschaftlichen Gehalt der beiden Sachverhalte ist m.E.[168] nicht ersichtlich, weil im Ergebnis in beiden Fällen zum Ausdruck kommt, daß die Forderung als "Risikokapital" der Unterstützung eines übergeordneten Erwerbszieles dient.

4.2 Die (subjektive) Veranlassungsebene

4.2.1 Das Zuwendungsmotiv als Lösungsansatz

Vergleicht man die Behandlung der hier zu erörternden Forderungsverluste mit den Ausführungen des Großen Senats des BFH in seinem Beschluß v. 26.10. 1987,[169] zeigt sich, daß laufende Aufwendungen, die aus verdeckten Nutzungseinlagen eines Gesellschafters resultieren,[170] ausschließlich auf der Einkunftserzielungsebene des Gesellschafters - als Werbungskosten bei den Einkünften aus Kapitalvermögen - berücksichtigt werden können, während Substanzverluste regelmäßig nur die Gesellschaftsebene betreffen sollen. Damit wird im Hinblick auf die Leistungsveranlassung des Gesellschafters im Ergebnis von vornherein unterstellt, daß die *Nutzungsüberlassung* in jedem Fall der Förderung der eigenen Erwerbstätigkeit des *Gesellschafters* (Erzielen von Beteiligungseinkünften) dient, während der *Einsatz der Substanz* demgegenüber in jedem Fall die Tätigkeit der *Gesellschaft* fördern soll. Vor dem Hintergrund, daß der Große Senat[171] selbst die Erfolgsermittlung der Gesellschafter und diejenige der Kapitalgesellschaft als gleichrangig bezeichnet hat, ist m.E. *Koller*[172] zuzustimmen, wenn er meint, für eine unterschiedliche Behandlung laufender Aufwendungen einerseits und eines Substanzverlustes andererseits sei kein Raum. Die Gleichrangigkeit der Tätigkeiten der Gesellschaft und des Gesellschafters zeigt zunächst lediglich, daß in diesen Fällen eine objektive Veranlassungskonkurrenz vorliegt,[173] da sowohl die laufenden Aufwendungen als auch der Einsatz der Substanz als "Risikokapital" in einem objektiven Veranlassungszusammenhang mit beiden Tätigkeitsebenen stehen.

167 Vgl. S. 18

168 Gl.A. *Weber, K.*, BB 1992 S. 525 (529, 530 f)

169 Vgl. BStBl 1988 II S. 348; ebenso BFH v. 14.3.1989, BStBl 1989 II S. 633; vgl. hierzu ausführlich *Biergans, E.*, DStR 1989 S. 367 (370 ff); *Beiser, R.*, StuW 1991 S. 136

170 Z.B. Refinanzierungszinsen bei zinslos gewährten Darlehen, Erhaltungsaufwand bei unentgeltlich zur Nutzung überlassenen Gebäuden

171 Vgl. Beschluß v. 26.10.1987, BStBl 1988 II S. 348 (355)

172 Vgl. *Koller, A.*, (Abgrenzung, 1993) S. 125

173 Vgl. hierzu auch *Beiser, R.*, StuW 1991 S. 136 (141 f)

M.E. bieten sich zur Lösung dieser Konkurrenzsituation letztlich zwei Wege an:

(1) Das strikte Festhalten am sog. *Trennungsprinzip*, wonach sich Gesellschaft und Gesellschafter bei schuldrechtlichen Leistungsbeziehungen wie fremde Dritte gegenüberstehen oder

(2) die *wirtschaftliche Betrachtungsweise*.

Zu (1): Zieht man sich auf das ***Trennungsprinzip*** zurück, bedeutet dies nichts anderes, als daß bei jedem marktunüblichen Verhalten des Gesellschafters (unentgeltliche Nutzungsüberlassung, Gewährung risikobehafteter Darlehen) von vornherein eine Veranlassung durch seine eigene Einkunftserzielung unterstellt wird. Damit einhergehend wird vorausgesetzt, daß er sich gegenüber jedem fremden Dritten (Arbeitgeber, Darlehensnehmer) in einer vergleichbaren Situation ebenso verhalten hätte. Sofern man diese Prämissen, die offensichtlich auch dem Beschluß des Großen Senats zugrundeliegen, bejaht, müssen m.E. zwangsläufig sowohl die laufenden Aufwendungen als auch eventuelle Forderungsverluste bei der Ermittlung der Einkünfte des Gesellschafters berücksichtigt werden. Verlorene Darlehen bzw. wertlose Regreßforderungen aus Bürgschaftszahlungen können in diesem Fall nicht anders behandelt werden als "normale" Darlehen oder Arbeitnehmerdarlehen zur Arbeitsplatzsicherung.[174] Sie wären dementsprechend im Sinne von *Knobbe-Keuk*[175] als Werbungskosten im Rahmen des § 19 oder § 20 EStG abzugsfähig, während nach der hier vertretenen Auffassung steuerlich unbeachtliche Vermögensverluste vorliegen.

Knobbe-Keuk[176] stützt ihre Auffassung mittlerweile auch darauf, daß nach zwei Entscheidungen des I. Senats des BFH v. 5.2.1992[177] sog. eigenkapitalersetzende Darlehen im Zusammenhang mit der umstrittenen Gesellschafter-Fremdfinanzierung nicht zu Eigenkapital umqualifiziert werden können, sondern Fremdkapital bleiben. Dies läßt sich auch dem neuen § 8a KStG insofern entnehmen, als die Vorschrift zwar Vergütungen für von Gesellschaftern bzw. diesen nahestehenden Personen an ihre Kapitalgesellschaft überlassenes Kapital in bestimmten Fällen als verdeckte Gewinnausschüttungen qualifiziert,[178] den Fremdkapitalcharakter der überlassenen Mittel jedoch nicht in Frage

---

174 Vgl. S. 182 ff

175 Vgl. *Knobbe-Keuk, B.*, DStZ 1984 S. 335 (338 ff)

176 Vgl. *Knobbe-Keuk, B.*, (Bilanzsteuerrecht, 1993) S. 586

177 Vgl. BStBl 1992 II S. 532 sowie BFH/NV 1992 S. 629. Dem BMF-Schreiben v. 16.3. 1987 (BStBl 1987 I S. 373), wonach das überlassene Kapital als sog. verdecktes Nennkapital zu behandeln war, fehlt danach die Rechtsgrundlage.

178 Zu Tatbestandsvoraussetzungen und Rechtsfolgen des neuen § 8a KStG vgl. ausführlich BMF-Schreiben v. 17.11.1994, BStBl 1995 I S. 25; *Dörner, B., M.*, INF 1993 S. 409 ff und 439 ff

stellt.[179] M.E. ist dadurch jedoch eine Erfassung des hier in Rede stehenden Risikokapitals auf der Ebene der Gesellschaft im Konkursfall nicht ausgeschlossen, weil der Gesellschafter durch die bewußte Inkaufnahme des Verlustrisikos tatsächlich nichts anderes tut, als haftendes Kapital zu schaffen. Wie der I. Senat selbst in einer früheren Entscheidung[180] ausgeführt hat, setzt die Annahme von Eigenkapital voraus, daß durch die Zuführung eines Vermögenswertes gebundenes Kapital entsteht, das einer *freien Kreditkündigung entzogen* ist und zu haftendem Kapital wird, bezüglich dessen *im Konkurs der Gesellschaft keine Ansprüche* geltend gemacht werden können. Eben diese - aus dem Zivilrecht übernommenen[181] - Voraussetzungen sind aber durch die risikobehaftete Kreditgewährung zweifelsfrei erfüllt. Aufgrund der tatsächlichen Verhältnisse ist der Fall nicht mehr mit demjenigen vergleichbar, in dem der Gesellschafter unter Ausnutzen seiner Finanzierungsfreiheit jederzeit kündbare Darlehen zur Erzielung von Zinseinnahmen gewährt.

Zu (2): Obwohl offensichtlich sogar das Zivilrecht dafür sprechen würde, ist m.E. dennoch auch die vom BFH überwiegend vertretene Erfassung der Substanzverluste auf der Gesellschaftsebene noch nicht in allen Fällen präjudiziert. Ein Rückschluß auf die tatsächlichen Gründe, die den Gesellschafter zu seinem Verhalten bewogen haben, ist vielmehr nur anhand einer ***wirtschaftlichen Betrachtungsweise*** möglich.

Wie *Koller*[182] am Beispiel einer Familienkapitalgesellschaft nachgewiesen hat, führt die undifferenzierte Zuordnung laufender Aufwendungen zur *Gesellschafter*ebene bei unentgeltlichen Nutzungsüberlassungen teilweise zu steuerlichen Beurteilungen, die den wirtschaftlichen Sachverhalt offensichtlich konterkarieren. Dies gilt m.E. ebenso für eine generelle Erfassung von Forderungsverlusten auf der *Gesellschafts*ebene. Eine Berücksichtigung auf der Ebene der Kapitalgesellschaft setzt letztlich voraus, daß der Tatbestand einer *Einlage* gegeben ist, d.h. der Grund für die Leistungserbringung muß im Gesellschaftsverhältnis liegen. Während offene Einlagen aus einer gesellschaftsrechtlichen Verpflichtung resultieren, ist es für die Annahme einer verdeckten Einlage ausreichend, daß die Veranlassung für die Leistungserbringung bei wirtschaftlicher Betrachtung im Gesellschaftsverhältnis liegt. Sofern für den Gesellschafter keine zivilrechtliche Verpflichtung besteht, kann die Frage, ob ei-

179 Vgl. BMF-Schreiben v. 17.11.1994, BStBl 1995 I S. 25 (26, Tz. 1); *Dörner, B., M.*, INF 1993 S. 439 (441)

180 Vgl. Urteil v. 30.5.1990, BStBl 1990 II S. 875 (876)

181 Zum "zweispurigen" zivilrechtlichen Gläubigerschutzsystem bei eigenkapitalersetzenden Gesellschafterleistungen auf der Basis der §§ 30 und 31 sowie 32a und 32b GmbHG vgl. ausführlich *Röhricht, V.*, StbJb 1991/92 S. 313 ff

182 Vgl. *Koller, A.*, (Abgrenzung, 1993) S. 106

ne Leistung durch die eigene Einkunftserzielung des Gesellschafters oder durch das Gesellschaftsverhältnis veranlaßt ist, nur anhand der durch objektive Kriterien zu bestimmenden subjektiven Leistungsveranlassung[183] des Gesellschafters beantwortet werden. Unter Beachtung des wirtschaftlich denkenden Menschen (homo oeconomicus) kann dabei eine Veranlassung durch die Gesellschaftsebene immer dann angenommen werden, wenn die Kapitalgesellschaft im Verhältnis zum Gesellschafter als *nahestehende Person*[184] anzusehen ist. In diesen Fällen spricht - ebenso wie im Verhältnis zu einer nahestehenden natürlichen Person - der Beweis des ersten Anscheins für einen ***Zuwendungswillen***, der eine Erfassung der Leistung auf der Ebene der Gesellschaft rechtfertigt.[185] Ist die Gesellschaft dagegen im Verhältnis zum Gesellschafter als *fremde Person* anzusehen, liegt die Leistungsveranlassung prima facie in der eigenen Einkunftserzielung des Gesellschafters, weil im Verhältnis zwischen fremden Personen üblicherweise ein Zuwendungswille ausscheidet.

Führt man sich weiter vor Augen, daß im Verhältnis zu einer juristischen Person als solcher regelmäßig nicht von einem persönlichen Zuwendungswillen auszugehen ist,[186] kann bei wirtschaftlicher Betrachtungsweise auch über die Leistungsveranlassung nicht anhand einer fixierten Beteiligungshöhe entschieden werden. Letztlich kann die Frage, ob einer Leistung des Gesellschafters ein Zuwendungsmotiv zugrunde liegt oder ob sie durch die eigene Einkunftserzielung veranlaßt ist, nur durch einen Rückgriff auf die Gesellschafterstruktur beantwortet werden.[187]

4.2.2 Folgerungen für die Berücksichtigung von Substanzverlusten

Von einer nahestehenden Kapitalgesellschaft ist zunächst bei sog. ***Einmann-Kapitalgesellschaften*** auszugehen, da sich sämtliche der Gesellschaft gewährten Vorteile zwangsläufig irgendwann auf die Einkünfte des Gesellschafters auswirken ("automatisches Entgelt"),[188] so daß im Ergebnis nichts an fremde

183 Vgl. hierzu S. 117 ff

184 Die Qualifizierung einer Kapitalgesellschaft als nahestehende Person findet sich z.B. in § 1 Abs. 2 AStG. Danach gilt die Kapitalgesellschaft u.a. dann als nahestehend, wenn der Gesellschafter an ihr mindestens mit 25 v.H. beteiligt ist. Auch der BFH betrachtet eine GmbH im Rahmen eines Fremdvergleichs als nahestehende Person, wenn der Gesellschafter an ihr wesentlich beteiligt ist; vgl. Urteil v. 17.1.1973, BStBl 1973 II S. 303 (304); zu weiteren Anwendungsbeispielen vgl. *Koller, A.*, (Abgrenzung, 1993) S. 107 f

185 Vgl. *Koller, A.*, (Abgrenzung, 1993) S. 107; ähnlich *Beiser, R.*, StuW 1991 S. 136 (142)

186 Vgl. *Stöcker, E.E.*, DStZ 1986 S. 201 (202)

187 Vgl. *Koller, A.*, (Abgrenzung, 1993) S. 108 ff

188 Vgl. ebd. S. 109

Dritte verschenkt wird. Durch sein tatsächliches Handeln bringt der Gesellschafter zum Ausdruck, daß er Einkünfte nicht auf direktem Weg, sondern über die Tätigkeit der Kapitalgesellschaft erzielen will. Nachdem es grundsätzlich in seinem Ermessen liegt, Einkünfte unmittelbar oder mittelbar zu erwirtschaften, ist der dominierende Veranlassungszusammenhang in der Förderung der Gesellschaft begründet. Ein Förderungszusammenhang mit den Beteiligungseinkünften läßt sich unabhängig von deren Höhe nur sekundär ableiten. In Übereinstimmung mit dem VIII. Senat und entgegen der Auffassung des Großen Senats sind deshalb sowohl laufende Aufwendungen aus unentgeltlichen Nutzungsüberlassungen als auch Substanzverluste auf der Ebene der Kapitalgesellschaft zu erfassen.

Daran ändert sich m.E. auch nichts, wenn der Gesellschafter zugleich als Angestellter (*Geschäftsführer*) bei der Gesellschaft tätig ist. Selbst wenn das Geschäftsführergehalt seine Existenzgrundlage darstellt, läßt sich seinem tatsächlichen Handeln entnehmen, daß es ihm in erster Linie um die Förderung der Tätigkeit der Kapitalgesellschaft geht.[189]

Beispiel:

Die Z-GmbH ist mit dem Ziel der Haftungsbeschränkung gegründet worden (Stammkapital DM 50.000). C ist Alleingesellschafter mit 100 v.H. und gleichzeitig Geschäftsführer. Gewinnausschüttungen fallen kaum an. In einer Notsituation verbürgt er sich für einen Kredit der Gesellschaft. Die GmbH fällt in Konkurs, die aus der Bürgschaftsinanspruchnahme resultierende Regreßforderung geht verloren. C entstehen nachträgliche Anschaffungskosten in Höhe der Inanspruchnahme aus der Bürgschaft.

Dieselben Überlegungen gelten prima facie für ***Familienkapitalgesellschaften***. Aus der Tatsache, daß die Gesellschaftsanteile von nahestehenden Personen gehalten werden, ergibt sich, daß auch die Gesellschaft als nahestehende Person anzusehen ist. Laufende Aufwendungen sind ebenso auf der Gesellschaftsebene zu erfassen wie eventuelle Forderungsverluste.[190]

Sofern dagegen neben dem leistenden Gesellschafter ***fremde Dritte*** in nicht unbedeutendem Umfang[191] an einer Kapitalgesellschaft beteiligt sind, kann

189 Gl.A. *Koller, A.*, (Abgrenzung, 1993) S. 109 f; ähnlich FG Baden-Württemberg v. 4.7. 1986, EFG 1986 S. 554 (555) (rkr.); a.A. FG Köln v. 25.2.1986, EFG 1986 S. 392 (rkr.); *Stöcker, E.E.*, DStZ 1986 S. 201 (202)

190 Zur Frage, ob die Zuwendung in diesem Fall die Anschaffungskosten aller Gesellschafter erhöht ("vorgeschaltete" Zuwendung an die Mitgesellschafter) oder sich allein beim Leistenden niederschlägt vgl. ausführlich *Koller, A.*, (Abgrenzung, 1993) S. 110 f

191 Wenngleich die Festlegung einer absoluten Grenze hier problematisch ist, spricht m.E. der Anscheinsbeweis für eine bedeutende Fremdbeteiligung in diesem Sinn, wenn diese wesentlich ist und deshalb einen grundlegenden Einfluß auf die Gesellschaft ermöglicht ("Sperrminorität"); gl.A. *Koller, A.*, (Abgrenzung, 1993) S. 111

aufgrund des natürlichen Interessengegensatzes ein Zuwendungsmotiv des Gesellschafters nicht mehr unterstellt werden. Leistungsbeziehungen mit der Kapitalgesellschaft werden in diesen Fällen regelmäßig zu marktüblichen Konditionen abgewickelt. Hinsichtlich der Beurteilung marktunüblicher Gesellschafterleistungen ist m.E. grundsätzlich zwischen zwei Fällen zu differenzieren:

(1) Jeder Gesellschafter erbringt eine seiner Beteiligungsquote entsprechende Leistung.

(2) Die Leistung wird nur von einem Gesellschafter bzw. abweichend von den Beteiligungsverhältnissen erbracht.

Zu (1): Sofern jeder Gesellschafter nach Maßgabe seiner Beteiligung Leistungen gegenüber der Kapitalgesellschaft erbringt, gelten m.E. dieselben Beurteilungsregeln wie im oben dargestellten Fall einer Einmanngesellschaft. Auch hier schlägt jeder Vorteil im Sinne eines "automatischen Entgelts" irgendwann wieder auf die Einkünfte des Gesellschafters zurück. Aus diesem Grund lösen beispielsweise auch Zuwendungen an eine Kapitalgesellschaft von seiten der Gesellschafter keine Schenkungsteuer aus, soweit sie im Verhältnis der Anteile vorgenommen werden.[192] Bei wirtschaftlicher Betrachtung sind die Gesellschafterleistungen auf der Ebene der Kapitalgesellschaft zu erfassen.

Beispiel:

An der Y-GmbH sind A und B mit jeweils 50 v.H. beteiligt. In einer Unternehmenskrise gewähren beide ein unverzinsliches Darlehen in Höhe von jeweils DM 100.000. Der Darlehensverlust im Konkurs der Gesellschaft führt sowohl bei A als auch bei B zu nachträglichen Anschaffungskosten für die Beteiligung.

Zu (2): Findet eine marktunübliche Gesellschafterleistung dagegen keinen Ausgleich dadurch, daß die Mitgesellschafter entsprechend handeln, kann dem Leistenden kein verdeckter Einlagewille mehr unterstellt werden. Die subjektive Veranlassung für sein Verhalten liegt vielmehr in der Erzielung bzw. Sicherung eigener Einkünfte. Deshalb ist es naheliegend, sowohl laufende Aufwendungen als auch Substanzverluste auf der Einkunftserzielungsebene des Gesellschafters zu berücksichtigen. Besteht neben dem Beteiligungsverhältnis noch ein Dienstverhältnis (Ausüben der Geschäftsführung), liegt insoweit eine Veranlassungskonkurrenz auf dieser Ebene vor. Welche der beiden Tätigkeiten als auslösendes Moment für die Leistung anzusehen ist, kann letztlich nur im Einzelfall beantwortet werden. Einen Anhaltspunkt hierfür bietet die Relation, in der die Höhe der Einkünfte aus beiden Tätigkeiten zueinander stehen.[193] Stellen die Einkünfte aus der *geschäftsführenden Tätigkeit* die Existenzgrund-

---

192 Vgl. RFH v. 21.1.1943, RStBl 1943 S. 589

193 Ggf. kommt auch eine Aufteilung in Betracht, da es im Gegensatz zu einer privaten Mitveranlassung bei einer gemischten Veranlassung durch verschiedene Erwerbstätigkeiten kein Aufteilungsverbot gibt; vgl. *Schmidt/Drenseck*, § 12 EStG Anm. 1

lage des Gesellschafters dar, ist der Forderungsverlust nach den für verlorene Arbeitnehmerdarlehen geltenden Grundsätzen[194] zu behandeln. Nach der hier vertretenen Auffassung liegt insoweit ein steuerlich irrelevanter Vermögensverlust vor. Dies gilt entsprechend für den Fall, daß die *Beteiligungseinkünfte* seine zentrale Einnahmequelle bilden; d.h. das Verlustrisiko wurde bewußt in Kauf genommen, um eine Tätigkeit im Rahmen des § 20 EStG zu sichern. Beide Fälle können m.E. nicht unterschiedlich behandelt werden, da es aufgrund der Gleichrangigkeit der Einkunftsarten nicht darauf ankommt, welche *Erwerbstätigkeit* der Steuerpflichtige sichern wollte.

Beispiele:

(1) A ist mit 20 v.H. an der X-GmbH beteiligt, die über viele Jahre konstant erhebliche Gewinnausschüttungen vorgenommen hat. Mit diesen Einnahmen bestreitet er überwiegend seinen Lebensunterhalt. Die übrigen Gesellschafter sind im Verhältnis zu A fremde Personen. Als die Gesellschaft in eine Krise gerät, gewährt A im Gegensatz zu den übrigen Gesellschaftern der X ein unverzinsliches Darlehen, um seine Einkünfte nach der erhofften Besserung der wirtschaftlichen Situation zu sichern. Ein Ausfall der Forderung bei einem Konkurs der GmbH ist den Einkünften aus Kapitalvermögen zuzuordnen.

(2) B ist mit 25 v.H. an der Y-GmbH beteiligt und gleichzeitig als Geschäftsführer angestellt. Der für diese Tätigkeit gezahlte Arbeitslohn stellt seine überwiegende Einnahmequelle dar. Die übrigen Gesellschafter sind im Verhältnis zu B fremde Personen. In einer wirtschaftlichen Notlage gewährt er der Gesellschaft ein Darlehen in der Hoffnung, damit seinen Arbeitsplatz zu retten. Der konkursbedingte Verlust der Forderung stellt sich als verlorenes Arbeitnehmerdarlehen dar.

Zusammenfassend ist somit festzuhalten, daß sich bei wirtschaftlicher Betrachtung eine Berücksichtigung von laufenden Aufwendungen und Substanzverlusten prima facie auf der Ebene der Gesellschaft ergibt, wenn es sich um eine nahestehende Kapitalgesellschaft handelt oder im Verhältnis zu einer fremden Kapitalgesellschaft alle Gesellschafter in der Relation ihrer Beteiligungen dieselben Leistungen erbringen. Substanzverluste führen zu nachträglichen Anschaffungskosten auf die Beteiligung mit der Konsequenz, daß sie sich bei wesentlich beteiligten Gesellschaftern über § 17 EStG steuermindernd auswirken. Liegen diese Voraussetzungen - ausnahmsweise - nicht vor, ist grundsätzlich eine Erfassung auf der Ebene der Gesellschafter vorzunehmen. Die Substanzverluste sind jedoch nach der hier vertretenen Auffassung steuerlich irrelevant.

---

194 Vgl. S. 182 ff

D. Sonderfall: Kursverluste bei Fremdwährungsdarlehen

I. Rechtslage

In der jüngeren Vergangenheit mußte sich die Finanzrechtsprechung mehrfach mit Fällen befassen, in denen zum Erwerb bzw. zur Herstellung einer vermieteten Immobilie Darlehen in fremder Währung[195] aufgenommen wurden. Aufgrund von Kursverlusten der DM gegenüber der Fremdwährung erhöhte sich dabei der Rückzahlungsbetrag der Verbindlichkeit. Um ein Sonderproblem handelt es sich dabei insofern, als im Gegensatz zu den bisher behandelten Fällen keine Forderung ausfällt, sondern eine Verbindlichkeit im Wert steigt. Die von den Steuerpflichtigen begehrte Berücksichtigung der Kursverluste als Werbungskosten bei den Einkünften aus Vermietung und Verpachtung wurde zuletzt durch den IX. Senat des BFH[196] unter Bezugnahme auf das Vermögensneutralitätsprinzip abgelehnt. Dabei wird der Unterschied zur Berücksichtigung von Vermögensverlusten in der Betriebssphäre explizit durch den Verweis auf ein Urteil des IV. Senats[197] hervorgehoben, wonach Kursverluste bei Fremdwährungsdarlehen im Fall der Gewinnermittlung nach § 4 Abs. 3 EStG im Jahr der (Teil-)Tilgung als Betriebsausgaben abgezogen werden können.

Im übrigen lehnt der BFH[198] eine Gleichstellung der Kursverluste mit im Vorfeld erbrachten Kurssicherungsaufwendungen ab und läßt zudem ausdrücklich offen, ob er der Auffassung des RFH[199] bezüglich eines Werbungskostenabzugs solcher Aufwendungen folgen könnte. Die Möglichkeit einer Einbeziehung der Mehraufwendungen in die Anschaffungskosten wird ebenfalls verneint.

195 Dabei handelte es sich regelmäßig um zinsgünstige Darlehen in Schweizer Franken.

196 Urteil v. 9.11.1993, BStBl 1994 II S. 289; gl.A. Hessisches FG v. 19.8.1985, EFG 1985 S. 600 (rkr.); FG Baden-Württemberg v. 5.6.1984, EFG 1985 S. 600 (rkr.). Die Nichtzulassungsbeschwerde der Kläger gegen das zuletzt genannte FG-Urteil wurde vom BFH mit Beschluß v. 9.7.1985 IX B 45/85 (n.v.) als unzulässig verworfen.

197 Urteil v. 15.11.1990, BStBl 1991 II S. 228

198 Urteil v. 9.11.1993, BStBl 1994 II S. 289 (291)

199 Urteil v. 16.5.1933, RStBl 1933 S. 1005

II. Literaturmeinungen und Stellungnahme

Die Auffassungen im Schrifttum sind geteilt. Nach *Prinz*[200] werden derartige Kursverluste "...häufig allein aus Finanzierungsgründen in Kauf genommen" und seien daher wirtschaftlich als Geldbeschaffungskosten anzusehen. Aus diesem Grund müßten sie zum Zeitpunkt der Kredittilgung als "steuerrelevante Erwerbsaufwendungen" berücksichtigt werden.

Maly[201] sieht das Veranlassungsprinzip in § 9 Abs. 1 Satz 1 EStG verankert und konstatiert darüber hinaus, ohne sich allerdings zu einer Begründung ihrer Auffassung veranlaßt zu sehen, daß § 8 EStG "...kein dem § 9 Abs. 1 Satz 1 EStG vergleichbares Veranlassungsprinzip" kenne.[202] Außerdem werde der Vermögensneutralitätsgrundsatz bei der Beurteilung von Werbungskosten vom Veranlassungsprinzip überlagert. Deshalb sei es erstaunlich, daß der BFH auf das Veranlassungsprinzip überhaupt nicht eingehe. Als Ergebnis ihrer Überlegungen sind somit im Erfolgsfall die Kurs*gewinne* nicht steuerbar, während im ungünstigen Fall die Kurs*verluste* Werbungskosten darstellen. Mit dieser Argumentation wird m.E. jedoch allein dem persönlich gewünschten Ergebnis das Wort geredet. Daß das Veranlassungsprinzip unstreitig auch für die Qualifikation von Einnahmen gilt, bedarf an dieser Stelle keiner weiteren Ausführungen mehr.[203] Wenn demnach der Vermögensneutralitätsgrundsatz auf der Werbungskostenseite so umfassend durch das Veranlassungsprinzip überlagert würde, müßte dies im selben Ausmaß für die Einnahmenseite gelten.

Auch *Heuermann*[204] stützt seine Argumentation auf das Veranlassungsprinzip. Danach können Vermögenseinbußen zu Werbungskosten führen, wenn die betreffenden Aufwendungen selbst durch das Erzielen der Einkünfte wirtschaftlich veranlaßt sind. In diesem Fall werde die Vermögenssphäre durch das "Zuordnungsprinzip (den Veranlassungszusammenhang)" überlagert. Im Ergebnis stimmt er der Entscheidung des BFH zwar zu, nicht aber in der Begründung. Die Nichtberücksichtigung des Kursverlustes könne nicht mit der Irrelevanz der privaten Vermögenssphäre begründet werden, da das eigentliche Problem "*die wirtschaftliche Zuordnung eines Aufwands zu einer bestimmten Einkunftsart*" sei:[205]

"Es muß zuerst untersucht werden, ob ein Aufwand wirtschaftlich mit einer Einkunftsart zusammenhängt. Diese Frage muß unabhängig davon beantwortet werden, ob der Schaden im

200 Vgl. *Prinz, U.* in *Herrmann/Heuer/Raupach*, § 9 Anm. 750 ("Kursverluste")
201 Vgl. *Maly, I.*, FR 1994 S. 457 (458 f)
202 Vgl. ebd., S. 457 (459)
203 Vgl. hierzu S. 13
204 Vgl. *Heuermann, B.*, DStZ 1994 S. 229 (230 f)
205 Vgl. ebd. S. 229 (231)

Bereich des Vermögens entstanden ist. Wird sie aufgrund des Kriteriums der wirtschaftlichen Zuordnung verneint, so kann man den Aufwand als einen solchen bezeichnen, der durch die private Vermögenssphäre veranlaßt ist. Wird sie indes bejaht, so ist die Einkunftserzielungssphäre betroffen. Deshalb ist die "private Vermögenssphäre" als selbständige Argumentationsform unergiebig. Sie ist nur ein Bild, das man - entsprechend der systematischen Grundvorstellung des Gesetzgebers - verwenden kann, um die negative Zuordnungsentscheidung vermögensbezüglicher Aufwendungen zu bezeichnen."

Anschließend definiert er die wirtschaftliche Veranlassung im Wege einer "wertenden Zuordnungsentscheidung" für den Ausgangsfall weg, weil der "makroökonomische Umstand" der Wechselkursänderung wirtschaftlich nicht der Einkunftsart Vermietung und Verpachtung zugeordnet werden könne. M.E. wird durch eine solche Vorgehensweise jegliche dogmatische Basis verlassen und das Veranlassungsprinzip endgültig zum Spielball für persönliche Wertentscheidungen degradiert. So stellt sich z.B. die Frage, warum dann der "mikroökonomische Umstand" der Insolvenz eines Bauunternehmers mit der Folge einer verlorenen Anzahlung wirtschaftlich auf die Einkunftsart Vermietung und Verpachtung durchschlägt.

M.E. spiegeln diese Ausführungen die "Grenzen" des Veranlassungsprinzips als Entscheidungshilfe besonders anschaulich wider. Der IX. Senat hat die Nichtberücksichtigung der Kursverluste völlig zu Recht mit dem Vermögensneutralitätsgrundsatz begründet und nur am Rand mit dem Veranlassungsprinzip argumentiert, weil sich diesbezüglich hier keine Zweifel ergeben können. Nach dem in Teil 2 aufgezeigten Veranlassungskonzept[206] ist die *Handlung* (Darlehensaufnahme) unstreitig durch eine konkrete *Erwerbstätigkeit* (Vermietung und Verpachtung) ausgelöst. Die daraus resultierenden *Erfolgskomponenten* (Kursgewinne oder -verluste) stehen m.E. ebenso unstreitig in einem objektiven Zusammenhang mit dieser Erwerbstätigkeit wie die erhaltenen Mieteinnahmen und die für das Darlehen gezahlten Schuldzinsen. Wie die Ausführungen zur Prinzipienüberlagerung[207] gezeigt haben, ist aber letztlich immer zu klären, ob und inwieweit eine zweifellos gegebene Veranlassung mit dem Vermögensneutralitätsprinzip noch vereinbar ist, da dieses als übergeordneter Grundsatz die Reichweite des Subprinzips (Veranlassungsprinzip) determiniert und nicht etwa umgekehrt.

Dementsprechend weist auch *Drenseck*[208] m.E. völlig zu Recht darauf hin, daß eine Berücksichtigung nur nach beiden Seiten einheitlich erfolgen kann. Bejaht man den Werbungskostenabzug für Kursverluste, müssen im "Erfolgsfall" auch Kursgewinne als Einnahmen erfaßt werden. Beides ist aber aufgrund der

206 Vgl. S. 16 ff
207 Vgl. S. 147 f und S. 163 ff
208 Vgl. *Schmidt/Drenseck*, 12. Aufl. 1993, § 9 EStG Anm. 4c

Gesetzessystematik ausgeschlossen. Genau hierin liegt m.E. aber der entscheidende Punkt, weshalb der IX. Senat möglicherweise vor einer Anerkennung als Werbungskosten zurückgeschreckt ist. Obwohl er ausdrücklich auf die Rechtsprechung zur Berücksichtigung verlorener Anzahlungen und Arbeitnehmerdarlehen Bezug nimmt und diese auch nicht (mehr) in Frage stellt,[209] führt er zu den Fremdwährungsdarlehen aus:[210]

"Der erkennende Senat hält es (...) nicht für rechtens, Vermögensminderungen der hier umstrittenen Art als Werbungskosten bei den Einkünften aus Vermietung und Verpachtung zu berücksichtigen. Eine solche Durchbrechung des Systems der Einkünfteermittlung wäre bei den Einkünften aus Vermietung und Verpachtung jedenfalls nur statthaft, wenn man *Vermögensmehrungen*, die sich *aus einer Verbesserung des Wechselkurses* der DM zu ausländischen Währungen ergeben, *und insbesondere auch die Wertsteigerung des Grundstücks*, das der Einkünfteerzielung dient, *als Einnahmen aus Vermietung und Verpachtung erfassen würde*. Wenn man Wertveränderungen des Vermögens bei der Ermittlung der Einkünfte aus Vermietung und Verpachtung berücksichtigen wollte, *könnte sich dies nicht auf Vermögensverluste beschränken*, sondern müßte auch Vermögensmehrungen umfassen (...). Eine so weitgehende Korrektur des Gesetzes ist dem Gericht verwehrt."

Ohne dies offen auszusprechen, operiert der BFH in seinen einschlägigen Judikaten damit im Ergebnis m.E. inzwischen ganz offensichtlich mit der zuerst von *Felix/Lagemann*[211] und dann von *Paus*[212] ins Feld geführten Argumentation, daß eine Vermögensminderung immer dann auf der Werbungskostenseite zu berücksichtigen sei, wenn auf der anderen Seite keine Chance auf eine Wertsteigerung winkt. Die Argumentation des IX. Senats ist so deutlich und weitreichend, daß nach ihr auch der Abzug verlorener Anzahlungen keinesfalls in Betracht kommen kann. Obwohl es sich nicht um den Verlust von sog. Einkunftserzielungsvermögen i.e.S.[213] handelt, betont der BFH ausdrücklich und m.E. zutreffend, daß eine Berücksichtigung von Vermögensverlusten nur bei einer entsprechenden Erfassung von Vermögensmehrungen möglich wäre, dies aber dem geltenden Recht widerspricht.

209 Im Hinblick auf verlorene Anzahlungen an Bauunternehmer war es ursprünglich der IX. Senat, der als einziger einen Werbungskostenabzug zutreffend für nicht möglich hielt; vgl. S. 177 f

210 Vgl. BFH v. 9.11.1993, BStBl 1994 S. 289 (290) (Hervorh. d. Verf.)

211 Vgl. *Felix/Lagemann*, FR 1976 S. 136 (137) zu verlorenen Bankeinlagen; vgl. S. 170

212 Vgl. *Paus, B.*, FR 1983 S. 502 (504); vgl. S. 170 f

213 Vgl. S. 81

Teil 5

Schlußbetrachtung und Ausblick de lege ferenda

A. Einheitliche Behandlung von Substanzverlusten de lege lata

M.E. können Forderungsverluste - bzw. Vermögensverluste allgemein - im Rahmen der Haushaltseinkunftsarten de lege lata nur einheitlich behandelt werden. Aufgrund der eindeutigen gesetzessystematischen Vorgaben scheidet eine steuermindernde Geltendmachung grundsätzlich aus.[214] Die Versuche, eine Berücksichtigung bestimmter Substanzverluste mit dem Hinweis auf die "Risikosphäre" wirtschaftlicher Tätigkeiten zu rechtfertigen, gehen m.E. fehl. Nachdem grundsätzlich jede wirtschaftliche Tätigkeit mit einem Risiko verbunden ist, müßten objektive Kriterien gefunden werden, welches Risiko "steuerwürdig" ist und welches nicht. Geht man mit der hier vertretenen Auffassung von einer Gleichordnung der Einkunftsarten aus bzw. macht man sich bewußt, daß das Einkommensteuergesetz nicht "gute" und "böse" Einkunftsarten kennt,[215] ist kein Grund für eine Differenzierung ersichtlich. Es kann letztlich keinen Unterschied machen, welche Tätigkeit der Steuerpflichtige unter Inkaufnahme eines Risikos ausüben oder fördern wollte. Der Hinweis auf "subtile Unterscheidungen (...), die *naturgemäß beim jeweiligen Rechtsanwender unterschiedlich ausfallen* und verfahrensrechtliche Beweisprobleme nach sich ziehen,"[216] ist m.E. im Hinblick auf die Tatbestandsmäßigkeit der Besteuerung sowie das Postulat der Rechtssicherheit strikt abzulehnen. Solange das geltende Einkommensteuergesetz, wie auch der BFH regelmäßig einräumt, ein übergeordnetes, systemimmanentes Vermögensneutralitätsprinzip enthält, kann dieser Grundsatz nicht aufgrund von Billigkeitserwägungen immer dann unterlaufen werden, wenn er dem persönlichen Gerechtigkeitsempfinden des "jeweiligen Rechtsanwenders" entgegensteht. Dem BFH kann auf der einen Seite

214 Eine Ausnahme gilt nur, soweit Gesellschafterdarlehen bzw. -bürgschaften als Eigenkapitalzuführung zu werten sind und deshalb im Rahmen des § 17 EStG Berücksichtigung finden.

215 Vgl. *Knobbe-Keuk, B.*, (Sind aller guten Dinge drei?, 1993) S. 741 (743)

216 Vgl. *Prinz, U.* in *Herrmann/Heuer/Raupach*, § 9 EStG Anm. 191 (Hervorh. d. Verf.)

zugute gehalten werden, daß er zweifellos versucht, sinnvolle Lösungen zu finden, die dem jeweiligen Einzelfall gerecht werden. Andererseits führt aber die dadurch verursachte ausgeprägte Kasuistik zu einer erheblichen Rechtsunsicherheit. Der Grundsatz der Tatbestandsmäßigkeit der Besteuerung sowie die Gesetzessystematik bleiben dabei offensichtlich auf der Strecke. Eine solche Entwicklung ist m.E. jedoch äußerst bedenklich. Aufgabe der Rechtsprechung kann es nicht sein, durch eine sich stetig von den gesetzlichen Vorgaben weg entwickelnde verwirrende Kasuistik die Mängel des geltenden Rechts auszugleichen. "Der ohnehin umstrittene Einkünftedualismus kann nur dann Respekt vor der Verfassung erlangen, wenn er konsequent durchgehalten wird."[217]

Anhand der dieser Abhandlung zugrunde gelegten Problematik zeigt sich, daß die generelle Nichtberücksichtigung von Substanzverlusten im Bereich der Haushaltseinkunftsarten in Anbetracht der Vielzahl möglicher wirtschaftlicher Sachverhalte zweifellos in einigen Fällen zu letztlich unbefriedigenden Ergebnissen führt. Die Kehrseite des dualistischen Systems ist - gemessen an einem abstrakten Leistungsfähigkeits- und Nettoprinzip - häufig ebenso zweifelhaft wie die Nichterfassung von Veräußerungsgewinnen auf der anderen Seite. Allerdings kann die Lösung des Problems aus systematischer Sicht m.E. nicht in Einzelfallentscheidungen bestehen, bei denen man sich der fehlenden Rechtsgrundlage häufig durchaus bewußt ist. Vielmehr stellt sich die Frage, inwieweit ein Festhalten an dem historischen Nebeneinander von Quellentheorie und Reinvermögenszugangstheorie mit der heutigen Wirtschaftspraxis überhaupt noch vereinbar ist.[218] Gefordert ist dabei allein der Gesetzgeber.

217 Vgl. *Langohr, Th., G.*, (Veranlassungsprinzip, 1990) S. 173

218 In diesem Sinn wurde bereits die Hinwendung zur Reinvermögenszugangstheorie im EStG 1920 damit begründet, daß die Grundsätze der Quellentheorie allenfalls noch bei einem weniger ausgeprägten Wirtschaftsverkehr hinzunehmen waren, aber nicht mehr bei einem entwickelten Wirtschaftsleben, "wo fast jeder jede Erwerbsmöglichkeit auszunutzen bestrebt ist (...)." Vgl. Begründung zum REStG-Entwurf v. 29.11.1919, FA 1920 S. 591 (595)

B. Lösungsvorschlag de lege ferenda

I. Zur Rechtfertigung des Einkünftedualismus

Es soll an dieser Stelle unterbleiben, die ausgetauschten Argumente für und wider den Dualismus der Einkünfteermittlung im einzelnen zu diskutieren. Lediglich die wichtigsten Rechtfertigungsversuche werden im folgenden einer kurzen Würdigung unterzogen. Dabei läßt sich bereits zu Beginn die These formulieren, daß die Begründungen für die Aufrechterhaltung dieser Zweiteilung der Einkunftsarten aus systematischer Sicht nicht haltbar sind. Das ***Bundesverfassungsgericht*** hat in seinem Beschluß v. 9.7.1969[219] zur Verfassungsmäßigkeit des § 23 EStG ausgeführt:

"Der Gesetzgeber *wäre nicht gehindert, Gewinne aus jeder Veräußerung von Gegenständen des Privatvermögens zu besteuern*. Diese Gewinne sind den Gewinnen aus den Veräußerungsgeschäften vergleichbar, die im Rahmen der sog. Gewinnbesteuerung (§ 2 Abs. 1 Nr. 1 - 3 EStG) einkommensteuerpflichtig sind. Hier wie dort wird derselbe wirtschaftliche und rechtliche Vorgang, nämlich die gewinnbringende Veräußerung z.B. eines Grundstücks, steuerlich erfaßt. Diese Verwandtschaft und der daran orientierte Gesichtspunkt der Steuergerechtigkeit lassen es vertretbar und sachgerecht erscheinen, die Gewinne aus Veräußerungsgeschäften im Sinne des § 23 Abs. 1 EStG den sonstigen Einkünften nach § 22 EStG zuzurechnen und sie ebenfalls zu besteuern. (...)

bb) Die verschiedene Behandlung von Veräußerungsgewinnen in § 23 Abs. 1 Nr. 1a EStG, je nachdem ob zwischen Erwerb und Veräußerung eines Grundstücks ein Zeitraum von nicht mehr oder von mehr als zwei Jahren liegt, ist ebenfalls nicht willkürlich. Der *sachlich einleuchtende Grund für diese ungleiche Behandlung* ist darin zu sehen, *daß der Gesetzgeber* Gewinne aus Veräußerungsgeschäften über Gegenstände des Privatvermögens nur dann als "Einkünfte" qualifizieren zu können *glaubt*, wenn sie innerhalb verhältnismäßig kurzer Zeit erzielt worden sind."

Tipke[220] ist zuzustimmen, wenn er den letzten Begründungssatz als "bloße Floskel" bezeichnet, die kein Argument dafür zu liefern vermag, warum grundsätzlich identische wirtschaftliche und rechtliche Vorgänge, die beide in gleicher Weise als Ausfluß einer wirtschaftlichen Tätigkeit die Leistungsfähigkeit erhöhen, unterschiedlich besteuert werden. Das Bundesverfassungsgericht räumt im Ergebnis selbst ein, daß es *keinen* Grund für eine unterschiedliche Behandlung gibt.[221] Nach Auffassung von *Paus* handelt es sich um einen "der

219 Vgl. BStBl 1970 II S. 156 (159) (Hervorh. d. Verf.); vgl. auch BVerfG v. 7.10.1969, BVerfGE 27 S. 111 (127) zu § 17 EStG

220 Vgl. *Tipke, K.*, (Dualistische Einkünfteermittlung, 1973) S. 391 (399)

221 *Tipke* weist zutreffend darauf hin, daß man mit der Begründung, der Gesetzgeber *glaube* bestimmte Sachverhalte nicht besteuern zu können, beispielsweise auch die Nicht-

gravierendsten Verstöße gegen den Grundsatz der Besteuerung nach der Leistungsfähigkeit, über dessen verfassungsrechtliche Bedeutung noch nicht ausreichend nachgedacht worden ist."[222]

Darüber hinaus tendieren Rechtsprechung und Finanzverwaltung in jüngerer Zeit immer stärker dazu, bestimmte Tätigkeiten aus dem Bereich der privaten Vermögensverwaltung in den gewerblichen Bereich zu "verlagern", um die steuerliche Erfassung von Veräußerungsgewinnen sicherzustellen. Dies ist insbesondere der Fall beim sog. gewerblichen Grundstückshandel,[223] aber auch bei bestimmten Wertpapiergeschäften[224] sowie bei dem "Rechtsinstitut" der Betriebsaufspaltung.[225] M.E. ist jedoch höchst fraglich, ob diese Vorgehensweise mit dem Grundsatz der Gesetz- und Tatbestandsmäßigkeit der Besteuerung noch zu vereinbaren ist. Wie *Tipke*[226] bereits vor nunmehr 20 Jahren zu Recht konstatiert hat, werden die unterschiedlichen materiellen Auswirkungen in bestimmten Fällen realisierter Wertsteigerungen - insbesondere bei Grundstücken - als unbefriedigend und ungerecht empfunden. Die Folge ist eine Grenzverschiebung im dualen System, durch die man "... spekulativ den Begriff des Gewerbebetriebes strapaziert, nichtunternehmerische Einkünfte in solche aus Gewerbebetrieb umfunktioniert und sich so instandsetzt, die realisierte Wertsteigerung zu erfassen, ohne durch § 23 EStG limitiert zu sein."[227] Aufgrund der allgemein gehaltenen Definition des Gewerbebetriebsbegriffs[228] erweist sich § 15 Abs. 2 EStG immer mehr als Auffangtatbestand für fiskalpolitisch unerwünschte Gestaltungen. Daß die Abgrenzungsversuche in diesem Bereich trotz der Festlegung von Grenzwerten aber - vor allem auch im Hinblick auf vermögensverwaltende Personengesellschaften - letztlich zum Schei-

---

steuerbarkeit von Beamteneinkünften rechtfertigen könnte; vgl. *Tipke, K.*, (Steuerrechtsordnung II, 1993) S. 647

222 Vgl. *Paus, B.*, INF 1987 S. 73

223 Vgl. hierzu ausführlich BMF-Schreiben v. 20.12.1990, BStBl 1990 I S. 884 mit umfangreichen Rechtsprechungsnachweisen sowie *Biergans, E.*, (Einkommensteuer, 1992) S. 1002 ff

224 Vgl. *Blümich*, § 23 EStG Anm. 18 m.w.N; *Biergans, E.*, (Einkommensteuer, 1992) S. 1017 f

225 Vgl. hierzu ausführlich *Knobbe-Keuk, B.*, (Bilanzsteuerrecht, 1993) S. 864 ff

226 Vgl. *Tipke, K.*, (Dualistische Einkünfteermittlung, 1973) S. 391 (398)

227 Vgl. ebd., S. 391 (398); ebenso *Jehner, H.*, DStR 1991 S. 565 (570) zum gewerblichen Grundstückshandel: "Das Dilemma der Finanzverwaltung liegt jedoch gerade darin, daß der Gesetzgeber auf Vorschläge zur Verlängerung der Spekulationsfrist bisher nicht eingegangen ist. Sie konnte mithin auf diese Lösung (...) offiziell nicht zurückgreifen, sondern mußte zur alten Krücke der Ausdehnung vom Gewerbebetrieb zurückgreifen."

228 Vgl. *Jakob, W.*, (Steuertatbestand im Grenzbereich, 1993) S. 115 (117)

tern verurteilt sind, wird mittlerweile im Schrifttum deutlich zum Ausdruck gebracht:[229]

"Es gibt einfach kein teleologisches Kriterium, keinen besonderen steuerrechtlichen Gerechtigkeitsaspekt, an dem man in Zweifelsfällen die Entscheidung über die Einkunftsart orientieren könnte."

In dieses Bild paßt m.E. auch die gesetzliche Festschreibung der Geprägerechtsprechung in § 15 Abs. 3 Nr. 2 EStG. Je nachdem, ob ein Kommanditist zum Geschäftsführer bestellt wird oder nicht, liegt entweder eine vermögensverwaltende oder eine gewerbliche Tätigkeit vor. Die Qualität der ausgeübten Tätigkeit liegt im freien Ermessen der Steuerpflichtigen, die - ohne etwas anderes zu tun - "eine nichtgewerbliche Tätigkeit zu einer gewerblichen deklarieren dürfen."[230]

In diesem Zusammenhang vermag m.E. auch die Rechtfertigung des Dualismus durch die ***Intensität der Marktteilnahme***, wonach eine intensivere Beteiligung am Markt auch intensivere Rechtsfolgen und damit die Besteuerung von Veräußerungsgewinnen auslöst,[231] nicht zu überzeugen. Dadurch sollen sich beispielsweise auch die §§ 17 und 23 EStG dogmatisch in das Einkommensteuersystem einbetten lassen. Die Problematik dieses Erklärungsmodells liegt darin, daß es sich bei der Konkretisierung geeigneter Abgrenzungskriterien im Zweifel auch nur auf materielle Typisierungen stützen kann. So legt § 23 EStG eine zeitliche Grenze fest, während § 17 EStG an eine starre Beteiligungshöhe anknüpft. Abgesehen davon, daß sich eine solche Fixierung von Grenzwerten immer dem Vorwurf der Willkür aussetzt, zeigt sich gerade im zuletztgenannten Fall deren systematische Unzulänglichkeit. Trotz grundsätzlich identischer wirtschaftlicher Tätigkeit bewegt sich das Halten der Beteiligung je nach Gestaltung einmal im steuerbaren Bereich und einmal nicht.

Beispiele:

(1) Ein nichtselbständig tätiger Möbelvertreter stellt fest, daß ein großes Nachfragepotential nach asiatischen Rattanmöbeln besteht. Zusammen mit einem Bekannten, der gute Kontakte in verschiedenen fernöstlichen Ländern hat, gründet er eine Import-GmbH. Beide sind mit je 50 v.H. beteiligt. Aufgrund der außergewöhnlich guten Geschäftsentwicklung verkaufen sie ihre Anteile nach zehn Jahren, um sich zur Ruhe zu setzen. Die Veräußerungsgewinne sind nach § 17 EStG als gewerbliche Einkünfte zu versteuern.

229 Vgl. *Knobbe-Keuk, B.*, (Sind aller guten Dinge drei?, 1993) S. 741 (743)
230 Vgl. ebd.
231 Vgl. *Alt, M.*, (Überschußvermögen, 1993) S. 71 ff; *Durchlaub, Th.*, (Privatvermögen, 1993) S. 68 f; vgl. hierzu auch S. 112 ff

(2) Sachverhalt wie in Beispiel (1) mit dem Unterschied, daß beide ihre Ehefrauen mit je 25 v.H. in die Gesellschaft aufnehmen, deren "Tätigkeit" sich nur auf das Halten der Beteiligung beschränkt. Trotz identischem Geschäftsbetrieb können die Anteile nach zehn Jahren steuerfrei veräußert werden.

Worum es m.E. im Grunde tatsächlich geht, zeigt die Rechtfertigung der Beibehaltung des § 17 EStG im Entwurf eines Steuerreformgesetzes 1974. Die Gesetzesbegründung[232] führt zunächst aus, daß derartige Gewinne die finanzielle Leistungsfähigkeit des Veräußerers erhöhen. Im Anschluß daran räumt der Gesetzgeber selbst ein, daß diese Argumentation es nahelegen würde, sämtliche privaten Veräußerungsgewinne der Einkommensteuer zu unterwerfen. Die Besteuerung müsse jedoch auf die Fälle beschränkt bleiben, in denen die Veräußerungsvorgänge verhältnismäßig leicht feststellbar und nachprüfbar seien und *in denen die Veräußerungsgewinne regelmäßig einen erheblichen Umfang* hätten.[233]

"Wichtige Fälle" positiver Ergebnisse werden somit durch die §§ 17 und 23 EStG sowie die Rechtsprechungsgrundsätze zum gewerblichen Grundstücks- und Wertpapierhandel und zur Betriebsaufspaltung erfaßt. Ansonsten bemüht man sich um eine zwanghafte Aufrechterhaltung der Rahmenbedingungen, die offensichtlich auch darin begründet ist, daß mit einer Systemänderung möglicherweise Nachteile in Kauf genommen werden müßten. Die Entstehung von Veräußerungs*gewinnen* ist keineswegs in allen Fällen selbstverständlich. Im Schrifttum wird die Tatsache, daß auch Veräußerungs*verluste* entstehen können, die sich dann ebenfalls steuerlich auswirken würden, sogar als Rechtfertigung für die Beibehaltung des dualistischen Systems herangezogen:[234]

"Durch die Schaffung des Einkünftedualismus wird eine natürliche und klare Grenzlinie zwischen *ergiebigen und unergiebigen* Veräußerungstatbeständen gezogen. So kann verhindert werden, daß die Besteuerung von Veräußerungsgewinnen durch die Geltendmachung von Verlusten aus Veräußerungsgeschäften von der `Steuerquelle´ zur `Steuersparquelle´ denaturiert wird und damit dem Staat nicht Einnahmen verschafft, sondern Mindereinnahmen bewirkt werden."

Das "Marktintensitätsmodell" erweist sich im Ergebnis offensichtlich auch als "Fiskalzweckmodell". Eine solche Auffassung muß jedoch im Hinblick auf den Grundsatz der Gleichmäßigkeit der Besteuerung zumindest als fragwürdig bezeichnet werden.

Berücksichtigt man die Tatsache, daß die Veräußerung von Anlagevermögen im Betriebsbereich ebensowenig zum Umfang des eigentlichen Steuergegen-

232 Vgl. BT-Dr. 7/1470 S. 263

233 Die maßgebliche Beteiligungsgrenze sollte in diesem Zusammenhang von 25 v.H. auf 10 v.H. herabgesetzt werden; vgl. BT-Dr. 7/1470 S. 264

234 Vgl. *Durchlaub, Th.*, (Privatvermögen, 1993) S. 138 (Hervorh. d. Verf.)

stands gehört wie im Bereich der Haushaltseinkunftsarten,[235] ergibt sich die eigentlich paradoxe Situation, daß Wirtschaftsgüter, die zur Einkunftserzielung im Rahmen der §§ 20 und 21 EStG eingesetzt werden sollen, häufig bereits mit der Absicht einer späteren gewinnbringenden Veräußerung erworben werden. Trotzdem können die Gewinne nach Ablauf der Spekulationsfrist steuerfrei realisiert werden. Dagegen werden Anlagegüter im betrieblichen Bereich überwiegend im Hinblick auf die Förderung der eigentlichen "Kerntätigkeit" angeschafft. Obwohl sie demnach sogar seltener das Ergebnis eines expliziten "Gewinnstrebens" sind, unterliegen Veräußerungsgewinne hier aber in vollem Umfang der Besteuerung. Unter diesen Rahmenbedingungen beschäftigen sich (zwangsläufig) ganze Branchen mit der Konstruktion von "ökonomisch fragwürdigen Rechtsgestaltungen,"[236] deren einziger Sinn und Zweck in einer Steuervermeidung durch die Erzielung "privater" Veräußerungsgewinne besteht.[237]

II. Neuorientierung im Bereich der Haushaltseinkünfte

Unter dem Blickwinkel einer Markteinkommensbesteuerung sowie des Fundamentalprinzips der Besteuerung nach der Leistungsfähigkeit ist m.E. kein Grund für die derzeit herrschende Ungleichbehandlung ersichtlich. Aus steuersystematischer Sicht führt deshalb kein Weg an der Erkenntnis vorbei, daß die einzig sinnvolle Lösung darin besteht, den Einkünftedualismus abzuschaffen und für sämtliche Einkunftsarten ein einheitliches Markteinkommenskonzept zu verwirklichen. Zu Recht sieht *Biergans*[238] in der Steuerneutralität des Privatvermögens eine Durchbrechung der allgemeinen systembildenden Grundsätze der Markteinkommenstheorie und leitet aus dem einkommensteuerlichen Begriff der Leistungsfähigkeit[239] die Möglichkeit ab, "de lege ferenda" die Besteuerung von Veräußerungsgewinnen im Haushaltseinkünftebereich zu fordern.[240] Auch *Kirchhof*, der den Dualismus zunächst mit dem Schutz der Pri-

235 Vgl. S. 113 ff

236 Vgl. *Lang, J.*, (Reformentwurf, 1985) S. 67; ähnlich *Tipke, K.*, (Steuerrechtsordnung II, 1993) S. 656; *Tipke/Lang*, (Steuerrecht, 1994) § 9 Rz. 498

237 Zu den möglichen Konsequenzen für den Fall, daß solche Kapitalanlagemodelle "mißglücken" vgl. die aktuelle Darstellung zum sog. "Ambros-Fall" bei *Meyer-Scharenberg, D.E.*, DStR 1994 S. 889 (895 f)

238 Vgl. *Biergans, E.*, (Einkommensteuer, 1992) S. 1054

239 Vgl. hierzu S. 9 ff

240 Vgl. *Biergans, E.*, (Einkommensteuer, 1992) S. 12

vatsphäre rechtfertigen wollte,[241] hat seine Meinung zwischenzeitlich geändert und fordert eine steuerliche Berücksichtigung der Wertänderungen des *zur Einkünfteerzielung* eingesetzten Vermögens.[242] Lediglich die Veräußerung von privat genutztem Vermögen, z.B. auch von selbstgenutztem Wohneigentum, soll sich danach außerhalb der steuerlichen Sphäre vollziehen. Dem ist m.E. zuzustimmen. Das Problem der Scheingewinnbesteuerung bei langfristig erwirtschafteten Veräußerungsgewinnen[243] stellt hierbei kein Hindernis dar. Der wissenschaftliche Beirat des BdF hat bereits 1967[244] konkrete Vorschläge zur Progressionsmilderung bei Vermögensobjekten, die sich vor der Veräußerung mehrere Jahre im Eigentum des Steuerpflichtigen befanden, gemacht. Darüber hinaus stünde m.E. auch der Einführung einer der Vorschrift des § 6b EStG entsprechenden Regelung für sämtliche Einkunftsarten nichts entgegen.

Der im Schrifttum[245] häufig unterbreitete Vorschlag, die Spekulationsfristen für Grundstücke und Wertpapiere deutlich zu verlängern, überzeugt dagegen nicht. Dadurch könnte zwar insbesondere die Problematik des sog. gewerblichen Grundstückshandels entschärft werden, im Ergebnis bliebe jedoch die nicht zu rechtfertigende Zweiteilung der Gesetzessystematik bestehen. Insbesondere eine Berücksichtigung von Vermögensverlusten wäre in diesem Fall auch weiterhin nicht möglich. Zudem ist der Vorschlag nicht zuletzt auch von dem Gedanken getragen, daß auf diesem Weg zwar positive Ergebnisse erfaßt werden können, Veräußerungsverluste jedoch steuerlich irrelevant bleiben.[246]

Eine Modifizierung des Einkommensteuerrechts im Sinne einer gleichmäßigen, umfassenden Markteinkommensbesteuerung würde somit nicht nur sämtliche in dieser Arbeit aufgeworfenen Probleme einer einheitlichen Lösung zuführen, sondern darüber hinaus eine Fülle weiterer Abgrenzungsschwierigkeiten[247] beseitigen. Die Rechtslage wäre zumindest in diesem Bereich wieder überschaubar, so daß das steuerliche Ergebnis nicht mehr im bisherigen Ausmaß vom Gestaltungsgeschick und Glück der Steuerpflichtigen und ihrer Berater abhängen würde. In einem im heutigen Ausmaß entwickelten, erwerbsori-

241 Vgl. *Kirchhof, P.* in *Kirchhof/Söhn*, § 2 EStG Rn A 675 f

242 Vgl. *Kirchhof, P.*, (Gutachten, 1988) S. F 29 ff; gl.A. *Knobbe-Keuk, B.*, (Sind aller guten Dinge drei?, 1993) S. 741 (749)

243 Vgl. Vgl. *Lang, J.*, (Reformentwurf, 1985) S. 66

244 Vgl. (Gutachten, 1967) S. 23 ff

245 Vgl. z.B. *Karrenbauer, M.*, (Abschreibung, 1993) S. 36; *Jehner, H.*, DStR 1991 S. 565 (570); *Paus, B.*, INF 1991 S. 196 (197)

246 Vgl. *Knobbe-Keuk, B.*, (Sind aller guten Dinge drei?, 1993) S. 741 (749) m.w.N.

247 Stichworte: gewerblicher Grundstückshandel, gewerblicher Wertpapierhandel, Betriebsaufspaltung, gewillkürtes Betriebsvermögen

entierten Wirtschaftsleben ist für ein geteiltes ("pragmatisches") Markteinkommenskonzept m.E. kein Platz mehr.[248]

248 Solange allerdings eine Förderung des Wohnungsbaus im gesellschaftspolitischen Interesse des Staates liegt und insbesondere auch anhand von steuerlichen Vergünstigungen realisiert wird, ist ein (verschärfender) Eingriff in diesem Bereich aus pragmatischen Erwägungen sicher nicht unproblematisch. Im Rahmen der Einkünfte aus Vermietung und Verpachtung würde eine Erfassung der Veräußerungsgewinne die im geltenden EStG verankerten Vorteile (vgl. z.B. §§ 7 Abs. 5, 7c, 7k, 21 Abs. 2 Satz 2 EStG) zweifellos konterkarieren.

Quellenverzeichnis

I. Aufsätze, Bücher ... 216
II. Kommentare ... 228
III. Rechtsprechung ... 229
1. Reichsfinanzhof und Oberster Finanzgerichtshof ... 229
2. Bundesfinanzhof ... 230
3. Finanzgerichte ... 239
4. Bundesverfassungsgericht ... 242
5. Bundesgerichtshof und sonstige Zivilgerichte ... 242
IV. Verwaltungsanweisungen ... 242
V. Sonstige Quellen ... 242

I. Aufsätze, Bücher

Alt, M.: Das Überschußvermögen im Einkommensteuerrecht, StuW 1994 S. 138 - 152

Alt, M.: (Überschußvermögen, 1994) Das Überschußvermögen im Einkommensteuerrecht, Heidelberg 1994

Angerer, H.-P.: Genußrechte bzw. Genußscheine als Finanzierungselement, DStR 1994 S. 41 - 45

Apitz, W.: Darlehensforderungen eines Gesellschafters als Verluste bei wesentlicher Beteiligung, FR 1992 S. 124 - 130

Bachem, W.: Eigenkapitalersatz durch Stehenlassen von Darlehen und nachträgliche Anschaffungskosten auf die Beteiligung, DStZ 1992 S. 712 - 717

Bauder, W.: Die Bezüge des GmbH-Geschäftsführers in Krise und Konkurs der Gesellschaft, BB 1993 S. 369 - 375

Bauder, W.: Neue Haftungsrisiken im qualifizierten faktischen GmbH-Konzern, BB 1992 S. 1009 - 1015

Bauer, K.: (Dualismus, 1974) Der Dualismus Betriebsausgaben - Werbungskosten, München 1974

Bauer, K.-H.: Hilfsgeschäfte im Umsatzsteuerrecht, insbesondere bei pauschalversteuernden Land- und Forstwirten, UR 1991 S. 246 - 250

Bayer, H.-W.: (Grundbegriffe, 1990) Grundbegriffe des Steuerrechts, JA-Sonderheft 15, 3. Aufl. Frankfurt a.M. 1990

Bayer, H.-W.: Die Erwerbstätigkeit - der Steuergegenstand des Einkommensteuerrechts, BB 1988 S. 1 - 4, 141 - 147 und 213 - 218

Bayer, H.-W., Müller, F. P.: Das Einkommen - der Steuergegenstand des Einkommensteuerrechts?, BB 1978 S. 1 - 5

Beater, A.: Zum Verhältnis der §§ 17 und 23 EStG, StuW 1992 S. 151 - 156

Becker, E.: Grundfragen aus den neuen Steuergesetzen, StuW 1926 Sp. 1917 - 1936

Becker, E.: Erläuterungen zur Rechtsprechung (Einkommensteuerrecht), StuW 1932 I Sp. 1221 - 1250

Becker, E.: (Grundlagen, 1940) Die Grundlagen der Einkommensteuer, München/Berlin 1940

Beierl, O.: (Einkünftequalifikation, 1987) Die Einkünftequalifikation bei gemeinsamer wirtschaftlicher Betätigung im Einkommensteuerrecht, Berlin 1987

Beiser, R.: Nutzungseinlagen in Körperschaften, StuW 1991 S. 136 - 150

Beiser, R.: Kontokorrentzinsen: Aufteilung in betrieblich und privat veranlaßte Schuldzinsen nach der Zinszahlenstaffelmethode, DStZ 1991 S. 197 - 199

Biergans, E.: (Investitionsrechnung, 1973) Verfahren der Investitionsrechnung und ihre Anwendung in der Praxis, Nürnberg 1973

Biergans, E.: Die einkommen- und körperschaftsteuerliche Behandlung der Einlagen von originären immateriellen Wirtschaftsgütern, Nutzungsrechten und Nutzungen, DStR 1989 S. 367 - 374

Biergans, E.: (Einkommensteuer, 1992) Einkommensteuer, 6. Aufl. München 1992

Biergans, E.: (Renten, 1993) Renten und Raten in Einkommensteuer und Steuerbilanz, 4. Aufl. München 1993

Biergans, E., Stockinger, R.: Zum Einkommensbegriff und zur persönlichen Zurechnung von Einkünften im Einkommensteuerrecht, FR 1982 S. 1 - 7 (Teil I) und 25 - 33 (Teil II)

Biergans, E., Wasmer, C.: Zum Tatbestand der Besteuerung und zum Leistungsfähigkeitsprinzip in der Einkommensteuer, FR 1985 S. 57 - 63

Bilsdorfer, P.: Steuerliche Auswirkungen von Bürgschaften eines GmbH-Geschäftsführers, NWB 1991 F. 3 S. 7955 - 7958

Boeker: Die Grenze zwischen betrieblichen und privaten Geschäften eines Kaufmannes, BB 1955 S. 1125 - 1126

Bormann, M.: Die steuerliche Behandlung von Diebstählen und Ersatzleistungen bei den privaten Einkunftsarten, INF 1982 S. 397 - 404

Bornhaupt, K. J. von: Der Begriff der Werbungskosten unter besonderer Berücksichtigung seines Verhältnisses zum Betriebsausgabenbegriff, in: **Söhn, H.** (Hrsg.), Die Abgrenzung der Betriebs- oder Berufssphäre von der Privatsphäre im Einkommensteuerrecht, JDStJG 3, Köln 1980 S. 149 - 199

Bornhaupt, K. J. von: Inwieweit können fehlgeschlagene Anschaffungs- oder Herstellungskosten bei Grundstücken und Gebäuden Werbungskosten sein?, FR 1981 S. 497 - 504

Bornhaupt, K. J. von: Behandlung von Vermögensgegenständen bei Überschußeinkünften, BB 1986 S. 1963 - 1964

Bornhaupt, K. J. von: Verlust eines zur Arbeitsplatzsicherung gewährten unverhältnismäßig niedrig verzinslichen Darlehens als Werbungskosten des Arbeitnehmers?, FR 1989 S. 423 - 424

Bornhaupt, K. J. von: Urteilsanmerkung, BB 1990 S. 1398 - 1399

Brandt, J.: Nachträgliche Anschaffungskosten bei konkursbedingtem Verlust der Forderung aus einem Gesellschafterdarlehen, KFR F. 3 § 17 EStG 1/92 S. 21

Bringewat, B.: (Drittaufwand, 1990) Steuerliche Berücksichtigung von Drittaufwand am Beispiel der Absetzungen für Abnutzung nach § 7 EStG bei Bestellung eines Nießbrauchs, Göttingen 1990

Brockhoff, H.: Grundlagen und Grenzen der Typisierung im Einkommensteuerrecht, StbJb 1963/64 S. 317 - 346

Bühler, O.: (Einzelsteuerrecht, 1938) Lehrbuch des Steuerrechts, II. Band Einzelsteuerrecht, Berlin 1938

Bullinger, M.: Steuerliche Fragen von Gesellschafterdarlehen an die GmbH, DStR 1993 S. 225 - 229

Costede, J.: Grundfragen der Absetzungsbefugnis wegen Abnutzung, StuW 1986 S. 44 - 52

Depping, B.: Die Bürgschaftsverpflichtung für Forderungen gegen eine "tote" GmbH, GmbHR 1993 S. 731 - 733

Döllerer, G.: Die wesentliche Beteiligung im Ertragsteuerrecht, StbJb 1981/82 S. 195 - 222

Döllerer, G.: (Verdeckte Einlagen, 1985) Verdeckte Einlagen bei Kapitalgesellschaften - das Spiegelbild der verdeckten Gewinnausschüttungen?, in: **Klein, F., Vogel, K.** (Hrsg.), Der Bundesfinanzhof und seine Rechtsprechung: Grundfragen - Grundlagen, Festschrift für Hugo von Wallis zum 75. Geburtstag am 12. April 1985, Bonn 1985 S. 293 - 307

Döllerer, G.: (Verdeckte Gewinnausschüttungen, 1990) Verdeckte Gewinnausschüttungen und verdeckte Einlagen bei Kapitalgesellschaften, 2. Aufl. Heidelberg 1990

Döllerer, G.: Verlust eines eigenkapitalersetzenden Gesellschafterdarlehens als nachträgliche Anschaffungskosten einer wesentlichen Beteiligung, FR 1992 S. 233 - 236

Dörner, B. M.: Die Neuregelung der Gesellschafter-Fremdfinanzierung - Teil I, INF 1993 S. 409 - 414

Dörner, B. M.: Die Neuregelung der Gesellschafter-Fremdfinanzierung - Teil II, INF 1993 S. 439 - 442

Dornfeld, R.: Zum Begriff der Herstellungskosten im Bauherrenmodell, DB 1980 S. 2006 - 2008

Drenseck, W.: Nochmals: Die Überspannung des Werbungskostenbegriffs, DStR 1985 S. 206

Drenseck, W.: Die Abgrenzung der Betriebsausgaben und Werbungskosten von den Lebenshaltungskosten, DB 1987 S. 2483 - 2487

Drenseck, W.: Urteilsanmerkung, FR 1990 S. 119

Drenseck, W.: Allgemeiner Schuldzinsenabzug aus verfassungsrechtlichen Gründen geboten, DB 1991 S. 416

Drenseck, W.: Urteilsanmerkung, FR 1992 S. 332 - 333

Drenseck, W.: (Wiedereinführung, 1993) Ist die Wiedereinführung des allgemeinen Schuldzinsenabzugs aus verfassungsrechtlichen Gründen geboten?, in: **Raupach, A., Uelner, A.**, Festschrift für Ludwig Schmidt zum 65. Geburtstag, München 1993 S. 845 - 866

Durchlaub, Th.: (Privatvermögen, 1993) Zur Steuerpflicht der Gewinne aus der Veräußerung von Privatvermögen, Berlin 1993

-el.-: Bürgschaftszahlungen eines Gesellschafter-Geschäftsführers als Werbungskosten, DB 1988 S. 1775

E.B.: Instandhaltungsaufwendungen zwischen Beendigung der Vermietung und Veräußerung des Grundstücks keine Werbungskosten, DStR 1992 S. 976 - 977

Ebert, C. H.: (Werbungskosten, 1940) Werbungskosten bei den Einkünften aus Vermietung und Verpachtung und aus Kapitalvermögen, Bleicherode am Harz 1940

Engel, S., Kölsch, W.: Werbungskostenabzug von verlorenen Arbeitnehmerdarlehen, INF 1994 S. 141 - 143

Ensthaler, J.: Eigenkapitalersetzende Darlehen und Ausgleichsverpflichtung von Mitgesellschaftern, DB 1991 S. 1761 - 1765

Eppler, G.: Das Quasi-Eigenkapital bei der GmbH als steuerrechtliches Problem, DB 1991 S. 195 - 198

Felder, B.: Einlagen bei Kapitalgesellschaften, INF 1990 S. 244 - 251

Felix, G.: Anerkennung von Verlusten privater Einlagen bei Bankinsolvenzen aus Billigkeitsgründen (§ 131 AO) als Werbungskosten, FR 1975 S. 136 - 138

Felix, G.: Das Konkurrenzproblem bei der Veräußerung wesentlicher Beteiligungen während der Spekulationsfrist, FR 1990 S. 497 - 503

Felix, G., Lagemann, F.: Private Bankeinlagenverluste als Werbungskosten aus Billigkeitsgründen, FR 1976 S. 136 - 139

Fichtelmann, H.: Bürgschaften des Gesellschafters einer Kapitalgesellschaft als verdeckte Einlagen?, GmbHR 1988 S. 72 - 79

Fichtelmann, H.: Steuerliche Abzugsfähigkeit von Verlusten der Genußscheininhaber, BB 1989 S. 1461 - 1462

Fuisting, B.: (Direkte Steuern, 1902) Die Preußischen direkten Steuern, 4. Band Berlin 1902

Geck, R.: Verbilligte Darlehensgewährung und Zinsverzicht eines Gesellschafters einer GmbH aus bilanz- und steuerrechtlicher Sicht, GmbHR 1991 S. 472 - 473

Geiger, P.: Zahlungen eines Gesellschafter-Geschäftsführers auf Grund einer zugunsten der GmbH eingegangenen Bürgschaft, DB 1988 S. 1522 - 1523

Giloy, J.: Zur Abgrenzung der Kapitaleinkünfte von den Einkünften aus nichtselbständiger Arbeit, DStZ 1989 S. 471 - 473

Glanegger, P.: Vermögensveränderungen und Veranlassungsprinzip bei den Überschußeinkünften, DStZ 1984 S. 583 - 586

Grögler, H.: Zur Anwendung von BFH-Urteilen durch die Finanzverwaltung, DB 1993 S. 1849 - 1850

Groh, M.: Bilanzierung öffentlicher Zuschüsse, DB 1988 S. 2417 - 2421

Groh, M.: Anschaffungskosten aus Sacheinlagen, FR 1990 S. 528 - 531

Groh, M.: Zur Struktur der betrieblichen Überschußrechnung, FR 1986 S. 393 - 397

Häuselmann, H.: Rangrücktritt versus Forderungsverzicht mit Besserungsabrede, BB 1993 S. 1552 - 1557

Hensel, A.: (Steuerrecht, 1933) Steuerrecht, 3. Aufl. Berlin 1933

Herrmann, H. J.: Vergebliche Aufwendungen zur Herstellung eines Gebäudes oder zur Anschaffung eines bebauten Grundstücks als abziehbare Werbungskosten bei den Einkünften aus Vermietung und Verpachtung, StuW 1991 S. 372 - 380

Herzig, N.: Gesellschafter-Fremdfinanzierung von Kapitalgesellschaften, StuW 1993 S. 237 - 248

Herzog, R.: Leitlinien und Entwicklungstendenzen der Rechtsprechung des Bundesverfassungsgerichts in Steuerfragen, StbJb 1985/86 S. 27 - 45

Heuermann, B.: Kursverluste bei Fremdwährungsdarlehen - Steuerliche Relevanz der Vermögenssphäre?, DStZ 1994 S. 229 - 231

Hirsch, E. R.: Die Einordnung des § 9 Abs. 1 Satz 3 Nr. 7 EStG in das System der Überschußrechnung, DStR 1988 S. 197 - 200

Högemann, W.: Arbeitsmittel bei Arbeitnehmern als Werbungskosten, BB 1961 S. 211 - 212

Hofer, A.: (Versorgungsleistungen, 1995) Vorweggenommene Erbfolgeregelungen gegen private Versorgungsleistungen, München 1995

Hoffmann, W.-D.: Die Sanierung einer Kapitalgesellschaft durch Forderungsverzicht des Gesellschafters, BB 1991 S. 773 - 778

Hoffmann, W.-D.: Urteilsanmerkung, BB 1991 S. 2262 - 2264

Hoffmann, W.-D.: Urteilsanmerkung, BB 1992 S. 680 - 681

Hoffmann, W.-D.: Gesellschafterdarlehen mit Rangrücktritt, DStR 1993 S. 1057 - 1059

Ippisch, E.: Teilwerteinlage bei Überschußeinkünften?, DStR 1985 S. 263 - 268

Jakob, W.: (Steuertatbestand im Grenzbereich, 1993) Der Steuertatbestand im Grenzbereich zwischen privater Vermögensverwaltung und gewerblicher Tätigkeit, in: **Raupach, A., Uelner, A.**, Festschrift für Ludwig Schmidt zum 65. Geburtstag, München 1993 S. 115 - 125

Jakob, W.: (Einkommensteuer, 1991) Einkommensteuer, München 1991

Jakob, W., Hörmann, N.: Einkünfteerzielungsabsicht oder Liebhaberei im Rahmen der Einkünfte aus Vermietung und Verpachtung, FR 1989 S. 665 - 678

Jakob, W., Jüptner, R.: (Parteienfinanzierung, 1986) Steuerfragen der mittelbaren Parteienfinanzierung über Organisationen, Stuttgart 1986

Jakob, W., Wittmann, R.: Vom Zweck und Wesen steuerlicher AfA, FR 1988 S. 540 - 553

Jehner, H.: Der gesetzliche Gegensatz als systematische Grundlage der Einkommensbesteuerung in Deutschland, DStR 1988 S. 267 - 273

Jehner, H.: Des Kaisers neue Kleider, DStR 1990 S. 6 - 13

Jehner, H.: Private Vermögensverwaltung oder gewerblicher Grundstückshandel?, DStR 1991 S. 565 - 571

Jonas, M. Ch.: (Aufwendungen, 1993) Fehlgeschlagene Aufwendungen als Werbungskosten, Bonn 1993

Jülicher, M.: Steuerliche Behandlung von im Konkurs verlorenen Gesellschafterdarlehen beim Privatvermögen nach § 17 EStG, DStR 1994 S. 305 - 310

Jüptner, R.: (Leistungsfähigkeit, 1987) Leistungsfähigkeit und Veranlassung, Augsburg 1987

Kaiser, Th.: Verdecktes Nennkapital und Leistungsfähigkeitsprinzip, DStR 1991 S. 1105 - 1108

Kapp, R., Brockhoff, H.: (Außerordentliche Einkünfte, 1958) Die Besteuerung außerordentlicher Einkünfte nach § 34 EStG, 2. Aufl. München/Berlin 1958

Karrenbauer, M.: (Abschreibung, 1993) Die Abschreibung im Einkommen- und Bilanzsteuerrecht, Stuttgart 1993

Kemmer, M.: (Teilentgeltliche Rechtsgeschäfte, 1987) Teilentgeltliche Rechtsgeschäfte in der Einkommensteuer, München 1987

Kempermann, M.: Die Abgrenzung von betrieblich und privat veranlaßten Zinsen nach dem Beschluß des Großen Senats zum gemischten Kontokorrentkonto vom 4.7.1990 GrS 2-3/88, DB 1991 S. 669 - 672

Kirchhof, P.: (Gutachten, 1988) Empfiehlt es sich, das Einkommensteuerrecht zur Beseitigung von Ungleichbehandlungen und zur Vereinfachung neu zu ordnen?, Gutachten F zum 57. Deutschen Juristentag, Mainz 1988 in: Verhandlungen des 57. Deutschen Juristentages, herausgegeben von der Ständigen Deputation des Deutschen Juristentages, München 1988

Klauser, W.: Steuerliche Berücksichtigung von Bürgschaftsverlusten, BB 1980 S. 1574 - 1577

Knobbe-Keuk, B.: Verdeckte Einlagen in Kapitalgesellschaften und Werbungskosten bei den Einkünften aus Kapitalvermögen, DStZ 1984 S. 335 - 342

Knobbe-Keuk, B.: Verdeckte Einlagen in Kapitalgesellschaften und Werbungskosten bei den Einkünften aus Kapitalvermögen, JbFfSt 1984/85 S. 39 - 58

Knobbe-Keuk, B.: Die Einkommensbesteuerung der entgeltlichen Überlassung von Bodensubstanz, DB 1985 S. 144 - 149

Knobbe-Keuk, B.: Die Einkommensteuerpflicht gewerkschaftlicher Streik- und Aussperrungszahlungen, DB 1992 Beilage 6

Knobbe-Keuk, B.: (Bilanzsteuerrecht, 1993) Bilanz- und Unternehmenssteuerrecht, 9. Aufl. Köln 1993

Knobbe-Keuk, B.: (Sind aller guten Dinge drei?, 1993) Sind aller guten Dinge drei?, in: **Raupach, A., Uelner, A.**, Festschrift für Ludwig Schmidt zum 65. Geburtstag, München 1993 S. 741 - 749

Koller, A.: (Abgrenzung, 1993) Abgrenzung von Einkunftstatbeständen im Einkommensteuerrecht, München 1993

Koops, O. F.: Bürgschaft des Gesellschafters für seine GmbH, DStR 1991 S. 533 - 537

Kröner, M.: Differenzierende Betrachtungen zum Betriebsausgaben- und Werbungskostenbegriff, StuW 1985 S. 115 - 131

Kruse, H. W.: Über Werbungskosten, FR 1981 S. 473 - 479

Labus, O.: Zum Begriff "Vorweggenommene Werbungskosten", BB 1964 S. 747

Lang, J.: Liebhaberei im Einkommensteuerrecht, StuW 1981 S. 223 - 234

Lang, J.: (Reformentwurf, 1985) Reformentwurf zu Grundvorschriften des Einkommensteuergesetzes, Münsteraner Symposion Band II, Köln 1985

Lang, J.: Die Einkünfte des Arbeitnehmers - Steuerrechtssystematische Grundlegung, in: **Stolterfoth, J. N.** (Hrsg.), Grundfragen des Lohnsteuerrechts, JDStJG 9, Köln 1986 S. 15 - 83

Lang, J.: (Bemessungsgrundlage, 1988) Die Bemessungsgrundlage der Einkommensteuer, Köln 1988

Langohr, Th. G.: (Veranlassungsprinzip, 1990) Das Veranlassungsprinzip im Einkommensteuerrecht, Münster/New York 1990

Leberfinger, S.: (Erwerbseinnahmeansprüche, 1989) Die einkommensteuerlichen Folgen der Übertragung von Erwerbseinnahmeansprüchen, München 1989

Lempenau, G.: Vorrang des § 17 EStG vor § 23 EStG, KFR F. 3 § 17 EStG 2/93 S. 133 - 134

Lishaut, I. van: Bewertungsprobleme bei Verlust stehengelassener Gesellschafterdarlehen, FR 1993 S. 602 - 603

List, H.: Vorauszahlungen des Bauherrn bei Konkurs des Bauunternehmers als Werbungskosten, NWB 1990 F. 3 S. 7539 - 7542

Littmann, E.: Einkommensgestaltung durch Nießbrauchsbestellung, INF 1967 S. 1 - 7

Maly, I.: Währungskursverluste als Werbungskosten bei den Einkünften aus Vermietung und Verpachtung, FR 1994 S. 457 - 461

Mathiak, W.: Zum Bilanzsteuerrecht, StuW 1985 S. 273 - 279

Mathiak, W.: Rechtsprechung zum Bilanzsteuerrecht, DStR 1990 S. 691 - 696

Meermann, A. M.: Kapitalersetzende Darlehen und Bürgschaften des GmbH-Gesellschafters, StBp 1988 S. 110 - 115

Meier, N.: Verlust eines Gesellschafterdarlehens infolge Auflösung einer Kapitalgesellschaft - Anschaffungskosten i.S. des § 17 Abs. 2 EStG?, DStR 1987 S. 152 - 153

Meilicke, H.: Inwieweit können Verluste aus Genußscheinen steuerlich geltend gemacht werden?, BB 1989 S. 465 - 466

Meyer, B.: Die Behandlung beruflich genutzter Wirtschaftsgüter des Privatvermögens als Werbungskosten (§ 9 Abs. 1 Nr. 6 und 7 EStG), DStR 1981 S. 131 - 135

Meyer, B.: Zur einkommensteuerrechtlichen Behandlung der Anschaffungskosten für Arbeitsmittel, DStR 1982 S. 134 - 135

Meyer, B.: Aufwendungen zur Befreiung eines Grundstücks von einer dinglichen Belastung, DStZ 1984 S. 301 - 303

Meyer, B.: Nochmals: Schuldzinsen als nachträgliche Werbungskosten bei den Einkünften aus Vermietung und Verpachtung, FR 1985 S. 123 - 126

Meyer, B.: Zur AfA-Berechnung bei selbstgenutzten Wohnungen anläßlich eines nach dem 31.12.1986 eintretenden Nutzungswechsels, FR 1987 S. 54 - 58

Meyer, D.: (Nießbrauch, 1984) Einkommensteuerliche Behandlung des Nießbrauchs und anderer Nutzungsüberlassungen, Herne/Berlin 1984

Meyer, D. E.: Drittaufwand und Leistungsfähigkeitsprinzip, BB 1986 S. 986 - 989

Meyer-Arndt, L.: Unentgeltliche Nutzungszuwendungen bei den Überschußeinkünften, DB 1988 S. 1237 - 1238

Meyer-Scharenberg, D. E.: Vorrang des § 23 EStG vor § 17 EStG ernstlich zweifelhaft, DStR 1990 S. 430

Meyer-Scharenberg, D. E.: Steuerprobleme im Konkursfall, DStR 1994 S. 889 - 896

MIT: Urteilsanmerkung, DStR 1991 S. 1184

Mitschke, W.: Veräußerung einer wesentlichen Beteiligung i. S. des § 17 EStG innerhalb der Spekulationsfrist des § 23 EStG, FR 1993 S. 258 - 259

Mittmann, V.: Die Überspannung des Werbungskostenbegriffs - ein Hindernis für die Erzielung von Einkünften aus Vermietung und Verpachtung, DStR 1985 S. 99 - 101

Mittmann, V.: Bauherrnforderungsausfall als Werbungskosten absetzbar?, FR 1988 S. 127

Mittmann, V.: Werbungskosten beim Wohnungsbau, DStZ 1989 S. 323 - 331

Mittmann, V.: Dauerbrenner Bauherrnforderungsausfall und Vorbehaltsnießbrauch, DStZ 1990 S. 84 - 88

Muuss, H., Domann, R.: Billigkeitsmaßnahmen bei Bankinsolvenzen?, FR 1975 S. 292 - 294

Neeb, H.: Die Besteuerung von Spekulationsgewinnen - Eine kritische Stellungnahme zur Interpretation des § 23 EStG durch den Bundesfinanzhof, StuW 1991 S. 52 - 60

Neumark, F.: (Einkommensbesteuerung, 1947) Theorie und Praxis der modernen Einkommensbesteuerung, Bern 1947

Nieland, H.: Zuschüsse im Einkommensteuerrecht, DStZ 1986 S. 216 - 221

Nissen, K.-H.: Urteilsanmerkung, DStZ A 1975 S. 351

- O -: Wenn ein Arbeitnehmer einen Pkw für berufliche Zwecke anschaffen will, der geleisteten Anzahlung aber verlustig geht, ist die Anzahlung nicht als Werbungskosten absetzbar, StBP 1975 S. 260

Offerhaus, K.: Zur steuerrechtlichen Abgrenzung zwischen betrieblich (beruflich) veranlaßten und durch die Lebensführung veranlaßten Aufwendungen, BB 1979 S. 617 - 622

- o.V. -: Urteilsanmerkung, HFR 1975 S. 363 - 364

o.V.: Verzicht auf Darlehensforderung des Gesellschafters gegen GmbH, GmbHR 1993 S. 417 - 418

Paus, B.: Verlust eines privaten Darlehens als Werbungskosten, FR 1983 S. 502 - 505

Paus, B.: Sind Zinsen nach Veräußerung eines Mietwohngrundstücks Werbungskosten?, FR 1984 S. 135 - 141

Paus, B.: Urteilsanmerkung, DStZ 1987 S. 48 - 52

Paus, B.: Abschreibungen nach "Einlage" eines Wirtschaftsguts in den Bereich der Überschußeinkünfte, INF 1987 S. 73

Paus, B.: Vermietete Grundstücke als gewillkürtes Betriebsvermögen, DStZ 1988 S. 55 - 61

Paus, B.: Können Aufwendungen zur Erhöhung des Stammkapitals zu Werbungskosten aus nichtselbständiger Arbeit führen?, DStZ 1989 S. 620 - 621

Paus, B.: Neue Verwaltungsanweisungen zum gewerblichen Grundstückshandel, INF 1991 S. 196 - 202

Paus, B.: Urteilsanmerkung, DStZ 1992 S. 634

Pezzer, H.-J.: Bilanzierungsprinzipien als sachgerechte Maßstäbe der Besteuerung in: **Doralt, W.** (Hrsg.), Probleme des Steuerbilanzrechts, JDStJG 14, Köln 1991 S. 3 - 27

Pferdmenges, G.: (Einkünfteerzielungsabsicht, 1990) Einkünfteerzielungsabsicht, Düsseldorf 1990

Pöllath, R., Raupach, A.: Werbungskostenabzug für Aufwendungen der allgemeinen Verwaltung privater Kapitalvermögen, DB 1985 S. 616 - 621

Prinz, U.: (Werbungskosten, 1984) Werbungskosten bei den Einkünften aus Vermietung und Verpachtung, Gelsenkirchen 1984

Prinz, U.: Der Abfluß von Werbungskosten, dargestellt am Beispiel der Einkünfte aus Vermietung und Verpachtung, DB 1985 S. 830 - 836

Prinz, U.: Grundsatzbetrachtungen zum Werbungskostenbegriff, FR 1986 S. 397 - 410

Raupach, A.: Diskussion, in: **Söhn, H.** (Hrsg.), Die Abgrenzung der Betriebs- oder Berufssphäre von der Privatsphäre im Einkommensteuerrecht, JDStJG 3, Köln 1980 S. 393 - 433

Richter, H.: Praxisfragen zum "geringwertigen" Arbeitsmittel bei Arbeitnehmern, DStR 1987 S. 680 - 681

Ring, L: Sind die Anschaffungs- oder Herstellungskosten sowie der Restwert und die Abbruchkosten eines Gebäudes Werbungskosten?, DStZ 1980 S. 155 - 159

Röhricht, V.: Die Rechtsprechungsregeln zum Eigenkapitalersatz bei GmbH und GmbH & Co. KG, StbJb 1991/92 S. 313 - 343

Rössler, G.: Urteilsanmerkung, DStZ 1992 S. 493 - 494

Ruppe, H. G.: Möglichkeiten und Grenzen der Übertragung von Einkunftsquellen als Problem der Zurechnung von Einkünften, in: **Tipke, K.** (Hrsg.), Übertragung von Einkunftsquellen im Steuerrecht, JDStJG 1, 2. Aufl. Köln 1979 S. 7 - 40

Ruppe, H. G.: Die Abgrenzung der Betriebsausgaben/Werbungskosten von den Privatausgaben, in: **Söhn, H.** (Hrsg.), Die Abgrenzung der Betriebs- oder Berufssphäre von der Privatsphäre im Einkommensteuerrecht, JDStJG 3, Köln 1980 S. 103 - 147

Ruppe, H. G.: Einkommensteuerliche Positionen bei Rechtsnachfolge, in: **Schulze-Osterloh, J.** (Hrsg.), Rechtsnachfolge im Steuerrecht, JDStJG 10, Köln 1987 S. 45 - 97

Schanz, G. von: Der Einkommensbegriff und die Einkommensteuergesetze, Finanzarchiv, 13. Jahrgang Stuttgart 1896 S. 1 - 87

Schick, W.: (Freie Berufe, 1973) Die freien Berufe im Steuerrecht, Köln 1973

Schlarb, E.: Unfallbedingte Wertminderung des Kfz als Werbungskosten, DStR 1984 S. 332 - 334

Schmidt, A.: (Personengesellschaften, 1990) Einkommensteuerliche Behandlung mittelbarer Leistungsbeziehungen bei Personengesellschaften, Düsseldorf 1990

Schmidt, E.: Beruflich veranlaßte Beteiligungen von Arbeitnehmern, FR 1992 S. 401

Schmidt, L.: Urteilsanmerkung, FR 1984 S. 46

Schneider, D.: Eine Reform der steuerlichen Gewinnermittlung?, StuW 1971 S. 326 - 341

Schneider, D.: Leistungsfähigkeitsprinzip und Abzug von der Bemessungsgrundlage, StuW 1984 S. 356 - 367

Seibold, F.: Die ertragsteuerliche Behandlung sogenannter verdeckter Einlagen, DStR 1990 S. 719 - 724

Seitrich, P.: Einbringung zum Teilwert auch ohne Betriebsvermögen?, BB 1988 S. 734 - 736

Seitrich, P.: Zum Begriff der "Aufwendungen" im Sinne des § 33 des Einkommensteuergesetzes, BB 1990 S. 470 - 472

Siegel, T.: Eigen- oder Fremdfinanzierung und steuerlicher Schuldzinsenabzug, StuW 1985 S. 207 - 220

Söffing, G.: Urteilsanmerkung, FR 1985 S. 275

Söffing, G.: Verletzung des Nettoprinzips, StbJb 1988/89, Köln 1989 S. 121 - 145

Söffing, G.: Urteilsanmerkung, FR 1989 S. 276 - 277

Söffing, G.: Die Angleichung des Werbungskostenbegriffs an den Betriebsausgabenbegriff, DB 1990 S. 2086 - 2088

Söffing, G.: Zinsen als Einkünfte aus Kapitalvermögen oder aus nichtselbständiger Arbeit, NWB 1990 F. 3 S. 7437 - 7438

Söhn, H.: Betriebsausgaben, Privatausgaben, gemischte Aufwendungen, in: **Söhn, H.** (Hrsg.), Die Abgrenzung der Betriebs- oder Berufssphäre von der Privatsphäre im Einkommensteuerrecht, JDStJG 3, Köln 1980 S. 13 - 102

Söhn, H.: Werbungskosten wegen doppelter Haushaltsführung und allgemeiner Werbungskostenbegriff, StuW 1983 S. 193 - 205

Söhn, H.: Neuordnung des Einkommensteuerrechts zur Beseitigung von Ungleichbehandlungen und zur Vereinfachung, ZRP 1988 S. 344 - 348

Söhn, H.: Verfassungsrechtliche Bindungen bei der Beschränkung der Abzugsfähigkeit von Vorsorgeaufwendungen durch Höchstbeträge, StuW 1990 S. 356 - 363

Söhn, H.: Anschaffungskosten/Herstellungskosten und Betriebsausgabenbegriff, StuW 1991 S. 270 - 277

Stöcker, E. E.: Nachträgliche Werbungskosten eines GmbH-Gesellschafter/Geschäftsführers aus Bürgschaftsübernahme für die GmbH, DStZ 1986 S. 201 - 202

Stollenwerk, A.: Dogmatischer Gegenstand versus instrumentaler Gegenstand des EStG, StVj 1989 S. 217 - 235

Thiel, J.: Einlagen in Kapitalgesellschaften - Aktuelle Steuerfragen bei der Gesellschaft und beim Gesellschafter, DStR 1992 S. 1 - 7

Thomas, M.-I.: Verlust einer Forderung des Arbeitnehmers gegen seinen Arbeitgeber als Werbungskosten, KFR F. 6 § 9 EStG 5/89 S. 177 - 178

Thomas, M.-I.: Werbungskosten bei Bürgschaftsinanspruchnahme eines GmbH-Geschäftsführers, KFR F. 6 § 9 EStG 5/91 S. 331 - 332

Tipke, K.: (Dualistische Einkünfteermittlung, 1973) Die dualistische Einkünfteermittlung nach dem Einkommensteuergesetz - Entstehung, Motivation und Berechtigung, in: **Kruse, H. W.**, Festschrift für Heinz Paulick zum 65. Geburtstag, Köln 1973 S. 391 - 401

Tipke, K.: Zur Abgrenzung der Betriebs- oder Berufssphäre von der Privatsphäre im Einkommensteuerrecht, StuW 1979 S. 193 - 208

Tipke, K.: Fundamentalrevision des Einkommensteuerrechts, NJW 1988 S. 2090 - 2095

Tipke, K.: (Steuerrechtsordnung I, 1993) Die Steuerrechtsordnung Band I: Wissenschaftsorganisatorische, systematische und grundrechtlich-rechtsstaatliche Grundlagen, Köln 1993

Tipke, K.: (Steuerrechtsordnung II, 1993) Die Steuerrechtsordnung Band II: Steuerrechtfertigungstheorie, Anwendung auf alle Steuerarten, sachgerechtes Steuersystem, Köln 1993

Tipke/Lang: (Steuerrecht, 1991) Steuerrecht - ein systematischer Grundriß, 13. Aufl. Köln 1991

Tipke/Lang: (Steuerrecht, 1994) Steuerrecht, 14. Aufl. Köln 1994

Uelner, A.: (Subjektives Nettoprinzip, 1993) Zur Konkretisierung des subjektiven Nettoprinzips im Einkommensteuerrecht, in: **Raupach, A., Uelner, A.**, Festschrift für Ludwig Schmidt zum 65. Geburtstag, München 1993 S. 21 - 35

Vangerow, F.: Erläuterungen zur Rechtsprechung (Einkommensteuerrecht), StuW 1957 Sp. 685 - 692

Vangerow, F.: Erläuterungen zur Rechtsprechung (Einkommensteuer), StuW 1959 Sp. 547 - 554

Vangerow, F.: Zur Entwicklung des Begriffs "Werbungskosten", StuW 1960 Sp. 83 - 92

Vangerow, F.: Urteilsanmerkung, StuW 1959 S. 547 - 554

Wasmer, C.: (Einkünftezurechnung, 1985) Die Zurechnung von Einkünften bei der unentgeltlichen Übertragung von Betriebsvermögen durch Erbfall und Schenkung, Köln 1985

Wassermeyer, F.: Die Abgrenzung des Betriebsvermögens vom Privatvermögen, in: **Söhn, H.** (Hrsg.), Die Abgrenzung der Betriebs- oder Berufssphäre von der Privatsphäre im Einkommensteuerrecht, JDStJG 3, Köln 1980 S. 315 - 337

Wassermeyer, F.: Rechtssystematische Überlegungen zum Werbungskostenbegriff, StuW 1981 S. 245 - 254

Wassermeyer, F.: Das Erfordernis objektiver und subjektiver Tatbestandsmerkmale in der ertragsteuerlichen Rechtsprechung des BFH, StuW 1982 S. 352 - 364

Wassermeyer, F.: Kosten eines Unfalls auf der Fahrt zur Essenseinnahme, DStR 1982 S. 557 - 558

Wassermeyer, F.: Der Nießbrauch im Einkommensteuerrecht, FR 1983 S. 157 - 164

Wassermeyer, F.: Wesentliche Beteiligungen i.S. des § 17 EStG - Nachträgliche Anschaffungskosten bei Gesellschafterdarlehen, GmbHR 1991 S. 68 - 70

Wassermeyer, F.: Eigenkapitalersetzende Leistungen aus der Sicht des Steuerrechts, ZGR 1992 S. 639 - 661

Watermeyer, H. J.: § 17 Abs. 4 EStG - Veräußerungsverlust durch eigenkapitalersetzende Gesellschafterdarlehen, BB 1993 S. 403 - 407

Weber, H.-J., Lepper, M.: Das eigenkapitalersetzende Darlehen des GmbH-Gesellschafters, DStR 1991 S. 980 - 985

Weber, K.: Finanzierungsmittel naher Angehöriger sowie die Gebrauchsüberlassung durch nahe Angehörige als Eigenkapitalersatz, GmbHR 1992 S. 354 - 358

Weber, K.: Eigenkapitalersetzende Darlehen des GmbH-Gesellschafters, BB 1992 S. 525 - 531

Welzel, P.: Gesellschafterbürgschaften und Gesellschafterdarlehen als Anschaffungskosten für die Beteiligung an einer Kapitalgesellschaft, DStZ 1987 S. 511 - 514

- wfr.-: Schuldzinsenabzug: Bundesfinanzhof contra Bundesverfassungsgericht, DB 1990 S. 2239 - 2240

Winter, W.: Gesellschafterdarlehen bei der Einkommensbesteuerung, GmbHR 1992 S. 745 - 747

Wissenschaftlicher Beirat beim Bundesministerium der Finanzen: (Gutachten, 1967) Gutachten zur Reform der direkten Steuern (Einkommensteuer, Körperschaftsteuer, Vermögensteuer und Erbschaftsteuer) in der Bundesrepublik Deutschland, Bad Godesberg 1967

Wittmann, R: (Markteinkommen, 1992) Das Markteinkommen - einfachgesetzlicher Strukturbegriff und verfassungsdirigierter Anknüpfungsgegenstand der Einkommensteuer?, Augsburg 1992

Wittmann, R: Besteuerung des Markteinkommens - Grundlinien einer freiheitsschonenden Besteuerung, StuW 1993 S. 35 - 46

Wolff, Th.: (Vermögenssphäre, 1993) Die Bedeutung des Grundsatzes der Unbeachtlichkeit der Vermögenssphäre für die Abzugsfähigkeit von Aufwendungen bei den Einkünften aus Kapitalvermögen und aus Vermietung und Verpachtung, Frankfurt a.M. 1993

Wolff-Diepenbrock, J.: Der Vorbehaltsnießbrauch in der neueren Rechtsprechung des BFH (I), DStR 1983 S. 250 - 255

Wolff-Diepenbrock, J.: Zur AfA-Berechtigung bei unentgeltlichem Nießbrauch, DStZ 1982 S. 331 - 339

Wolff-Diepenbrock, J.: Verlust eines Darlehens als Anschaffungskosten bei § 17 EStG - Änderung des Anschaffungskostenbegriffs?, DB 1994 S. 1539 - 1542

Zeitler, F.-Ch.: Aktuelle Fragen zur steuerlichen Behandlung des Arbeitszimmers, BB 1984 S. 1422 - 1424

II. Kommentare

Baumbach/Hueck: GmbH-Gesetz, 15. Aufl. München 1988

Beck'scher Bilanz-Kommentar: 2. Aufl. München 1990

Becker, E.: Handkommentar der Reichssteuergesetze (Besitz- und Verkehrsteuern) II 1.Teil, §§ 1 - 18, Stuttgart 1928

Blümich: Einkommensteuergesetz, Körperschaftsteuergesetz, Gewerbesteuergesetz, Kommentar, 13. Aufl. München 1988 (Loseblatt, Stand Oktober 1994)

Blümich/Schachian: Das Einkommensteuergesetz vom 10. August 1925, Berlin 1925

Dötsch/Eversberg/Jost/Witt: Die Körperschaftsteuer, Kommentar zum Körperschaftsteuergesetz und zu den einkommensteuerlichen Vorschriften des Anrechnungsverfahrens, Stuttgart 1983 (Loseblatt, Stand November 1994)

Fuisting/Strutz: Die preußischen direkten Steuern I.1., Kommentar zum Einkommensteuergesetz (PrEStG), 8. Aufl. Berlin 1915

Fuisting/Strutz: Die preußischen direkten Steuern I.2., Kommentar zum Einkommensteuergesetz (PrEStG), 8. Aufl. Berlin 1915

Hartmann/Böttcher/Nissen/Bordewin: Kommentar zum Einkommensteuergesetz, Wiesbaden 1955 (Loseblatt, Stand März 1995)

Herrmann/Heuer/Raupach: Kommentar zur Einkommensteuer und Körperschaftsteuer, 20. Aufl. Köln 1950/92 (Loseblatt, Stand März 1995)

Kirchhof/Söhn: Einkommensteuergesetz, Kommentar, Heidelberg 1986 (Loseblatt, Stand Januar 1995)

Küting/Weber: Handbuch der Rechnungslegung, Kommentar zur Bilanzierung und Prüfung, 3. Aufl. Stuttgart 1990

Lademann/Söffing/Brockhoff: Kommentar zum Einkommensteuergesetz, 3. Aufl. Stuttgart 1963 (Loseblatt, Stand Mai 1994)

Littmann/Bitz/Hellwig: Das Einkommensteuerrecht, Kommentar zum Einkommensteuergesetz, 15. Aufl. Stuttgart 1988 (Loseblatt, Stand Dezember 1994)

Palandt: Bürgerliches Gesetzbuch, Kommentar, 52. Aufl. München 1993

Schlegelberger: Handelsgesetzbuch, Kommentar, Bd. 4, 5. Aufl. München 1976

Schmidt, L.: Einkommensteuergesetz, 13. Aufl. München 1994

Strutz, G.: Handausgabe des Einkommensteuergesetzes vom 29. März 1920 (Reichseinkommensteuer), 2. Aufl. Berlin 1920

Strutz, G.: Kommentar zum Einkommensteuergesetz vom 10.8.1925, Bd. I, Berlin 1927

Strutz, G.: Kommentar zum Einkommensteuergesetz vom 10.8.1925, Bd. II, Berlin 1929

III. Rechtsprechung

1. Reichsfinanzhof und Oberster Finanzgerichtshof

RFH	v.	16.6.1920	RFHE 3	S.	109
RFH	v.	7.6.1921	RFHE 6	S.	53
RFH	v.	19.10.1922	RFHE 11	S.	238
RFH	v.	16.1.1923	RFHE 11	S.	249
RFH	v.	30.6.1923	RFHE 12	S.	242
RFH	v.	4.10.1923	RFHE 13	S.	90
RFH	v.	25.10.1923	RFHE 13	S.	101
RFH	v.	29.10.1924	RFHE 15	S.	47
RFH	v.	12.11.1924	RFHE 15	S.	200
RFH	v.	18.7.1925	RFHE 17	S.	90
RFH	v.	7.7.1926	RFHE 19	S.	201
RFH	v.	9.2.1927	RFHE 20	S.	208
RFH	v.	17.3.1927	RFHE 21	S.	84
RFH	v.	28.5.1927	RFHE 21	S.	201
RFH	v.	7.7.1927	RStBl 1927	S.	198
RFH	v.	3.11.1927	RStBl 1928	S.	107
RFH	v.	14.3.1928	RStBl 1928	S.	183
RFH	v.	7.11.1928	RStBl 1929	S.	60
RFH	v.	28.11.1928	RStBl 1929	S.	85
RFH	v.	14.3.1929	RStBl 1929	S.	329
RFH	v.	17.7.1930	RStBl 1930	S.	636
RFH	v.	14.1.1931	RFHE 27	S.	340
RFH	v.	8.7.1931	RFHE 29	S.	125
RFH	v.	22.10.1931	RStBl 1931	S.	953
RFH	v.	14.1.1932	RStBl 1932	S.	399
RFH	v.	16.6.1932	StuW 1932 II	Sp.	257
RFH	v.	16.5.1933	RStBl 1933	S.	1005
RFH	v.	23.5.1933	RStBl 1933	S.	1078
RFH	v.	23.6.1933	StuW 1933 II	Sp.	1600
RFH	v.	7.3.1934	RStBl 1934	S.	681
RFH	v.	17.10.1934	StuW 1934 II	Sp.	1550

RFH	v.	17.10.1934	StuW 1934 II	Sp.	1552
RFH	v.	15.1.1936	RStBl 1936	S.	554
RFH	v.	23.9.1937	RStBl 1937	S.	1186
RFH	v.	21.1.1943	RStBl 1943	S.	589
OFH	v.	26.3.1947	BFHE 54	S.	198

2. Bundesfinanzhof

BFH	v.	23.2.1951	BStBl 1951 III	S.	77
BFH	v.	7.11.1951	BStBl 1952 III	S.	12
BFH	v.	28.8.1952	BStBl 1952 III	S.	265
BFH	v.	13.8.1953	BStBl 1953 III	S.	292
BFH	v.	29.10.1953	BStBl 1953 III	S.	353
BFH	v.	3.6.1954	BStBl 1954 III	S.	238
BFH	v.	7.10.1954	BStBl 1954 III	S.	362
BFH	v.	11.2.1955	BStBl 1955 III	S.	165
BFH	v.	24.11.1955	BStBl 1956 III	S.	38
BFH	v.	28.3.1957	BStBl 1957 III	S.	182
BFH	v.	17.10.1957	BStBl 1957 III	S.	443
BFH	v.	15.11.1957	BStBl 1958 III	S.	103
BFH	v.	30.4.1959	BStBl 1959 III	S.	267
BFH	v.	24.9.1959	BStBl 1959 III	S.	466
BFH	v.	24.11.1959	BStBl 1960 III	S.	188
BFH	v.	21.10.1960	BStBl 1961 III	S.	45
BFH	v.	8.11.1960	BStBl 1960 III	S.	513
BFH	v.	12.1.1961	StRK § 2 Abs. 1 GewStG	R.	149
BFH	v.	21.4.1961	BStBl 1961 III	S.	431
BFH	v.	10.5.1961	BStBl 1961 III	S.	322
BFH	v.	15.9.1961	BStBl 1961 III	S.	552
BFH	v.	1.12.1961	BStBl 1962 III	S.	63
BFH	v.	2.3.1962	BStBl 1962 III	S.	192
BFH	v.	12.7.1963	BStBl 1963 III	S.	435
BFH	v.	2.10.1963	BStBl 1964 III	S.	5
BFH	v.	8.11.1963	BStBl 1964 III	S.	36

BFH	v.	13.12.1963	BStBl 1964 III	S.	184
BFH	v.	9.1.1964	BStBl 1964 III	S.	97
BFH	v.	2.3.1964	BStBl 1964 III	S.	214
BFH	v.	13.3.1964	BStBl 1964 III	S.	455
BFH	v.	17.4.1964	BStBl 1964 III	S.	383
BFH	v.	30.7.1964	BStBl 1964 III	S.	574
BFH	v.	28.8.1964	HFR 1965	S.	23
BFH	v.	18.9.1964	BStBl 1964 III	S.	647
BFH	v.	8.10.1964	BStBl 1965 III	S.	12
BFH	v.	8.10.1964	HFR 1965	S.	23
BFH	v.	10.12.1964	BStBl 1965 III	S.	377
BFH	v.	26.2.1965	HFR 1965	S.	503
BFH	v.	18.3.1965	StRK § 18 EStG	R.	369
BFH	v.	29.10.1965	BStBl 1966 III	S.	88
BFH	v.	23.2.1968	BFHE 92	S.	199
BFH	v.	27.3.1968	BStBl 1968 II	S.	522
BFH	v.	22.5.1968	BStBl 1968 II	S.	727
BFH	v.	24.5.1968	BStBl 1968 II	S.	574
BFH	v.	29.5.1968	BStBl 1968 II	S.	722
BFH	v.	21.3.1969	BStBl 1969 II	S.	520
BFH	v.	8.10.1969	BStBl 1970 II	S.	44
BFH	v.	29.1.1970	BStBl 1970 II	S.	319
BFH	v.	6.2.1970	BStBl 1970 II	S.	400
BFH	v.	2.3.1970	BStBl 1970 II	S.	382
BFH	v.	3.3.1970	BStBl 1970 II	S.	503
BFH	v.	12.3.1970	BStBl 1970 II	S.	518
BFH	v.	19.10.1970	BStBl 1971 II	S.	17
BFH	v.	29.1.1971	BStBl 1971 II	S.	327
BFH	v.	29.1.1971	BStBl 1971 II	S.	459
BFH	v.	31.8.1971	BStBl 1971 II	S.	768
BFH	v.	2.9.1971	BStBl 1972 II	S.	334
BFH	v.	15.10.1971	VI R 74/69		n.v.
BFH	v.	1.2.1972	BStBl 1972 II	S.	347
BFH	v.	10.5.1972	BStBl 1972 II	S.	649

BFH	v.	25.7.1972	BStBl 1972 II	S.	880
BFH	v.	17.8.1972	BStBl 1972 II	S.	942
BFH	v.	14.11.1972	BStBl 1973 II	S.	289
BFH	v.	6.12.1972	BStBl 1973 II	S.	293
BFH	v.	17.1.1973	BStBl 1973 II	S.	303
BFH	v.	16.5.1973	BStBl 1974 II	S.	25
BFH	v.	24.5.1973	BStBl 1973 II	S.	634
BFH	v.	5.6.1973	BStBl 1973 II	S.	702
BFH	v.	13.11.1973	BStBl 1974 II	S.	161
BFH	v.	26.11.1973	BStBl 1974 II	S.	132
BFH	v.	5.12.1973	BStBl 1974 II	S.	236
BFH	v.	8.2.1974	BStBl 1974 II	S.	306
BFH	v.	28.2.1974	BStBl 1974 II	S.	706
BFH	v.	7.3.1974	BStBl 1974 II	S.	383
BFH	v.	13.3.1974	BStBl 1974 II	S.	411
BFH	v.	26.3.1974	BStBl 1975 II	S.	6
BFH	v.	14.5.1974	BStBl 1974 II	S.	572
BFH	v.	21.3.1975	BStBl 1975 II	S.	641
BFH	v.	30.4.1975	BStBl 1975 II	S.	582
BFH	v.	8.10.1975	BStBl 1976 II	S.	164
BFH	v.	28.1.1976	BStBl 1976 II	S.	288
BFH	v.	12.2.1976	BStBl 1976 II	S.	663
BFH	v.	21.5.1976	BStBl 1976 II	S.	588
BFH	v.	21.10.1976	BStBl 1977 II	S.	150
BFH	v.	9.11.1976	BStBl 1977 II	S.	279
BFH	v.	1.12.1976	BStBl 1977 II	S.	315
BFH	v.	21.12.1976	BStBl 1977 II	S.	244
BFH	v.	18.2.1977	BStBl 1977 II	S.	464
BFH	v.	8.3.1977	BStBl 1977 II	S.	629
BFH	v.	26.5.1977	BStBl 1977 II	S.	879
BFH	v.	21.6.1977	BStBl 1978 II	S.	303
BFH	v.	26.10.1977	BStBl 1978 II	S.	137
BFH	v.	12.11.1977	BStBl 1978 II	S.	9
BFH	v.	28.11.1977	BStBl 1978 II	S.	105

BFH	v.	2.12.1977	BStBl 1978 II	S.	164
BFH	v.	17.1.1978	BStBl 1978 II	S.	337
BFH	v.	14.2.1978	BStBl 1978 II	S.	343
BFH	v.	14.2.1978	BStBl 1978 II	S.	455
BFH	v.	12.6.1978	BStBl 1978 II	S.	620
BFH	v.	27.6.1978	BStBl 1979 II	S.	38
BFH	v.	27.7.1978	BStBl 1978 II	S.	686
BFH	v.	31.10.1978	BStBl 1979 II	S.	401
BFH	v.	14.11.1978	BStBl 1979 II	S.	298
BFH	v.	23.11.1978	BStBl 1979 II	S.	109
BFH	v.	27.11.1978	BStBl 1979 II	S.	213
BFH	v.	1.2.1979	BStBl 1979 II	S.	574
BFH	v.	6.3.1979	BStBl 1979 II	S.	551
BFH	v.	9.10.1979	BStBl 1980 II	S.	116
BFH	v.	24.10.1979	BStBl 1980 II	S.	187
BFH	v.	9.11.1979	BStBl 1980 II	S.	71
BFH	v.	20.11.1979	BStBl 1980 II	S.	75
BFH	v.	12.2.1980	BStBl 1980 II	S.	494.
BFH	v.	29.2.1980	BStBl 1980 II	S.	395
BFH	v.	9.9.1980	BStBl 1981 II	S.	418
BFH	v.	23.9.1980	BStBl 1981 II	S.	92
BFH	v.	18.11.1980	BStBl 1981 II	S.	510
BFH	v.	28.11.1980	BStBl 1981 II	S.	368
BFH	v.	22.1.1981	BStBl 1981 II	S.	564
BFH	v.	11.2.1981	BStBl 1981 II	S.	465
BFH	v.	5.3.1981	BStBl 1981 II	S.	658
BFH	v.	17.3.1981	BStBl 1981 II	S.	522
BFH	v.	24.3.1981	BStBl 1981 II	S.	505
BFH	v.	15.5.1981	BStBl 1981 II	S.	735
BFH	v.	21.7.1981	BStBl 1982 II	S.	37
BFH	v.	21.7.1981	BStBl 1982 II	S.	41
BFH	v.	28.7.1981	BStBl 1982 II	S.	380
BFH	v.	28.7.1981	BStBl 1982 II	S.	454
BFH	v.	7.8.1981	VI R 113/78		n.v.

BFH	v.	14.1.1982	BStBl 1982 II	S.	345
BFH	v.	10.2.1982	BStBl 1982 II	S.	392
BFH	v.	18.2.1982	BStBl 1982 II	S.	397
BFH	v.	25.2.1982	BStBl 1982 II	S.	461
BFH	v.	19.3.1982	BStBl 1982 II	S.	442
BFH	v.	6.5.1982	BStBl 1982 II	S.	691
BFH	v.	29.6.1982	BStBl 1982 II	S.	755
BFH	v.	27.7.1982	BStBl 1983 II	S.	6
BFH	v.	21.9.1982	BStBl 1983 II	S.	289
BFH	v.	1.10.1982	BStBl 1983 II	S.	17
BFH	v.	7.10.1982	BStBl 1983 II	S.	101
BFH	v.	19.10.1982	BStBl 1982 II	S.	295
BFH	v.	21.10.1982	BStBl 1983 II	S.	410
BFH	v.	28.10.1982	BStBl 1983 II	S.	106
BFH	v.	3.12.1982	BStBl 1983 II	S.	467
BFH	v.	21.12.1982	BStBl 1983 II	S.	373
BFH	v.	21.12.1982	BStBl 1983 II	S.	410
BFH	v.	8.2.1983	BStBl 1983 II	S.	554
BFH	v.	29.4.1983	BStBl 1983 II	S.	586
BFH	v.	23.6.1983	BStBl 1983 II	S.	725
BFH	v.	30.6.1983	BStBl 1983 II	S.	640
BFH	v.	9.8.1983	BStBl 1984 II	S.	27
BFH	v.	9.8.1983	BStBl 1984 II	S.	29
BFH	v.	9.8.1983	BStBl 1984 II	S.	129
BFH	v.	9.8.1983	BStBl 1983 II	S.	759
BFH	v.	11.10.1983	BStBl 1984 II	S.	266
BFH	v.	14.2.1984	BStBl 1984 II	S.	580
BFH	v.	23.2.1984	IV R 244/80		n.v.
BFH	v.	23.3.1984	BStBl 1984 II	S.	557
BFH	v.	6.4.1984	BStBl 1984 II	S.	434
BFH	v.	25.5.1984	BStBl 1984 II	S.	617
BFH	v.	25.6.1984	BStBl 1984 II	S.	751
BFH	v.	28.6.1984	BStBl 1984 II	S.	798
BFH	v.	2.10.1984	BStBl 1985 II	S.	320

BFH	v.	11.10.1984	BStBl 1985 II	S.	10
BFH	v.	23.10.1984	BStBl 1985 II	S.	453
BFH	v.	8.11.1984	BStBl 1985 II	S.	286
BFH	v.	22.1.1985	BFH/NV 1986	S.	149
BFH	v.	24.1.1985	BStBl 1985 II	S.	676
BFH	v.	12.2.1985	BStBl 1985 II	S.	690
BFH	v.	26.2.1985	BFH/NV 1985	S.	69
BFH	v.	23.5.1985	BStBl 1985 II	S.	517
BFH	v.	9.7.1985	IX B 45/85		n.v.
BFH	v.	8.10.1985	BStBl 1986 II	S.	596
BFH	v.	15.11.1985	BStBl 1986 II	S.	367
BFH	v.	26.11.1985	BStBl 1986 II	S.	161
BFH	v.	29.1.1986	BStBl 1986 II	S.	479
BFH	v.	31.1.1986	BStBl 1986 II	S.	355
BFH	v.	4.7.1986	BStBl 1986 II	S.	771
BFH	v.	20.8.1986	BStBl 1986 II	S.	904
BFH	v.	20.8.1986	BStBl 1987 II	S.	108
BFH	v.	9.9.1986	BStBl 1987 II	S.	257
BFH	v.	1.10.1986	BStBl 1987 II	S.	114
BFH	v.	9.10.1986	BFH/NV 1987	S.	708
BFH	v.	14.11.1986	BStBl 1987 II	S.	275
BFH	v.	21.11.1986	BStBl 1987 II	S.	262
BFH	v.	24.3.1987	BStBl 1987 II	S.	695
BFH	v.	24.3.1987	BFH/NV 1987	S.	763
BFH	v.	24.3.1987	BFH/NV 1988	S.	23
BFH	v.	31.3.1987	BStBl 1987 II	S.	668
BFH	v.	30.6.1987	BStBl 1988 II	S.	418
BFH	v.	1.7.1987	BStBl 1987 II	S.	865
BFH	v.	26.10.1987	BStBl 1988 II	S.	348
BFH	v.	29.10.1987	BStBl 1988 II	S.	264
BFH	v.	10.11.1987	BStBl 1988 II	S.	186
BFH	v.	11.11.1987	BStBl 1988 II	S.	424
BFH	v.	23.2.1988	BFH/NV 1989	S.	485
BFH	v.	24.2.1988	BStBl 1988 II	S.	622

BFH	v.	25.2.1988	BStBl 1988 II	S.	766
BFH	v.	10.3.1988	BStBl 1988 II	S.	832
BFH	v.	25.3.1988	BStBl 1988 II	S.	649
BFH	v.	14.4.1988	BFH/NV 1989	S.	95
BFH	v.	10.6.1988	BFH/NV 1989	S.	348
BFH	v.	12.7.1988	BStBl 1988 II	S.	942
BFH	v.	27.7.1988	BStBl 1988 II	S.	995
BFH	v.	13.9.1988	BStBl 1989 II	S.	37
BFH	v.	21.10.1988	BStBl 1989 II	S.	356
BFH	v.	16.12.1988	BStBl 1989 II	S.	763
BFH	v.	20.12.1988	BFH/NV 1990	S.	23
BFH	v.	13.1.1989	BStBl 1989 II	S.	382
BFH	v.	26.1.1989	BStBl 1989 II	S.	411
BFH	v.	14.2.1989	BStBl 1989 II	S.	922
BFH	v.	14.3.1989	BStBl 1989 II	S.	534
BFH	v.	14.3.1989	BStBl 1989 II	S.	633
BFH	v.	20.4.1989	BStBl 1989 II	S.	641
BFH	v.	26.4.1989	BFH/NV 1991	S.	357
BFH	v.	27.6.1989	BStBl 1989 II	S.	934
BFH	v.	9.8.1989	BStBl 1990 II	S.	15
BFH	v.	9.8.1989	BStBl 1990 II	S.	128
BFH	v.	24.8.1989	BStBl 1990 II	S.	17
BFH	v.	11.10.1989	BStBl 1990 II	S.	88
BFH	v.	18.10.1989	BStBl 1990 II	S.	71
BFH	v.	31.10.1989	BStBl 1990 II	S.	532
BFH	v.	7.11.1989	BStBl 1990 II	S.	460
BFH	v.	21.11.1989	BStBl 1990 II	S.	213
BFH	v.	13.12.1989	BStBl 1990 II	S.	1056
BFH	v.	15.12.1989	BStBl 1990 II	S.	692
BFH	v.	12.1.1990	BStBl 1990 II	S.	423
BFH	v.	16.1.1990	VI R 120/86		n.v.
BFH	v.	23.1.1990	BStBl 1990 II	S.	464
BFH	v.	23.1.1990	BStBl 1990 II	S.	465
BFH	v.	23.1.1990	BFH/NV 1990	S.	761

BFH	v.	2.2.1990	BStBl 1990 II	S.	497
BFH	v.	2.2.1990	BStBl 1990 II	S.	684
BFH	v.	2.2.1990	BStBl 1990 II	S.	706
BFH	v.	16.2.1990	BStBl 1990 II	S.	883
BFH	v.	20.2.1990	BStBl 1990 II	S.	775
BFH	v.	24.4.1990	BStBl 1990 II	S.	888
BFH	v.	15.5.1990	BStBl 1992 II	S.	67
BFH	v.	17.5.1990	BStBl 1991 II	S.	216
BFH	v.	30.5.1990	BStBl 1990 II	S.	875
BFH	v.	4.7.1990	BStBl 1990 II	S.	817
BFH	v.	4.7.1990	BStBl 1990 II	S.	830
BFH	v.	27.9.1990	BFH/NV 1991	S.	297
BFH	v.	5.10.1990	BFH/NV 1991	S.	301
BFH	v.	23.10.1990	BStBl 1991 II	S.	401
BFH	v.	24.10.1990	BStBl 1991 II	S.	337
BFH	v.	30.10.1990	BStBl 1991 II	S.	340
BFH	v.	15.11.1990	BStBl 1991 II	S.	228
BFH	v.	10.1.1991	BFH/NV 1991	S.	386
BFH	v.	5.3.1991	BStBl 1991 II	S.	630
BFH	v.	6.3.1991	BStBl 1991 II	S.	829
BFH	v.	16.4.1991	BStBl 1992 II	S.	234
BFH	v.	16.4.1991	BFH/NV 1992	S.	94
BFH	v.	14.5.1991	BStBl 1991 II	S.	758
BFH	v.	14.5.1991	BStBl 1991 II	S.	837
BFH	v.	16.5.1991	BFH/NV 1992	S.	20
BFH	v.	23.5.1991	BStBl 1991 II	S.	798
BFH	v.	4.6.1991	BStBl 1991 II	S.	761
BFH	v.	4.6.1991	BFH/NV 1991	S.	741
BFH	v.	17.7.1991	BStBl 1991 II	S.	916
BFH	v.	31.7.1991	BFH/NV 1992	S.	33
BFH	v.	12.9.1991	BStBl 1992 II	S.	134
BFH	v.	12.11.1991	BStBl 1992 II	S.	289
BFH	v.	22.1.1992	BStBl 1992 II	S.	488
BFH	v.	31.1.1992	BStBl 1992 II	S.	401

BFH	v.	5.2.1992	BStBl 1992 II	S.	532
BFH	v.	5.2.1992	BFH/NV 1992	S.	629
BFH	v.	31.3.1992	BStBl 1992 II	S.	805
BFH	v.	29.4.1992	BStBl 1992 II	S.	969
BFH	v.	19.5.1992	BStBl 1992 II	S.	902
BFH	v.	25.5.1992	BStBl 1993 II	S.	44
BFH	v.	7.7.1992	BFH/NV 1993	S.	25
BFH	v.	7.7.1992	BStBl 1993 II	S.	333
BFH	v.	17.7.1992	BStBl 1993 II	S.	111
BFH	v.	18.8.1992	BStBl 1993 II	S.	34
BFH	v.	18.8.1992	BFH/NV 1993	S.	158
BFH	v.	25.9.1992	BStBl 1993 II	S.	106
BFH	v.	23.10.1992	BStBl 1993 II	S.	117
BFH	v.	4.11.1992	BStBl 1993 II	S.	292
BFH	v.	1.12.1992	BFH/NV 1993	S.	520
BFH	v.	8.12.1992	BStBl 1993 II	S.	434
BFH	v.	8.12.1992	BFH/NV 1993	S.	654
BFH	v.	15.12.1992	BFH/NV 1993	S.	599
BFH	v.	19.1.1993	BFH/NV 1993	S.	714
BFH	v.	19.2.1993	BStBl 1993 II	S.	519
BFH	v.	2.3.1993	BStBl 1993 II	S.	602
BFH	v.	30.3.1993	BStBl 1993 II	S.	502
BFH	v.	15.4.1993	BFH/NV 1994	S.	87
BFH	v.	4.5.1993	BStBl 1993 II	S.	832
BFH	v.	7.5.1993	BStBl 1993 II	S.	663
BFH	v.	3.6.1993	BStBl 1994 II	S.	162
BFH	v.	3.6.1993	BFH/NV 1994	S.	459
BFH	v.	8.7.1993	BFH/NV 1993	S.	654
BFH	v.	8.7.1993	BFH/NV 1994	S.	165
BFH	v.	27.8.1993	BStBl 1994 II	S.	235
BFH	v.	7.9.1993	BFH/NV 1994	S.	234
BFH	v.	14.9.1993	BStBl 1994 II	S.	683
BFH	v.	14.9.1993	BFH/NV 1994	S.	615
BFH	v.	22.9.1993	BStBl 1994 II	S.	172

BFH	v.	28.9.1993	BFH/NV 1994	S.	618
BFH	v.	6.10.1993	BStBl 1994 II	S.	113
BFH	v.	27.10.1993	BFH/NV 1994	S.	472
BFH	v.	29.10.1993	BFH/NV 1994	S.	473
BFH	v.	9.11.1993	BStBl 1994 II	S.	289
BFH	v.	16.11.1993	BFH/NV 1994	S.	551
BFH	v.	24.11.1993	BStBl 1994 II	S.	591
BFH	v.	26.11.1993	BStBl 1994 II	S.	242
BFH	v.	26.11.1993	BStBl 1994 II	S.	293
BFH	v.	30.11.1993	BStBl 1994 II	S.	256
BFH	v.	7.12.1993	BFH/NV 1994	S.	624
BFH	v.	10.12.1993	BFH/NV 1994	S.	707
BFH	v.	28.1.1994	BStBl 1994 II	S.	355
BFH	v.	9.2. 1994	BStBl 1995 II	S.	47
BFH	v.	6.5.1994	BStBl 1995 II	S.	104
BFH	v.	8.6.1994	BStBl 1994 II	S.	779
BFH	v.	19.7.1994	BStBl 1994 II	S.	846
BFH	v.	27.7.1994	BStBl 1995 II	S.	27

3. Finanzgerichte

FG Nürnberg v. 6.3.1967 EFG 1967 S. 405 (rkr.)
FG Düsseldorf v. 21.3.1967 EFG 1967 S. 560 (rkr.)
FG Berlin v. 31.1.1969 EFG 1969 S. 399
(aufgehoben durch BFH v. 15.10.1971, VI R 74/69, n.v.)
FG Rheinland-Pfalz v. 22.5.1970 EFG 1970 S. 557 (rkr.)
FG Köln v. 16.5.1973 EFG 1973 S. 425
(aufgehoben durch BFH v. 21.3.1975, BStBl 1975 II S. 641)
FG Düsseldorf v. 12.12.1975 EFG 1976 S. 549 (rkr.)
FG Berlin v. 23.6.1976 VI 73/75 n.v. (rkr.)
FG Berlin v. 31.3.1978 EFG 1979 S. 172
(bestätigt durch BFH v. 7.8.1981, VI R 113/78, n.v.)
FG Düsseldorf v. 5.4.1978 EFG 1978 S. 539 (rkr.)
FG Düsseldorf v. 17.4.1980 EFG 1980 S. 495 (rkr.)
FG Köln v. 29.10.1980 EFG 1981 S. 128 (rkr.)

FG München	v.	5.11.1980	EFG 1981	S.	341 (rkr.)
FG Köln	v.	25.11.1980	EFG 1981	S.	396 (rkr.)
FG Köln	v.	20.5.1981	EFG 1981	S.	554 (rkr.)
FG Bd.-Württemberg	v.	13.5.1982	EFG 1982	S.	610
(aufgehoben durch BFH v. 8.11.1984, BStBl 1985 II S. 286)					
FG Münster	v.	23.6.1982	EFG 1983	S.	165 (rkr.)
FG Hamburg	v.	13.10.1982	EFG 1982	S.	344 (rkr.)
FG Berlin	v.	10.4.1984	EFG 1984	S.	610 (rkr.)
FG Bd.-Württemberg	v.	5.6.1984	EFG 1985	S.	600 (rkr.)
FG Rheinland-Pfalz	v.	20.11.1984	EFG 1985	S.	342
(aufgehoben durch BFH v. 13.1.1989, BStBl 1989 II S. 382)					
FG Köln	v.	28.2.1985	EFG 1985	S.	552 (rkr.)
FG Hamburg	v.	15.5.1985	III 188/82		n.v. (rkr.)
FG Hessen	v.	19.8.1985	EFG 1985	S.	600 (rkr.)
FG Berlin	v.	6.11.1985	EFG 1986	S.	439 (rkr.)
FG München	v.	11.12.1985	EFG 1986	S.	229 (rkr.)
FG Köln	v.	25.2.1986	EFG 1986	S.	392 (rkr.)
FG Hessen	v.	3.6.1986	EFG 1986	S.	597
(bestätigt durch BFH v. 16.1.1990, VI R 120/86, n.v.)					
FG Bd.-Württemberg	v.	4.7.1986	EFG 1986	S.	554 (rkr.)
FG Bd.-Württemberg	v.	9.12.1986	EFG 1987	S.	298 (rkr.)
FG Niedersachsen	v.	4.2.1987	EFG 1987	S.	349
(aufgehoben durch BFH v. 16.2.1990, BStBl 1990 II S. 883)					
FG Münster	v.	15.7.1987	EFG 1988	S.	169 (rkr.)
FG Niedersachsen	v.	26.10.1987	EFG 1988	S.	296 (rkr.)
FG Hessen	v.	26.2.1988	EFG 1988	S.	465 (rkr.)
FG Rheinland-Pfalz	v.	4.3.1988	EFG 1988	S.	465 (rkr.)
FG Nürnberg	v.	20.4.1988	EFG 1988	S.	508 (rkr.)
FG Saarland	v.	15.6.1988	EFG 1988	S.	520 (rkr.)
FG Hamburg	v.	10.8.1988	EFG 1989	S.	354 (rkr.)
FG Nürnberg	v.	29.11.1988	EFG 1989	S.	226 (rkr.)
FG Münster	v.	22.6.1989	EFG 1989	S.	629 (rkr.)
FG Saarland	v.	23.6.1989	EFG 1990	S.	19 (rkr.)
FG Köln	v.	24.8.1989	EFG 1990	S.	229 (rkr.)

FG Düsseldorf v. 7.11.1989 EFG 1990 S. 420
(bestätigt durch BFH v. 12.11.1991, BStBl 1992 II S. 289)

FG München v. 12.12.1989 EFG 1990 S. 421 (rkr.)

FG Bd.-Württemberg v. 4.4.1990 EFG 1990 S. 564 (rkr.)

FG Hamburg v. 27.6.1990 EFG 1991 S. 188 (rkr.)

FG Münster v. 7.8.1990 EFG 1991 S. 315 (Rev. IX R 115/90)

FG Bd.-Württemberg v. 6.11.1990 EFG 1991 S. 185 (rkr.)

FG München v. 14.11.1990 EFG 1991 S. 244 (rkr.)

FG Bremen v. 20.12.1990 EFG 1991 S. 465 (rkr.)

FG Hessen v. 1.3.1991 EFG 1991 S. 471 (rkr.)

FG Rheinland-Pfalz v. 9.4.1991 EFG 1992 S. 65 (rkr.)

FG Münster v. 23.5.1991 EFG 1992 S. 16 (rkr.)

FG Bd.-Württemberg v. 20.6.1991 EFG 1993 S. 24
(bestätigt durch BFH v. 16.12.1992, VI R 75/91, n.v.)

FG Niedersachsen v. 27.6.1991 EFG 1992 S. 182
(bestätigt durch BFH v. 29.1.1993, VI R 73/91, n.v.)

FG München v. 9.7.1991 EFG 1992 S. 15 (rkr.)

FG München v. 15.1.1992 EFG 1992 S. 463 (rkr.)

FG Köln v. 16.1.1992 EFG 1992 S. 659 (rkr.)

FG Hessen v. 24.2.1992 3 K 901/90 n.v. (rkr.)

FG Düsseldorf v. 8.7.1992 EFG 1992 S. 732 (Rev. IX R 114/92)

FG München v. 15.7.1992 EFG 1993 S. 143 (rkr.)

FG Bd.-Württemberg v. 9.9.1992 EFG 1993 S. 144 (Rev. VI R 28/93)

FG Düsseldorf v. 13.1.1993 EFG 1993 S. 374
(aufgehoben durch BFH v. 28.1.1994, BStBl 1994 II S. 355)

FG Rheinland-Pfalz v. 23.4.1993 EFG 1993 S. 780 (rkr.)

FG München v. 7.12.1993 EFG 1994 S. 754 (Rev. III R 200/94)

FG Rheinland-Pfalz v. 16.12. 1993 EFG 1994 S. 622 (Rev. IV R 25/94)

FG Münster v. 17.12.1993 EFG 1994 S. 568 (Rev. VIII R 18/94)

FG Münster v. 13.1.1994 EFG 1994 S. 472 (rkr.)

FG Baden-Württemberg v. 28.4.1994 EFG 1995 S. 67 (Rev. VI R 64/94)

FG Hamburg v. 2.5.1994 EFG 1994 S. 1038 (Rev. IX R 53/94)

FG Köln v. 17.5.1994 EFG 1994 S. 1083 (rkr.)

4. Bundesverfassungsgericht

BVerfG	v.	9.7.1969	BStBl 1970 II	S.	156
BVerfG	v.	2.10.1969	BStBl 1970 II	S.	140
BVerfG	v.	7.10.1969	BVerfGE 27	S.	111
BVerfG	v.	7.11.1972	BVerfGE 34	S.	103
BVerfG	v.	23.11.1976	BStBl 1977 II	S.	135
BVerfG	v.	3.11.1982	BStBl 1982 II	S.	717
BVerfG	v.	22.2.1984	BStBl 1984 II	S.	357

5. Bundesgerichtshof und sonstige Zivilgerichte

BGH	v.	5.5.1960	NJW 1960	S.	1852
BGH	v.	9.2.1987	DB 1987	S.	979
OLG Hamburg	v.	18.7.1986	DB 1986	S.	2015

IV. Verwaltungsanweisungen

BMF-Schreiben v. 16.3.1987, BStBl 1987 I S. 373
BMF-Schreiben v. 12.2.1990, DStR 1990 S. 250
BMF-Schreiben v. 20.12.1990, BStBl 1990 I S. 884
BMF-Schreiben v. 23.7.1992, BStBl 1992 I S. 434
BMF-Schreiben v. 15.4.1993 BStBl 1993 I S. 300
BMF-Schreiben v. 14.4.1994, BStBl 1994 I S. 257
BMF-Schreiben v. 24.8.1994, BStBl 1994 I S. 711
BMF-Schreiben v. 17.11.1994, BStBl 1995 I S. 25
BMF-Schreiben v. 31.12.1994, BStBl 1994 I S. 887
Verfügung der OFD Düsseldorf v. 1.2.1989, StEK § 17 EStG Nr. 12
Verfügung der OFD Düsseldorf v. 8.10.1990, DStR 1990 S. 749
Verfügung der OFD Köln v. 16.3.1992, FR 1992 S. 347

V. Sonstige Quellen

Preußisches Einkommensteuergesetz v. 24.6.1891, PrGS 1891 S. 175
Preußisches Einkommensteuergesetz v. 19.6.1906, PrGS 1906 S. 259
Reichseinkommensteuergesetz v. 29.3.1920, RGBl 1920 S. 359

Begründung zum Entwurf eines Reichseinkommensteuergesetzes v. 29.11.1919, FA 1920 S. 591

Reichseinkommensteuergesetz v. 10.8.1925, RGBl 1925 I S. 189

Begründung zum Entwurf eines Reichseinkommensteuergesetzes v. 23.4.1925, RT-Dr. III/795

Reichseinkommensteuergesetz v. 16.10.1934, RStBl 1934 S. 1261

Begründung zum EStG 1934, RStBl 1935 S. 33

Einkommensteuer-Durchführungsverordnung 1935, RStBl 1935 S. 209

Einkommensteuer-Durchführungsverordnung 1951, BStBl 1952 I S. 65

Einkommensteuer-Durchführungsverordnung 1955, BStBl 1955 I S. 710

Begründung zum Entwurf eines Gesetzes zur Neuordnung von Steuern (StNOG) v. 29.4. 1954, BT-Dr. II/481

Begründung zum Entwurf eines Gesetzes zur Änderung des Einkommensteuergesetzes, des Körperschaftsteuergesetzes, des Spar-Prämiengesetzes, des Wohnungsbauprämiengesetzes und anderer Gesetze (Steueränderungsgesetz 1964), BT-Dr. IV/2400 und BR-Dr. 193/64

Begründung zur Änderung der Einkommensteuer-Durchführungsverordnung v. 21.1.1966, BR-Dr. 29/66

Begründung zum Entwurf eines zweiten Steueränderungsgesetzes v. 3.3.1971, BT-Dr. VI/ 1901

Begründung zum Entwurf eines Dritten Steuerreformgesetzes v. 8.1.1974, BT-Dr. 7/1470

Begründung zum Entwurf eines Gesetzes zur Änderung des Einkommensteuergesetzes, des Körperschaftsteuergesetzes und anderer Gesetze, BT-Dr. 8/3648

Gesetz zur Bekämpfung des Mißbrauchs und zur Bereinigung des Steuerrechts (Mißbrauchsbekämpfungs- und Steuerbereinigungsgesetz - StMBG) v. 21.12.1993, BGBl 1993 I S. 2310

Sachregister

A

Abfärbetheorie, s. Ausflußtheorie
Abflußprinzip 102, 145
Abschreibungen
- AfaA 50, 58, 82 ff, 181 f
- Aufwandsverteilungsthese 127, 130 ff
- Bodenschätze 136 f
- Dritt-AfA 131
- Einlagen 142 f
- Entnahmen 143
- historische Entwicklung 49 f, 54 f, 56 ff, 62
- Rechtsnatur 57, 126 ff
- Substanzverringerung 136 f, 144
- Teilwertabschreibung 50, 54, 101 ff, 182
- Überentlastungseffekt bei Haushaltseinkünften 150 f
- unentgeltlicher Erwerb 142
- Wertverzehrthese 127, 128 ff

Absetzung für Abnutzung und Substanzverringerung s. Abschreibungen
Abstandszahlungen 106, 107 f
Anlagevermögen 101
Annextätigkeit 114 ff
Anschaffungskosten
- als Betriebsausgaben/Werbungskosten 56 f, 126 ff
- einheitliche Bestimmung 110
- Minderung durch Zuschüsse 121
- nachträgliche s. nachträgliche Anschaffungskosten
- Schuldzinsen 110
- Umsatzsteuer 110

Anscheinsbeweis 17 f
Anzahlungen, verlorene s. Forderungsverluste
Arbeitnehmerbürgschaften s. Forderungsverluste
Arbeitnehmerdarlehen s. Forderungsverluste
Arbeitsmittel 59, 81 f, 153 ff
Arbeitsvermögen 90 f
Aufteilungsverbot 71 f, 76 f
Aufwandsverteilungsthese s. Abschreibungen
Aufwendungen
- Abwehraufwendungen 69
- Begriff 70, 78 ff, 128 f, 144 ff
- bei gesicherten Einnahmen s. Werbungskosten
- nachträgliche s. Werbungskosten
- vergebliche 130, 131, 175 ff
- Zwangsaufwendungen s. Werbungskosten

Ausflußtheorie 116

B

Bankeinlagen s. Forderungsverluste
Begriffsdualismus Betriebsausgaben/Werbungskosten 48 ff, 67 ff, 152
Beteiligung, unbedeutender Umfang 86 f, 192
Beteiligungen, wesentliche s. wesentliche Beteiligungen
Betriebsaufspaltung 208
Betriebsausgaben
- Anschaffungs-/Herstellungskosten 57, 126 ff
- Begriff 13, 56, 61, 132
- Erfolgswirksamkeit 144 ff
- historische Entwicklung 48 ff

Betriebsbegriff, dynamische Interpretation 92 f
Betriebsvermögen
- Anlagevermögen 101
- gewillkürtes 96 ff
- notwendiges 92 ff
- Umlaufvermögen 101

Bilanzielle Gewinnermittlung 101 f, 145 f
Bilanzverständnis
- dynamisches 133
- statisches 129

Bodenschätze 136 f
Bürgschaftsverluste s. Forderungsverluste

D

Darlehen, kapitalersetzende 195 f
Darlehensverluste s. Forderungsverluste

Diebstahl 82 f
Dritt-AfA 131
Dualismus der Einkünfteermittlung s. Einkünftedualismus

E

Eigenkapitalersetzende Darlehen 195 f
Einkommensbegriff
- historische Entwicklung 19 ff
- Markteinkommen 32 ff
- pragmatischer 28 ff, 31
- Quellentheorie 19 ff
- Reinvermögenszugangstheorie 22 ff
- Zweiteilung 31 f
Einkommensteuertatbestand 5 ff
Einkünftedualismus
- Einschränkungen 35 ff
- Entwicklung 25 ff
- materieller Charakter 111 ff
- Rechtfertigung 30, 207 ff
Einkunftsbegriff
- Definition 32 ff
- Zweiteilung 42
Einkunftserzielungsabsicht 33, 124
Einkunftserzielungsvermögen 81, 90 f
Einkunftsquelle 90 f
Einlagen
- AfA-Bemessungsgrundlage 142 f
- Bewertung 34 f, 129, 142
- gesellschaftsrechtliche 196
- verdeckte 189 f, 196 ff
Einnahmen, Begriff 70, 110 f
Einnahmen-Ausgabenrechnung, betriebliche
- Darlehensverluste 32, 103
- Gesamtgewinngleichheit 32, 96
- nicht abnutzbare Wirtschaftsgüter 145
- Teilwertabschreibungen 103 f
- vereinfachte Gewinnermittlung 31 f
- Willkürung von Betriebsvermögen 96
Entnahmen
- AfA-Bemessungsgrundlage nach Entnahmevorgängen 143
- als Ersatzrealisationstatbestand 34
Erhaltungsaufwendungen 50, 51, 60, 76 f, 148 f
Ersatzbeschaffungen, Sofortabzug 49, 54
Erwerbstätigkeit, als Steuergegenstand 5 ff
Erwerbsvermögen 89 ff, 163

F

Familienkapitalgesellschaft 198
Finale Handlungslehre s. Veranlassungsprinzip
Finaler Werbungskostenbegriff, Gesetzeszweck 49, 63, 69
Finanzierungsmittel, Willkürungsfähigkeit 100 f
Finanzierungszusammenhang 120 ff
Forderung, Begriff 2
Forderungsübergang, gesetzlicher 2
Forderungsverluste
- Anzahlungen 61, 87, 175 ff
- Arbeitnehmerbürgschaften 85, 182 ff
- Arbeitnehmerdarlehen 85, 120, 161, 182 ff
- außergewöhnliche Belastung 169, 172
- Bankeinlagen 168 ff
- Erlaß aus Billigkeitsgründen 169
- Genußscheine 174 f
- Gesellschafterbürgschaften 61, 86 f, 188 ff
- Gesellschafterdarlehen 86 f, 188 ff
- Kapitalanlagen 168 ff
- Kursverluste bei Fremdwährungsforderungen 170
- private Darlehen 169 f
- Risikokomponente 170 ff, 187
- typisch stille Gesellschaft 172 ff
Fremdwährungsdarlehen 87, 201 ff

G

Gemischte Veranlassung 14, 71 f, 76 f
Gemischt genutzte Wirtschaftsgüter 41 f
Genußscheine s. Forderungsverluste
Gesamtgewinngleichheit 32, 96, 103
Gesellschafterbürgschaften s. Forderungsverluste
Gesellschafterdarlehen s. Forderungsverluste
Gewillkürtes Betriebsvermögen 96 ff
Gewinnermittlung
- Einnahmen-Ausgabenrechnung 102 f
- Vermögensvergleich 101 f
Gleichartigkeit von Leistungen 114 ff
Gleichheit der Besteuerung 166
Gleichordnung der Einkunftsarten 41, 100, 117 ff, 205
Grundstückshandel, gewerblicher 208

H
Haushaltseinkünfte
- quellentheoretische Ausgestaltung 19 ff
- tätigkeitsorientierte Konkretisierung 7, 8
Herstellungsaufwand 60
Herstellungskosten
- als Betriebsausgaben/Werbungskosten 56 f, 126 ff
- Begriff 178
- einheitliche Bestimmung 110
- Schuldzinsen 110
- Umsatzsteuer 110
Hilfsgeschäfte 110 f
Hilfsleistung 117 ff

I
Imparitätsprinzip 102
Instandhaltungskosten s. Erhaltungsaufwendungen
Instandsetzungskosten 50, 51, 60
Intensität der Marktteilnahme 112 f, 209 f
Investitionszuschüsse s. Zuschüsse

K
Kapitalanlagen, verlorene s. Forderungsverluste
Kapitalgesellschaft als nahestehende Person 197 ff
Kursverluste bei Fremdwährungsdarlehen 87, 201 ff

L
Leistungsbeziehungen
- eindimensionale 167, 168 ff
- mehrdimensionale 167 f, 182 ff
Leistungsfähigkeitsprinzip 9 ff
Leistungsveranlassung, subjektive 117 ff, 167 f, 182 ff, 188 ff
Leistungsvereinigung
- horizontale 118
- vertikale 117 ff

M
Markteinkommenstheorie
- Begriff 32 ff
- Zweiteilung 34, 147 f, 163 f
Marktintensitätstheorie s. Intensität der Marktteilnahme
Marktübliche Leistungsbeziehungen s. Vermutungen
Maßgeblichkeitsprinzip 102
Mittelbare Grundstücksschenkung 121 f
Mittelverwendung 120 ff

N
Nachträgliche Anschaffungskosten 39, 86, 188 ff
Nachträgliche Aufwendungen
- Erhaltungsaufwand 76 f
- Schuldzinsen 74 ff
Nahestehende Kapitalgesellschaft 197 ff
Nettoprinzip 11 f
Neutralität des Vermögens 163 ff
Notwendiges Betriebsvermögen 92 ff
Nutzungseinlagen 194

P
Personengesellschaft
- gewerblich geprägte 209
- vermögensverwaltende 208 f
Prima-facie-Beweis, s. Anscheinsbeweis
Primat des Entgeltmotivs 118 f
Prinzipienüberlagerung 47 f, 87 f, 147 f, 152, 164 f

Q
Quellentheorie
- eingeschränkte Markteinkommenstheorie 64 f
- Einkommensbegriff 19 ff
- Ertrag 21 f
- Nutzungswertbesteuerung 22
- Quellen 20

R
Rangfolge der Einkunftsarten 41, 100, 117 ff
Rangrücktrittsvereinbarung 184, 189, 193
Realisationsprinzip 102
Realisationszeitpunkt 33, 102 f
Reinvermögenszugangstheorie 22 ff

S
Schuldzinsen
- Einbeziehung in die Anschaffungs-/Herstellungskosten 110
- nachträgliche 74 ff
- vorab entstandene Werbungskosten 105
- Zuordnungskriterien 122 f
Spekulationsgeschäfte 35 ff, 207
Steuerbemessungsgrundlage 6
Steuergegenstand 5 ff

- klassische Lehre 6, 8
- Stufenbaulehre 6 ff
- Trennungsprimat 99, 114
- Zielorientiertheit 7, 8, 116, 121

Steuersatz 6
Steuersubjekt 6
Stille Gesellschaft
- Beteiligungsveräußerung 173
- laufende Verluste 172 ff

Stufenbaulehre 5 ff
Subsidiaritätsklauseln 97, 100, 112, 118 f

T

Tatbestandsmäßigkeit der Besteuerung 5, 99, 114, 205 f
Teilnahme am Marktgeschehen 33, 114
Teilwertabschreibung s. Abschreibungen
Teleologische Auslegung 158
Trennungsprimat 99, 114
Trennungsprinzip 195
Typisierende Betrachtungsweise 17

U

Überschußvermögen 90 f, 104 ff, 166
Umlaufvermögen 101
Umwidmungsvorgänge 161 ff
Unbeachtlichkeit der Vermögenssphäre s. Vermögensneutralitätsprinzip
Unfreiwillige Aufwendungen s. Werbungskosten
Unfallkosten s. Werbungskosten
Unmittelbarkeitsthese s. Werbungskostenbegriff

V

Veräußerungsgeschäfte
- Anlagevermögen 21, 25 f, 110 ff, 113 ff, 210 f
- Arbeitsmittel 157
- Betriebsveräußerungen 27, 29, 31
- gemischt genutzte Wirtschaftsgüter 41 f
- Gewinnstreben 124 f, 210 f
- Hilfsgeschäfte 110 f
- Spekulationsgeschäfte 35 ff, 207
- steuergegenständliche Zuordnung 110 ff, 113 ff
- Übertragung stiller Reserven 125
- Umlaufvermögen 21, 24, 115 f
- wesentliche Beteiligungen 29, 37 ff, 209 f

Veranlassungskonkurrenz 71 f, 76 f
Veranlassungsprinzip
- Bezugsgrößen 13 ff
- Dauersachverhalte 18, 184, 194
- finale Handlungslehre 16 ff
- subjektive/objektive Merkmale 15 ff
- Überlagerung mit dem Vermögensneutralitätsprinzip 47 f, 87 f, 147 f, 152, 164 f
- Veranlassung und Verursachung 14
- Vermögenszuordnung 92 ff

Veranlassungszusammenhang, Wechsel im Zeitablauf 18, 184, 194
Verdeckte Einlage 189 f, 196 ff
Vergebliche Aufwendungen s. Aufwendungen
Verlorene Anzahlungen s. Forderungsverluste
Vermögensaufwendungen, Nichtabzugsfähigkeit 49 f, 53
Vermögensneutralitätsprinzip
- allgemein 1 f, 34
- historische Entwicklung 48 ff
- Interpretationsmöglichkeiten 43 f, 88
- Konkretisierung 89 ff
- Neutralität des Vermögens selbst 165
- systemimmanenter Grundsatz 164 f
- Überlagerung mit dem Veranlassungsprinzip 47 f, 87 f, 147 f, 152, 164 f

Vermögensumschichtungsgedanke 128, 134 f
Vermögensverluste
- Aufwendungscharakter 78 ff
- außergewöhnliche Belastung 79 f, 169, 172
- Begriff 47
- Forderungen s. Forderungsverluste
- Werbungskostenabzug 52, 55, 59 ff, 62, 67, 80 ff, 167 ff

Vermögenszuordnung
- Betriebsvermögen 92 ff
- Überschußvermögen 104 f

Vermutungen
- Bedeutung des § 344 HGB 97, 100
- marktübliche Leistungsbeziehung 99, 118 f
- Prima-facie-Beweis 17 f
- Verzicht auf Marktüblichkeit 119 f, 183 f, 191 ff

Vorsichtsprinzip 102

W

Werbungskosten
- Abwehraufwendungen 69
- Abstandszahlungen 106, 107 f
- Angemessenheitsprüfung 71
- Anschaffungs-/Herstellungskosten 57, 126 ff
- Arbeitnehmerdarlehen s. Forderungsverluste
- Arbeitsmittel 59, 81 f, 153 ff
- Aufteilungsverbot 71 f, 76 f
- Aufwendungen bei gesicherten Einnahmen 69, 73 f
- Diebstahl 82 f
- Erhaltungsaufwendungen s. dort
- Gesellschafterdarlehen s. Forderungsverluste
- nachträgliche Aufwendungen 69, 74 ff
- Prozeßkosten 77 f
- Räumungskosten 77
- Reisegepäckversicherung 83
- Sachschäden 82 ff
- Schuldzinsen 52, 53, 74 ff, 105
- Unfallkosten 84 f
- unfreiwillige Aufwendungen 69, 70, 78
- Verkaufsinserate 77
- verlorene Anzahlungen s. Forderungsverluste
- Vermögensverluste s. Vermögensverluste
- Vorfälligkeitsentschädigung 77
- Zinsfreistellungsgebühren 77
- Zuordnung 71
- Zwangsaufwendungen s. unfreiwillige Aufwendungen

Werbungskostenbegriff
- einheitliche Auslegung 56, 64, 181
- Gesetzeszweck 49, 63, 69
- historische Entwicklung 48 ff
- Unmittelbarkeitsthese 51 f, 53, 56, 63 f
- veranlassungsorientierte Bestimmung 13, 67 ff

Werbungskostenkatalog, gesetzlicher 72 f
Wertpapierhandel, gewerblicher 208
Wertverzehr als Grund für die AfA 141 ff, 165
Wertverzehrthese s. Abschreibungen
Wesentliche Beteiligungen
- nachträgliche Anschaffungskosten 39, 86, 188 ff
- Rechtfertigung des § 17 EStG 37 f, 210
- Veräußerung 37 ff, 209 f
- Verhältnis zu § 23 EStG 40 f
- Zwitternatur 40

Willkürungsfähigkeit 96 ff
Wirtschaftliche Betrachtungsweise 196 ff
Wirtschaftliche Tätigkeit 33
Wirtschaftsgut
- Abstandszahlungen 106, 107f
- Einheitliche Begriffsbestimmung 106 ff
- Forderungen 109
- Rechnungsabgrenzungsposten 106, 108
- Rückstellungen 106, 108

Z

Zielorientierter Steuergegenstand 7 f, 116
Zuflußprinzip 33, 102
Zuschüsse 121
Zuwendungsmotiv 194 ff
Zwangsaufwendungen s. Werbungskosten

www.ingramcontent.com/pod-product-compliance
Lightning Source LLC
LaVergne TN
LVHW042236300926
849161LV00003B/370

* 9 7 8 3 4 8 6 2 3 3 3 5 3 *